Nachhaltige Evaluation?

D1669452

Vera Hennefeld, Wolfgang Meyer,
Stefan Silvestrini
(Hrsg.)

Nachhaltige Evaluation?

Auftragsforschung
zwischen Praxis und Wissenschaft

Festschrift zum 60. Geburtstag
von Reinhard Stockmann

Waxmann 2015
Münster • New York

Bibliografische Informationen der Deutschen Nationalbibliothek
Die Deutsche Nationalbibliothek verzeichnet diese Publikation in
der Deutschen Nationalbibliografie; detaillierte bibliografische
Daten sind im Internet über http://dnb.d-nb.de abrufbar.

Print-ISBN 978–3-8309-3245-1
E-Book-ISBN 978–3-8309-8245-6

© Waxmann Verlag GmbH, Münster 2015
Steinfurter Straße 555, 48159 Münster

www.waxmann.com
info@waxmann.com

Umschlaggestaltung: Gregor Pleßmann, Ascheberg
Titelbild: Ulrich Thul, Ludwigshafen
Satz: Sven Solterbeck, Münster
Druck: Hubert & Co., Göttingen

Gedruckt auf alterungsbeständigem Papier,
säurefrei gemäß ISO 9706

Printed in Germany

Alle Rechte vorbehalten. Nachdruck, auch auszugsweise, verboten.
Kein Teil dieses Werkes darf ohne schriftliche Genehmigung des
Verlages in irgendeiner Form reproduziert oder unter Verwendung
elektronischer Systeme verarbeitet, vervielfältigt oder verbreitet werden.

Inhalt

III Evaluation als Entwicklung? Nachhaltige Nutzung

IV Evaluation als Erfolg? Nachhaltige Wirkungen

Einleitung

Vera Hennefeld, Wolfgang Meyer und Stefan Silvestrini

Evaluation boomt. Darüber gibt es mittlerweile nicht mehr die geringsten Zweifel. Ausgehend von ihren Wurzeln in Nordamerika und einigen europäischen Staaten begann der Prozess der Institutionalisierung und Professionalisierung von Evaluation in den 1970er/1980er Jahren. Mit Gründung der Europäischen Evaluationsgesellschaft und einer Reihe wichtiger nationaler Vereinigungen von Evaluierenden erreichte in den 1990er Jahren diese Entwicklung Europa und hat sich dann mit der Jahrtausendwende über die gesamte Welt verbreitet. Heute gibt es in etwa 100 Ländern der Erde eigene Evaluationsgesellschaften und in jedem Subkontinent supranationale Organisationen, die wiederum alle in einem Weltverband, dem IOCE, verbunden sind. 2015 ist nun von einigen UN-Organisationen (UNICEF, UNEG und UN Women) zum Jahr der Evaluation ausgerufen worden. Ein Ende der Erfolgsgeschichte der Evaluation ist gegenwärtig nicht absehbar.

Es sind immer Einzelpersonen, Pioniere, die eine solche Entwicklung vorantreiben. Wer die weltweite Evaluationsgemeinschaft hierzu befragt, bekäme vermutlich eine lange Liste von Namen vorrangig amerikanischer Evaluationsforscherinnen und -forscher: Huey T. Chen, Ernest House, Michael Q. Patton, Peter H. Rossi, Michael Scriven, Robert Stake, Daniel L. Stufflebeam, E. A. Suchmann, Carol H. Weiss wären sicher auf dieser Liste. Zumindest in Europa würden aber auch noch andere Namen genannt werden, die für die Entwicklung der Evaluation auf diesem Kontinent von besonderer Bedeutung sind: Maria Bustelo, Frans L. Leeuw, Christiane Spiel, Nicoletta Stame, Evert Vedung – und: Reinhard Stockmann.

Die Entwicklung der Evaluation in Deutschland ist untrennbar mit dem Wirken Reinhard Stockmanns verbunden. Bereits in den 1980er Jahren setzten seine Arbeiten zur Ex-post-Evaluation von Entwicklungsprojekten neue Standards. Mitte der 1990er Jahre war er an der Gründung der Deutschen Gesellschaft für Evaluation (DeGEval)[1] beteiligt und half dort den prominent besetzten, bis heute mitgliederstärksten sowie besonders aktiven Arbeitskreis für Evaluation in der Entwicklungszusammenarbeit aufzubauen. Zu Beginn der 2000er Jahre startete er eine Initiative zur Gründung einer Fachzeitschrift und fand mit Gerd-Michael Hellstern, Helmut Kromrey, Helfried Moosbrugger und Hellmut Wollmann prominente Mitstreiter und Pioniere der Evaluation aus verschiedenen Forschungsbereichen, die dieses Projekt gemeinsam mit Reinhard Stockmann zum Erfolg führten. Heute gehört die Zeitschrift für Evaluation als einzige deutschsprachige zu den knapp dreißig wissenschaftlichen Fachzeitschriften der Welt zu Evaluati-

---

1 Gegründet als Deutsche Gesellschaft für Evaluation wurde die DeGEval später in Gesellschaft für Evaluation umbenannt, um die Offenheit der Gesellschaft für alle im deutschen Sprachraum Evaluierenden zu verdeutlichen.

onsthemen und schlägt sich dort – gemessen an den üblichen Standards zur Bewertung von Fachzeitschriften – sehr gut. An der Universität des Saarlandes gelang es Reinhard Stockmann gemeinsam mit Dieter Filsinger von der Hochschule für Technik und Wirtschaft des Saarlandes (htwsaar), den einzigen Masterstudiengang für Evaluation in Deutschland zu etablieren. Seit zehn Jahren können nun Studierende aus aller Welt in Saarbrücken einen Master of Evaluation erwerben. Auch hier ist die Konkurrenz weltweit gesehen gering: In Europa gibt es etwa ein Dutzend Plätze, an denen Evaluation studiert werden kann, aber nur wenige bieten ein so breites Angebot wie Saarbrücken. Selbst in den USA sind es lediglich sieben Studienangebote, die mit dem Saarbrücker Studiengang vergleichbar sind.

Gegenwärtig bemüht sich Reinhard Stockmann insbesondere im Bereich des ‚Evaluation Capacity Building‘ darum, die weltweite Verbreitung der Evaluation voranzutreiben. Die Universität des Saarlandes verbindet dank seiner Initiative schon seit einigen Jahren ein intensiver Austausch mit der Universidad de Costa Rica, der Pionieruniversität in Sachen Evaluation in Lateinamerika. Weitere Kooperationen mit Universitäten in Russland und Uganda kamen in jüngster Zeit dazu. Das von Reinhard Stockmann vor zehn Jahren gegründete Hochschulinstitut ‚Centrum für Evaluation‘ (CEval) führt mittlerweile weltweit Weiterbildungskurse zu Evaluationsthemen durch. In Deutschland konnte viele Jahre ein Weiterbildungsangebot für entwicklungspolitische Gutachterinnen und Gutachter gemeinsam mit AGEG Consultants eG erfolgreich betrieben werden. Aktuell arbeitet das CEval an der Weiterentwicklung des Kurskonzepts, das einen breiteren Personenkreis – auch außerhalb der Entwicklungszusammenarbeit – ansprechen soll.

Reinhard Stockmann ist nicht nur in der Aus- und Weiterbildung zur Evaluation aktiv, sondern auch in der wissenschaftlichen Forschung und der Durchführung von Evaluationsdienstleistungen. Er hat einige zentrale Hand- und Lehrbücher zu Evaluation in chinesischer, deutscher, englischer und spanischer Sprache veröffentlicht. Gemeinsam mit seinen Mitarbeiterinnen und Mitarbeitern wurden zahlreiche Bücher, Buchbeiträge und Aufsätze in renommierten Fachverlagen und Fachzeitschriften zu unterschiedlichen Themen der Evaluation publiziert. Hinzu kommen unzählige Evaluationsberichte und Beratungen in den Schwerpunktbereichen Arbeitsmarkt und Umwelt, Bildung und Kultur, Entwicklungszusammenarbeit, Gesundheit und Sozialwesen. 2015 werden u. a. ein aus der Kooperation mit der Universidad de Costa Rica entstandener Fallstudienband auf Spanisch und die erste weltweite Übersicht zum Stand der Evaluationsforschung mit dem Titel ‚The Future of Evaluation‘ in englischer Sprache erscheinen.

Das erfolgreiche Wirken von Reinhard Stockmann zur Entwicklung der Evaluation ist Anlass für diese Festschrift zu seinem sechzigsten Geburtstag. Sie ist zum einen als Bilanz des bislang Erreichten zu verstehen, zum anderen aber auch als Ausblick auf die Herausforderungen der Evaluationscommunity. Es ist jedoch keineswegs sicher, dass der Status Quo erhalten bleibt und einige Skeptikerinnen und Skeptiker sehen die Entwicklung der Evaluation nicht nur positiv. Die Nachhaltigkeit von Evaluation ist auf verschiedenen Ebenen also noch nicht gesichert und einige dieser Themenfelder sollen in diesem Buch angesprochen werden.

Die Beiträge im ersten Abschnitt dieses Buches beziehen sich auf die Makro-ebene, nämlich die Beziehung zwischen Evaluation und Gesellschaft. Es geht dabei um die grundlegende Frage, ob moderne Gesellschaften wissenschaftliche Begleit-forschung zur Steuerung ihrer Entwicklung brauchen und wie sie sie gegenwärtig einsetzen. Welche Eigenschaften muss eine solche Begleitforschung haben, um tatsächlich zur gesellschaftlichen Steuerung erfolgreich beizutragen? Entspricht die Evaluationspraxis diesen Ansprüchen oder müssten eher andere Formen wis-senschaftlicher Beratung gestärkt werden?

Walter Müller nähert sich diesem Thema aus einer soziologischen Perspektive und setzt sich mit dem Verhältnis angewandter Sozialforschung zur soziologi-schen Forschung und Lehre an den Universitäten sowie zur Verwendung ihrer Er-kenntnisse in der Praxis auseinander. Insbesondere bezüglich der Verwendungs-forschung sieht er noch erheblichen Forschungsbedarf.

Der Ausgangspunkt von *Christiane Spiel* und *Barbara Schober* ist ein anderer, nämlich die durch wissenschaftliche Evaluation zu realisierende Evidenzbasierung von Politik. Mit einer sorgfältigen Literaturanalyse zeigen sie, dass Evaluation durchaus einen Beitrag zur Erhöhung der Steuerungsfähigkeit und zur gesell-schaftlichen Aufklärung leisten kann, hierzu aber spezifischer Voraussetzungen und institutioneller Rahmenbedingungen bedarf.

Das Fehlen solcher institutioneller Rahmenbedingungen für Evaluation sieht *Wolfgang Meyer* als einen Grund dafür, dass der von Ulrich Beck postulierte Über-gang zur ‚zweiten Moderne‘ nicht stattgefunden hat. Das Beharrungsvermögen bestehender Institutionen und ihre Adaptionsfähigkeit förderte zwar die Imple-mentation von Evaluation, verhindert jedoch deren weitergehende Institutiona-lisierung, die eventuell eine ‚reflexive Modernisierung‘ und eine grundlegende Transformation der gesellschaftlichen Basisinstitutionen vorantreiben könnte.

Der abschließende Beitrag von *Eike Emrich* warnt vor den negativen Folgen einer zu pragmatisch betriebenen Evaluation, die sich von wissenschaftlichen Standards entfernt und sich ausschließlich an den Regeln des Wissensmarktes ori-entiert. Spieltheoretisch begründet er die These, dass eine solche Entwicklung eher Gefälligkeitsgutachten denn Aufklärung hervorbringt und damit dem Anspruch einer evidenzbasierten Steuerung abträglich ist.

Die Antworten auf die Frage, ob und wie Evaluation eine gesellschaftliche Not-wendigkeit ist, die zu einer nachhaltigen Modernisierung führen kann, fallen somit in den vier Beiträgen sehr unterschiedlich aus. Gemeinsam ist ihnen allerdings die Betonung der Notwendigkeit von Professionalität in wissenschaftlich fundierten Evaluationen als Grundvoraussetzung für eine rationale gesellschaftliche Steue-rung und soziale Aufklärungsfunktion von Evaluation.

Der zweite Abschnitt des Buchs greift diesen Aspekt der Professionalität auf und zielt auf das Verhältnis der Evaluation zu benachbarten oder konkurrierenden Fachbereichen, welche die Aufgabe des Evaluierens ebenso übernehmen könnten oder bereits übernehmen. Ist die Evaluation auf dem Weg zu einer eigenständigen, sich nach außen abgrenzenden Profession? Kann sie dank ihrer Professionalisierung die Anforderungen an eine wissenschaftliche Begleitforschung besser erfüllen als andere? Diese Fragestellung betrifft zum einen die Professionalisierung der Evaluationsausbildung: Inwieweit kann sich eine professionelle Evaluation und die von ihr erbrachte Ausbildungsleistung am Markt der wissenschaftlichen Begleitforschung durchsetzen? Ist dies wünschenswert oder ist eine Spezialisierung zur Evaluatorin bzw. zum Evaluator nicht sinnvoll? Zum anderen betrifft sie die Forschung zu und über Evaluation: Genügen Evaluationen den hohen Anforderungen, die an empirische Sozialforschung zu stellen sind – und müssen sie überhaupt diesen Anforderungen genügen? Welche Bedingungen müssen erfüllt sein, damit Evaluation als Wissenschaft anzuerkennen ist und Beiträge zum wissenschaftlichen Erkenntnisgewinn leisten können?

Dieses Spannungsfeld zwischen Evaluation und Profession stellen *Wolfgang Böttcher* und *Jan Hense* zunächst sehr grundsätzlich aus Sicht der DeGEval vor. Auf der Grundlage professionssoziologischer Forschung nähern sie sich Gütekriterien und den daraus ableitbaren Anforderungen an eine Profession, die sie dann mit Blick auf die für Evaluationen zu ziehenden Schlussfolgerungen kritisch diskutieren.

Die konkrete Umsetzung einer professionellen Ausbildung zu Evaluationsexpertinnen und -experten steht im Zentrum des Beitrags von *Jörg Rech* und *Sandra Schopper*, welcher die Entwicklungen im Masterstudiengang Evaluation der Universität des Saarlandes und der Hochschule für Technik und Wirtschaft des Saarlandes bilanziert. Allerdings kann aufgrund der beschränkten Ausbildungskapazitäten an der Universität des Saarlandes und dem Fehlen weiterer Evaluationsstudiengänge an anderen Hochschulen der Professionalisierungseffekt auf die stetig expandierenden Anwendungsfelder von Evaluationen nur bescheiden bleiben.

Probleme in der Qualität von Evaluationen lassen sich vor allem durch Metaevaluationen identifizieren, wie es *Alexandra Caspari* in ihrem Beitrag tut. Sie widmet sich dem Stellenwert von Metaevaluationen in der Entwicklungszusammenarbeit und vergleicht drei aktuelle Studien miteinander. Anhand der Befunde wird deutlich, wie wichtig das durch diese Art Untersuchungen zu gewinnende systematische Wissen über konzeptionelle und methodische Stärken und Schwächen von Studien für die Qualitätsentwicklung von Evaluationen ist.

Die drei zentralen ‚M‘s der Evaluationsforschung stellt *Frans Leeuw* in den Mittelpunkt seiner Darstellung, die sich mit den Methoden, Modalitäten und Mechanismen der Evaluation auseinandersetzt. Frans Leeuw beleuchtet das Wirken Reinhard Stockmanns anhand dieser Kategorien und schlägt ihm augenzwinkernd ein Arbeitsprogramm für die Jahre jenseits der 60 vor.

Der Abschnitt wird abgeschlossen mit einem Bericht zur Entwicklung der Zeitschrift für Evaluation von ihrem Redakteur *Hansjörg Gaus*. In dem Beitrag wird aufgezeigt, in welchen Feldern sich die Zeitschrift als zentrales Sprachrohr etablieren konnte und wo es noch Entwicklungspotenziale gibt.

Insgesamt zeigen die Beiträge, dass die Professionalisierung der Evaluation offensichtlich sowohl in der Qualifizierung als auch in der Evaluationsforschung voranschreitet, mit der Expansion der Nachfrage aber nicht mithalten kann. Ob dies in die Begründung einer neuen Profession mündet ist, trotz aller Fortschritte, eher fraglich – die nachhaltige Absicherung von Forschung und Lehre zu Evaluation ist bisher genauso wenig wie die Abgrenzung zu benachbarten Fächern gelungen. Auf Seiten der Nutzung von Evaluationen sind die Möglichkeiten einer positiven Beeinflussung durch die bisher erreichte Professionalisierung dank der stark wachsenden Nachfrage eher kritisch zu sehen.

Der dritte Abschnitt rückt diesen Aspekt ins Zentrum und beschäftigt sich mit der Nutzung von Evaluationsergebnissen: Liefern Evaluationen die von der Praxis benötigten Informationen und werden die von Evaluationen gelieferten Evaluationen in der Praxis verwendet? Wie müssten sich Evaluationen und ihre Institutionalisierung in Entscheidungsprozessen verändern, damit sie effektiver und effizienter zur Steuerung beitragen könnten?

Diesen Fragen nähert sich *Evert Vedung* aus einer eher theoretischen Perspektive, indem er sechs Typen der Nutzung von Evaluationen identifiziert und ihre Bedeutung hervorhebt. Diese Klassifikation zeigt, dass eine enge Begrenzung auf die instrumentelle und direkte Nutzung von Evaluationsergebnissen zu kurz greift und andere Facetten der Verwendung unbedingt bei einer Betrachtung in den Blick genommen werden müssen.

Im Unterschied zu diesen allgemeinen Überlegungen liefert *Dominique de Crombrugghe* ein sehr persönliches und aus seiner eigenen Berufserfahrung geprägtes Bild zur Entwicklung der Evaluierungssysteme bei Trägerorganisationen der Entwicklungszusammenarbeit. Trotz aller Fortschritte sieht er die ‚Evaluation aus einem Guss‘ in diesem Anwendungsbereich noch nicht realisiert, auch wenn er viele einzelne gute ‚Schmieden‘ erkennt.

Stefanie Krapp liefert hierfür Erklärungen, die sich auf fehlende Voraussetzungen für die Nutzung von Evaluationen konzentrieren. Sie hebt dabei insbesondere den ‚Ownership‘ für die Evaluierung hervor und sieht in dem Kontrollanspruch der Leitungsebenen in einer vornehmlich hierarchisch orientierten Entscheidungsstruktur des politischen Systems eine wesentliche Behinderung auf dem Weg zu einer evidenzbasierten Politik.

Aus der Sicht von *Dieter Filsinger* bietet nicht nur die Evaluation ein wichtiges Instrument zur Realisierung einer evidenzbasierten Politik. Er sieht das besondere Potenzial in der Verschränkung von Politikfeldanalysen, Politikberatung und Evaluation. Er arbeitet die Gemeinsamkeiten und Unterschiede dieser verschiedenen Ansätze heraus und rekonstruiert deren Bedeutung im Politikfeld Migration und Integration in den letzten Jahrzehnten. Er erkennt Desiderate insbesondere in der Evaluationspolitik des Bundes und der Länder und zeigt Perspektiven für eine integrierte Politikbeobachtung und -evaluation auf.

Trotz aller unverkennbaren Fortschritte stehen einer nachhaltigen Nutzung von Evaluationen zur kontinuierlichen Weiterentwicklung politischer Strategien, Programme und Projekte also einige Barrieren im Wege. Dies bedeutet jedoch nicht, dass Evaluationen und alle bisherigen Bemühungen zur Professionalisierung und Etablierung des Feldes wirkungslos waren.

Stefan Silvestrini zeigt anhand einer differenzierten Darstellung der Arbeitsfelder der Evaluationsforschung den spezifischen Beitrag Reinhard Stockmanns zum internationalen Diskurs und zur Weiterentwicklung dieser Profession auf. Er stellt weiterhin aber auch die Lücken dar, die – trotz des unermüdlichen Wirkens von Stockmann – nach wie vor bestehen und Anlass zu weiteren Forschungsarbeiten geben.

Vera Hennefeld widmet sich abschließend der Entwicklung des Centrums für Evaluation von seiner Gründung bis heute und zeigt auf, welche mehr oder weniger nachhaltigen Wirkungen das Institut mit seinen Forschungsarbeiten und den vielfältigen, darüber hinausgehenden Aktivitäten erzeugen konnte. Obwohl es Rückschläge gegeben hat und viel Sinnvolles nicht durchzusetzen war, bleibt die Arbeit des Centrums in der Bilanz ein voller Erfolg – nicht nur für sich selbst, sondern auch für seine Auftraggeber.

Die Nachhaltigkeit der beschriebenen Erfolge des Wirkens Reinhard Stockmanns und auch der Evaluation insgesamt als wichtiges gesellschaftliches Steuerungsinstrument ist gegenwärtig noch nicht gesichert. Hierfür gibt es leider, wie dieser Band zeigt, viele Belege. Generell verwundert es, wie wenig die Politik ausgerechnet in einem für ihre eigenen Zwecke nützlichen Bereich bereit ist zu investieren und sich für dessen institutionelle Absicherung einzusetzen. Offensichtlich bedarf es hier immer noch weiterer Überzeugungsarbeit – wie sie Reinhard Stockmann seit vielen Jahren leistet und sicher auch weiter leisten wird.

I
Evaluation als Notwendigkeit?
Nachhaltige Modernisierung

Von der angewandten Sozialforschung zur Sozialforschung der Verwendung[1]

Walter Müller

Die Soziologie und die empirische Sozialforschung sind mit der Herausbildung der modernen Gesellschaften entstanden. Das ist nicht zufällig: Als wissenschaftliche Tätigkeit entsprechen sie einem der zentralen Prozesse, der der Entwicklung der modernen Gesellschaft inhärent ist und der von Max Weber als Rationalisierung charakterisiert wurde. Durch das wissenschaftliche Erkennen der Naturgesetze, ihre technologische Umsetzung und Nutzung, in nach zweckrationalen Prinzipien des Wirtschaftens und Gewinnstrebens agierenden kapitalistischen Unternehmen, vollzieht sich in sukzessiven Wellen ein geradezu rasanter Wandel in der wirtschaftlichen Produktion und in den Lebensbedingungen der Menschen. Es entwickeln sich neue Ungleichheiten, Arbeits- und private Austauschbeziehungen, Lebensformen, normative Selbstverständlichkeiten und Wertprioritäten. Individuen lösen sich teilweise aus solidargemeinschaftlichen Bindungen und Unterstützungsgemeinschaften. Ihre Lebensgrundlagen werden abhängig von den Arbeits- und Gütermärkten sowie den staatlichen und privaten Dienstleistungs- und Versorgungseinrichtungen. Praktisch überall haben die Aufgaben des Staates in seiner Ordnungsfunktion, als Versorger und Gestalter des gesellschaftlichen Lebens stark zugenommen. Mit der Ausbildung von Demokratien nehmen die Ansprüche der Staatsbürgerinnen und -bürger zu, nicht bloß kontrolliertes Objekt staatlichen Handelns zu sein, sondern als betroffene Subjekte Entscheidungen zu beeinflussen und mitzubestimmen. Staatliche Instanzen müssen ihr Handeln mit einsichtigen und überzeugenden Argumenten zu begründen versuchen.

Mit diesen Entwicklungen und besonders auch durch die Ausdifferenzierung in Subsysteme mit je eigener Rationalität ist gesellschaftliche Realität und gesellschaftliches Geschehen zunehmend komplexer und undurchsichtiger geworden. Niemand ist in der Lage, die ablaufenden Prozesse durch eigene Anschauung und unmittelbare Erfahrung zu übersehen und noch weniger in ihren Abhängigkeiten voneinander zu verstehen. Es ist nicht verwunderlich, dass diese Entwicklungen einen ausdauernd fruchtbaren Nährboden für den Aufbau und die stetige Weiterentwicklung der empirischen Sozialforschung gebildet haben. Der treibende Faktor ist der Bedarf der gesellschaftlichen und staatlichen Akteure an verlässlichem Wissen über die Gesellschaft und ihr Funktionieren. Verlässliche und die Realität valide abbildende Informationen sind eine der preiswertesten Ressourcen, über die eine moderne Gesellschaft verfügen kann, nicht nur um sich ihres eigenen Zustandes zu versichern, sondern auch – soweit das überhaupt möglich ist – um ihre

1 Ich danke Bernhard Ebbinghaus und Wolfgang Meyer für hilfreiche Anregungen.

Entwicklung auf der Basis von geprüftem und belastbarem Wissen zu gestalten. Auch Märkte wirken steuernd, aber es gibt Marktversagen und es gibt öffentliche Güter und Dienste, die anderer Regelungsmechanismen bedürfen, über politische Instanzen und staatliche Bürokratien (vgl. Zapf, 1977).

Dafür einschlägiges, möglichst unverfälschtes und korrektes Wissen zu schaffen, das ist die zentrale Aufgabe, die die empirische Sozialforschung übernommen hat. Im Verbund mit sozialwissenschaftlichen Theorien schafft die empirische Sozialforschung Wissen zum Verstehen und zur Gestaltung gesellschaftlicher Wirklichkeit, das auf wissenschaftlichen Erkenntnisprinzipien beruht. Gegenüber anderen Formen von Wissen und Überzeugungen zeichnet sich dieses Wissen in einem entscheidenden Punkt aus: Es kommt durch methodische Standards und systematische Verfahren zu Stande, die selbst wissenschaftlich fundiert sind. Es muss in jedem Schritt durch andere Forscherinnen und Forscher nachvollziehbar sein und in deren Wettbewerb kritischen Widerlegungsversuchen standhalten. Beschränkungen und Unsicherheiten in Ergebnissen sind offen zu legen. Kodifizierte Regeln (Ethikkodex) sollen die Einhaltung der akzeptierten Prinzipien wissenschaftlichen Arbeitens sicherstellen helfen. Auf diesem auf der unvoreingenommenen Anwendung strikter und überprüfbarer Methoden begründeten besonderen Status wissenschaftlichen Wissens basieren letztlich Rationalitätsgewinn und praktische Nützlichkeit zugleich: Es schützt vor der Selbsttäuschung, dass man etwas als wahr hält, weil man möchte, dass es wahr ist (vgl. Prewitt, Schwandt & Straf, 2012, S. 3). Zentrale nutzenstiftende Leistungen der Soziologie bestehen damit in der Tat in der „Zerstörung der herrschenden Folklore über soziale Organisationen und soziale Strukturen" (Lepsius, 2003, S. 26) und darin, „die Gesellschaft vor Legenden zu bewahren" (Kaesler, 2003, S. 12). Über diese Leistung als „unverzichtbare gesellschaftliche Korrekturwissenschaft" (Soeffner, 2011, S. 149) hinaus gibt es zugleich die positive praktische Nützlichkeit sozialwissenschaftlicher Erkenntnisse in den vielen Bereichen, in denen Sozialwissenschaftlerinnen und -wissenschaftler forschen, beispielsweise für die Gestaltung der Arbeitswelt, des Bildungswesens oder bezüglich des Umweltverhaltens. Wenn der besondere Status des Wissens und dessen Nützlichkeit auch weithin anerkannt sind, so ist diese Anerkennung in den Sozialwissenschaften doch weniger selbstverständlich gegeben als in den Naturwissenschaften. Das hat viele Gründe. Sie liegen u. a. in der besonderen (reaktiven) Natur des Gegenstandes, der sich vielfach wandelt und damit die mit der prinzipiellen Vorläufigkeit des Wissens verbundene Unsicherheit verstärkt. Sozialwissenschaftliches Wissen steht oft in Widerspruch zu geglaubten Überzeugungen und Wissen aus anderen Quellen wie Wissen, das auf eigenen, oft selektiven Beobachtungen oder interessen- und wertbezogenen Erfahrungen basiert. Auch die methodische und theoretische Heterogenität der wissenschaftlichen Richtungen und Dispute sowie Arbeiten, die den jeweiligen methodischen Standards der Erkenntnisgewinnung nicht gerecht werden oder nicht erfüllbare Leistungen versprechen, schwächen die Akzeptanz (vgl. ausführlich zum Akzeptanzproblem: Weiss & Bucuvalas, 1980a).

Die öffentliche Unterstützung soziologischer und im weiteren Sinne sozialwissenschaftlicher Forschung ist gewiss nicht unabhängig von ihrem wahrgenommenen Nutzen für die soziale Praxis. Sie ist keineswegs selbstverständlich gegeben, zumal nicht in Zeiten knapper Mittel, um die die verschiedenen Wissenschaftsbereiche konkurrieren. So kann man es als Warnsignal verstehen, dass seit der Jahrtausendwende in Deutschland die Zahl der Professuren in den Sozialwissenschaften deutlich hinter der allgemeinen Entwicklung zurück blieb[2] und sich damit ein für die Soziologie bedenklicher Trend fortsetzt, den Meyer (2002) schon für die 1990er Jahre beobachtet. Vor diesem allgemeinen Hintergrund soll in diesem Beitrag der Verwendungsbezug soziologischer Forschung in zwei Schritten diskutiert werden. In einem ersten Teil beschreibe ich zunächst die Entwicklung der sogenannten angewandten Soziologie, da diese ja ganz besonders und explizit auf Nutzung in der Praxis ausgerichtet ist, und erörtere ihren sich wandelnden Stellenwert innerhalb der Soziologie. In einem zweiten Teil greife ich dann allgemeiner die Frage auf, wie Ergebnisse der Forschung in Politik und Praxis tatsächlich verwandt werden und was getan werden könnte, um die Nutzung zu verbessern. Der Beitrag schließt mit einigen Folgerungen für erste Schritte. Zur Verortung des Beitrages möchte ich sagen, dass er nicht Ergebnis systematischer Forschung ist, sondern der Versuch einer Reflektion und persönlichen Einschätzung, die aus einem selektiven Blick auf einschlägige Literaturen und gewiss idiosynkratischen persönlichen Erfahrungen und Beobachtungen resultieren.

1.   Die Entwicklung der angewandten Soziologie und ihr sich wandelnder Stellenwert in der Disziplin

Wenn die Grenzen auch fließend sind, so ist doch üblich, zwischen Grundlagenforschung und angewandter Forschung zu unterscheiden. Grundlagenforschung dient der Entwicklung und Prüfung mehr oder weniger allgemeiner Theorien. Angewandte Forschung dagegen nutzt das allgemeine soziologische/sozialwissenschaftliche theoretische und methodische Instrumentarium zur wissenschaftlichen Bearbeitung konkreter Fragen der gesellschaftlichen und politischen Praxis. Damit werden zum einen systematisch gewonnene und methodisch gesicherte Kenntnisse über die untersuchte soziale Wirklichkeit erwartet. Zum anderen sollen in aller

---

2   Leider fehlt für die Entwicklung des Faches Soziologie seit der Jahrtausendwende eine differenzierte Analyse wie sie Meyer (2002) bis Ende der 1990er Jahre vorlegt. Bezogen allein auf die Zahl der Professuren zeigt sich, dass diese in den Sozialwissenschaften (im Wesentlichen Soziologie) von 2000 bis 2013 von 612 auf 684 um 11% zunahm (nach Mau & Huschka, 2010: Abbildung 1 und Statistisches Bundesamt, Fachserie 11), während sie in den Wirtschafts-, Sozial- und Rechtswissenschaften insgesamt um über 40% von 7644 auf 10896 anstieg (nach Tabelle 2.5.60 in http://www.datenportal.bmbf.de/portal/de/K257.html#chapters, Download am 6.1.2015). Von 2000 bis 2005 ging die Zahl sozialwissenschaftlicher Professuren sogar zurück.

Regel aus diesen Kenntnissen Hinweise für praktisches Handeln abgeleitet werden
können, das der Verwirklichung gewünschter Ziele dient oder es sollen alternative
Wege geprüft werden, mit denen Ziele unter gegebenen Bedingungen und Handlungsmöglichkeiten mehr oder weniger gut erreichbar erscheinen. Die Fragestellungen kommen keineswegs nur aus Situationen oder Handlungsbereichen, die
mit unerwünschten sozialen Problemen behaftet sind, die man beheben möchte.
Marktforschung oder Bürgerumfragen zu politischen Präferenzen sind Beispiele
für Fälle, in denen es primär um Gewinnchancen im Produkt-Wettbewerb oder
im Wettbewerb um politische Stimmen geht. Aber in vielen Fällen geht es dann
doch um Forschung zur besseren Bewältigung gesellschaftlicher Probleme in den
vielfältigsten gesellschaftlichen Handlungsfeldern.

Praxisfragen als Stimulator der Entwicklung der Soziologie zu einer empirischen Wissenschaft

Für lange Phasen ihrer Geschichte sind die angewandte Soziologie und empirische
Sozialforschung zentrale Triebfedern der Entwicklung der Disziplin. Das mit der
Industrialisierung verbundene soziale Elend und die ‚soziale Frage‘ im 19. Jahrhundert waren Anlass für die frühen Sozialenqueten unter Beteiligung von Klassi-
kern des Faches (Max Weber u. a.). Das erste große Forschungsunternehmen, das
Weber für die neu gegründete Deutsche Gesellschaft für Soziologie plante, war
eine umfassende Studie zum Zeitungswesen (vgl. Lepsius, 2011). Die klassische
Studie zu den Arbeitslosen von Marienthal (vgl. Lazarsfeld, Jahoda & Zeisel, 1933)
mit ihrem multi-methodischen Ansatz, den reichen inhaltlichen Befunden und
den mit der Studie verbundenen sozialen Interventionen war Vorbild für viele
spätere angewandte Studien. Zentrale theoretische Konzepte und Hypothesen der
Soziologie entstammen angewandten Studien. Lazarsfeld, Reitz & Pasanella (1975,
S. 10) verweisen auf ein Dictum von Lewin „that nothing is more conducive to
innovation in social theory than collaboration on a practical problem“. U.a. verweisen sie auf die bis heute fruchtbare Unterscheidung von formellen und informellen Regelungen in Organisationen aus den Hawthorne-Studien, in denen es um
Maßnahmen zur Steigerung der Produktivität von Arbeitsgruppen ging. In „The
American Soldier“ entwickelten Stouffer et al. (1949) das in der Bezugsgruppen-
theorie bis heute höchst bedeutsame Konzept der relativen Deprivation. Auf eine
Auftragsforschung für den Amerikanischen Kongress geht Colemans et al. (1966)
„Equality of Educational Opportunity“ zurück, die zu einer der am meisten zitier-
ten empirischen Untersuchungen überhaupt wurde und mit mehreren darin ent-
wickelten Konzepten die spätere soziologische Theorienbildung und empirische
Forschung entscheidend beförderte. Die Spieltheorie wurde im Amerikanischen
Verteidigungsministerium mit Blick auf ihre Relevanz für militärische Strategien
begründet (Marshall, 1998, S. 500).

Mit Bezug auf die Forschungsmethoden erinnert Peter H. Rossi, „that most if not all the technical advances in social research that have occurred over the past 50 years in sociology have arisen in response to applied research needs (vgl. Rossi, 1987, S. 371). Zentrale Instrumente der empirischen Forschung seien aus angewandten Forschungsbedarfen des Bureau of the Census entstanden, so entscheidende Impulse für computerbasierte Verfahren zur Analyse der Massendaten der Zensen oder die für die Qualitätsverbesserungen und den rasanten Anstieg der Surveyforschung entscheidende Weiterentwicklung von Stichprobenverfahren. Eine große Zahl weiterer Methoden verdanken ihre Entwicklung ebenfalls Anforderungen aus der angewandten Forschung: die Faktorenanalyse der Entwicklung und dem Einsatz von Fähigkeitstests, zunächst in der Armee und dann in anderen Institutionen der amerikanischen Gesellschaft; unterschiedliche Verfahren der Einstellungsmessung haben ihren Ursprung in der Markt- und politischen Meinungsforschung. Auch zwei der gerade in der gegenwärtigen Sozialforschung mächtigsten Instrumente – die Langfristpanel großer Bevölkerungsstichproben und das inzwischen zum Goldstandard der Kausalanalyse avancierte randomisierte Feldexperiment – haben praxisbezogenen Ursprung. Die für viele ähnliche Studien weltweit Vorbild gebende Panel Study of Income Dynamics wurde 1968 in Amerika mit der Aufgabe gestartet, für das Office of Economic Opportunity neue dynamische Analysen zum Armutsproblem zu ermöglichen. Die auf Feldexperimenten basierende Kausalanalyse und die davon inspirierten DD-Analysen sind über ihren Erfolg in der praxisbezogenen Evaluationsforschung in die Grundlagenforschung eingesickert.

So hat Rossi (1987) nicht unrecht mit der Feststellung, die Annahme der Herausforderungen unterschiedlichster Probleme der Praxis hätten entscheidend dazu beigetragen, dass die Soziologie sich von einer spekulativen Schreibtisch-Wissenschaft hin zu einer in empirischer Forschung basierten Disziplin entwickelt hat. Vor dem Hintergrund solcher Beobachtungen hatten Freeman & Rossi (1984) in der American Sociological Review argumentiert, in Soziologie-Departments verstärkt spezialisierte Einheiten für Forschung und Lehre der angewandten Soziologie aufzubauen, nicht nur um das Potenzial der Soziologie für gesellschaftlich nützliche Forschung zu stärken, sondern vor allem auch um die Soziologie zu professionalisieren und für die Studienabsolventinnen und -absolventen des Faches bessere Chancen auf dem Arbeitsmarkt zu schaffen. Dass aus angewandten Forschungsaufgaben solche Gewinne für die Grundlagenforschung und die Weiterentwicklung der Forschung generell flossen, hat gewiss nicht zuletzt damit zu tun, dass angewandte Forschung vielfach an den Universitäten angesiedelt war und von den gleichen Personen betrieben wurde, die zugleich auch in Grundlagenforschung und akademischer Lehre engagiert waren.

Angewandte Soziologie auf dem Rückzug?

Wenn nicht aller Anschein trügt, so verläuft die neuere Entwicklung in genau umgekehrter Richtung. Zumindest projektbasierte Auftragsforschung zu angewandten Forschungsthemen scheint, von wenigen Ausnahmen abgesehen, zunehmend weniger an den Universitäten lokalisiert zu sein.[3] Empirische Forschung an den Universitäten ist zunehmend grundlagenwissenschaftlich orientiert. Man kann leicht ein ganzes Bündel von Gründen nennen, die dazu geführt haben. Ein kurzer Blick auf die Belohnungs- und Gelegenheitsstrukturen genügt. Wissenschaftlerinnen und Wissenschaftler lernen spätestens bei einer Bewerbung auf eine (Junior-) Professur, dass Aufsätze in anerkannten Fachzeitschriften für Bewerbungserfolg wichtiger wenn nicht ausschlaggebend geworden sind. Überragendes Kriterium in der Selektion von Beiträgen ist möglichst generalisierbare Erkenntnisinnovation, die grundlagenorientierten, erklärenden Befunden leichter zuerkannt wird als deskriptiven und anwendungsorientierten Arbeiten. Höchste Anerkennung genießen Forschungsmittel, die von Einrichtungen der Grundlagenforschung, wie der DFG, in Peer-Review-Wettbewerben gewonnen werden. Seit den 1980er Jahren sind zuvor unvorstellbare neue Forschungsmöglichkeiten durch die großen quer- und vor allem längsschnittlichen nationalen und internationalen öffentlich finanzierten und für die Forschungsnutzung leicht verfügbaren sozialwissenschaftlichen Datenerhebungen entstanden.[4] Zahlreiche öffentliche Datenproduzenten haben über Initiativen des Rates für Sozial- und Wirtschaftsdaten ihre Datentresore für wissenschaftliche Nutzungen geöffnet. Mit dem Reichtum und der anerkannten Qualität dieser weitgehend frei zugänglichen Datenbasen verschiebt sich das Ge-

---

3   Eine informative Übersicht über Forschungsaktivitäten und ihre Institutionalisierung an Universitäten und Fachhochschulen fehlt. Sucht man im Internet nach Einrichtungen für angewandte Soziologie/Sozialwissenschaften/Sozialforschung findet man solche am ehesten an Fachhochschulen, hauptsächlich in Verbindung mit Ausbildungen für Berufe der Sozialarbeit und Sozialpädagogik. Die Forschungsmöglichkeiten und -aktivitäten an diesen Einrichtungen sind sehr begrenzt. An den Universitäten wurden Einrichtungen, die zumindest der Bezeichnung nach einen Schwerpunkt in angewandter Forschung hatten, aufgelöst oder umstrukturiert, beispielsweise ein entsprechender Lehrstuhl in Mannheim oder das früher bekannte Institut für angewandte Sozialforschung an der Universität Köln. Institute, die noch diesen Namen führen, wie das Bremer Institut für empirische und angewandte Soziologie (EMPAS) oder die wenigen vorhandenen Lehrstühle/Lehrgebiete mit dieser Denomination befassen sich in der Regel in eher grundlagenwissenschaftlicher Orientierung mit speziellen Anwendungsfeldern der Soziologie.

4   U.a. ALLBUS, European Social Survey, International Social Survey Programme ISSP, European und World Value Surveys, SOEP, Familienpanel, Studierenden- und Hochschulabsolventenpanels durch HIS GmbH, SHARE, Fertilitätserhebungen, Betriebspanel des IAB, die verschiedenen regelmäßig wiederholten international vergleichenden OECD-Kompetenzerhebungen von der Grundschule bis hin zum Erwachsenenalter und als jüngstes der Datenbeschleuniger des Nationalen Bildungspanel (NEPS).

wicht der Forschung zunehmend auf die Sekundäranalyse vorhandener Daten.[5] Es wird unattraktiv, selbst neue Daten für ein selbst gewähltes Forschungsproblem zu sammeln, und auch schwieriger, Ressourcen dafür zu bekommen. Erst sollen vorhandene Daten genutzt werden.

Bei den gegebenen Belohnungs- und Gelegenheitsstrukturen verschiebt sich das Gewicht der Sozialforschung an Universitäten auf einen spezifischen Typ von Grundlagenforschung. Es werden eng zugeschnittene Fragestellungen gewählt, die sich am Stand der jeweiligen innerwissenschaftlichen Fachdiskussion und an verfügbaren Daten orientieren. Im Bestreben, den Dingen wirklich auf den Grund zu kommen, werden aus Theorien abgeleitete Hypothesen in sehr spezifischen Feldern mit zunehmendem methodischem Aufwand geprüft. Letzteres ist meist auch erforderlich, um einen Sachverhalt hieb- und stichfest zu belegen und gegen konkurrierende Erklärungen abzusichern. Damit wird idealiter auch das Ziel verfolgt, den Geltungsbereich von allgemeinen Theorien zu prüfen und möglichst auszuweiten. Dies trägt langfristig dazu bei, die allgemeinen theoretischen Gebäude und Mechanismen zu sichern, auf deren Grundlagen Einzelphänomene erst erklärbar werden. Dabei gibt es durchaus große Fortschritte. In der Bildungsforschung etwa, in der ich am ehesten die Entwicklung kenne, liegen Welten zwischen den Kenntnissen etwa der 1970er Jahre und dem, was man heute weiß. Aber man muss auch feststellen, dass in diesem Prozess eine Fülle von kleinteiligen Einzelergebnissen zustande kommt, die sich oftmals wiedersprechen und bei denen die Erkenntniskumulation nicht immer wahrzunehmen ist. Es bedarf vielfach besonderer Anstrengungen, sie aus der Fülle der Literatur herauszuarbeiten.

Die Zurückhaltung vor angewandter Forschung erklärt sich auch daraus, dass sie – ernst genommen – vor Ansprüchen steht, die unter den in der Regel gegebenen Bedingungen von durch Drittmittel finanzierter Projektforschung praktisch kaum einzulösen sind. Sollen soziale Situationen oder Prozesse durch Maßnahmen beeinflusst werden, ist im Grunde genommen vollständiges kausales Wissen darüber erforderlich wie sie zustande kommen. Situationen und Prozesse sind in der Regel multikausal durch Faktoren und Mechanismen bedingt, deren Untersuchung in die Forschungstradition unterschiedlicher Disziplinen fällt. Auch die erforderliche Berücksichtigung der Nebenfolgenproblematik erhöht die Leistungsanforderungen praxisorientierter Forschung. So ist das Argument verständlich, die freie universitäre Forschung solle alle Anstrengung auf die Sicherung der Grundlagen richten, bevor sie sich leichten Sinnes dafür hingibt, Praxisprobleme lösen zu wollen. Das ist auch weniger riskant. Mangelhafte Grundlagenforschung

---

5   Nach einer Auszählung aller in den beiden führenden deutschen Fachzeitschriften der Soziologie von 1970 bis 2010 publizierten Aufsätzen hat der Anteil der empirisch basierten Arbeiten von 25% auf über 80% zugenommen; unter den empirisch orientierten Arbeiten haben Sekundäranalysen von 10% auf über 60% zugenommen (vgl. Kopp, Schneider & Timmler, 2012, Schaubilder 4 und 5). Allein auf der Grundlage von SOEP-Daten erscheinen (nach einer unvollständigen Liste) pro Jahr ca. 600 Publikationen.

mag das Renommee der Wissenschaftlerin bzw. des Wissenschaftlers beeinträchtigen, aber Gesellschaft und Staat können Schaden nehmen, wenn unzulängliche Erkenntnisse in Praxisempfehlungen eingehen. Das gilt natürlich nicht nur für sozialwissenschaftliche Forschung, sondern auch für andere Disziplinen, und kann auch nachhaltig negative Folgen für die öffentliche Anerkennung der jeweiligen Wissenschaft haben.[6] Mit diesen Entwicklungen ist die angewandte Soziologie und Sozialforschung in ihrem ursprünglichen Verständnis weitgehend aus dem Optionshorizont universitärer Forschung verschwunden.

Spezielle Soziologien und außeruniversitäre Forschungsinstitute

Die Forschungsrealität ist jedoch facettenreicher als die stilisierte Charakterisierung von Grundlagen- und angewandter Forschung und das Bild, das sich mit einer Fokussierung auf die Entwicklung der Forschung an den Hochschulen ergibt. Die Soziologie selbst hat sich mit den sog. speziellen Soziologien zunehmend in zahlreiche spezifische Felder ausdifferenziert, einerseits entsprechend der differenzierten, mehr oder weniger institutionalisierten gesellschaftlichen Handlungsfelder und Subsysteme, andererseits nach dem Lebenslauf und seinen Etappen von der Kindheit bis in die letzten Phasen des hohen Alters und gar des Sterbens. Zwar verfährt die Forschung auch hier überwiegend ähnlich wie die allgemeine Grundlagenforschung nach dem Modell des Testens eng zugeschnittener Einzelhypothesen, aber sie ist mit der Ausrichtung auf spezifische Handlungsfelder anwendungs- und praxisnäher.

Man kann dies gut an einem Beispiel aus der Bildungsforschung illustrieren. Dort zeigen beispielsweise Neugebauer, Helbig & Landmann (2011) über den Test einer typischen speziellen Hypothese, dass es für den Lernerfolg von Jungen und Mädchen keinen Unterschied ausmacht, ob sie von einem Lehrer oder einer Lehrerin unterrichtet werden, ja Jungen unter bestimmten Bedingungen bei einer Lehrerin besser lernen als bei einem Lehrer. Damit liegt die sehr praxisrelevante Folgerung nahe, dass dem beobachteten Abfallen der Schulleistungen von Jungen im Vergleich zu Mädchen kaum erfolgreich mit den in Politik und Medien teilweise geforderten Anstrengungen begegnet werden kann, mehr Männer für den

---

6   Unerfreulicher Beleg dafür in der Soziologie ist der Ansehensverlust, den das Fach hinnehmen musste, als sich herausstellte, dass die überzogenen Erwartungen, die in der Phase der Planungseuphorie der späten 1960er und 1970er Jahre an das Fach gerichtet wurden und die es zur Förderung seines weiteren Ausbaus auch selbst geschürt hat, nicht erfüllbar waren. Wie Leistungen und Fehlleistungen der Forschung wahrgenommen werden, wie dies auf das Renommee der Wissenschaft insgesamt und einzelner Disziplinen (möglicherweise unterschiedlich) wirkt und wovon dies abhängt, wäre selbst durch Forschung zu klären. Zur Diskrepanz zwischen Leistungen des Faches und Renommee im Fall der Soziologie siehe Stockmann (2002a, 2002b).

Lehrerberuf zu gewinnen und damit der Feminisierung des Lehrerberufs entgegenzuwirken, die mit eine Ursache des schlechteren Abschneidens der Jungen sei.

Auch mit den Reaktionen auf die PISA-Befunde ist die Bildungsforschung ein lehrreiches Feld. In Deutschland haben die einfachen deskriptiven Beobachtungen der ersten PISA-Analysen (Deutsches PISA-Konsortium, 2001), nach denen deutsche Schülerinnen und Schüler im internationalen Vergleich bei überdurchschnittlich hohen sozialen und migrationsbezogenen Disparitäten über insgesamt unterdurchschnittliche Lesekompetenzen verfügen, zu einer aufgeregten öffentlichen Debatte geführt. Dies hat Anstrengungen ausgelöst, durch verschiedene Reformmaßnahmen Verbesserungen herbeizuführen. Solche scheinen nach den neueren Erhebungen im Verlaufe Zeit auch eingetreten zu sein, sowohl beim Leistungsniveau allgemein als auch bei einzelnen der Disparitäten (vgl. Klieme et al., 2010). Allgemeiner im Hinblick auf Praxisfolgen wissenschaftlicher Erkenntnisse lernt man zudem, dass vergleichbar ungünstige Befunde in anderen Ländern keineswegs auch ähnliche gesellschaftliche und politische Reaktion zeitigen müssen. Welche Folgen wissenschaftliche Erkenntnisse haben, hängt u. a. von Bedingungen und Konstellationen in den lokalen gesellschaftlichen und politischen Kontexten ab, in denen Ergebnisse bekannt gemacht und wahrgenommen werden (Bieber, Martens, Niemann & Windzio, 2014).

Die Bildungsforschung ist schließlich auch ein sprechendes Beispiel von Veränderungen in der institutionellen Organisation anwendungsnaher Sozialforschung. Sie findet in Deutschland vermehrt in speziell dafür geschaffenen außeruniversitären Einrichtungen oder eigenständigen sog. An-Instituten statt. PISA und ähnliche Studie wie TIMMS, PIRLS oder PIAAC sind durch Forschungszentren der OECD initiiert und gesteuert. Ihre Durchführung erfolgt durch Forschungskonsortien, oft geleitet und unterstützt durch Forscherteams in außeruniversitären Einrichtungen.[7] Wie im Fall von Bildung gibt es inzwischen zu vielen der zentralen gesellschaftlichen Handlungs- und Problemfelder spezialisierte Forschungseinrichtungen, die im Zuschnitt den Arbeitsbereichen der speziellen Soziologie ähneln: Jugend und Familie, Alter, Arbeit und Beruf, Migration, Gesundheit, Demographie, Technik und Technikfolgen, Verkehr, Medien, Politik, Recht, Kriminalität u. a. Hinzu kommen Institute mit einem breiten Forschungsprofil zu Entwicklungen, Problemen und Innovationschancen moderner Gesellschaften wie das WZB oder einzelne sozialwissenschaftliche Max-Planck-Institute. Auch einzelne der wirtschaftswissenschaftlichen Forschungsinstitute untersuchen mit Methoden der empirischen Sozialforschung anwendungsnahe Fragestellungen. Diese außeruniversitären Einrichtungen verfolgen eine nach Instituten variierende Mischung von Grundlagen- und anwendungsnaher Forschung. Der Präsident der Leibniz-Gemeinschaft, der viele dieser Institute angehören, beschreibt ihre allgemeine

---

7 In Deutschland z. B. durch das MPI für Bildungsforschung, Berlin (als die Bildungsforschung dort noch einen Schwerpunkt bildete), IPN in Kiel, DIPF in Frankfurt oder GESIS in Mannheim.

Ausrichtung mit den Worten: „[…] we adhere to a twin set of achievement criteria: scientific excellence at an international level and relevance, i.e. social, economic and ecological usefullness" (Mayer, 2013, S. 7). Das WZB z. B. bezeichnet sein Profil als „problemorientierte Grundlagenforschung". Institute, die enger mit der politischen Administration verknüpft sind, richten ihre Forschung mit mehr oder weniger ausgeprägter Unabhängigkeit stärker an den konkreten Problemstellungen und den auf der politischen Agenda stehenden Handlungsbedarfen aus, mit denen ihre Trägereinrichtungen jeweils aktuell befasst sind. Das zeigt sich beispielsweise an den zahlreichen Implementations- und Evaluationsstudien, die das IAB in den letzten Jahren zu den Hartz IV-Reformen durchgeführt hat.

Als besondere Stärken der institutionell konsolidierten außeruniversitären Forschung sieht Mayer (2014) u. a. „die Langfristigkeit der Forschungsplanung und Umsetzung", „die Fähigkeit, Forschungsprogramme unabhängig von Fluktuationen, z. B. im Leitungspersonal, durchzuhalten", „ein hoher Grad an mittel- bis langfristiger Interdisziplinarität und Transdisziplinarität in der internen Arbeitsteilung", „besondere Chancen der Verbindung von Forschung mit Translation und Transfer", „die Finanzierung durch Kernhaushalte, die nicht in der Dauerkonkurrenz mit anderen Aufgaben, z. B. der Lehre stehen" und „die langfristige Entwicklung und Betreuung von wissenschaftlichen Infrastrukturen und dem dafür erforderlichen entfristeten Personal". Wenn in der Themenwahl das Relevanzkriterium der sozialen, ökonomischen und ökologischen Nützlichkeit und in der Forschung die wissenschaftliche Exzellenz eingelöst werden, sind das gewiss gute Voraussetzungen, um auch bei zunehmend komplexen Problemen für praktisches Handeln belastbares Wissen bereitstellen zu können. Dass diese guten Voraussetzungen auch zum Nutzen von Forschung und Praxis genutzt werden, kommt in vielfältiger Weise zum Tragen, u. a. in der durch die Institute in der Tat enorm verbesserten (Daten-)Infrastruktur für die Forschung und in der durch sie über die Jahre entschieden verbesserten benutzernahen kontinuierlichen Sozialberichterstattung und in den vielen wissenschaftlichen Beiträgen zu den deutlich erweiterten regelmäßigen Regierungsberichten, sei dies zu Familie, Demographie, Gesundheit, Alter, Bildung, Wissenschaft, Armut und Reichtum oder anderen Themen.

Praktisch nicht übersehbar – weder im Ausmaß noch in der Qualität ihrer Arbeit – sind Leistungen angewandter Sozialforschung in einem weiteren gewachsenen Forschungssektor, nämlich den marktwirtschaftlich verfassten Instituten der Sozial-, Wirtschafts-, Meinungs-, Markt-, Werbe- und weiterer Forschung. Ihre Berichte sind oft nicht öffentlich zugänglich und entziehen sich dadurch den Kontrollmechanismen im Wissenschaftssystem. Aber allein schon aus der wachsenden Präsenz von Mitteilungen daraus in den Medien kann man schließen, dass das Ausmaß wächst und die Qualität von ordentlicher Forschung bis hinab auf ein rufschädigendes Niveau variiert. Anwendungsorientierte Forschung in diesen Zusammenhängen muss dabei keineswegs generell „eher pejorativ konnotiert" sein oder „quasi als ‚Abfallprodukt' einer ‚richtigen', klassisch-akademischen Forschung verstanden" (Latniak & Wilkesmann, 2004, S. 66) werden. Es hängt davon ab, inwieweit Arbeiten den allgemeinen wissenschaftlichen Gütekriterien entsprechen, was aber in der Tat nicht immer zutrifft und häufig wegen unzureichender Offenlegung des methodischen Vorgehens nicht überprüft werden kann.

Marktforschung und Evaluationsforschung

Die oben beschriebene Tendenz der Abwanderung angewandter Forschung aus den Universitäten ist mit Blick vor allem auf zwei Bereiche zu differenzieren, die auch an Universitäten spezialisiertes Profil bewahrt oder neu ausgebildet haben: die Marktforschung und die Evaluationsforschung.[8] Die Markforschung ist an vielen Hochschulen durch die Einrichtung von Instituten und Lehrstühlen stabil etabliert, allerdings in der Regel nicht an sozialwissenschaftlichen, sondern meist an wirtschafts- oder betriebswirtschaftlichen Fakultäten/Fachbereichen. Sie ist mit ihrer Forschung auf ein praxisbezogenes Arbeitsfeld ausgerichtet, das seit Jahrzehnten kontinuierlich wächst und mit spezialisierter Ausbildung eine enorm gewachsene Nachfrage aus der Privatwirtschaft bedient, die auf diese Weise professionalisiertes Personal bekommen kann.[9]

Der Evaluationsforschung kommt bei dem mit der gesellschaftlichen Modernisierung und der politischen Demokratisierung verbundenen Postulat rationaler Politik ein besonderer Stellenwert zu. Rationalität erfordert nicht nur betriebliche Buchführung, sondern mit ähnlicher Logik auch auf gesichertem Wissen basierende Planung und Erfolgskontrolle möglichst umfassend in andern Handlungsbereichen, vor allem wenn es um politische Programme und den Einsatz öffentlicher Mittel geht. Evaluation dient nicht nur der Effizienzrechnung, sondern auch der Legitimitätssicherung politischer Instanzen und Einrichtungen: „Wenn diese öffentlichen Einrichtungen Evaluation nutzen, um zu belegen, dass sie ihre gesetzten Ziele erreichen (Effektivität), welche Wirkungen (auch nicht intendierte) ausgelöst wurden (Impact), wie sich das Verhältnis von Kosten zu Nutzen verhält (Effizienz) etc., dann kann damit die *Glaubwürdigkeit und Legitimität von Politik* gesteigert

---

8   Die ausgeprägt auf angewandte Forschung für lokale Kontexte orientierte Stadt- und Regionalsoziologie, die früher häufiger mit Lehrstühlen oder Instituten an Universitäten vertreten war, scheint an Präsenz und Sichtbarkeit verloren zu haben. Auch für das in der Psychologie im Vordergrund stehende Anwendungsgebiet der Arbeits- und Organisationspsychologie wurde schon von von Rosenstiel (2004) die Frage nach dem Anwendungsbezug gestellt.

9   In der Privatwirtschaft hat sich von 1990 bis 2010 allein in den beim ADM organisierten Instituten die Zahl der Mitarbeiterinnen und Mitarbeiter von 5.000 auf ca. 16.000 erhöht; der jährliche Umsatz der Institute ist von ca. 5 auf deutlich über 20 Milliarden Euro angestiegen (nach Angaben des ADM Arbeitskreises Deutscher Markt- und Sozialforschungsinstitute e.V., heruntergeladen von https://www.adm-ev.de/grafiken/ am 13.12.2014). Diese Zahlen erhöhen sich noch, rechnet man die in Unternehmen mit ähnlichen Aufgaben betrauten Einrichtungen hinzu.

werden" (Stockmann & Meyer, 2014, S. 24). Die Entwicklungsgeschichte der Evaluation – von den USA ausgehend, dann von weiten Teilen der Welt übernommen
– und ihre vielfältige methodische Weiterentwicklung und ihre rasant steigende
Anwendung auf zunehmend mehr Gebiete im öffentlichen Sektor, bei non-
profit- und zivilgesellschaftlichen Organisationen sowie in der Privatwirtschaft
kann hier nicht diskutiert werden (vgl. Rossi, Lipsey & Freeman, 2004; Frey &
Osterloh, 2006; Stockmann, 2006, 2007; Leeuw, 2010; Stockmann & Meyer, 2014).
Man kann aber gewiss festhalten, dass die Evaluationsforschung das inzwischen
sichtbarste und in ihrem Nutzen weithin anerkannte Tätigkeitsfeld angewandter
Sozialforschung darstellt, weil sie eben in verschiedensten Anwendungsbereichen
auf die Beobachtung, Analyse und Bewertung (im Hinblick auf Zielerreichung
und festgelegte Bewertungskriterien) durchwegs konkreten Handelns angelegt ist.
Viel spricht dafür, dass sie auch in Zukunft weltweit weiter wachsen wird (vgl.
Stockmann, 2015; Meyer & Stockmann, 2015). Ihre adäquate Durchführung stellt
sehr hohe Anforderungen, u. a. weil letztlich fast immer das notorisch schwierige
Problem der kausalen Zurechnung von Wirkungen zu lösen ist und weil sehr oft
auch mit strategischen, Ergebnis beeinflussenden Reaktionen der in der Evaluation Beobachteten zu rechnen ist.

In den USA wurden die Evaluationsforschung und ihre Methoden vorwiegend
in den Universitäten entwickelt und werden dort und in einigen anderen Ländern
auch heute noch in den Hochschulen weiterentwickelt. In Deutschland gilt dies
nur eingeschränkt. In verschiedenen Disziplinen beteiligen sich zwar einzelne
Hochschulwissenschaftlerinnen und -wissenschaftler auch in Evaluationsvorha-
ben, aber nur in Saarbrücken ist es gelungen, mit der Gründung des Centrums
für Evaluation (CEval) eine der Evaluationsforschung dedizierte Forschungs- und
Lehreinheit zu etablieren. Der Kontrast zur Marktforschung entbehrt nicht einer
gewissen Ironie. Der primär der privaten Wirtschaft dienenden Marktforschung
sind Lehr- und Forschungseinheiten in großer Zahl gewidmet. Bei der primär auf
die Staatstätigkeit und Einrichtungen der öffentlichen Hand ausgerichteten Evaluationsforschung halten sich die verantwortlichen Instanzen vornehm zurück. Das
mag mit einem in Deutschland im Vergleich zu anderen Ländern insgesamt geringen Evaluationseifer zusammenhängen (vgl. Speer, Jacob & Furubo, 2014). Bei den
besonderen Anforderungen und dem großen mit Evaluation verbundenen gesellschaftlichen Lernpotenzial durch Evaluation ist wenig verständlich, dass gerade
hier mit Ressourcen für eine von Auftraggebern unabhängige ständige Weiterentwicklung des Forschungspotenzials und einer darauf basierten Kapazität für die
Ausbildung von Expertinnen und Experten in diesem Feld gespart wird. Ein auch
nur kursorischer Blick auf die enorm anwachsende Literatur zu Theorie, Methoden und zur Entwicklung der Evaluationspraxis vor allem in den USA (vgl. Stufflebeam & Shinkfield, 2007: Patton, 2008; Urban & Trochim, 2009 und in diesen Arbeiten zitierte Literatur) macht den großen und dringenden Bedarf systematischer
Forschung dazu auch hierzulande hinreichend deutlich. Umso höher sind die
Verdienste der Saarbrücker Initiativen von Reinhard Stockmann einzuschätzen:

die Einrichtung und ständige Weiterentwicklung des Forschungszentrums, die Gründung und Leitung der Zeitschrift für Evaluation als produktives Medium der Forschungskommunikation und die Entwicklung eines Masterstudiengangs, mit dem ein äußerst wichtiger Beitrag zur Professionalisierung zukünftiger Akteure geschaffen ist. Zum Nutzen von Wissenschaft, Staat und Gesellschaft müssen alle Anstrengungen unternommen werden, dass diese erfolgreichen Initiativen eine langfristige stabile Zukunft haben und dass sie andernorts als Vorbild für ähnliche Aktivitäten dienen.

2.   Zur Soziologie der Verwendung

Forschung kann belastbares Wissen schaffen. Ob und wie es in das Handeln einzelner Akteure, von Organisationen und politischen Instanzen eingeht, ist eine ganz andere Frage. Diese Frage, wie (sozial-)wissenschaftliches Wissen – und sei es in der Wahrnehmung der Forscherinnen und Forscher noch so anwendungsnah und praktisch relevant – in politischen, administrativen und beruflich professionellen Kontexten rezipiert und für das jeweilige Entscheiden und Handeln angewandt wird, ist bislang wenig geklärt, obgleich es eine seit langem gestellte Frage ist. Schon Merton hat 1949 „the need for an ‚applied social research on applied social research‘ " (zitiert nach Weiss & Bucuvalas, 1980a, S. 24) betont. Mit Bezug auf Lazarsfelds Bemühungen um eine „theory of use" geht Holzner (1978) einen Schritt weiter und fordert eine „sociology of knowledge application", in der es im Grunde um „a basic social science of applied social science" (Weiss & Bucuvalas, 1980a, S. 25/26) geht, d. h. darum, mit den verfügbaren theoretischen und methodischen Mitteln der Sozialwissenschaften zu untersuchen, wie und über welche Prozesse und Mechanismen das von ihr erzeugte Wissen in der Praxis ankommt, verwandt wird und welche Wirkungen es zeigt. In den USA wird besonders in der Evaluationsforschung ihre Verwendung selbst zum Gegenstand von Forschung gemacht (vgl. Cousins & Leithwood, 1986; Johnson et al., 2009).

In Deutschland wurden entsprechende Fragestellungen in dem von der DFG ab 1982 geförderten Forschungsprogramm ‚Verwendungszusammenhänge sozialwissenschaftlicher Ergebnisse‘ aufgegriffen, jedoch eher theoretisch-spekulativ als auf der Basis tragfähiger empirischer Forschung bearbeitet.[10] Danach ist die Thematik in Deutschland mehr oder weniger von der Forschungslandschaft verschwunden (zur jüngsten Entwicklung siehe am Ende des Beitrages), im deutlichen Gegen-

---

10   Diese Einschätzung ergibt sich zumindest aus einem Sammelwerk, in dem über die Ergebnisse einer Reihe von Projekten berichtet wird (Beck & Bonß, 1989). Auf belastbarer empirischer Basis steht am ehesten eine Inhaltsanalyse zur Rezeption von Ergebnissen der Bildungs- und Arbeitsmarktforschung in Bundestagsreden anlässlich der Verabschiedung und von Novellierungen des Arbeitsförderungsgesetzes (AFG) sowie eine Inhaltsanalyse von zu diesem Gesetz in Zeitschriften von betroffenen Ministerien und Interessenverbänden veröffentlichten Äußerungen (Weymann & Wingens, 1989).

satz zur Lage in den USA und in England. Einen guten Überblick zum damaligen amerikanischen Forschungsstand gibt Wingens (1988). Dort hatten schon in den 1970er Jahren Caplan und Kollegen eine große Zahl von Entscheiderinnen und Entscheidern in Bundesbehörden zur Nutzung sozialwissenschaftlicher Forschungsergebnisse befragt (vgl. Caplan, Morrison & Stambaugh, 1975). In zahlreichen späteren Arbeiten haben vor allem Peter Rossi und Carol Weiss das Forschungsfeld mit seiner großen Komplexität konzeptuell strukturiert. Seit einigen Jahren finanzieren in den USA private Stiftungen in großem Stil neue theoretisch und empirisch fundierte Forschung zur Verwendung sozialwissenschaftlicher Forschung.[11] Im Vereinigten Königreich hat die Frage der praktischen Verwendung von Forschung besonders seit der Blair-Administration zunehmend Gewicht bekommen, was auch in systematischer Forschung dazu zum Ausdruck kommt (zu einem informativen Überblick dazu vgl. Nutley, Davies & Walter, 2007 und dort zitierte Literatur).[12]

Nutzergruppen und Nutzungsarten

Relativ umfassend lässt sich das Thema der Forschungsnutzung in die Frage kleiden, wer welche Forschungsergebnisse unter welchen Bedingungen wie verwendet, weshalb und mit welchen Folgen. Auf den ersten Blick wird klar, dass sich damit ein riesiges Feld öffnet. Schon beim ‚wer?‘ zeigt sich, dass die Konzentration auf politische Entscheider wie sie noch in Caplans ‚Two Communities-Theory‘ (vgl. Caplan, 1979, Caplan, Morrison & Stambaugh, 1975) mit dem Hinweis auf die Kluft zwischen der Welt der Wissenschaft und derjenigen der Politik-Entscheider im Vordergrund stand, viel zu eng ist. Die Konzentration auf Personen in hochrangigen politischen und administrativen Funktionen liegt zwar nahe, weil sie teilweise Entscheidungen von großer Tragweite treffen. Forschungsnutzung wird

---

11 U.a. die William. T. Grant Foundation zu Kindheit und Jugend (vgl. Tseng, 2012) und die Spencer-Foundation zu Nutzung von Daten für Verbesserungen im Bildungsbereich (vgl. Goren, 2012)

12 Bezeichnend für den öffentlichen Druck, Nutzen der Forschung zu belegen sind die regelmäßig wiederkehrenden Research Assessment Exercises, von denen die Verteilung öffentlicher Mittel an die britischen Universitäten abhängt. Im jüngsten Verfahren geht mit einem Gewicht von 20% erstmals auch der Praxis-Impact der Forschung als gesondert gemessener Faktor in die Bewertung der Forschungsleistung ein. „„Impact‘ is any effect, change or benefit to the economy, society, culture, public policy or services, health, the environment or quality of life, beyond academia" (Higher Education Funding Council for England, 2014, S. 6). Gemessen wurde der Impact in aufwändigen Fallstudien unter Mitwirkung von Expertinnen und Experten aus der Praxis. Nach ersten Ergebnissen wird der so gemessene Impact der Forschung insgesamt hoch eingeschätzt, wobei die Sozialwissenschaften im mittleren Bereich der Rangliste der Disziplinen liegen. Was die Impact-Messungen aber genau aussagen, ist umstritten und wird allenfalls nach gründlicher Forschung zu klären sein.

damit dennoch offensichtlich unterschätzt. Allein im öffentlichen Bereich finden sich mehrere weitere (potenzielle) Nutzergruppen: etwa Akteure in mittleren, für die Umsetzung von Entscheidungen zuständigen Behörden oder in städtischen/ kommunalen Verwaltungen und vor allem Praktikerinnen und Praktiker in den verschiedensten sozialen Dienstleistungsbereichen. Man denke an die Lehrkräfte, die verschiedenen in der Sozialen Arbeit tätigen Berufsgruppen oder an Programm- und Projektmanagerinnen und -manager. Von zunehmender Bedeutung sind Agenturen für Wissensvermittlung und Wissenstransfers, die nicht selber forschen, sondern gewissermaßen als Zwischenhändler in der Wissenschaft generiertes Wissen sammeln, ‚übersetzen', in Pakete sortieren und bündeln und in neuer Form veröffentlichen, an interessierte Stellen weitergeben oder verkaufen, beispielsweise Einrichtungen der politischen Bildung, öffentliche und private Stiftungen oder solche der politischen Parteien, Beratungsinstitute in den verschiedensten Sektoren und nicht zuletzt auch der Wissenschaftsjournalismus. Was dabei genau mit wissenschaftlichen Befunden geschieht, ist nicht auf einen Nenner zu bringen. Manchmal sind sie nicht wiederzuerkennen (vgl. Gollwitzer, Rothmund, Klimmt, Nauroth & Bender, 2014).

Mit der großen Heterogenität der Nutzergruppen mit ihren unterschiedlichen auf Wissen bezogenen Interessen, Möglichkeiten des Zugangs dazu und Fähigkeiten der Rezeption ist höchst wahrscheinlich eine ähnlich hohe Heterogenität in der Nutzung des Wissens verbunden. Hierzu hatten schon Caplan (1979) und vor allem Weiss & Bucuvalas (1980a, 1980b) Belege für hauptsächlich drei Typen von Verwendung beigebracht: Instrumentelle, konzeptuelle/aufklärende und legitimatorische/taktische. Auch neuere Versuche der Typisierung kommen vielfach auf diese Grundformen zurück, wenn auch Verfeinerungen und Ergänzungen[13] vorgeschlagen werden (vgl. Cousins & Leithwood, 1996; Johnson et al., 2009; Nutley, Davies & Walter, 2007). *Instrumentelle* Nutzung entspricht der Vorstellung, dass aus Forschungserkenntnissen abgeleitete Empfehlungen mehr oder weniger direkt in Politikentscheidungen oder Praxishandeln umgesetzt werden. Diese Vorstellung war eine Leitidee des sozialtechnologischen Politikverständnisses in den 1960er und 1970er Jahren. Es gibt durchaus Fälle solch direkter, auch erfolgreicher Umsetzung. Wenn Forscherinnen und Forscher aus verständlichen Gründen entsprechende Erwartungen auch haben mögen, so gehen sie doch oft nicht in Erfüllung, und wenn, dann eher nicht bei Entscheidungen großer Tragweite, sondern vornehmlich in Fällen begrenzter operativer Maßnahmen und kleinerer Schritte. Aus der Utilizationforschung im Evaluationsbereich ist bekannt, dass Evaluationsergebnisse primär im operativen Bereich für Steuerungskorrekturen

---

13 Klar über die analytische Frage, wie wissenschaftliches Wissen faktisch in der Praxis verwandt wird, gehen Ansätze in Teilen der Evaluationsforschung hinaus, in denen – der Aktionsforschung ähnlich – Wissen explizit mit dem Ziel „to have influence on social betterment" (Henry & Mark, 2003) oder des „empowerment of Stakeholders" (vgl. Fetterman & Wandersman, 2005) eingesetzt wird.

genutzt werden, beispielsweise durch Organisationslernen im Prozess der Evaluation selbst (vgl. Shulha & Cousins, 1997). Im großen politischen Geschäft wird oft dann gezielt und direkt auf wissenschaftliche Erkenntnisse Bezug genommen, wenn sie *legitimatorisch* oder *strategisch* eingesetzt werden können, um Entscheidungen und Maßnahmen zu begründen, die auch und vornehmlich aus anderen, politischen, Gründen ohnehin beabsichtigt sind oder auch schon *vor* Durchführung von Forschung getroffen wurden. Dies ist der Fall, bei dem die Anerkennung der Wissenschaft als unabhängige und der Sache und ‚Wahrheit' verpflichtete Instanz am ehesten Schaden nehmen kann, dann nämlich, wenn im politischen Streit der Eindruck entsteht, dass für jede Position eine willige Gutachterin bzw. ein williger Gutachterin gefunden werden kann. Es müsste nicht dahin kommen, wenn in sachlicher Auseinandersetzung das Für und Wider der Positionen offen argumentiert und anerkannt würde, dass eine Streitfrage wissenschaftlich (noch) nicht mit hinreichender Evidenz und Sicherheit entscheidbar ist.

Das größte Gewicht kommt wohl insbesondere in den Sozialwissenschaften der *aufklärenden, konzeptuellen* Nutzung zu. Wenn diese Einschätzung auch weithin geteilt wird, ist doch nur schwer fassbar, wie dies tatsächlich geschieht und wie und in welchem Grad wissenschaftliche Erkenntnis letztendlich auf verschlungenen Wegen in Handeln einfließt und zu verbesserter gesellschaftlicher Praxis beiträgt oder unerwünschten Entwicklungen vorzubeugen hilft. Was Weiss (1999) mit Bezug auf Evaluationsprojekte feststellt, gilt auch allgemein: „Enlightenment is the percolation of new information, ideas and perspectives into the arenas in which decisions are made. […] Over time the ideas from evaluations seep into people's consciousness and alter the way that issues are framed and alternatives designed […] What once were taken-for-granted assumptions are now re-examined […] The slow trickle of enlightenment is hard to see and harder still to identify as the product of evaluation. But the cumulative effect may be a major recasting of the policy agenda" (Weiss, 1999, S. 471 f.). Aktuellstes Beispiel solch nicht planbaren, aber vielfach beobachtbaren Einsickerns wissenschaftlichen Wissens in gesellschaftliches Handeln ist das Urteil des Bundesverfassungsgerichtes zum Erbschaftssteuer- und Schenkungssteuergesetz, in dessen Begründung an verschiedenen Stellen Hinweise auf Studien und Gutachten zur Entwicklung der Vermögensungleichheit eingehen.[14] Für Forscherinnen und Forscher gewiss willkommen ist der Befund, dass solch eher beiläufige Nutzung von Erkenntnissen der Wissenschaft umso wahrscheinlicher ist, je höher die wahrgenommene wissenschaftliche Qualität der Forschung ist, wobei das Qualitätskriterium besonderes Gewicht bekommt, wenn der wissenschaftliche Befund bei potenziellen Nutzerinnen und Nutzern eine Revision vorhandener Überzeugungen erfordert, was zugleich die Wahrscheinlichkeit der Nutzung befördert (vgl. Weiss & Bucuvalas, 1980b).

---

14 Bundesverfassungsgericht (2014), u. a. Absätze 245 ff. und insbesondere in der abweichenden Meinung der Richter Gaier und Massing und der Richterin Baer.

In diesem Modus der Aufklärung zustande kommende Nutzung heißt gerade nicht, dass Erkenntnisse eins zu eins umgesetzt werden. Akteure nutzen Wissen unterschiedlicher Art und aus verschiedenen Quellen, und Entscheidungen und Handeln sind nicht allein durch Wissen beeinflusst. Das gilt zumal für Akteure in politischen Funktionen. Sie agieren in einem System, in dem die Währung Macht und ein Ziel der Erhalt dieser sind. Sie haben persönliche und politische Überzeugungen und Interessen und nutzen Wissen, das sie selbst in Erfahrung und Praxis gesammelt haben. In Demokratien sind sie von Klientelen mit der Erwartung gewählt, dass sie ihre Überzeugungen und Interessen vertreten. Wissenschaft muss sich dann, wie es Prewitt, Schwandt & Straf (2012, S. 4) realistisch formulieren, mit der Rolle eines mehr oder weniger prägenden Mosaiksteins im politischen Prozess abfinden: „Policy […] evolves from a many faceted social process involving multiple actors engaged in assembling, interpreting, and debating what evidence is relevant to the policy choice at hand, and then perhaps, using that evidence to claim that a particular policy choice is better than its alternatives". Mit anderen Worten: Realistisch im politischen Prozess ist wahrscheinlich vielfach eine mélange zwischen konzeptuell/aufklärender und legitimatorisch/strategischer Verwendung. Damit ist nicht impliziert, dass wissenschaftliches Wissen den besonderen eingangs beschriebenen Status verliert. Die Bedeutung des mehr oder weniger schnellen und unterschiedlich wirkungsvollen, wenn oft auch nur selektiven Einsickerns wissenschaftlicher Erkenntnisse in den politischen Prozess und die öffentlichen Situations- und Problemdeutungen sollte nicht unterschätzt werden. Beispiele aus jüngster Zeit, die leicht vermehrt werden könnten, sind die Bereitstellung vermehrter öffentlicher Mittel für qualitativ gute familienergänzende Betreuung und Förderung von Kleinkindern, der Ausbau der sprachlichen Förderung von Migrantinnen und Migranten, insbesondere auch im frühen Kindesalter oder genereller der Versuch der Umdefinition der Zuwanderung von einer vor allem belastenden zu einer für die (ökonomische) Zukunft des Landes förderlichen und deshalb durch Maßnahmen zur Integration zu unterstützenden Entwicklung (wenn auch umstritten bleibt, wie das im Einzelnen geschehen soll).

Was kann die Wissenschaft selbst tun?

Die Frage stellt sich natürlich, was die Wissenschaft selbst tun kann, damit ihre Erkenntnisse in diesen Prozessen mit möglichst hohem Gewicht möglichst unverfälscht eingehen. Am intensivsten ist dieser Punkt im Bereich der Evaluationsforschung mit inzwischen einer größeren Zahl von Studien zu der Frage untersucht, wie Charakteristiken von Evaluationsstudien und ihrer Durchführung die Nutzung ihrer Ergebnisse beeinflussen (zu Metaanalysen dazu siehe Cousins & Leithwood, 1986; Johnson et al., 2009). Einen Überblick zu praktischen Folgerungen für Evaluationen geben Stockmann & Meyer (2014, S. 191 ff.). Stockmann und Meyer müssen aber zugleich einen gravierenden Mangel solcher Studien und fehlende Differenzierung in der Operationalisierung von Nutzen feststellen. Und in einer methodenkritischen Analyse solcher Studien kommen Brandon & Sing (2009, S. 135) zum Ergebnis, dass „the findings of the studies examined here do not as a whole have sufficient scientific credibility". Die Frage stellt sich aber genereller, umso mehr als Wissenschaftlerinnen und Wissenschaftler – besonders in der Grundlagenforschung – es zwar gerne sehen, wenn ihre Erkenntnisse in Politikdiskursen oder Praxishandeln Eingang finden, aber sich letztlich doch wenig darum kümmern, ob und wie dies geschieht. Eine Grundvoraussetzung, über die nicht zu diskutieren ist, ist Forschung bester Qualität. Alles andere untergräbt die Glaubwürdigkeit und vermindert die Chancen, dass die Stimme der Wissenschaft gehört wird. Aber selbst bei bester Qualität gibt es gerade bei der oben beschriebenen Spezialisierung der Forschung das praktische Problem der Übersicht über die Vielzahl der für ein Praxisproblem relevanten wissenschaftlichen Befunde und das grundsätzliche Problem der Vorläufigkeit der Erkenntnis. Als ein Versuch zur Verringerung dieser Probleme hat sich nach dem Vorbild in der Medizin auch in einzelnen Bereichen der Sozialwissenschaften das neue Arbeitsgebiet der Metaanalysen herausgebildet, vor allem in den USA und im Vereinigten Königreich. Dort ist im Zuge der früh begonnenen und intensiv verfolgten Praxis der systematischen Evaluation von politischen Programmen einerseits eine kaum überschaubare Flut von Forschungsbefunden zustande gekommen. Andererseits verfolg(t)en verschiedene Regierungen auch in neuerer Zeit eine ausgeprägte sozialtechnologische Pragmatik, so die Blair-Regierungen (1997–2007) nach dem Motto „what matters is what works" (zitiert nach Nutley, Davies & Walter, 2007, S. 10) oder die Obama-Administration mit der Forderung nach „evidence based decisions about what works and what doesn't" (im Obama-Haushalt 2011, zitiert nach Stockmann & Meyer, 2014, S. 34). In diesem Kontext haben sich Organisationen herausgebildet, die Studienergebnisse systematisch sammeln und nach standardisierten Regeln Metaanalysen erstellen und verfügbar machen.[15] In solchen Metaanalysen geht es in der Regel bekanntlich darum, die durchschnittliche Stärke des Effektes zu ermitteln, mit der in verschiedenen (möglichst) vergleichbaren Primärstudien ein interessierender Einflussfaktor auf ein interessierendes Outcome wirkt und festzustellen, wie die Effektstärke von Studie zu Studie variiert. Das erleichtert gewiss einen schnellen Überblick darüber, was zu wirken scheint und was nicht wirkt. Die inhaltlichen und methodischen Probleme, die in den Verfahren stecken, sind aber nicht zu übersehen (vgl. Pant, 2014; Beelmann, 2014). Gerade für wissenschaftliche

---

15 Für die diesbezüglich paradigmatisch wirkende Medizin siehe die Cochrane Collaboration in den USA bzw. das kooperierende deutsche Zentrum: http://www.cochrane. de/de/willkommen-auf-unseren-webseiten; für entsprechende Aktivitäten in den Sozialwissenschaften in den USA die Campbell Collaboration, die systematische Reviews of the Effects of Social Interventions in Crime & Justice, Education, International Development, and Social Welfare erstellt: http://www.campbellcollaboration.org/; zu weiteren Initiativen siehe die Übersicht in Nutley, Davies & Walter, 2007, S. 17 f.

Laien eignen sie sich eher nicht, sondern setzen für ihre Nutzung erfahrene Expertinnen und Experten voraus, die mit den Stolpersteinen umzugehen wissen und u. a. auch differenzierte Kenntnisse über das Zusammenspiel von Faktoren haben, das für das Zustandekommen von erwarteten Wirkungen einzelner Maßnahmen gegeben sein muss (vgl. Rolff, 2014, Reiss & Bernhard, 2014 für Beispiele aus der Bildungsforschung) .

In den Sozialwissenschaften der USA und des UK ist insbesondere in der Bildungsforschung diese neue Entwicklung von systematischer Forschung über Forschungsbefunde schon weit fortgeschritten.[16] Mit Hatties (2009) „Visible Learning" – einer Metaanalyse von über 800 bereits bestehenden Metaanalysen zu Faktoren, die die schulischen Leistungen von Kindern beeinflussen – scheint bereits die nächst höhere Stufe von Synthetisierungsbemühungen erreicht.[17] Ob auf diese Weise Forschungsbefunde in sinnvoller Weise in die Praxis vermittelt werden können, wird mit guten Gründen kritisch diskutiert (Terhart, 2014; Pant, 2014).[18]

Sogenannte narrative Synthesen, die mit Berücksichtigung der Aufnahmefähigkeit der Zielgruppen auch die erklärenden theoretischen Zusammenhänge und auch fast immer verbleibenden Unsicherheiten gerade sozialwissenschaftlicher Forschung offenlegen, scheinen eher zielführend zu sein. Die Art und Weise, in der Bromme, Prenzel & Jäger (2014) an mehreren Beispielen aus der Bildungsforschung diskutieren, wie unterschiedlich sichere und eindeutige Evidenz unter Eingehen auf die jeweilige Thematisierung und Interessenlage in verschiedenen Öffentlichkeiten (Eltern, Lehrkräfte, Bildungsverwaltung, Medien) vermittelt und wie dies in eine aufklärende Begründung bildungspolitischer Alternativen umgesetzt werden kann, könnte durchaus Modell dafür sein, wie auch in anderen inhaltlichen Bereichen Sozialwissenschaft zu verstärkt evidenzgestützter Politik und Praxis beitragen kann. Als Vorbild gebend kann auch die Forschungssynthese zur Frühkindlichen Sozialisation gelten, die durch interdisziplinäre Kooperation von Wissenschaftlerinnen und Wissenschaftlern aus verschiedenen deutschen Akademien erstellt wurde (Deutsche Akademie der Naturforscher Leopoldina, 2014).

---

16 Für die USA siehe das What Works Clearinghouse (WWC), das auf Initiative des US Department of Education Metaanalysen und andere systematische Übersichtsarbeiten zu ‚Evidence on what works in Education' erstellt. Für das Vereinigte Königreich: das EPPI-Centre (Evidence for Policy and Practice Information) am London Instiutue for Education: http://eppi.ioe.ac.uk/cms/.

17 Nach Pant (2014, S. 90) „fließen indirekt die Daten und Ergebnisse von über 52.000 Primärstudien mit insgesamt mehr als 200 Mio. untersuchten Schülerinnen und Schülern ein".

18 Die positiven Erfahrungen mit Metaanalysen in der Medizin sind kaum eins zu eins in die Sozialwissenschaften übertragbar, weil beispielsweise das Lernen in der Schule in viel höherem Umfang von jeweils spezifischen möglicherweise interagierenden Kontextbedingungen abhängt als die Reaktion des menschlichen Körpers auf bestimmte Medikamente oder Therapieverfahren nach einer Operation.

Forschung zur Verwendung

Zugleich geht aus diesen Analysen ein unabwendbarer großer Bedarf an zukünftiger systematischer Forschung zu Vermittlung und Verwendung sozialwissenschaftlicher Forschung hervor. Bromme, Prenzel & Jäger (2014) begründen Bedarf
vor allem in zwei Richtungen: Zum einen Studien zur methodischen und inhaltlichen Weiterentwicklung von Evidenzsynthesen, die dem Charakter sozialwissenschaftlicher Forschung angemessen sind, zum anderen verstärkte Forschung zum
Verhältnis von Wissenschaft und Öffentlichkeit in der Rezeption und Verwendung
sozialwissenschaftlichen Wissens als zentrales Problem der Wissenschaftskommu-
nikation. Zum zweiten Punkt gibt es zwar schon eine große Palette von Bemühungen (gemeinsame Konferenzen von Wissenschaftlerinnen und Wissenschaftlern
sowie Nutzerinnen und Nutzern; nutzerorientierte Newsletter oder Policy Briefs;
Medienauftritte von Wissenschaftlerinnen und Wissenschaftlern u. a.). Das geschieht jedoch praktisch ausschließlich auf der Grundlage von Alltagsannahmen
und Alltagswissen ohne fundierte Prüfung von Folgen und Nutzen. Viele Fälle
mit zweifelhaftem Ertrag bis hin zu Selbstschädigung der Wissenschaft, aber auch
der Verunglimpfung oder Desavouierung beispielsweise in interessenbedingten
oder aus anderen Gründen gezielt verzerrten Berichten in den Medien, könnten
leicht aufgezählt werden (vgl. Gollwitzer et al., 2014). Forschung zu Interessen, Erwartungen und alltagsweltlichen Theorien in unterschiedlichen Öffentlichkeiten
könnte helfen, wissenschaftliche Ergebnisse besser im Hinblick auf Voreinstellun-
gen bei potenziellen Rezipienten aufzubereiten. Auch der Vermittlungsprozess
durch Journalistinnen und Journalisten, Broker, wissenschaftliche Dienste in den
Parlamenten, Regierungen und Interessenverbände oder popularisierende Medien
bedarf systematischer Untersuchung. Ohne ein gewisses Grundverständnis dafür,
wie Wissenschaft arbeitet, ist sie auch schwer zu verstehen. Bromme, Prenzel &
Jäger (2014, S. 46) fordern daher auch Forschung zu der „statistischen und for-
schungsmethodischen Grundbildung", die in verschiedenen Öffentlichkeiten
vorhanden bzw. notwendig ist, um wissenschaftliche Aussagen zu verstehen, und
wie diese Grundbildung gefördert werden könnte. Durch die moderne Informationstechnologie, insbesondere das Internet, ist inzwischen auch für Wissenschafts-
laien in der breiten Öffentlichkeit eine große Vielfalt von wissenschaftsbezogenen
Informationen verfügbar. Hier ist die Problematik „fragiler und konfligierender
wissenschaftlicher Evidenz" (Bromme, 2007) besonders virulent und gibt Anlass
für weitere Forschung dazu.[19]

---

19 Die Fragilität ist zwar „ein normales Merkmal wissenschaftlichen Wissens [ ] und
   macht den Forschungsalltag empirischer Wissenschaften aus", aber durch die moderne
   Informationstechnologie wird teilweise Wissen in statu nascendi verfügbar, das „besonders vorläufig, widersprüchlich oder umstritten ist" (Bromme, 2007, S. 1) und dessen
   Interpretation und Deutung für den Laien besonders schwierig ist. Ein von der DFG
   dazu bewilligtes multidisziplinäres Schwerpunktprogramm „Wissenschaft und Öffent-

Forschungsbedarfe wie sie Bromme, Prenzel & Jäger (2014, S. 46) für die Bildungsforschung in Deutschland diskutieren, treffen sich mit wesentlich weiter gehenden Forderungen, die vor kurzem eine hochrangig besetzte Kommission des US National Research Council in dem Memorandum „Using Science as Evidence in Public Policy" (Previtt, Schwandt & Straf, 2012) vorgelegt hat. Durch massive öffentliche und private Mittel und gezielte Investitionen in den Aufbau spezialisierter Forschungskompetenz soll nicht weniger als ein neues interdisziplinäres Forschungsfeld geschaffen werden, das sich als Leistungsbenchmark behavioral economics zum Vorbild nimmt. Tseng (2012) fordert gar eine „science of resarch use", damit der Transfer verbessert und der Nutzen von Wissenschaft gesteigert werden kann.

3.   Was ist zu tun: Erste Folgerungen

Dieser Beitrag hat in einem weiten Bogen das Verhältnis von Soziologie und empirischer Sozialforschung zur gesellschaftlichen und politischen Praxis erörtert. Noch bis weit in die zweite Hälfte des vergangenen Jahrhunderts hinein war die Befassung mit Problemen der Praxis in vornehmlich auch an Universitäten betriebenen angewandten Forschungen eine ausgesprochene Triebfeder für die theoretische und methodische Weiterentwicklung der Disziplin. In jüngerer Zeit konzentriert sich die Forschung an den Universitäten dagegen zunehmend auf grundlagenwissenschaftliche Fragestellungen, die durch ihre eher kleinteilige Ausrichtung oft nicht direkt auf die Praxis anwendbar sind. Praxisnäher ist die Forschung an außeruniversitären Instituten, aber auch dort ist zunehmend grundlagenwissenschaftliche Forschung gefragt, weil von den Forscherinnen und Forschern vermehrt Beiträge in den anerkannten Zeitschriften des Fachs erwartet werden. Es stellt sich deshalb verstärkt die Frage, welchen Beitrag die Soziologie und empirische Sozialforschung für die Praxis leisten und wie Nutzung soziologischen Wissens in der Praxis verbessert werden könnte. Damit und wie sozialwissenschaftliches Wissen generell in der Praxis verwandt wird, hat sich der zweite Teil des Beitrages befasst. Was ergibt sich nun als erste Folgerungen aus diesen Beobachtungen und Überlegungen?

Es kann nicht darum gehen, das Rad der Arbeitsweise und Organisation der Wissenschaft zurückzudrehen. Es müssen neue Wege gefunden werden, das Forschungswissen, das in der Arbeitsteilung zwischen universitärer und außeruniversitärer Forschung entsteht, möglichst optimal auch für die Praxis nutzbar zu machen. Dazu sind als erstes gewiss viel gründlichere Übersichten als in diesem kursorischen Beitrag darüber erforderlich, was die verschiedenen Bereiche und Institutionen in der Forschung tatsächlich tun und leisten. In dem Vorwort der

---

lichkeit: Das Verständnis fragiler und konfligierender wissenschaftlicher Evidenz" geht dem Abschluss entgegen (vgl. http://wissenschaftundoeffentlichkeit.de/).

Deutschen Gesellschaft für Soziologie zu dem primär auf die Ausbildungsleistungen und ihre berufliche Verwertung ausgerichteten Studien in Stockmann, Meyer & Knoll (2002) schreibt die damalige DGS-Vorsitzende: „Wir bräuchten gleichzeitig auch eine fachliche Bestandsaufnahme unserer Entwicklung, insbesondere der unterschiedlichen Spezial-Soziologien. Auch die Rolle der größeren Forschungsinstitute bei der ‚Politik- und Gesellschaftsberatung' und bei der Disziplinbildung ist sicher eine Untersuchung wert. Letztlich wäre die Geschichte unserer Sonderforschungsbereiche in Interaktion mit den kooperierenden Nachbar-Disziplinen zu betrachten." (Allmendinger, 2002, S. 10 f.). Auch nach einem Jahrzehnt, in dem diesbezüglich wenig geschehen ist, sind solche Analysen zur Selbstreflektion nicht weniger dringlich. Es müsste eine zentrale gemeinsame Aufgabe der Sektionen der DGS, der jeweils thematisch nahen Forschungsinstitute und des die Soziologen in der Praxis vertretenden BDS sein, genau dies zu tun und dabei mit hohem Gewicht auch die Leistungen für die Praxis zu analysieren und Wege ihrer Verbesserung zu erarbeiten.

Da die Forschung spezialisierter und kleinteiliger geworden ist, besteht ein großer Bedarf an kritischen Forschungssynthesen, die das Wissen zu einzelnen Problembereichen möglichst auch im interdisziplinären Verbund zusammenführen. Wissenschaftliche Akademien sind in dieser Richtung initiativ geworden, aber auch die Forschungsinstitute sind gefordert, hier möglichst gemeinsam mit Forscherinnen und Forschern an Universitäten aktiv zu werden, um das beste verfügbare und belastbare Wissen in einer Weise zu bündeln, dass die Praxis davon profitieren kann. Das kann zugleich die ohnehin wichtige Kooperation zwischen Universitäten und Instituten befördern und zu einer stärkeren Verbindung der differenzierten Systeme beitragen (Neidhardt, 1979). Solche Arbeiten sind sehr aufwändig. Deshalb müssten die öffentliche Hand und forschungsfördernde Institutionen ähnlich wie in anderen Ländern zur Unterstützung entsprechender Arbeiten gewonnen werden. Einzelne Ministerien (wie z. B. BMBF in der Tagungsserie Bildungsforschung 2020) versuchen, den Transfer zwischen Wissenschaft und Praxis zu stärken. Dieser würde gewinnen, wenn die Veranstaltungen neben ihrer Funktion als Marktplatz zur Verbreitung neuer Ideen und Projektergebnisse auch als Forum gestaltet würden, auf lange Hand und gründlich vorbereitete Forschungssynthesen zwischen Wissenschaftlerinnen und Wissenschaftlern sowie potenziellen Nutzerinnen und Nutzern zu diskutieren.

Über solche pragmatische Vorschläge hinaus besteht im Hinblick auf die erheblichen Veränderungen in der Wissenschaftsproduktion großer Bedarf, die Bedingungen und Prozesse der Diffusion, Rezeption und Verwendung von (sozial-) wissenschaftlichem Wissen explizit durch systematische, theoretische und empirische Forschung zu untersuchen. In anderen Ländern geschieht dies mit wesentlich höherem Engagement als hierzulande. Zweifelsohne ist es ein Feld, in dem sich auch die Evaluationsforschung einbringen könnte.

Literatur

Allmendinger, J. (2002). Vorwort der Deutschen Gesellschaft für Soziologie. In R. Stockmann, W. Meyer & T. Knoll (Hrsg.), *Soziologie im Wandel. Universitäre Ausbildung und Arbeitsmarktchancen in Deutschland* (S. 9–11). Opladen: Leske+Budrich.

Beck, U. & Bonß, W. (1989). *Weder Sozialtechnologie noch Aufklärung. Analysen zur Verwendung sozialwissenschaftlichen Wissens.* Frankfurt: Suhrkamp.

Beelmann, A. (2014). Möglichkeiten und Grenzen systematischer Evidenzkumulation durch Forschungssynthesen in der Bildungsforschung. *Zeitschrift für Erziehungswissenschaft, 17* (4), 55–78.

Bieber, T., Martens, K., Niemann, D. & Windzio, M. (2014). Grenzenlose Bildungspolitik? Empirische Evidenz für PISA als weltweites Leitbild für nationale Bildungsreformen. *Zeitschrift für Erziehungswissenschaft, 17* (4), 141–166.

Brandon, P. R. & Singh, J. M. (2009). The Strength of the Methodological Warrants for the Findings of Research on Program Evaluation Use. *American Journal of Evaluation, 30* (2), 123–157.

Bromme, R. (2007). *Wissenschaft und Öffentlichkeit: Das Verständnis fragiler und konfligierender wissenschaftlicher Evidenz. Antrag an die DFG auf Einrichtung eines Schwerpunktprogramms.* Westfälische Wilhelms-Universität Münster: Psychologisches Institut III.

Bromme, R., Prenzel, M. & Jäger, D. P. M. (2014). Empirische Bildungsforschung und evidenzbasierte Bildungspolitik. *Zeitschrift für Erziehungswissenschaft, 17* (4), 3–54.

Bundesverfassungsgericht (2014). Urteil des Ersten Senats vom 17. Dezember 2014 zum Erbschaftsteuer- und Schenkungssteuergesetz. Verfügbar unter: http://www.bundesverfassungsgericht.de/SharedDocs/Entscheidungen/DE/2014/12/ls20141217_1bvl002112.html [6.1.2015].

Caplan, N. (1979). The Two-Communities Theory and Knowledge Utilization. *American Behavioral Scientist, 22* (3), 459–70.

Caplan, N., Morrison, A. & Stambaugh, R. (1975). *The Use of Social Science Knowledge in Policy Decisions at the National Level.* Ann Arbor: University of Michigan Institute for Social Research.

Coleman, J. S., Campbell, E. Q., Hobson, C. J., McPartland, J., Mood, A. M., Weinfeld, F. D. & York, R. (1966). *Equality of educational opportunity.* New York: Arno Pr.

Cousins, J. B. & Leithwood, K. A. (1986). Current Empirical Research on Evaluation Utilization. *Review of educational research, 56* (3), 331–364.

Deutsche Akademie der Naturforscher Leopoldina. (2014). *Frühkindliche Sozialisation. Biologische, psychologische, linguistische, soziologiscge und ökonomische Perspektiven.* Berlin: Deutsche Akademie der Naturforscher Leopoldina.

Deutsches PISA-Konsortium. (2001). *PISA 2000. Basiskompetenzen von Schülerinnen und Schülern im internationalen Vergleich.* Opladen: Leske+ Budrich.

Fetterman, D. M. & Wandersman, A. (Hrsg.). (2005). *Empowerment evaluation principles in practice.* New York: Guilford Press.

Freeman, H. E. & Rossi, P. H. (1984). Furthering the Applied Side of Sociology. *American Sociological Review, 49* (4), 571–580.

Frey, B. S. & Osterloh, M. (2006). *Evaluations: Hidden Costs, Questionable Benefits, and Superior Alternatives.* University of Zurich: Institute for Empirical Research in Economics.

Gollwitzer, M., Rothmund, J. P. D. T., Klimmt, C., Nauroth, P. & Bender, J. (2014). Gründe und Konsequenzen einer verzerrten Darstellung und Wahrnehmung sozialwissenschaftlicher Forschungsbefunde: Das Beispiel der „Killerspiele-Debatte ". *Zeitschrift für Erziehungswissenschaft, 17* (4), 101–117.

Goren, P. (2012). Data, data, and more data—What's an educator to do? *American Journal of Education, 118* (2), 233–237.

Hattie, J. (2009). *Visible Learning. A Synthesis of over 800 Meta-Analyses Relating to Achievement.* Oxon: Routeledge.

Henry, G. T. & Mark, M. M. (2003). Beyond Use: Understanding Evaluation's Influence on Attitudes and Actions. *American Journal of Evaluation, 24* (3), 293–314.

Higher Education Funding Council for England (2014). *Research Excellence Framework 2014: The results.* Verfügbar unter: http://www.ref.ac.uk/pubs/201401/ [19.12.2014].

Holzner, B. (1978). The Sociology of Applied Knowledge. *Sociological symposium, 21,* 8–19.

Johnson, K., Greenseid, L. O., Toal, S. A., King, J. A., Lawrenz, F. & Volkov, B. (2009). Research on Evaluation Use. A Review of the Empirical Literature from 1986 to 2005. *American Journal of Evaluation, 30* (3), 377–410.

Kaesler, D. (2003). Die Soziologie trägt dazu bei, gesellschaftlicher Verhältnisse menschenwürdiger zu gestalten. Perspektiven einer zukünftigen Soziologie. *Soziologie, 3/2003,* 6–14.

Klieme, E., Artelt, C., Hartig, J., Jude, N., Köller, O., Prenzel, M. & Stanat, P. (2010). *PISA 2009. Bilanz nach einem Jahrzehnt.* Münster: Waxmann.

Kopp, J., Schneider, J. & Timmler, F. (2012). Zur Entwicklung soziologischer Forschung. *Soziologie, 41* (3), 293–310.

Latniak, E. & Wilkesmann, U. (2004). Anwendungsorientierte Sozialforschung. Ansatzpunkte zu ihrer Abgrenzung von Organisationsberatung und akademischer Forschung. *Soziologie, 33* (4), 65–82.

Lazarsfeld, P. F., Jahoda, M. & Zeisel, H. (1933). *Die Arbeitslosen von Marienthal.* Leipzig: Hirzel.

Lazarsfeld, P. F., Reitz, J. G. & Pasanella, A. K. (1975). *An Introduction to Applied Sociology.* New York: Elsevier.

Leeuw, F. L. (2010). Benefits and Costs of Evaluation: An Essay. *Zeitschrift für Evaluation, 9* (2), 211–227.

Lepsius, M.R. (2003). Die Soziologie ist eine Dauerkriste. Ein Gespräch mit Georg Vobruba. *Soziologie, 3/2003,* 20–30.

Lepsius, M.R. (2011). Max Weber und die Gründung der Deutschen Gesellschaft für Soziologie. *Soziologie, 40* (1), 7–19.

Marshall, G. (1998). *A Dictionary of Sociology.* Oxford, New York: Oxford University Press.

Mau, S. & Huschka, D. (2010). *Die Sozialstruktur der Soziologie-Professorenschaft in Deutschland.* Discussion Paper SP I 2010–204. Berlin: Wissenschaftszentrum Berlin für Sozialforschung (WZB).

Mayer, K.-U. (2013). From Max Weber's 'Science as a Vocation (1917)' to ,Horizon 2020'. Max Weber Lecture No. 2013/06. San Domenico di Fiesole: European University Institute.

Mayer, K.-U. (2014). Kollateralschäden föderaler Wissenschaftspolitik. Beitrag zur Debatte im Wissenschaftlichen Rat der Berlin-Brandenburgischen Akademie der Wissenschaften am 7. Juli 2014.

Meyer, W. (2002). Die Entwicklung der Soziologie im Spiegel der amtlichen Statistik. In R. Stockmann, W. Meyer & T. Knoll (Hrsg.), *Soziologie im Wandel. Universitäre Ausbildung und Arbeitsmarktchancen in Deutschland* (S. 105–163). Opladen: Leske+Budrich.

Meyer, W. & Stockmann, R. (2015). Conclusion: Shared Perspectives for a United World of Evaluation? In R. Stockmann & W. Meyer (Hrsg.), *The Future of Evaluation: Global Trends – New challenges – Shared Perspectives* (im Erscheinen). Basingstoke, New York: Palgrave Macmillan.

Neidhardt, F. (1979). Praxisverhältnisse und Anwendungsprobleme der Soziologie. Eine integrationstheoretische Analyse. In G. Lüschen, *Deutsche Soziologie seit 1945* (S. 324–342). Opladen: Westdeutscher Verlag.

Neugebauer, M., Helbig, M. & Landmann, A. (2011). Unmasking the Myth of the Same-Sex Teacher Advantage. *European Sociological Review*, 27 (5), 669–689.

Nutley, S. M., Davies, H. T. & Walter, I. (2007). *Using Evidence: How Research Can Inform Public Services*. Bristol: Policy Press.

Pant, H. A. (2014). Aufbereitung von Evidenz für bildungspolitische und pädagogische Entscheidungen: Metaanalysen in der Bildungsforschung. *Zeitschrift für Erziehungswissenschaft*, 17 (4), 79–99.

Patton, M. Q. (2008). *Utilization focused evaluation*. Los Angeles u. a.: Sage.

Prewitt, K., Schwandt, T. A. & Straf, M. L. (Hrsg.). (2012). *Using Science as Evidence in Public Policy*. Washington, D.C.: National Academies Press.

Reiss, K. & Bernhard M. (2014). Hatties Visible Learning im Kontext der Mathematikdidaktik. Das Beispiel Problemlösen. In E. Terhart (Hrsg.), *Die Hattie-Studie in der Diskussion* (S. 89–100). Seelze: Kallmeyer in Verbindung mit Klett.

Rolff H.-G. (2014). Sind schulische Strukturfaktoren wirklich nicht so wichtig? Hattie und das deutsche Schulsystem. In E. Terhart (Hrsg.), *Die Hattie-Studie in der Diskussion* (S. 67–77). Seelze: Kallmeyer in Verbindung mit Klett.

Rossi, P. H. (1987). The Overlooked Contributions of Applied Work in Sociology: Who Now Reads SA Rice?. *The American Sociologist*, 18 (4), 369–374.

Rossi, P. H., Lipsey, M. W. & Freeman, H. W. (2004). *Evaluation: A Systematic Approach*. Thousand Oaks u. a.: Sage.

Shulha, L. M. & Cousins, J. B. (1997). Evaluation Use: Theory, Research, and Practice Since 1986. *Evaluation Practice*, 18 (3), 195–208.

Soeffner, H.-G. (2011). Die Zukunft der Soziologie. *Soziologie*, 40 (2), 137–150.

Speer, S., Jacob, S. & Furubo, J. E. (2014). Different Paths for Institutionalizing Evaluation. Updating the International Atlas of Evaluation 10 Years Later. *Evaluation – The International Journal of Theory, Research and Practice*.

Stockmann, R. (2002a). Quo vadis Soziologie? In R. Stockmann, W. Meyer & T. Knoll (Hrsg.), *Soziologie im Wandel. Universitäre Ausbildung und Arbeitsmarktchancen in Deutschland* (S. 13–22). Opladen: Leske+Budrich.

Stockmann, R. (2002b). Soziologie, die Erfolgsgeschichte eines akademischen Faches. In R. Stockmann, W. Meyer & T. Knoll (Hrsg.), *Soziologie im Wandel. Universitäre Ausbildung und Arbeitsmarktchancen in Deutschland* (S. 211–218). Opladen: Leske+Budrich.

Stockmann R. (Hrsg.). (2006). *Evaluationsforschung: Grundlagen und ausgewählte Forschungsfelder* (3. Aufl.). Münster u. a.:Waxmann.

Stockmann, R. (Hrsg.). (2007). *Handbuch zur Evaluation. Eine praktische Handlungsanleitung*. Münster u. a.:Waxmann.

Stockmann, R. (2015). The Future of Evaluation in Modern Societies. In R. Stockmann & W. Meyer (Hrsg.), *The Future of Evaluation: Global Trends – New Challenges – Shared Perspectives* (im Erscheinen). Basingstoke, New York: Palgrave Macmillan.

Stockmann, R. & Meyer, W. (2014). *Evaluation: Eine Einführung (*2. Aufl.). Opladen, Toronto: Verlag Barbara Budrich.

Stockmann, R., Meyer, W. & Knoll T. (Hrsg.). (2000). *Soziologie im Wandel. Universitäre Ausbildung und Arbeitsmarktchancen in Deutschland.* Opladen: Leske+Budrich.

Stouffer, S., Lumsdaine, A., Lumsdaine, M., Williams, R., Smith, M., Janis, I. & Cottrell, L. (1949). *The American Soldier, I. Adjustment During Army Life, II. Combat and Its Aftermath.* New Jersey: Princeton University.

Stufflebeam, D. L. & Shinkfield, A. J. (2007). *Evaluation Theory, Models and Applications.* San Francisco: Jossey Bass.

Terhart, E. (Hrsg.). (2014). *Die Hattie-Studie in der Diskussion.* Selze: Kallmeyer in Verbindung mit Klett.

Tseng, V. (2012). The Uses of Research in Policy and Practice. *Social Policy Report, 26* (2), 3–16.

Urban, J. B. & Trochim, W. (2009). The Role of Evaluation in Research—Practice Integration Working Toward the „Golden Spike". *American Journal of Evaluation, 30* (4), 538–553.

von Rosenstiel, L. (2004). Arbeits-und Organisationspsychologie – Wo bleibt der Anwendungsbezug?. *Zeitschrift für Arbeits-und Organisationspsychologie A&O, 48* (2), 87–94.

Weiss, C. H. (1999). The interface between evaluation and public policy. *Evaluation, 5* (4), 468–486.

Weiss, C. H. & Bucuvalas, M. J. (1980a). *Social Science Research and Decision-Making.* Columbia University Press.

Weiss, C. H. & Bucuvalas, M. J. (1980b). Truth Tests and Utility Tests: Decision-Makers' Frames of Reference for Social Science Research. *American Sociological Review, 45* (2), 302–313.

Weymann, A. & Wingens, M. (1989). Die Versozialwissenschaftlichung der Bildungs- und Arbeitsmarktpolitik. Eine kritische Zwischenbilanz zur öffentlichen Argumentation. In U. Beck & W. Bonß (Hrsg.), *Weder Sozialtechnologie noch Aufklärung. Analysen zur Verwendung sozialwissenschaftlichen Wissens* (S. 276–301). Frankfurt: Suhrkamp.

Wingens, M. (1988). *Soziologisches Wissen und politische Praxis: neuere theoretische Entwicklungen der Verwendungsforschung.* Frankfurt: Campus Verlag.

Zapf, W. (1977). Gesellschaftliche Dauerbeobachtung und active Politik. In H.-J. Krupp & W. Zapf (Hrsg.), *Sozialpolitik und Sozialberichterstattung* (S. 210–230). Frankfurt: Campus Verlag.

Der Beitrag wissenschaftlicher Evaluation zur Evidenzbasierung in Politik und Praxis

Christiane Spiel und Barbara Schober

1. Einleitung

Evidenzbasierte Politik ist ein Begriff, der von Politikerinnen und Politikern selbst zunehmend häufiger verwendet wird. Doch wie steht es um die Evidenzbasierung in Politik und Praxis wirklich? In welcher Relation stehen Evidenzbasierung und Evaluation mit Blick auf deren Nutzen?

Davies definiert *evidence-based policy and practice* „as an approach that helps people make well-informed decisions about policies, programs, and projects by putting the best available evidence from research at the heart of policy development and implementation" (Davies, 2004, S. 3; zitiert nach Nutley, Walter & Davies, 2007). Diese Definition zeigt große Nähe zur Nutzenbestimmung von Evaluation hinsichtlich der Erhöhung der Steuerungsfähigkeit und Legitimität politischer Entscheidungen (Stockmann, 2008). Laut Stockmann kann und soll Evaluation darüber hinaus jedoch auch einen Beitrag zur gesellschaftlichen Aufklärung leisten.

In diesem Kapitel beschäftigten wir uns mit dem Beitrag von wissenschaftlicher Evaluation zu realisierbarer Evidenzbasierung in Politik und Praxis. Gemäß Stockmanns Nutzenbestimmung von Evaluation (2008) argumentieren wir, dass sie als zentrales Element von Evidenzbasierung in Politik und Praxis nicht nur zu einer Erhöhung der Steuerungsfähigkeit und Legitimität führen sollte, sondern auch zur gesellschaftlichen Aufklärung. Unserer Ansicht nach kann der letztere Zweck dann erreicht werden, wenn Evidenzen auch wirklich dazu genutzt werden gesellschaftliche Probleme zu lösen. Dazu müssen Evaluationen aber auch in bestimmter Art und Weise stattfinden.

Das Kapitel ist folgendermaßen aufgebaut: Im nächsten Abschnitt geben wir eine knappe Situationsanalyse bzgl. Evidenzbasierung in Politik und Praxis. Im darauf folgenden Abschnitt diskutieren wir basierend auf Stockmann den Nutzen von Evaluation für die Gesellschaft sowie welche Evaluationsmodelle die Nutzengenerierung unterstützen. Im vierten Abschnitt präsentieren wir die Ergebnisse zweier Pilotstudien, die wir zu Stellenwert und Verankerung von Evaluation in österreichischen und deutschen Bundesministerien durchgeführt haben und diskutieren sie mit Blick auf die zuvor dargestellten Nutzenbereiche. Im fünften Abschnitt präsentieren wir als Illustrationsbeispiel die Nationale Strategie zur Gewaltprävention an österreichischen Schulen und Kindergärten „Weiße Feder – Gemeinsam für Fairness und gegen Gewalt". Das Kapitel schließt mit einer kurzen Conclusio, die wir aus der aktuellen Befundlage ziehen.

2.   Evidenzbasierung in Politik und Praxis – ein knapper Abriss

In den letzten Jahren wurden von einer Reihe wissenschaftlicher Institutionen, Organisationen und Gesellschaften Aktivitäten gesetzt, um *Standards of Evidence* zu definieren. Dazu zählen z. B. das What Works Clearinghouse (www.whatworks. ed.gov), die Best Evidence Encyclopedia (www.bestevidence.org), die Campbell Collaboration (www.campbellcollaboration.org) und das Evidence for Policy and Practice Information and Co-ordinating Centre (www.eppi.ioe.ac.uk). Diese Evidenzstandards stimmen hinsichtlich zentraler Anforderungen wie der theoretischen Fundierung, der Durchführung von Evaluationen auch unter Feldbedingungen, dem Nachweis der Wirksamkeit in mehr als einer Studie, dem Vorliegen von Dokumentation, Kostenkalkulation, Evaluationsinstrumenten im Wesentlichen überein. Jedoch bestehen sehr wohl Unterschiede in den Detailanforderungen an Programme, die zu unterschiedlichen Schlussfolgerungen hinsichtlich ihrer Wirksamkeit führen (Slavin, 2008).

Wie steht es jedoch mit der Anwendung derartiger Evidenzstandards in Politik und Praxis? In der einschlägigen Forschung wird einhellig konstatiert, dass es in den letzten Jahren eine deutliche Bewegung in Richtung Evidenzbasierung gegeben hat (Kratochwill & Shernoff, 2003; Nutley et al., 2007; Spiel & Strohmeier, 2012). Es gibt jedoch deutliche Unterschiede in Abhängigkeit vom Politikfeld. Besonders weit entfernt von Evidenzbasierung ist der Bildungsbereich. Der Einsatz von Programmen und Maßnahmen erfolgt hier mehr aufgrund von Ideologien als auf Basis von Evidenzen (Slavin, 2008). Gründe dafür sind u. a. die Schwierigkeit, im Bildungsbereich handlungsnah übereinstimmend akzeptierte Ergebnisse/ Evidenzen zu zeigen, der Mangel an einheitlichen Standards in der Bildungsforschung, der hohe Aufwand für Interventionsforschung im Feld (z. B. in Schulen) bei gleichzeitig hohem Risiko, keine Wirksamkeit zu erzielen aufgrund der vielen potenziellen Interferenzen. Schließlich stellt die Änderungsresistenz aus Selbstwertschutz gerade im Bildungsbereich ein nicht zu unterschätzendes Problem dar (Spiel, 2009; Spiel & Strohmeier, 2012).

Unterschiede hinsichtlich Evidenzbasierung bestehen jedoch nicht nur zwischen Politikfeldern sondern auch zwischen Ländern bzw. deren Kulturen. Während in den anglo-amerikanischen Ländern Slogans wie „what matters is what works" klar signalisieren, dass Entscheidungen evidenzbasiert getroffen werden sollen, gilt dies nur eingeschränkt für die meisten mittel- und südeuropäischen Länder (Nutley et al., 2007, S. 10).

Ganz offensichtlich ist jedoch, dass Evaluation respektive deren Verankerung eine zentrale Rolle im Kontext von Evidenzbasierung zukommt. Diesbezüglich ist die Situation auch innerhalb der deutschsprachigen Länder unterschiedlich. In der Schweiz ist Evaluation im Grundgesetz verankert und als Konsequenz sind Evaluationen in den Bundesämtern gut etabliert (Balthasar, 2007), während dies für deutsche und österreichische Bundesministerien nicht der Fall ist (Spiel & Bergsmann, 2009), wie wir im vierten Abschnitt noch ausführlicher darstellen. Zuvor diskutieren wir jedoch noch, welchen Nutzen Evaluation für die Gesellschaft und damit auch für die Evidenzbasierung (siehe Davies, 2004) haben kann und die Anwendung welcher Evaluationsmodelle hierzu förderlich ist.

3.   Nutzen von Evaluation für die Gesellschaft

Gute Evaluationen sollen nützlich sein, durchführbar, fair und genau. Entsprechend thematisiert die Mehrheit der von nationalen Evaluationsgesellschaften entwickelten Standards auch diese Anforderungen (z. B. JCSEE, 2011; DeGEval, 2008) und gruppiert die Standards entsprechend. Sie unterscheiden sich damit von den Standards of Evidence, die im Allgemeinen einen Prozessablauf mit gewissen Kriterien (vorwiegend methodischen) definieren (siehe z. B. Flay et al., 2004, 2005). Allerdings können zwischen den breiter gefassten Evaluationsstandards Spannungen auftreten, z. B. zwischen methodischen Ansprüchen der Genauigkeit und Kosten respektive Zeitaufwand und Durchführbarkeit (siehe auch Stockmann, 2012a). Der wesentlichste Unterschied zwischen den oben angeführten Evidenzstandards bzw. Anforderungen an Evidenzbasierung und den Evaluationsstandards besteht im Anspruch der Nützlichkeit. Dieser wird in den Evidenzstandards in der Regel nicht explizit formuliert während er für Evaluationen zentral ist.

Stockbauer (2000) versteht unter Nützlichkeit die Merkmale von Evaluationen und Evaluationsergebnissen, welche die potenzielle Nutzung beschreiben; unter Nutzen (analog Zweck) die wertmäßige, subjektive Beurteilung der Qualität und Nützlichkeit der Evaluation und der Evaluationsergebnisse, während Nutzung ein wertfreier Begriff ist, der den objektiv messbaren Gebrauch der Evaluation und der Evaluationsergebnisse beschreibt (S. 16–17). In der Literatur werden sowohl verschiedene Nutzungsfunktionen diskutiert (für eine Übersicht siehe z. B. Spiel & Bergsmann, 2009) als auch unterschiedliche Nutzen respektive Zwecke von Evaluation. In Anbetracht der Intention des Kapitels fokussieren wir auf den Nutzen für die Gesellschaft, wie er von Stockmann (2007, 2008, 2012a, 2012b) beschrieben wird. Stockmann unterscheidet drei Nutzenbereiche:

1) Die Gewinnung und Bewertung von Informationen für Projekt- und Programmmanagement mit dem Ziel die Steuerungsfähigkeit zu erhöhen (*Steuerungsnutzen*). In diesem Bereich wird Evaluation am häufigsten eingesetzt. Im Zuge von neuen Steuerungsmodellen und der Etablierung weitreichender Qualitätsmanagementmodelle wird Evaluation damit zunehmend mehr in Organisationen integriert und ist damit ein letztlich unverzichtbarer Bestandteil einer lernenden Organisation (Stockmann, 2012a).

2) Die Steigerung von Legitimität und Glaubwürdigkeit von Politik durch die Überprüfung von Politikstrategien (*Legitimitätsnutzen*). Evaluation wird von Regierungen respektive Ministerien, öffentlicher Verwaltung etc. zunehmend eingesetzt um aufzuzeigen, dass die anvisierten Ziele erreicht wurden, welche

Wirkungen Maßnahmen ausgelöst haben oder wie sich die Relation von Kosten zu Nutzen verhält (Stockmann, 2012a). Nachvollziehbare Begründungen für Entscheidungen erhöhen das Verständnis, wenn nicht sogar die Akzeptanz für politische Entscheidungen. Allerdings ist die Durchführung von Evaluationen zwar eine notwendige, jedoch keine hinreichende Bedingung für evidenzbasierte Politik.

Evaluation kann zusätzlich auch als grundsätzliches Element einer demokratischen Regierungsführung genutzt werden, indem Evaluation in Gesetzen und Verordnungen für bestimmte Zwecke verpflichtend festgelegt wird. Dazu gibt es Empfehlungen der Bundesrechnungshöfe in Deutschland und Österreich, die bislang jedoch nur wenig aufgegriffen wurden (siehe auch Stockmann, 2012a). Wichtig ist hierbei, auch im Sinne der neuen Governance-Modelle (z. B. Benz, 2004) nicht nur unterschiedliche Stakeholder-Gruppen einzubinden, sondern auch Evaluationen professionell gemäß den geltenden Standards durchzuführen und aus den Evaluationsbefunden entsprechende Konsequenzen zu ziehen.

3) Die Bereitstellung einer empirischen Basis für gesellschaftliche Selbstreflexion (*Aufklärungsnutzen*). Hier geht es darum, mit Hilfe von Evaluationen nicht nur die intendierten Wirkungen von Eingriffen und Maßnahmen zu prüfen, sondern auch die nicht-intendierten Folgen zu erfassen und damit Entwicklungsprozesse generell zu hinterfragen. Es geht somit um eine ganzheitliche Perspektive und um die Bewertung, ob und welchen Beitrag politische Strategien, Programme oder Maßnahmen zur Lösung gesellschaftlicher Probleme leisten (Stockmann, 2012a). Entsprechende Evaluationsergebnisse sollten öffentlich diskutiert werden. Zu diesem Nutzenbereich trägt Evaluation derzeit am wenigsten bei. Da Themen und Umfang öffentlicher Evaluationen stark politisch beeinflusst sind, bedarf es zur Realisierung der Aufklärungsfunktion von Evaluation unabhängige Institute, wie jenes, das kürzlich für den Bereich Entwicklungszusammenarbeit in Deutschland gegründet wurde (für Details dazu siehe Stockmann, 2012b).

Allen drei Nutzungsbereichen ist gemeinsam, dass Evaluation ein hohes Lernpotenzial für die Stakeholder liefert. Voraussetzung für die Nutzung dieses Potenzials ist, dass Evaluationen professionell und mit hoher Qualität durchgeführt werden sowie dass die Evaluation und ihre Ergebnisse durch die Betroffenen sowie durch die Entscheidungsträgerinnen und -träger akzeptiert werden. Die Akzeptanz der Evaluation bei den Betroffenen zu erreichen setzt im Allgemeinen voraus, dass die Konsequenzen der Evaluation bereits im Vorfeld begründet und mitgeteilt bzw. im optimalen Fall mit den Betroffenen ausgehandelt werden. Der nachträgliche Missbrauch von Evaluationen für nicht angekündigte Entscheidungen (z. B. Reduktion von Geldmitteln an Universitäten) führt nicht nur zu einem negativen Image von Evaluation, sondern verdirbt auch die Bereitschaft sich auf Evaluationen einzulassen und ihr Lernpotenzial zu nutzen (Spiel, Gradinger & Lüftenegger,

2010). Stockmann und Meyer (2010) thematisieren diese negativen Aspekte und „pathologischen Seiten" als sog. „taktische Funktion" (S. 75) von Evaluation.

In den letzten Jahren wurde eine Reihe von Evaluationsmodellen konzipiert, die als explizites Ziel formulieren, dass aus dem Evaluationsprozess systematisch gelernt werden kann (z.B. participatory, collaborative, utilization-focused und empowerment evaluation; siehe u.a. Cousins & Shulha, 2008; Fetterman, 1994; Fetterman & Wandersman, 2005; King, Cousins & Whitmore, 2007; Patton, 1997, 2012). Gemeinsam ist ihnen, dass Evaluation in einem Prozess der Partizipation und Kooperation durchgeführt wird, in dem externe Evaluatorinnen und Evaluatoren als Coaches fungieren. Sie unterstützen die Betroffenen dabei, ihre eigene Evaluation durchzuführen und damit gleichzeitig die Logik von Evaluationen zu lernen. Im Zentrum steht der Kreisprozess der Reflexion – Bewertung – Verbesserung. Primär wurden diese Ansätze für Programmevaluationen konzipiert. Sie können jedoch auch auf Individuen angewendet werden (hier geht es um die Vermittlung einer evaluativen Haltung; siehe Atria, Reimann & Spiel, 2006) sowie auf Institutionen und Organisationen. Zentrales Ziel ist letztlich die Entwicklung und Etablierung einer *Evaluationskultur*.

Abschließend ist jedoch nochmals zu betonen, dass die Durchführung von Evaluationen keine hinreichende Bedingung für die Realisierung einer evidenzbasierten Politik ist, wie sie Davies (2004) definiert. Denn eine Eins-zu-eins-Umsetzung von Evaluationsbefunden in politische Entscheidungen ist kaum möglich. Vielmehr bedarf es aufwändiger Prozesse, wie sie z.B. in den partizipatorischen Evaluationsmodellen (siehe oben) bereits vorgesehen sind (siehe auch Stockmann, 2012a).

Da die Durchführung von Evaluationen jedoch zweifellos eine notwendige Bedingung für eine evidenzbasierte Politik darstellt und der Politik für alle drei beschriebenen Nutzenbereiche von Evaluation hohe Relevanz zukommt, stellen wir im folgenden Abschnitt die Ergebnisse von zwei Pilotstudien zu Stellenwert und Verankerung von Evaluation auf der Ebene von Bundesministerien vor.

4. Stellenwert und Verankerung von Evaluation in österreichischen und deutschen Bundesministerien

Eine wesentliche Voraussetzung für die Nutzung von Evaluationen und deren Ergebnissen ist der Stellenwert, der Evaluation im jeweiligen Land bzw. Kontext zugeschrieben wird. Dieser Stellenwert bestimmt auch die Anzahl an Evaluationen sowie ihre institutionelle Verankerung. Die Bedeutung des institutionellen Kontextes respektive der institutionellen Verankerung wird nicht nur von Stockmann (2012a, 2012b; siehe oben) sondern auch von einer Reihe weiterer Autoren betont (Balthasar, 2006, 2007; Widmer & Neuenschwander, 2004). Dazu gehört nicht nur das Vorhandensein einer evaluationsverantwortlichen Stelle, sondern auch, ob es ein eigens ausgewiesenes Budget für Evaluationen gibt und wie die (externe)

Vergabe- und Publikationspraxis gestaltet ist (für Details siehe Balthasar, 2007; Widmer & Neuenschwander, 2004).

Zum Thema Stellenwert und Verankerung von Evaluation in österreichischen und deutschen Bundesministerien führten wir zwei Pilotstudien durch. Der Pilotcharakter erklärt sich daraus, dass einerseits bis dato noch keine Studien vorlagen und andererseits Stellenwert und speziell Verankerung von Evaluation nur sehr eingeschränkt gegeben waren.

Die erste Studie haben wir 2007 durchgeführt (Spiel & Bergsmann, 2009). Dazu hat Christiane Spiel in ihrer damaligen Funktion als Vorstandsvorsitzende der DeGEval – Gesellschaft für Evaluation einen kurzen Fragebogen an sämtliche deutschen und österreichischen Bundesministerien (direkt an die Ministerinnen und Minister) sowie die beiden Bundeskanzler geschickt (insgesamt 27 Fragebögen). Die Fragen bezogen sich auf die Anzahl an Evaluationen pro Jahr, ihr finanzielles Volumen, die Ergebnisdistribution an die diversen Stakeholder, die Sicherung der Umsetzung und Anwendung der Evaluationsergebnisse durch die Stakeholder sowie darauf, wie gut Distribution und Umsetzung gelungen waren. Zusätzlich fragten wir noch nach dem Interesse einer Zusammenarbeit mit der DeGEval. Sieben Fragebögen wurden ausgefüllt zurückgeschickt, in zwölf Fällen erfolgte keine Reaktion. In den restlichen acht Fällen erhielten wir zwar eine Antwort, aber ohne Beantwortung der Fragen. Der Grund dafür war fast durchgängig, dass Evaluationen zwar geplant, jedoch noch nicht durchgeführt worden waren. Wir bezeichneten diese drei Gruppen vorsichtig als Evaluationsexpertinnen und -experten, Evaluationsmotivierte und Evaluationsdistanzierte (Spiel & Bergsmann, 2009).

Die Analyse der sieben ausgefüllten Fragebögen ergab eine Schwankungsbreite von drei bis zehn Evaluationen pro Jahr mit einem Gesamtvolumen von 0,2 bis 1,4 Millionen Euro. Die Ergebnisdistribution erfolgte vorwiegend durch Publikationen, Diskussionen mit Stakeholdern und Veranstaltungen, die Sicherung der Umsetzung durch Zielvereinbarungen, Begleitgremien, Kontrolle durch Aufsichtsgremien sowie durch Erlässe, Richtlinien oder Verträge. Beides – Ergebnisdistribution und Umsetzungssicherung – gelang nach Angaben der Ministerien in der Mehrheit der Fälle zufriedenstellend (für weitere Details siehe Spiel & Bergsmann, 2009). Fünf Bundesministerien hatten bereits Kontakt mit der DeGEval, vier von diesen waren interessiert diesen Kontakt zu intensivieren. Die weiteren vier Ministerien, die diese Frage negativ (d. h. bisher kein Kontakt) beantworteten, hatten auch kein Interesse an einem Kontakt mit der DeGEval.

Da die Befunde nicht nur quantitativ, sondern auch hinsichtlich der inhaltlichen Differenziertheit nicht befriedigend waren, führten wir – diesmal ausschließlich in Österreich – im Jahr 2008 eine weitere Pilotstudie durch (Bergsmann & Spiel, 2009) diesmal unter Verwendung von Leitfadeninterviews basierend auf Balthasar (2007) und Widmer, Rüegg und Neuenschwander (2001). Wir kontaktierten dazu alle damaligen österreichischen Bundesministerien (n = 13) und das Bundeskanzleramt. Im Interview erfragten wir das Verständnis von Evaluation, den institutionellen Kontext sowie die Berücksichtigung von Evaluationsstandards. Zusätzlich baten wir die Interviewpartnerinnen und -partner, uns eine möglichst typische, konkrete Evaluation zu beschreiben, die im letzten halben Jahr stattgefunden hatte. Aus elf Ministerien und dem Bundeskanzleramt nahmen jeweils eine Führungskraft sowie insgesamt noch weitere fünf Mitarbeiterinnen und Mitarbeiter an den Interviews teil. Im Folgenden fassen wir mit Blick auf das Thema des Kapitels nur die Ergebnisse bzgl. institutionellem Kontext kurz zusammen. Hinsichtlich weiterer Befunde wird auf Bergsmann und Spiel (2009) verwiesen.

In nur vier der zwölf teilnehmenden Institutionen gab es eine evaluationsverantwortliche Stelle; diese war jedoch in allen Fällen dezentral eingerichtet, d. h. nur für einen Teilbereich verantwortlich und nicht für Evaluationen zuständig, die das gesamte Ministerium betrafen. In drei dieser vier Ministerien hatte diese Stelle auch ein eigenes Budget. Die Schwankung in der Anzahl der in den letzten drei Jahren durchgeführten Evaluationen lag über alle zwölf Institutionen hinweg zwischen null und 127. Die Evaluationen wurden zumeist von den Programmverantwortlichen veranlasst, jedoch großteils von externen Spezialistinnen und Spezialisten durchgeführt. Die Verfassung eines schriftlichen Evaluationsberichts war durchgängig üblich, die konkrete Art der Veröffentlichung jedoch sehr unterschiedlich.

Wenn man die Ergebnisse dieser beiden Pilotstudien mit Blick auf die drei Nutzenbereiche nach Stockmann diskutiert, so wird zuerst evident, dass nur ein kleiner Teil der Bundesministerien in Österreich und Deutschland überhaupt in der Lage ist die Evaluationsfunktion zu nutzen. Auch wenn die Studien 2007 und 2008 durchgeführt wurden, so hat sich – siehe auch Stockmann (2012a, 2012b) – die Situation noch nicht drastisch verändert. Wie sehr Stockmann die Gründung des Instituts für deutsche Entwicklungsevaluierung würdigt (2012b) macht dies deutlich. Generell hat Evaluation im Feld der Entwicklungszusammenarbeit einen weit höheren Stellenwert als in anderen Politikfeldern; auch in den beiden dargestellten Studien waren die jeweils zuständigen Ministerien Spitzenreiter was Evaluationen und deren Professionalität betrifft.

In dem kleinen Teil der Politikfelder, in dem Evaluation etabliert ist, deuten die Befunde der beiden Studien darauf hin, dass Steuerungs- und Legitimationsnutzen zumindest teilweise gegeben sind. Dass der Anspruch zur gesellschaftlichen Aufklärung beizutragen eingelöst wird, ist jedoch sehr zu bezweifeln. Die Angaben, dass die Evaluationen durchgängig von den Programmverantwortlichen veranlasst werden, belegen vielmehr den Fokus auf Steuerungs- und Legitimationsnutzen. Inwieweit die angegebenen Evaluationen zur Evidenzbasierung in Politik und Praxis beigetragen haben, darüber lassen sich anhand der vorhandenen Daten keine Aussagen machen.

Abschließend wollen wir anhand eines Beispiels aus Österreich illustrieren, wie Evaluation zu allen drei Nutzenbereichen beitragen und damit auch evidenzbasierte Politik unterstützen kann.

5.   Nationale Strategie zur Gewaltprävention
an österreichischen Schulen und Kindergärten
„Weiße Feder – Gemeinsam für Fairness und gegen Gewalt"

Gemäß internationaler Vergleichsstudien (Craig & Harel, 2004) weist Österreich regelmäßig hohe Gewaltraten auf. Als Konsequenz hat Gewalt in Schulen auch hohe mediale Aufmerksamkeit. Zu Beginn 2007 gab es eine Serie massiver Gewaltvorkommnisse in Schulen. Als Konsequenz wurden wir beauftragt eine nationale Strategie zur Gewaltprävention in Schulen und Kindergärten zu konzipieren (Spiel & Strohmeier, 2011, 2012). Die Ausgangssituation war durchaus schwierig, da es viele Akteure im Feld der Gewaltprävention gab, die kaum voneinander Notiz nahmen und bisherige Präventionsprogramme im Wesentlichen weder theoretisch fundiert noch evaluiert waren. Generell gab es in diesem Feld kaum Wissen über und Erfahrung mit Evaluation. Wir legten daher folgende vier Kriterien für die Strategieentwicklung fest: (1) Integration der Akteure (Stakeholder), (2) Austausch mit internationalen Expertinnen und Experten, (3) ausschließliche Anwendung von Programmen, die zentralen Evidenzstandards genügen, (4) kontinuierlicher Dialog mit den Verantwortlichen im Bildungsministerium.

Im Verlauf des Jahres 2007 wurde eine neue Regierung gebildet und damit auch eine neue Bildungsministerin eingesetzt. Wir präsentierten ihr die Strategie Ende 2007. Sie wurde von der Bundesministerin voll akzeptiert, in das Koalitionsabkommen aufgenommen (was bedeutete, dass auch entsprechende Budgetmittel dafür gewidmet wurden) und in einer gemeinsamen großen Pressekonferenz den Medien vorgestellt. In der folgenden Regierungsperiode (bis 2013) wurde (wenn auch mit gewissen Modifikationen) der Großteil der intendierten Maßnahmen umgesetzt und auch noch weitere Projekte hinzugefügt (Spiel, Wagner & Strohmeier, 2012).

Aus Platzgründen wird die nationale Strategie sowie ihre Implementation hier nicht im Detail beschrieben, sondern nur auf diejenigen Aspekte eingegangen, die für dieses Kapitel von Relevanz sind (für Details siehe Spiel & Strohmeier, 2011, 2012; Spiel et al., 2012; www.gemeinsam-gegen-gewalt.at). Dazu gehören die Vernetzung und die Einbindung der Stakeholder mit Blick auf die Ziele der Strategie. Um diese zu gewährleisten wurden u. a. jährliche Vernetzungstreffen abgehalten, in deren Konzeption Repräsentantinnen und Repräsentanten der Stakeholdergruppen eingebunden waren. Ein weiterer Aspekt war die Festlegung von Standards für die in Schulen und Kindergärten eingesetzten Präventionsprogramme (Flay et al., 2005; Preiser & Wagner, 2003). Damit war es möglich bereits breit verwendete Programme ohne theoretische Basis und durch Evaluation bestätigte Effekte auszuscheiden. Insbesondere war es uns möglich, das von uns selbst entwickelte WiSK-Programm zur Förderung von sozialer Kompetenz und Prävention von Gewalt in der Sekundarstufe (Atria & Spiel, 2007; Strohmeier, Atria & Spiel, 2008; Strohmeier, Hoffmann, Schiller, Stefanek & Spiel, 2012) gemäß hoher wissenschaftlicher Standards in einem Trainings-Vergleichsgruppen-Design formativ und summativ im Rahmen mehrerer Erhebungen zu evaluieren. Unseres Wissens war vorher noch keine derartige Evaluation vom Bildungsministerium finanziert worden. Schließlich konnte erreicht werden, dass eine unabhängige Evaluatorin auf Ebene der Gesamtstrategie prüfte, inwieweit Ziele, Implementation und Zielerreichung in Bezug zueinander stehen unter Berücksichtigung von Nebenwirkungen. Daraus wurden Empfehlungen abgeleitet, deren Umsetzung im Zeitabstand von einem Jahr erneut evaluiert wurde (für Details siehe Spiel et al., 2012). Speziell diese Evaluation hat deutlich zur Qualität der gesamten Strategie beigetragen. Zusätzlich wurden vielfältige Evaluationsaktivitäten auf Ebene der einzelnen Maßnahmen und Projekte gesetzt.

Aus unserer Sicht ist es mit der Nationalen Strategie zur Gewaltprävention möglich gewesen, zu allen drei von Stockmann angeführten Nutzenbereichen von Evaluation beizutragen. Die Evaluation der einzelnen Projekte und Maßnahmen erhöhte die Steuerfunktion; die Evaluation der Gesamtstrategie diente der Legitimität. Das Faktum, dass eine derartige Strategieentwicklung als Auftrag an Wissenschaftlerinnen gegeben wurde und nicht nur die Strategie selbst, sondern auch sämtliche Qualitätsstandards und Evaluationen akzeptiert, umgesetzt und mit den Stakeholdern sowie öffentlich über Medien diskutiert wurden, zeigt nicht nur die von Stockmann (2012a) geforderte ganzheitliche Perspektive und den umfassenden Wirkungsansatz, sondern auch den Beitrag zur gesellschaftlichen Aufklärung. Die vielfältigen Lernpotenziale wurden erfolgreich und differenziert genutzt. Wissen über und Akzeptanz von Evaluation und deren Standards wurde sowohl bei den politischen Entscheidungsträgerinnen und -trägern, bei den Ministerialbeamtinnen und -beamten als auch bei den verschiedenen Stakeholdergruppen sowie in den Schulen, in denen die Präventionsprogramme zum Einsatz kamen, vermittelt respektive erhöht. Letztlich zeigt die Tatsache, dass in der neuen Legislaturperiode eine Fortsetzung der Nationalen Strategie mit dem Ziel der Verstetigung und flächendeckenden nachhaltigen Implementation beschlossen wurde, wozu u. a. der Einsatz von Online-Selbstevaluationsinstrumenten in Schulen gehört, auch den Beitrag zu einer evidenzbasierten Bildungspolitik. Eine zentrale Rolle dabei kam sicherlich der institutionellen Verankerung durch die Etablierung einer Steuerungsgruppe im Bildungsministerium zu, der auch Christiane Spiel als wissenschaftliche Beraterin angehörte.

6.   Conclusio

Wissenschaftliche Evaluation, d. h. Evaluation die professionell, gemäß geltender Qualitätsstandards in einem partizipativen Ansatz durchgeführt wird, kann einen wichtigen Beitrag zu realisierbarer Evidenzbasierung in Politik und Praxis leisten. Sie kann damit nicht nur zu einer Erhöhung von Steuerungsfähigkeit und Legitimität führen, sondern auch gesellschaftliche Aufklärung befördern. Dies zeigt die

Aufarbeitung der einschlägigen Literatur in diesem Kapitel; dies wissen wir auch aus vielfältigen eigenen Erfahrungen bzgl. Kooperationen mit Politik, Verwaltung und Praxis (Spiel, Schober, Strohmeier & Finsterwald, 2011; Spiel & Strohmeier, 2012). Zweifellos liegt derzeit mit Blick auf Deutschland und Österreich die Betonung noch auf dem *kann*. Was sollte jedoch getan werden, dass Evaluation zu allen drei Nutzenbereichen relevante Beiträge liefert und Evidenzbasierung realisiert wird? Stockmann (2012a) macht dazu eine Reihe von Vorschlägen, denen wir uns sehr gut anschließen können. Insbesondere halten wir die Professionalisierung von Evaluation und damit verbunden die Aus- und Weiterbildung von Evaluatorinnen und Evaluatoren für sehr wichtig. Zentral ist jedoch unserer Ansicht nach die Schaffung einer Reflexions- und Evaluationskultur. Dafür bedarf es der bereits angesprochenen Kooperation von Wissenschaft, Politik, Praxis und Verwaltung auf unterschiedlichen Ebenen. Das erfordert ein Zugehen aufeinander, ein Verständnis für Bedrohungsgefühle, die häufig zu Änderungsresistenz aus Selbstwertschutz führen; es erfordert die Übernahme unterschiedlicher Perspektiven sowie Verständnis und Respekt für die Unterschiedlichkeit von Logiken in den verschiedenen Handlungsfeldern (Wissenschaft, Politik, Verwaltung, Praxis).

Wir teilen auch die Meinung von Stockmann, dass die Einrichtung unabhängiger Institute zur Durchführung von Evaluationen in definierten Politikfeldern hilfreich und wichtig ist, wir halten jedoch insbesondere projektbezogene Kooperationen, wie im Rahmen der oben dargestellten Nationalen Strategie zur Gewaltprävention, für besonders erfolgsversprechend. Denn ein gemeinsames Ziel sowie auch (hoffentlich) gemeinsame Erfolge bilden eine gute Basis dafür, die vielfältigen Lernpotenziale, die gute Evaluationen bieten, auch entsprechend zu nutzen und damit letztlich zur gesellschaftlichen Aufklärung sowie zu einer evidenzbasierten Politik beizutragen.

Literatur

Atria, M., Reimann, R. & Spiel, C. (2006). Qualitätssicherung durch Evaluation. Die Bedeutung von Zielexplikation und evaluativer Haltung. In C. Steinebach (Hrsg.), *Handbuch Psychologische Beratung* (S. 574–586). Stuttgart: Klett-Cotta.

Atria, M. & Spiel, C. (2007). Viennese Social Competence (ViSC) Training for Students: Program and Evaluation. In J. E. Zins, M. J. Elias & C. A. Maher (Eds.), *Bullying, Victimization, and Peer Harassment. A Handbook of Prevention and Intervention* (pp. 179–197). New York: Haworth Press.

Balthasar, A. (2006). The Effects of the Institutional Design of the Utilization of Evaluation: Evidenced Using Qualitative Comparative Analysis (QCA). *Evaluation, 12* (3), 354–372.

Balthasar, A. (2007). *Institutionelle Verankerung und Verwendung von Evaluationen: Praxis und Verwendung von Evaluationen in der schweizerischen Bundesverwaltung.* Zürich/Chur: Rüegger.

Benz, A. (Hrsg.). (2004). *Governance – Regieren in komplexen Regelsystemen.* Wiesbaden: VS Verlag für Sozialwissenschaften.

Bergsmann, E. & Spiel, C. (2009). Context, Standards and Utilisation of Evaluation in Austrian Federal Ministries. In A. Fouquet & L. Measson (Eds.), *L'évaluation des politiques publiques en Europe. Cultures et futures/Policy and Programme Evaluation in Europe. Cultures and Prospects* (pp. 187–198). Grenoble: L'Harmattan.

Cousins, J. B. & Shulha, L. M. (2008). Complexities in Setting Program Standards in Collaborative Evaluation. In N. Smith & P. Brandon (Eds.), *Fundamental Issues in Evaluation*. New York: Guilford.

Craig, W. M. & Harel, Y. (2004). Bullying, physical fighting and victimization. In C. Currie, C. Roberts, A. Morgan, R. Smith, W. Settertobulte, O. Samdal & V. Barnekow Rasmussen (Eds.), *Young people's health in context: Health Behaviour in School-aged Children (HBSC) study: International report from the 2001/2002 survey* (pp. 133–144). Copenhagen: WHO.

Davies, P. T. (2004). *Is Evidence-Based Government Possible? Jerry Lee Lecture 2004*. Paper presented at the 4th Annual Campbell Collaboration Colloquium, Washington, DC, 19 February.

DeGEval – Gesellschaft für Evaluation e.V. (2008). *Recommendations for Clients of Evaluations – An introductory brochure for the field of public administration*. Mainz: Eigenverlag.

Fetterman, D. M. (1994). Empowerment Evaluation. Presidential Address. *Evaluation Practice, 15* (1), 1–15.

Fetterman, D. M. & Wandersman, A. (Eds.). (2005). *Empowerment Evaluation Principles in Practice*. New York: Guilford.

Flay, B. R., Biglan, A., Boruch, R. F., Castro, F. G., Gottfredson, D., Kellam, S. G., Moscicki, E. K., Schinke, S., Valentine, J. C. & Ji, P. (2004). Standards of evidence: Criteria for efficacy, effectiveness and dissemination. Falls Church: Society for Prevention Research. Retrieved from http://www.preventionresearch.org/StandardsofEvidencebook.pdf [08.09.2014].

Flay, B. R., Biglan, A., Boruch, R. F., Castro, F. G., Gottfredson, D., Kellam, S. G., Moscicki, E. K., Schinke, S., Valentine, J. C. & Ji, P. (2005). Standards of evidence: Criteria for efficacy, effectiveness, and dissemination. *Prevention Science, 6,* 151–175.

JCSEE – Joint Committee on Standards for Educational Evaluation. (2011). *The program evaluation standards* (3rd ed.). Thousand Oaks: Sage.

King, J. A., Cousins, J. B. & Whitmore, E. (2007). Making sense of participatory evaluation: Framing participatory evaluation. *New Directions for Evaluation, 114,* 83–105.

Kratochwill, T. R. & Shernoff, E. S. (2003). Evidence-Based Practice: Promoting Evidence-Based Interventions in School Psychology. *School Psychology Quarterly, 18,* 389–408.

Nutley, S. M., Walter, I. & Davies, H. T. O. (2007). *Using Evidence: How research can inform public services*. Bristol: Policy Press.

Patton, M. Q. (1997). *Utilization-Focused Evaluation: The New Century Text* (3rd ed.). Thousand Oaks: Sage.

Patton, M. Q. (2012). *Essentials of Utilization-Focused Evaluation*. Thousand Oaks: Sage.

Preiser, S. & Wagner, U. (2003). Gewaltprävention und Gewaltverminderung. Qualitätskriterien für Präventions- und Interventionsprogramme. *Report Psychologie, 28,* 660–666.

Slavin, R. E. (2008). Perspectives on Evidence-Based Research in Education – What Works? Issues in Synthesizing Educational Program Evaluations. *Educational Researcher, 37,* 5–14.

Spiel, C. (2009). Evidenzbasierte Bildungspolitik und Bildungspraxis – eine Fiktion? Problemaufriss, Thesen, Anregungen. *Psychologische Rundschau, 60* (4), 255–256.

Spiel, C. & Bergsmann, E. (2009). Zur Nutzung der Evaluationsfunktion: Partielle Bestandsaufnahme und Pilotstudie in österreichischen und deutschen Bundesministerien. In T. Widmer, W. Beywl & C. Fabian (Hrsg.), *Evaluation. Ein systematisches Handbuch* (S. 477–485). Wiesbaden: VS Verlag für Sozialwissenschaften.

Spiel, C., Gradinger, P. & Lüftenegger, M. (2010). Grundlagen der Evaluationsforschung. In H. Holling & B. Schmitz (Hrsg.), *Handbuch Statistik, Methoden und Evaluation* (S. 223–232). Göttingen: Hogrefe.

Spiel, C., Schober, B., Strohmeier, D. & Finsterwald, M. (2011). Cooperation among Researchers, Policy Makers, Administrators, and Practitioners: Challenges and Recommendations. *ISSBD Bulletin 2011, 2* (60), 11–14.

Spiel, C. & Strohmeier, D. (2011). National strategy for violence prevention in the Austrian public school system: Development and implementation. *International Journal of Behavioral Development, 35,* 412–418.

Spiel, C. & Strohmeier, D. (2012). Evidence-based practice and policy: When researchers, policy makers, and practitioners learn how to work together. *European Journal of Developmental Psychology, 9* (1), 150–162.

Spiel, C., Wagner, P. & Strohmeier, D. (2012). Violence Prevention in Austrian Schools: Implementation and Evaluation of a National Strategy. *International Journal of Conflict and Violence, 6* (2), 176–186.

Stockbauer, U. (2000). Was macht Evaluation nützlich? Überblick zum Forschungsstand – Ergebnisse von Fallstudien. In: H. Müller-Kohlenberg & K. Münstermann (Hrsg.), *Qualität von Humandienstleistungen. Evaluation und Qualitätsmanagement in Sozialer Arbeit und Gesundheitswesen* (S. 121–128). Opladen: Leske+Budrich.

Stockmann, R. (2007). Evaluation in der Gesellschaft: Entwicklung, Stand und Perspektiven. *Zeitschrift für Evaluation, 6* (2), 195–222.

Stockmann, R. (2008). Zur gesellschaftlichen Bedeutung von Evaluation. Nr. 15 aus der Reihe der Arbeitspapiere des CEval. Saarbrücken: Centrum für Evaluation.

Stockmann, R. (2012a). Evaluation und Gesellschaft. In: R. Strobl, O. Lobermeier & W. Heitmeyer (Hrsg.), *Evaluation von Programmen und Projekten für eine demokratische Kultur.* Wiesbaden: Springer VS.

Stockmann, R. (2012b). Von der Idee zur Institution. Institut für deutsche Entwicklungsevaluierung gegründet. *Zeitschrift für Evaluation, 11* (1), 85–93.

Stockmann, R., & Meyer, W. (2010). *Evaluation. Eine Einführung.* UTB 8337. Opladen & Farmington Hills, MI: Verlag Barbara Budrich.

Strohmeier, D., Atria, M. & Spiel, C. (2008). WiSK: Ein ganzheitliches Schulprogramm zur Förderung sozialer Kompetenz und Prävention aggressiven Verhaltens. In T. Malti & S. Perren (Hrsg.), *Soziale Kompetenzen bei Kindern und Jugendlichen* (S. 214–230). Stuttgart: Kohlhammer.

Strohmeier, D., Hoffmann, C., Schiller, E.-M., Stefanek, E. & Spiel, C. (2012). ViSC Social Competence Program. *New Directions for Youth Development, 133,* 71–80.

Widmer, T. & Neuenschwander, P. (2004). Embedding Evaluation in the Swiss Federal Administration. Purpose, Institutional Design and Utilization. *Evaluation, 10* (4), 388–409.

Widmer, T., Rüegg, E. & Neuenschwander, P. (2001). *Stand und Aussichten der Evaluation beim Bund.* Bern: Bundeskanzlei.

Reflexive Modernisierung – oder doch: Evaluation als Ausrede?

Wolfgang Meyer

1.   Einleitung

Auf die Frage nach dem einflussreichsten deutschen Soziologen der letzten dreißig Jahre fällt sicherlich der Name Ulrich Beck besonders häufig.[1] Begriffe wie „Globalisierung", „Individualisierung" und „Risikogesellschaft" haben einen Eingang in die Alltagssprache gefunden und Ulrich Beck gehört zu den wenigen Soziologen, die regelmäßig im Feuilleton der Zeit publizieren durften. Die von ihm angestoßenen Überlegungen zu einer Theorie der reflexiven Modernisierung zählen zweifellos zu den wenigen neuen Ansätzen einer umfassenden Gesellschaftstheorie. Beck stellt als zentralen Motor reflexiver Modernisierung das „Nicht-Wissen über Nebenfolgen" sozialen Handelns in den Fokus seiner Betrachtungen und leitet hieraus einen Bruch zwischen erster und zweiter Moderne ab (Kapitel 2).

In diesem Beitrag wird die globale Entwicklung und Institutionalisierung von Monitoring und Evaluationssystemen als Antwort auf diese Herausforderung verstanden und deren Beitrag zur Reduzierung des „Nicht-Wissens über Nebenfolgen" in Entscheidungssituationen hervorgehoben. Durch diese Aufgabe – so die zentrale Aussage – kommt Monitoring und Evaluation eine weitreichende Bedeutung für die Modernisierung moderner Gesellschaften zu.

Es ist der Verdienst von Reinhard Stockmann auf die gesellschaftlichen Funktionen von Evaluation hingewiesen zu haben. Seine grundlegenden Überlegungen und Forschungsarbeiten zu diesem Themenkomplex werden hier zu der These verdichtet, dass Evaluation nur dann die notwendigen Steuerungsbeiträge liefern kann, wenn sie selbst unabhängig und frei von Beeinflussungen in einem kritisch-reflexiven Diskurs mit allen Beteiligten sämtliche verfügbaren Informationen auf der Grundlage wissenschaftlicher Standards sammeln und bewerten kann (Kapitel 3).

Für die Modernisierung moderner Gesellschaften ist die Nutzung steuerungsrelevanten Wissens, welches durch Evaluationen produziert wird, von zentraler Bedeutung (Kapitel 4). Evaluationen geraten dabei zwangsläufig in ein Spannungsfeld zwischen Gebrauch und Missbrauch, wobei ihre Funktionen institutionell durch neue Grenzziehungen und Aufgabenzuweisungen abgesichert werden müssen. Dies ist innerhalb der bestehenden Basisinstitutionen zumindest ansatzweise bereits gelungen.

---

1   Dies gilt sicherlich erst recht nach seinem unerwarteten Tod Anfang dieses Jahres.

Gleichzeitig haben sich die Basisinstitutionen gegen Übergriffe auf ihre Entscheidungskompetenz bisher erfolgreich zu Wehr gesetzt. Der von Beck postulierte Übergang von der ersten zur zweiten Moderne hat bisher nicht stattgefunden (Kapitel 5). Die fortschreitende Institutionalisierung von Monitoring und Evaluation ist aber gleichzeitig ein Beleg für einen entsprechenden Entwicklungstrend, welcher sich aus funktionalen wie machtpolitischen Gründen (bisher) nicht durchgesetzt hat.

2.   Die Theorie der reflexiven Modernisierung

In seinem Hauptwerk *Risikogesellschaft* hat Ulrich Beck drei zentrale Phänomene des sozialen Wandels beschrieben, die über viele Jahre die soziologische Diskussion geprägt haben (vgl. Beck, 1986). Erstens postuliert er die Zunahme gesellschaftlicher Risiken, die in ihrem Ausmaß neue Dimensionen erreichen, global wirksam werden und sich vor allem nicht auf bestimmte soziale Gruppen begrenzen lassen. Zweitens behauptet er, dass sich die Sozialstruktur in Auflösung befindet und in der zunehmend individualisierten Gesellschaft die klassischen Institutionen der Chancenverteilung und Statuszuteilung Familie und Beruf an Bedeutung verlieren. Der dritte Aspekt soll im Folgenden ins Zentrum der Betrachtung gerückt werden: Im letzten Abschnitt seines Buchs entwirft Ulrich Beck eine Theorie der reflexiven Modernisierung, die er in den folgenden Jahren kontinuierlich weiter ausgearbeitet hat. Sie besteht im Wesentlichen aus zwei Elementen: einem wissenssoziologischen Teil (vgl. Beck, 1986, S. 254–299), welcher sich mit der veränderten Rolle der Wissenschaft im technologischen Wandel beschäftigt, und einem politiksoziologischen Teil (vgl. Beck, 1986, S. 300–374), in dem Veränderungen in der Steuerungslogik von Gesellschaft und die sich daraus ergebenden Folgen für das politische System diskutiert werden.

Die zentrale Denkfigur Ulrich Becks zur gesellschaftlichen Entwicklung ist der „diskontinuierliche Wandel der Moderne" (Beck & Grande, 2010, S. 192) in Form eines Übergangs von der ersten zur zweiten Moderne. Bedingt durch die fortschreitende Differenzierung zwischen den Grundprinzipien der Moderne und den sie tragenden Basisinstitutionen entsteht ein Veränderungsdruck, welcher schließlich zu einem grundsätzlichen Bruch führt.[2] Die These der reflexiven Modernisierung besagt in dieser Hinsicht, dass die tragenden Institutionen der Ersten

---

2 „Der Übergang von der Ersten zur Zweiten Moderne bedeutet allerdings keinen vollständigen Bruch im Prozeß der Modernisierung. Im Gegensatz zu den Theorien der Postmoderne postuliert die Theorie der Zweiten Moderne eine Verflechtung von Kontinuität und Bruch […]. Die Zweite Moderne teilt mit der Ersten bestimmte Basisprinzipien oder Imperative (wie z.B. das Prinzip der rationalen Begründbarkeit von Entscheidungen), deren optimierende Erfüllung das dynamische Element der Modernisierung ausmacht[…]. Vor diesem Hintergrund ist zu erwarten, daß Basisprinzipien die Kontinuität der Moderne verbürgen, während sich der Übergang zur reflexiven

Moderne im Zuge des Modernisierungsprozesses dysfunktional geworden sind und zur Beibehaltung der erfolgreichen Grundprinzipien nun neue oder zumindest grundlegend veränderte Institutionen notwendig werden. Mittlerweile sind die „institutionenverändernden Nebenfolgen industrieller Modernisierung" (Beck & Grande, 2010, S. 193) nicht nur (und auch nicht mehr primär) in der westlichen Hemisphäre zu finden, sondern sind als Ergebnis der Globalisierung Kennzeichen einer „kosmopolitischen Moderne" (Beck & Grande, 2010, S. 195).

Wolfgang Zapf hat schon früh diesen Ausführungen widersprochen und ihnen die These der „weitergehenden Modernisierung" (Zapf, 1991, S. 35 ff.) entgegengestellt. Die Grundannahme lautet hier, dass innerhalb der Basisinstitutionen der Moderne – Konkurrenzdemokratie, Marktwirtschaft und Wohlstandsgesellschaft mit Wohlfahrtsstaat und Massenkonsum – um Innovationen gekämpft wird. Vermittelt über die vier zentralen Mechanismen des sozialen Wandels (Inklusion, Wertegeneralisierung, Differenzierung und Statusanhebung) erfolgt eine kontinuierliche und richtungskonstante Verbesserung der existierenden Strukturen. Zapf bestreitet dabei nicht, dass es zu fundamentalen Veränderungen der Moderne kommt (bzw. schon gekommen ist), er sieht darin jedoch keine „Systemkrise", in der ein Zusammenbruch der Basisinstitutionen bevorsteht, sondern lediglich eine schwere „Umstellungskrise" (Zapf, 1992, S. 206). Eine „institutionelle Erosion" oder gar einen „epochalen Bruch", welcher zu einer zweiten Moderne führen könnte, kann Zapf nicht erkennen.

Das Ausbleiben des Entwicklungsbruchs liegt dieser Argumentation zufolge in der Anpassungsfähigkeit der Basisinstitutionen begründet. So bestreitet Zapf (1992, S. 205) nicht, „daß sich in modernen Gesellschaften Individuen und Institution verändern, und daß die Modernisierungstheorie in dem Sinn reflexiv sein muß, daß sie geplante und ungeplante Folgen von Handeln und Unterlassen mitreflektiert. Es ist aber durchaus streitig und soll hier bestritten werden, daß die modernen Gesellschaften an einem grundlegenden Widerspruch (z. B. der ökonomischen Krise) so leiden, daß sie nur durch fundamentale Veränderungen eine Überlebenschance besitzen". Ergänzend sei hinzugefügt, dass die Reflexion des geplanten und nicht geplanten Handelns und Unterlassens nicht nur für die Modernisierungstheorie, sondern auch für die Basisinstitutionen eine unabdingbare Voraussetzung ihrer Adaptionsfähigkeit darstellt.

„Reflexivität" heißt bei Beck (1993, S. 36 f.) allerdings nicht, dass im Sinne der „Reflexion" das Wissen über die Moderne wächst und in ihr Handeln zurückfließt. Dies ist lediglich der Ausgangspunkt seines Denkens: Weil die Moderne zunehmend Wissen über sich selbst erzeugt, wird sie auch immer stärker abhängig von Wissen (und von wissensbasierten Entscheidungen). Dabei lösen sich tradierte Handlungsmuster und -routinen sowie institutionalisierte Entscheidungsstrukturen auf, die in der ersten Moderne kollektives Handeln rationalisiert und gelenkt

---

Moderne als diskontinuierlicher Wandel von Basisinstitutionen vollzieht." (Beck, Bonß & Lau, 2004, S. 20 f.)

haben. Dies wiederum führt zu neuen Freiheitsgraden bei Entscheidungen, gleichzeitig aber auch zu höherer Unsicherheit bedingt durch das „Nicht-Wissen über Nebenfolgen" dieses Handelns.

Dieses Nicht-Wissen über Nebenfolgen wird für Beck zum Schlüssel reflexiver Modernisierung. Durch das Nicht-Wissen entstehen Interpretationsspielräume, Dissens und Konflikte, die für zielgerichtete kollektive Handlungen in gemeinsame Lösungen konsensual überführt werden müssen. „Nicht-Wissen-Können" wird schließlich zum „Freibrief des Handelns" (Beck, 1996, S. 305), welches nun nicht mehr den eindeutigen, geradlinigen, wissensbasierten Entscheidungen der ersten Moderne folgen kann, sondern sich einem interessensgeleiteten, eher glaubens- denn wissensgestützten Diskurs stellen muss. Der Bruch zwischen erster und zweiter Moderne entsteht dementsprechend durch die (Wieder-)Einführung nicht rationaler Elemente in die rationale Entscheidungslogik als einem der Grundprinzipien der Moderne, welches nun durch die Basisinstitution der Konkurrenzdemokratie nicht mehr zu gewährleisten ist.

Das „Nicht-Wissen-Können" über Nebenfolgen lässt sich Beck zufolge aus der steigenden Komplexität des Handelns und den Handlungsfolgen moderner Gesellschaften ableiten. Moderne Gesellschaften werden zu „Risikogesellschaften" (Beck, 1986), die zunehmend den unkalkulierbaren Nebenwirkungen von Großtechnologien ausgesetzt sind. Die Reaktorunfälle in Tschernobyl und Fukushima, Umweltkatastrophen wie die Havarie des Öltankers Exxon Valdez und des Chemiewerks in Bhopal oder auch die peinlichen Planungsfehler beim Hauptstadtflughafen Berlin und der Elbphilharmonie in Hamburg können hierzu gerechnet werden.

Bei aller Medienwirksamkeit dieser spektakulären Fälle ist jedoch fraglich, ob wirklich das „Nicht-Wissen-Können" über deren Nebenfolgen eine solche Dominanz besitzt, dass von einer grundlegenden Veränderung der Modi moderner Gesellschaften gesprochen werden muss. Ulrich Beck bleibt in seiner Argumentation die politisch begründete Selektion von Wissen und die Option des „Nicht-Wissen-Sollens" verborgen. Vielfach sind Schließungsprozesse als bewusste Ausgrenzung Anderer von Wissen politisch bedeutsamer als der kollektiv vorhandene Wissensbestand (vgl. hierzu Collins, 2004).[3] Diese Schließungen können offen erfolgen, z. B. durch Ausschluss von Personen, die bestimmte Voraussetzungen

---

3 Dies gilt auch für die von Beck gewählten Beispiele des (Nicht-)Wissens über Nebenfolgen von Umweltkatastrophen. Weniger die grundsätzliche Unsicherheit bezüglich der Risikoabschätzung denn die ungleiche Verteilung im Zugang zu vorhandenen Wissensbeständen, zur Produktion neuen Wissens und zur Verbreitung dieses Wissens über die Medien zwischen Befürwortern und Gegnern von Großtechnologien haben die politischen Diskussionen geprägt. Die unterschiedliche öffentliche Beurteilung der Risiken von Atomkraft zwischen Deutschland und Frankreich erklären sich zumindest teilweise aus den besseren Zugangschancen der Atomkraftgegner zu Fachwissen, wodurch die auf das Vertrauen der Bürger gerichtete „Wir-wissen-was-wir-tun"-Position der Befürworter stärker erschüttert werden konnte.

(Bildungstitel, Status, Vernetzungen etc.) nicht erfüllen, aber auch verdeckt, etwa durch Verwendung einer mit Fremdwörtern gespickten Fachsprache, beschränkt zugänglichen Quellen oder Methoden, die sich einem Laien nicht ohne Weiteres erschließen. Gemeinsames Handeln über diese Grenzen hinweg steht unter dem Vorzeichen von gegenseitigem Unverständnis und Misstrauen, welches generell der Kooperation in offenen Netzwerken entgegensteht und kollektives Handeln ohne den Einsatz von Zwang unmöglich macht. Das von Beck beschriebene Szenario einer diskursorientierten reflexiven Gesellschaft muss in einer solchen Situation des ‚Bunkerns‘ von Wissen und der Abschottung zwischen den Akteuren zwangsläufig scheitern.

Reflexive Modernisierung hat deshalb die Frage zu beantworten, wie rationale Steuerung – und damit der Tausch von Interessen, Wissen und Macht – im Kontext offener Systeme institutionalisiert erfolgen soll. Den theoretischen Überlegungen zufolge geschieht dies außerhalb der bestehenden Institutionen der Konkurrenzdemokratie ohne dabei deren Grundprinzipien (z. B. des rationalen Mehrheitsentscheids) aufzugeben. Der Verlust an Steuerungskompetenz gesellschaftlicher Basisinstitutionen soll dabei auf verschiedenen Ebenen des politischen Systems erfolgen und dementsprechend vielschichtig wird der von Beck eingeführte Begriff der „Entgrenzung von Politik" von den Protagonisten der Theorie reflexiver Modernisierung verwendet.

Bezüglich der Auswirkungen der Globalisierung auf die Handlungsfähigkeit des Nationalstaates lautet die Argumentation z. B. wie folgt (vgl. Grande, 2004, S. 386 f.): Bedingt durch die größere grenzüberschreitende Mobilität und Flexibilität im Handeln (sowie die zunehmend negativen externen Effekte nationalen Handelns) verlieren nationale Grenzen sukzessive an Bedeutung. Hieraus ergeben sich für den Nationalstaat (und seine politischen Institutionen) zwei unterschiedliche Arten von Effizienz- und Effektivitätsproblemen, nämlich zum einen bedingt durch den Standortwettbewerb ein Konkurrenzproblem zu anderen Nationen und zum anderen ein Kongruenzproblem, da „die Reichweite gesellschaftlicher Probleme nicht deckungsgleich ist mit dem Wirkungsbereich staatlicher Politik" (Grande, 2004, S. 386). Infolge dieser Problemlagen ist die Basisinstitution der nationalen Konkurrenzdemokratie nicht mehr in der Lage, gesellschaftlich gewünschte Zustände herzustellen und ihre Steuerungsfähigkeit wird zunehmend in Frage gestellt. „Die politischen Steuerungsprobleme, die die Globalisierung mit sich bringt, sind durch den Nationalstaat alleine zweifellos nicht mehr zu lösen […]. Durch die Globalisierung ist tatsächlich eine Regelungs- und Steuerungslücke entstanden, die sich innerhalb der Nationalstaaten nicht mehr schließen läßt" (Grande, 2004, S. 393). Als Folge findet Regieren immer mehr jenseits des Nationalstaats in „transnationalen Politikregimen" statt.

Das wichtigste Element der „Entgrenzung von Politik" ist also der Steuerungsverlust bestehender Institutionen: „Reflexive Modernisierung ist […] ‚ungesteuerte‘ Modernisierung; sie wird durch die nicht-intendierten Folgen gesellschaftlichen Handelns ausgelöst und beschleunigt und lässt sich nicht durch absichtsvolle, rationale Planung umsetzen" (Grande, 2008, S. 21). Triebfeder ist vielmehr eine „kosmopolitische Dialektik", in der eine zentripetale, die „Bildung eines gemeinsamen Verantwortungshorizontes der Weltrisikogesellschaft" voran- treibende Kraft mit einer zentrifugalen, „sich aus der Koexistenz, vielleicht sogar dem Hegemonialkampf zwischen verschieden Typen und Visionen der Moderne sowie aus Widerständen gegen ökonomische, politische und kulturelle Globali- sierung innerhalb von Gesellschaften" (Beck & Grande, 2010, S. 195) ergebenden verbindet. Diese Dynamik entzieht sich dem Zugriff der Entscheider innerhalb der existierenden politischen Institutionen: „Der Übergang von der Industrie- zur Ri- sikoepoche der Moderne vollzieht sich ungewollt, ungesehen, zwanghaft im Zuge der verselbständigten Modernisierungsdynamik nach dem Muster der latenten Nebenfolgen" (Beck, 1993, S. 36).

Wie die neuen Basisinstitutionen der Risikogesellschaft aussehen und in wel- cher Hinsicht sie gegenüber den bestehenden Institutionen des politischen Systems überlegen sein sollen, wird von Beck bestenfalls rudimentär beschrieben. Deutlich wird jedoch, dass diese Institutionen die Inklusion der Zivilgesellschaft und einen ergebnisoffenen Diskurs innerhalb Staatengrenzen überschreitender Politiknetz- werke enthalten sollen und nicht unbedingt den Zerfall des Nationalstaats vor- aussetzen. Die Überlegungen der Theorie reflexiver Modernisierung sind dement- sprechend kompatibel zur neueren politikwissenschaftlichen Steuerungsliteratur, die einen Wandel von „government" zu „governance" postuliert (vgl. hierzu z. B. Mayntz, 2006), also die Öffnung des politischen Systems für eine Steuerung in Politiknetzwerken mit dem Ziel einer höheren Umsetzungseffektivität politischer Entscheidungen durch Einbindung gesellschaftlicher Kräfte in Entscheidungspro- zesse.

Solche Politiknetzwerke kennzeichnen laut Papadopolous (2004, S. 216 f.) drei Merkmale: „[A]n die Stelle eines dirigistischen Politikstils tritt ein eher ‚horizon- taler' Modus kollektiven Entscheidens in Politiknetzwerken [...]. Zwar sind Mei- nungs- und Interessenkonflikte zwischen Akteuren nicht ausgeschlossen, in jedem Fall aber tendieren die Beteiligten in Entscheidungsarenen dazu, ihre Positionen einander wechselseitig anzupassen und Kompromisse zu schließen, wenn nicht sogar in Lernprozessen ihre Interessen neu zu definieren und so einen Konsens zu erreichen [...]. Die Arenen der Governance sind oft von den Institutionen der repräsentativen Demokratie, insbesondere von der parlamentarischen Arena, ab- gekoppelt. Politiknetzwerke sind oft kaum kodifiziert und formalisiert, sie bilden sich häufig ad hoc und arbeiten in einer für die Öffentlichkeit wenig transparenten Weise". Horizontale Beziehungen zwischen den Akteuren zur Entscheidungsfin- dung, kooperative Interaktionen zur Interessenvermittlung und Problemlösung sowie Institutionalisierung jenseits des politischen Systems sind Gemeinsamkeiten einer Vielzahl solcher neuerer Steuerungsformen, die in verschiedenen modernen Staaten und sehr unterschiedlichen Politiksektoren und -ebenen entstanden sind.

Generell müssen diese Politiknetzwerke zwei grundsätzliche Steuerungspro- bleme institutionell lösen (vgl. Meyer & Elbe, 2007, S. 49): Erstens geht es um die Handlungskoordination innerhalb des Netzwerks, wobei die Zugangs- und Beteiligungsmöglichkeiten, die Entscheidungsregeln und Handlungsverpflichtungen sowie die Ver- und Zuteilung von Ressourcen und Verhandlungsergebnissen vertrauensvoll geregelt werden müssen („governance within networks"). Dies geschieht unter deutlich instabileren Bedingungen als in Organisationen, die über fixierte formalisierte Regelungen und Sanktionsmöglichkeiten verfügen. Zweitens müssen die Netzwerkmitglieder ihre Entscheidungen im Netzwerk und das daraus resultierende kollektive Handeln gegenüber ihrer sozialen Umwelt durchsetzen und ihr Netzwerk als Steuerungsinstanz legitimieren („governance through networks"). Hierzu müssen sie sowohl von den politisch zuständigen Instanzen als auch von den zentralen Akteuren des Handlungsfeldes die notwendigen Befugnisse zugestanden bekommen. Dies geschieht zumeist ohne eine ordnungspolitische und formal rechtliche Absicherung in den Institutionen des modernen Staates.

Politiknetzwerke sind keineswegs per se demokratisch, sondern sie brechen im Gegenteil die bestehenden Institutionen des politischen Systems auf und stellen dadurch zentrale Fragen (Beteiligungsrechte, Selektionsprinzipien, Verteilungsfragen usw.) neu. Eine der wichtigsten Machtfragen reflexiver Modernisierung ergibt sich z. B. bezüglich „der Kontrolle von Expertenwissen, das Akteure verweigern können, ohne deren Kenntnisse Entscheidungen auf der Basis falscher Wirkungshypothesen oder unter Vernachlässigung von unerwünschten Folgen getroffen werden müssen" (Papadopoulos, 2004, S. 220). Wenn also Politiknetzwerke die Institutionen des politischen Systems ablösen sollen, dann muss unter anderem die Frage nach einem fairen Zugang zu steuerungsrelevantem Wissen institutionell beantwortet werden.

Die Steuerungsfähigkeit moderner Gesellschaften entscheidet sich demzufolge in zwei unterschiedlichen Dimensionen. Erstens: Können sich neue politische Institutionen etablieren (oder im Rahmen der bestehenden Basisinstitutionen entsprechende soziale Innovationen durchsetzen), welche die beschriebenen Steuerungsprobleme der Moderne überwinden helfen und durch die Einbindung zusätzlicher Akteure grenzüberschreitende Herausforderungen bewältigen können? Hier stellen die verschiedenen Formen von Politiknetzwerken bestenfalls einen Bezugsrahmen dar und noch keine den Institutionen der Konkurrenzdemokratie überlegene Innovation. Und zweitens: Inwieweit gelingt es, das Nicht-Wissen über (Neben-)Folgen kollektiven Handelns durch institutionelle Verankerung anwendungsbezogener Wissensproduktion innerhalb dieser Steuerungsinstanzen zu reduzieren und damit einem rationalen, kollektiven Handeln (wieder) zugänglich zu machen?

Hier kommen nun Monitoring und Evaluation als neue Instrumente gesellschaftlicher Steuerung ins Bild: Wie im nächsten Abschnitt zu zeigen sein wird, ist die Versorgung steuerungsrelevanter Informationen die zentrale Aufgabe dieses Instrumentariums und die letzten Jahrzehnte sind durch ihre fortschreitende Etablierung und Institutionalisierung in politischen Entscheidungssystemen geprägt.

3.   Evaluation als Instrument der Reflexion

Ohne Zweifel gehört die Entwicklung der Evaluationsforschung zu den interessantesten globalen Phänomenen der letzten zwanzig Jahre (vgl. für eine ausführliche Beschreibung der Geschichte der Evaluation Stockmann, 2014a, S 29 ff.). Seit etwa Mitte der 1990er Jahre entstehen weltweit Evaluierungsgesellschaften auf nationaler wie transnationaler Ebene. Zwar reichen die Anfänge in Nordamerika und Australien weiter zurück, der eigentliche ‚Evaluationsboom' begann jedoch mit der Gründungswelle in Europa (Europäische Evaluationsgesellschaft 1995, Britische Evaluationsgesellschaft 1994, Schweizerische Evaluationsgesellschaft 1996, (Deutschsprachige) Gesellschaft für Evaluation 1997, Französische Evaluationsgesellschaft 1999, Rumänische Evaluationsgesellschaft 2009, Türkische Evaluationsgesellschaft 2012 usw.), Afrika (Afrikanische Evaluationsgesellschaft 1999, Ugandische Evaluationsgesellschaft 2001, Ghanaische Evaluationsgesellschaft 2003, Südafrikanische Evaluationsgesellschaft 2005, Kenianische Evaluationsgesellschaft 2010 usw.), Lateinamerika (Lateinamerikanische Evaluationsgesellschaft 2004, Costa Ricanische Evaluationsgesellschaft 2000, Argentinische Evaluationsgesellschaft 2005, Brasilianische Evaluationsgesellschaft 2009, Mexikanische Evaluationsgesellschaft 2010 usw.) und Asien (Südasiatische Evaluationsgemeinschaft 2009, Malayische Evaluationsgesellschaft 1995, Indische Evaluationsgesellschaft 2002, Pakistanisches Evaluationsnetzwerk 2005, Indonesische Evaluationsgesellschaft 2009, Thailändisches Evaluationsnetzwerk 2010 usw.).

Hinzu kommen transnationale Netzwerke wie z. B. die globale Vereinigung der Evaluationsgesellschaften IOCE (von deren Webseite die hier vorgestellten Gründungsdaten stammen) oder der Zusammenschluss entwicklungspolitischer Evaluatorinnen und Evaluatoren IDEAS. Internationale Organisationen wie die UN oder die Weltbank haben innerhalb ihres Organisationskontextes unabhängige Evaluationseinrichtungen aufgebaut (UNEG, IEG) und nationale Ministerien wie das Bundesministerium für wirtschaftliche Zusammenarbeit in Deutschland gründeten eigene Evaluierungsinstitute (DEval). Innerhalb der EU haben sich Monitoring und Evaluation als Standardinstrumente zur Begleitung von Programmen und Projekten etabliert. Ähnliches gilt auch für die USA, wo spätestens durch den Government Performance and Results Act Anfang der 1990er Jahre Evaluationen fest im politischen Handeln institutionalisiert wurden.

Generell ist wohl kaum eine soziale Innovation zu finden, welche weltweit eine höhere Dynamik bezüglich ihrer Professionalisierung, Institutionalisierung und Etablierung im politischen Handeln auf unterschiedlichsten Ebenen und in einer Vielzahl von Handlungsfeldern aufweisen kann. Evaluationen gehören heute in Schulen, Hochschulen, Forschungseinrichtungen, Verwaltungen, Pflegeeinrichtungen und Krankenhäusern, Unternehmen und Nichtregierungsorganisationen, nationalen und internationalen Entwicklungsprogrammen, Regionalplanung und Stadtentwicklung, Politik- und Organisationsberatung und vielen Bereichen mehr zu selbstverständlichen Instrumenten. 2015 wurde von UNEG und einigen anderen UN-Organisationen im Rahmen von EvalPartners sogar zum Jahr der Evaluation ausgerufen.

Wer sich in Deutschland mit Evaluation beschäftigt, kommt an Reinhard Stockmann nicht vorbei. Als Initiator des derzeit einzigen deutschen ‚Master of Evaluation'-Studiengangs, der einzigen deutschsprachigen Evaluationsfachzeitschrift und als Autor sowie Herausgeber einiger Evaluationslehrbücher (vgl. Stockmann, 2006a, 2006b, 2007; Stockmann & Meyer, 2014) bemühte er sich wie kaum ein anderer Wissenschaftler in Deutschland um die Etablierung der Evaluation. Als Soziologe hat er dabei auch den Blick auf die gesellschaftliche Funktion von Evaluation gerichtet (vgl. Stockmann, 2008, 2010, 2012) und hierzu folgende Unterscheidung eingeführt (vgl. Stockmann, 2014b, S. 80 ff.):

- Evaluationen haben zunächst die Aufgabe, neue *Erkenntnisse* bereitzustellen und Entscheidungen eine rationale Grundlage zu geben. Die von Evaluationen zu beantwortenden Fragestellungen sind dabei recht vielfältig: „U.a. kann ein Interesse daran bestehen, zu wissen, ob der Programmablauf reibungslos funktioniert, welche Bedarfe die Zielgruppe hat, ob die Maßnahmen die Zielgruppe erreichen, wie es mit der Akzeptanz des Programms bestellt ist, ob die Durchführungsorganisationen in der Lage sind, das Programm effektiv und effizient umzusetzen, wie sich die Rahmenbedingungen verändert haben, wie sich das auf den Programmablauf oder die Zielerreichung und Programmwirkungen ausgewirkt hat, welche Beiträge das Programm zur Lösung des identifizierten Problems geliefert hat, welche Nachhaltigkeit das Programm erreicht hat, ob die beobachteten Veränderungen tatsächlich auf das Programm oder auf andere Faktoren zurückgeführt werden können etc." (Stockmann, 2014b, S. 73). Im Unterschied zur Grundlagenforschung besteht allerdings der Mehrwert von Evaluation nicht allein im Erkenntnisgewinn, sondern in seiner Verwertbarkeit und Nutzung für Entscheidungen. Evaluation generiert spezifisches Wissen für Entscheider und nicht generalisierte Erkenntnisse für die Allgemeinheit.
- Die Nutzung von Evaluationen erfolgt zum einen im Sinne der *Kontrolle*, d. h. sie dienen den verantwortlichen Organisationen als Informationsgrundlage über die Rechtmäßigkeit, Planmäßigkeit, Wirksamkeit, Wirtschaftlichkeit, Nachhaltigkeit usw. durchgeführter Maßnahmen, Projekte, Programme oder Strategien. Mit Hilfe dieser Überwachung erhalten die entscheidenden Instanzen ihre Steuerungsfähigkeit im Sinne einer rationalen, zielgerichteten und möglichst wirksamen Lenkung von Prozessen. Es geht dabei auch um den Abbau von Nicht-Wissen, welches zu Fehlentscheidungen und ungewünschten Effekten führen könnte. Dementsprechend kann sich die Evaluation nicht auf einfache Soll-Ist-Vergleiche oder Kosten-Nutzen-Rechnungen beschränken, sondern muss gezielt auch nach nicht-intendierten Wirkungen und Handlungsrisiken suchen und diese im Sinne eines Frühwarnsystems rechtzeitig an das Management berichten.

- Wenn sich allerdings die Nutzung von Evaluation allein auf die Kontrolle und Überwachung beschränken würde, ginge der wichtigste Nutzen – das Lernen aus Evaluationen – verloren. Nur wenn die gewonnenen Erkenntnisse zur Verbesserung des kollektiven Handelns und der hierfür eingesetzten Maßnahmen und Instrumente genutzt wird, kann eine Adaption an die Umweltbedingungen erfolgen und die Wirksamkeit erhöht werden. Evaluation ist dementsprechend nicht primär ein Kontrollinstrument, sondern fördert das Lernen über Wirkungen sozialen Handelns und dient der kontinuierlichen *Entwicklung* von Aktivitäten. Gerade in dieser Rückkopplung zwischen Wissensproduktion und Steuerungsentscheidung besteht die Neuerung von Evaluation: Es entstehen Kreisläufe des learning-by-doings, die Nebenfolgen sozialen Handelns zwar nicht verhindern, wohl aber früher erkennen und einer Steuerung zugänglich machen können.

- Die Nutzung der durch Evaluationen erzeugten Erkenntnisse für die Kontrolle und (Weiter-)Entwicklung kollektiven Handelns in Richtung des „social betterments"[4] stellt schließlich eine *Legitimation* der für das Handeln eingesetzten öffentlichen Ressourcen dar. Indem Evaluation unvoreingenommen und nüchtern die positiven wie negativen Aspekte von Maßnahmen offenlegt, erzeugt sie Transparenz und macht sie einer sachlichen Bewertung anhand gemeinsam festgelegter Kriterien zugänglich. In der Kommunikation von und über Evaluationsergebnissen kann sich der gesellschaftliche Diskurs entfalten und wird dabei gleichzeitig auf eine rationale, weniger interessen- und vorurteilsgeleitete Basis gestellt. Indem Bewertungen nicht mehr anhand willkürlich gewählter und gewichteter Kriterien erfolgen, sondern genau diese Grundlagen im Vorfeld ausgehandelt und konsensual festgelegt werden, kann Evaluation zu einer Versachlichung von Diskussionen über Problemlösungen beitragen.

Aufgrund dieser gesellschaftlichen Funktionen haben sich grundlegende Prinzipien der Evaluation herausgebildet, die innerhalb der weltweiten Evaluationsgemeinschaft unstrittig sind. Evaluationen müssen erstens *wissenschaftlich* sein und den dort entwickelten Standards folgen damit sie die benötigten Erkenntnisse in der notwendigen Exaktheit liefern können und das Risiko von Fehlschlüssen weitgehend minimieren. Evaluationen müssen zum zweiten *partizipativ* angelegt werden und die unterschiedlichen Interessen der Beteiligten vorurteilsfrei sowie sachlich korrekt berücksichtigen. Nur wenn dies gelingt, sind gemeinsames Lernen und rationale Entwicklung des kollektiven Handelns möglich. Evaluationen müssen *unabhängig* und ohne Einflussnahme agieren können, damit eine neutrale Kontrolle möglich wird. Schließlich müssen Evaluationen als Informationsquelle ernstgenommen und als Entscheidungsgrundlage *genutzt* werden, damit nicht nur

---

4 „The ultimate goal of evaluation is social betterment, to which evaluation can contribute by assisting democratic institutions to better select, oversee, improve, and make sense of social programs and policies" (Mark, Henry & Julnes, 2000, S. 3).

eine Verbesserung des kollektiven Handelns durch rationale Steuerung möglich sondern auch der Ressourceneinsatz für die Maßnahmen legitimiert wird. All dieses ist institutionell im Steuerungssystem („system of governance") zu verankern.

Wie dies geschehen kann, zeigt Reinhard Stockmann anhand zweier Beispiele, die hier kurz angesprochen werden sollen. Erstens geht es um die Integration von Monitoring und Evaluation in Qualitätsmanagementkonzepte, welche in Unternehmen seit Anfang der 1990er Jahre eine große Bedeutung erlangt haben (vgl. dazu ausführlich Stockmann, 2006b, 2002). Zweitens wird der Bezug zum „New Public Management" und den Verwaltungsreformbewegungen hergestellt, welche privatwirtschaftliche Prinzipien in das Handeln der öffentlichen Verwaltung zu integrieren suchen (vgl. hierzu die Beiträge zur DeGEval-Jahrestagung 2001 von Buschor (2002) und Wollmann (2002), die in der ersten Ausgabe der Zeitschrift für Evaluation publiziert wurden).

Die bei Beck beschriebenen Steuerungsprobleme treffen Gesellschaften nicht nur auf der Makroebene, sondern auch korporative Akteure auf der Mesoebene. Es ist wenig verwunderlich, dass multinationale Konzerne in hoch kompetitiven Tätigkeitsfeldern schon früh mit den Auswirkungen der Globalisierung konfrontiert und insbesondere bezüglich der Sicherstellung ihrer Produktqualität vor neue Herausforderungen gestellt wurden. Seit den 1980er Jahren haben sich kontinuierlich Normen und Standards (z. B. ISO 9000 ff., EFQM) für Qualitätsmanagementsysteme in unterschiedlichen Branchen von der Industrie über Dienstleistungen bis hin zum Non-Profit-Sektor herausgebildet und einen weltweiten Siegeszug angetreten. Heute gibt es kaum ein größeres Unternehmen, welches nicht in irgendeiner Form Qualitätsmanagement betreibt und sich dieses durch unabhängige Standardinstitutionen bestätigen lässt. Gemeinsam ist diesen Systemen der Ansatz, Qualität als subjektive Kundenbewertung zu erfassen und die Qualitätskontrolle im Betrieb zu verteilen. Qualität wird so zur Aufgabe jeder an der Herstellung des Produkts beteiligten Person, die wiederum die Verpflichtung hat, Qualitätsprobleme an das Management zurückzumelden. Durch ein standardisiertes Prozessmanagement soll sowohl die Qualitätsproduktion als auch deren Überwachung dauerhaft sichergestellt und das Unternehmen in eine „lernende Organisation" (vgl. Argyris & Schön, 2008) überführt werden.

Monitoring und Evaluation haben in dieser Entwicklung – zumindest was die Begrifflichkeit betrifft – zunächst keine Rolle gespielt. Sie entstanden parallel im Rahmen des Projektmanagements und haben sich dort in vielen Politikfeldern im Planungszyklus als fester Bestandteil etabliert. Zu einer Berührung beider Bereiche kam es erst durch die Ausweitung sowohl der Qualitätsmanagementsysteme als auch des Projektmanagements in Richtung öffentlicher Verwaltungen und Dienstleistungen. Im Zuge der allgemeinen Qualitätssteigerung von Produkten und Dienstleistungen im Privatsektor geriet die öffentliche Hand zunehmend unter Druck: Verwaltungshandeln wurde als rückständig, wirtschaftlich ineffizient, wenig effektiv und den Anforderungen moderner Gesellschaften nicht mehr angemessen wahrgenommen.

In den 1990er Jahren setzten zwei Bewegungen ein, welche die staatlichen Dienstleistungen radikal verändert haben. Zum einen wurden – nicht zuletzt auch aus fiskalischen Gründen – immer mehr Staatsaufgaben privatisiert oder an mehr oder weniger privatwirtschaftlich organisierte Firmen ausgelagert. Eisenbahn, Post und Telekommunikation sind sicherlich die bekanntesten Beispiele. Zum anderen setzten aber auch in den Bereichen, die weiterhin in staatlicher Zuständigkeit blieben, Reformen ein, die unter dem Begriff des ‚New Public Management‘ zusammengefasst werden können.

Generell zielen die Verwaltungsreformbestrebungen des ‚New Public Managements‘ darauf hin, eine stärkere Kundenorientierung einzuführen und die moderne Verwaltung zu einem Serviceunternehmen umzubauen. Die Wünsche der Bürgerinnen und Bürger sollen in das Zentrum staatlichen Handelns gerückt und damit ein zu Zeiten der preußischen Verwaltungsreformen im 19. Jahrhundert entstandenes, obrigkeitsorientiertes Handlungsmodell abgelöst werden. Indem sich die öffentliche Verwaltung als Serviceeinrichtung für Bürgerinnen und Bürger versteht und das Verwaltungsmanagement in diese Richtung ausgerichtet wird, soll sowohl die Effizienz als auch die Effektivität erhöht werden. Hinzu kommen Versuche, innerhalb oder zwischen Verwaltungen Wettbewerbssituationen zu generieren, damit auch die hierdurch entstehenden leistungsfördernden Kräfte genutzt werden können.

Die beschriebenen Veränderungen in der Steuerung von Projekten, Firmen und Verwaltungen haben aber nicht zum Aufbau neuer Institutionen in der Gesellschaft geführt, sondern sind von den bestehenden Basisinstitutionen initiiert und geleitet worden. ‚New Public Management‘ stellt genauso wenig die Prinzipien der Konkurrenzdemokratie in Frage wie Qualitätsmanagementsysteme die der Marktwirtschaft. Die Steigerung der Steuerungseffektivität und -effizienz wird allerdings durch ‚Entgrenzung‘ und Öffnung gegenüber anderen Bereichen angestrebt. Dies geht mit Dysfunktionalitäten der Institutionen einher, auf die mit neuen Regulierungen, z. B. dem Einsatz von Monitoring und Evaluation, reagiert wird. Dabei kommt es zu Konflikten, die im folgenden Abschnitt etwas näher betrachtet werden sollen.

4.   Evaluation zwischen Gebrauch und Missbrauch

Die Steuerungsreformen stellen für die Wissensproduktion innerhalb der beteiligten Organisationen eine neue Herausforderung dar. Mit der Einführung von Monitoring- und Evaluationssystemen als Informationsgrundlage für Qualitäts- und Verwaltungsmanagement geht eine fortschreitende Verwissenschaftlichung und Objektivierung der Steuerung einher. Während früher Managerinnen und Manager von Unternehmen, Projekten oder Verwaltungseinheiten häufig Entscheidungen ‚aus dem Bauch‘ heraus getroffen und sich dabei auf ihr Gespür für die Marktsituation, die Stimmungen in der Belegschaft oder die Kundenwünsche verlassen haben, stehen ihnen heute immer öfter hochqualitative Daten und Informationen über diese Sachverhalte zur Verfügung. Mit dem „Nicht-Wissen-Können" (und der damit verbundenen Entscheidungsunsicherheit) gehen ihnen auch Freiheitsgrade verloren: Die nun vorhandenen Informationen über die mit Handlungsoptionen verbundenen Chancen und Risiken legen eine Entscheidung nahe, ja machen sie sogar in mancherlei Hinsicht mit Hilfe mathematischer Modelle ‚berechenbar'. Wählt die Entscheiderin bzw. der Entscheider eine andere als die durch vorliegende Daten nahegelegte Alternative, so muss sie bzw. er dies rechtfertigen – was in der Regel nur durch Abwertung der Daten oder die Einführung neuer Kriterien möglich ist.

Umgekehrt setzt nun die Lobbyarbeit nicht mehr bei den Entscheidenden an, sondern bereits im Vorfeld bei der Manipulation der für eine Entscheidung genutzten Daten. Dadurch gerät sozusagen die Evaluatorin bzw. der Evaluator ins Fadenkreuz der Interessenpolitik. Die Unabhängigkeit der Evaluierenden, die Neutralität ihrer Beurteilungen und die Objektivität der von ihnen erhobenen Daten sind aber wichtige Voraussetzungen für die zur Steuerung nutzbare Wissensproduktion. Grenzüberschreitungen und Verletzungen dieser Position sind keineswegs seltene Ausnahmen, sondern stellen im Alltag vieler Evaluierender regelmäßig vorkommende, zumeist subtil vorgetragene Ereignisse dar (vgl. Stockmann, Meyer & Schenke, 2011). Dementsprechend sind institutionell Grenzen zwischen der Produktion von Wissen durch Evaluation, der Nutzung von Evaluationsergebnissen für Entscheidungen und der Vermittlung von Interessen der Beteiligten neu zu ziehen.

Nicht nur mit Blick auf die Gewährleistung der Unabhängigkeit von Evaluatorinnen und Evaluatoren müssen Schließungen erfolgen, damit Monitoring- und Evaluationssysteme ihre gesellschaftlich notwendigen Funktionen erfüllen können. Dies gilt ebenso für die Bereiche der Nutzung von Evaluationen, der wissenschaftlichen Durchführung von Evaluationen und der Beteiligung an Evaluationen.

Am weitesten fortgeschritten ist der Diskurs zur Nutzung von Evaluationsergebnissen und hierzu sind bereits eine Reihe institutionalisierter Lösungen entwickelt worden. So hat z.B. die Schweizer Entwicklungszusammenarbeit schon seit geraumer Zeit eine ‚Management Response' eingeführt, welche von den Führungskräften nach einem festgelegten Zeitraum einen Bericht über die Umsetzung von Evaluationsergebnissen (mit entsprechender Begründung wenn diese ausgeblieben ist) einfordert (vgl. zur Wirkungsweise die Evaluationsergebnisse von PWC in DEZA, 2009). Andere Überlegungen betreffen die institutionelle Einbindung von Evaluationsergebnissen in ein organisationsinternes Wissensmanagementsystem (vgl. Lehner, 2012), zu der es ebenfalls schon (vor allem im Projektmanagement) institutionalisierte Lösungen gibt. In Schul- und Hochschulevaluation existieren Rückmeldeschleifen auf verschiedenen Ebenen, die neben der Einbindung der unterschiedlichen Interessen auch die Umsetzung von Änderungen gewährleisten sollen.

Allerdings birgt diese ‚Routinisierung' der Nutzung von Evaluationen auch die Gefahr, dass Evaluation zu einer Pflichtübung verkommt und dadurch ihren Nutzwert verliert. Stockmann (2014a, S 58) warnt hierzu: „je mehr Evaluationen als Regelinstrument zur Unterstützung demokratischer Regierungsführung einsetzt werden, umso mehr kann die Routinisierung von Verfahren zur Ermüdung führen, zu einer Regel, die eingehalten werden soll, aber nicht mehr mit Inhalt gefüllt wird." Somit können aus einem ‚zu viel' an Evaluationen oder einem zu formalisierten Vorgehen ähnliche Reaktanz-Verhaltensweisen resultieren wie aus einer fehlenden Nutzung oder zu geringen Beteiligung. Auch hierzu sind – etwa in der Form von Metaevaluationen – Vorkehrungen zu treffen.

Die Abgrenzung zu den Grundlagenwissenschaften und die Herausbildung einer eigenständigen Evaluationsprofession sind, wie bereits beschrieben, mittlerweile recht weit fortgeschritten. Allerdings haben sich weder an den Hochschulen noch in der politischen Praxis professionelle Evaluationen bislang gegenüber ‚Laienevaluationen' durchsetzen können. Angesichts des Umbaus einer Vielzahl von Studiengängen im Bologna-Prozess sowie der zunehmenden Sparzwänge durch die im Zuge der Finanzkrise eingeführten ‚Schuldenbremse' und der Neuordnung von Governancestrukturen innerhalb der Hochschulen, die nicht zu mehr Autonomie sondern nur zu einer Neuverteilung der Macht geführt haben (vgl. Grande, 2013), waren die Hochschulen in den letzten Jahren bezüglich der Entwicklung innovativer Studiengänge zurückhaltend und primär an politisch von außen an sie herangetragenen Verwertungszwängen orientiert. Die Lobby für Evaluation blieb trotz des Booms in der Anwendung gering, selbst wenn hier und da Forderungen nach qualitativ hochwertigeren Evaluationen laut wurden.

Generell ist zumindest in Frage zu stellen, ob die politischen Verantwortlichen als primäre Nutzerinnen und Nutzer von Evaluationen tatsächlich an deren Qualitätsentwicklung interessiert sind, insbesondere wenn sich diese außerhalb ihres eigenen Zugriffs auf dem freien Markt abspielt. Leider ist das im staatlichen Handeln vorgegebene Ziel des ‚social betterments' nicht immer das wirkliche Ziel realen politischen Handelns: Manche Programme und Maßnahmen bedienen lediglich ein bestimmtes, parteipolitisches Klientel und sind nicht wirklich an Wirkungen interessiert. Professionelle Evaluationen werden dann durch ‚Gefälligkeitsgutachten' ersetzt, bei denen zur Legitimierung nach außen eher der gute Ruf und der Bekanntheitsgrad der durchführenden Person oder Organisation denn die Qualität der Arbeit und der Ergebnisse im Vordergrund stehen. In dieser „pathologischen Form" (vgl. z. B. Stockmann, 2007, S. 39) wird Evaluation für bestimmte Interessen instrumentalisiert und ihre Wissenschaftlichkeit rückt in den Hintergrund.

Die Kontrollmechanismen der Wissenschaft greifen hier bedingt durch die Differenzierung eher weniger, da weder Publikationen in Zeitschriften mit Reviewverfahren noch eine Überprüfung der Ergebnisse durch andere Forschergruppen angestrebt werden und zumeist sogar nicht möglich sind. Die Evaluationsgesellschaften scheuen sich davor, Qualitätssicherungssysteme mit entsprechenden Sanktionsmöglichkeiten einzuführen und es ist auch fraglich, ob diese die notwendige Durchsetzungsfähigkeit gegenüber den staatlichen Auftraggebern hätten. Eine spezifische ‚Evaluationsethik' oder gar eine weitverbreitete Evaluationskultur, die solchem Missbrauchsverhalten Grenzen setzen könnte, ist bisher bestenfalls in Ansätzen erkennbar (vgl. Meyer & Rech, 2013).

Bezüglich der Beteiligung von Stakeholdern an Evaluationen reicht das Spektrum der Ansätze von „empowerment Evaluationen" (Fetterman, 2000), die in ihrer radikalsten Form Evaluationen zur gesellschaftlichen Aufklärung nutzen und dafür die Qualität der Informationsgewinnung für Steuerungsentscheidungen zurückstellen, bis hin zu reinen „Kontrollevaluationen", die eine Beteiligung der Betroffenen ausschließen und so deren Einflussnahme auf die Bewertung verhindern möchten (vgl. hierzu als Überblick Meyer, Funk & Nguyen, 2015). Generell besteht weitgehender Konsens darüber, dass Evaluationen partizipativ angelegt sein sollen – wie dies allerdings zu geschehen hat, also wie eine methodisch saubere Stakeholderanalyse aussieht, wie die bereits oben angesprochenen Probleme bei Bürgerbeteiligungsverfahren (z. B. Herstellung von Repräsentativität und Vermeidung von Selbstselektionseffekten, vgl. als Einblick in die Methodenprobleme der Partizipation Walk, 2013) im Rahmen von Evaluationen zu lösen sind und wie die Unabhängigkeit und Objektivität der Bewertungen gewährleistet werden – darüber haben Evaluierende bisher noch erschreckend wenig nachgedacht.[5]

Hier trifft die Institutionalisierung von Evaluation auf ähnliche Probleme wie die Institutionalisierung von Politiknetzwerken. Einerseits ergibt sich deren Legitimation aus der partizipativen Einbindung aller Interessen, die sich in der Praxis als schwierig realisierbar herausstellt. Wenn dies gelingt, stoßen sie andererseits auf Widerstand der bestehenden politischen Institutionen, deren Entscheidungskompetenz sowohl durch wissenschaftliche Fakten als auch die Interessenvermittlung grundsätzlich in Frage gestellt wird. In einer Demokratie, welche dem Grundprinzip rationaler Mehrheitsentscheidungen folgt, werden Parlamente überflüssig, wenn bereits andere Institutionen die Wahl einer Handlungsalternative legitimiert haben. Hier geraten in der Tat Basisinstitutionen und Grundprinzipien in Konflikt zueinander.

Allerdings unterschätzt Beck das Beharrungsvermögen und die Innovationsfähigkeit der bestehenden Basisinstitutionen. Sowohl bezüglich der Politiknetzwerke als auch bezüglich Monitoring und Evaluation ist bisher eine Einbindung und instrumentelle Nutzung zum Teil sehr erfolgreich umgesetzt worden. Umgekehrt wurden eine Übertragung von Entscheidungskompetenzen (oder auch nur die Überschreitung dieser Grenzen) weitgehend verhindert und so der Bestand

---

5 Auf diesen kurzen Nenner lässt sich das Ergebnis der Literaturrecherche in den einschlägigen Evaluationsfachzeitschriften von Meyer, Funk & Nguyen (2015) bringen. Partizipation wird eher grundsätzlich und nur sehr selten methodisch betrachtet. Und wenn es um Methoden geht, dann fast ausschließlich um pädagogische (also Verfahren zur Einbindung von Personen in Evaluationsprozesse) und nicht um soziologische (also Verfahren zur Sicherstellung der Repräsentation von Stakeholdergruppen).

der Basisinstitutionen gewährleistet. Im Notfall legitimieren die politischen Entscheiderinnen und Entscheider eher durch ‚Schein-Evaluationen' bzw. ‚Schein-Partizipation' ihre Entscheidungen gegenüber der Öffentlichkeit als entsprechende Befugnisse oder Beteiligungsrechte nach außen abzugeben.[6]

5.   Schluss: Wie reflexiv ist die Moderne?

1. Vergleicht man die heutigen Steuerungsinstitutionen mit denen aus dem Jahr 1986, als Ulrich Beck sein Werk zur *Risikogesellschaft* publiziert hat, so ist festzustellen, dass sich weniger verändert hat als es die Theorie der reflexiven Modernisierung erwartete. Trotz unbestreitbaren Herausforderungen und Krisen sind die Basisinstitutionen Konkurrenzdemokratie, Marktwirtschaft und Wohlstandsgesellschaft bisher nicht durch Alternativen ernsthaft in Frage gestellt oder gar abgelöst worden. Weder auf transnationaler noch auf regionaler oder lokaler Ebene konnten sich Politiknetzwerke als wirkungsvolle Alternativen für die Steuerung von Gesellschaft etablieren. Im Gegenteil: Die entsprechenden Versuche auf globaler Ebene sind eher kläglich an nationalstaatlichen Egoismen gescheitert und die Selbstregulierung auf regionaler Ebene kommt offensichtlich nicht ohne die ‚starke Hand' des Nationalstaats aus (vgl. hierzu die Bilanz von Mayntz, 2006). Globale Krisen – so scheint es – befördern weniger den institutionellen Wandel hin zu einer globalen Gesellschaft denn einen Rückfall in die nationalstaatliche Konkurrenz des frühen 20. Jahrhunderts.

2. Der von der Theorie reflexiver Modernisierung postulierte Übergang zur zweiten Moderne ist dementsprechend bisher ausgeblieben und vieles spricht für die von Wolfgang Zapf angenommene „weitergehende Modernisierung", in der es den bestehenden Basisinstitutionen gelingt, durch Innovationen auf die Herausforderungen zu reagieren und sich den veränderten Umweltbedingungen anzupassen. Bezüglich der Steuerung moderner Gesellschaften stellen Monitoring und Evaluation weltweit eine besonders erfolgreiche und weitverbreitete Innovation dar, die sich in vielen Politikfeldern etablieren konnte und dort zum Teil schon sehr stark institutionalisiert worden ist. Monitoring und Evaluation sind Instrumente zum Abbau des Nicht-Wissens über Nebenfolgen, welches

---

6   Dies gilt auch für transnationale Politiknetzwerke: Verschiedene Forschungsarbeiten des Centrums für Evaluation (CEval) haben gezeigt, dass in der ‚Grande Region Saar-Lor-Lux Westpfalz Wallonie' zwar eine Vielzahl von Gremien zum Informationsaustausch und Interessenausgleich auf dem grenzüberschreitenden Arbeitsmarkt entstanden sind, diese allerdings über keinerlei Entscheidungskompetenz verfügen und lediglich indirekt durch die Rückmeldungen an die politischen Gremien auf nationaler oder europäischer Ebene einen (bescheidenen) Steuerungseinfluss gewinnen können (vgl. Albrecht & Meyer, 2012). Ähnliches gilt auch für praktisch alle anderen transnationalen Netzwerke, in denen sich die Nationalstaaten Vetorechte vorbehalten haben und eine Übertragung von Entscheidungskompetenzen nur in wenigen Ausnahmen erfolgte.

Beck als zentralen Motor reflexiver Modernisierung erkennt. Monitoring und Evaluation können somit als eine Reaktion der Basisinstitutionen zur Erhaltung (oder Wiedererlangung) der Steuerungsfähigkeit interpretiert werden.

3. Es ist allerdings keineswegs entschieden, wie Modernisierung sich weiterentwickeln wird. Sowohl Beck als auch Zapf unterschätzen die zeitliche Dimension der Veränderungen: Die Entstehung der modernen Gesellschaft mit ihren Basisinstitutionen begann mit der Aufklärung im 18. Jahrhundert und hat sich global erst mit dem Fall der Mauer und dem Scheitern des sozialistischen Gegenentwurfs endgültig durchgesetzt.[7] Ob es zu einem Bruch und der Entstehung einer zweiten Moderne kommt, hängt im Wesentlichen auch von der Frage der erfolgreichen Steuerung von Gesellschaften in einer zunehmend komplexer werdenden Moderne ab. Die Institutionalisierung einer unabhängigen, wissenschaftlichen, partizipativen und für die Steuerung nützlichen Informationsgewinnung wird hier zur zentralen Frage.

4. Ob es eine zweite Moderne gibt, hängt weniger von den unplanbaren Veränderungen komplexer Probleme und dem damit verbundenen Nicht-Wissen über Nebenfolgen ab, sondern eher von dem geplanten Widerstand gegen den Machtverlust der bestehenden Institutionen und ihrer Protagonisten sowie der Instrumentalisierung der Produktion von Wissen über Nebenfolgen. Auch wenn es Monitoring und Evaluation nicht gelingen wird, das „Nicht-Wissen-Können" vollständig abzubauen, so sind doch im Bezug auf die Reaktionszeiten der Steuerung und den Weitblick politischen Handelns sicher einige Erkenntnisfortschritte und eine bessere Nutzung vorhandener Wissensbestände denkbar. Sie können aber durch das „Nicht-Wissen-Sollen", also die aus egoistischen Vorteilsnahmen begründeten Ausschließungen bestimmter sozialer Gruppen von Wirkungswissen, unterlaufen werden.

5. Die Gegenkräfte zu Monitoring und Evaluation formieren sich in vielfacher Form: als interessengeleitete Lobbyisten, die Übergebühr von staatlichen Investitionen profitieren wollen; als Technokraten, deren Weltbild bestimmte Handlungsalternativen prinzipiell ausschließt und denen kollektives Experimentieren zuwider ist; als gewinnmaximierende Consultants, die Evaluation als neues Geschäftsfeld sehen und primär an guten Einnahmen interessiert sind; als borniertе Manager, für die jede Handlungsempfehlung jenseits ihrer eigenen Präferenzen irrelevant ist; als dauerbedürftige Zielgruppen, welche auf die zusätzlichen Einnahmen aus Transferleistungen nicht verzichten wollen; als skandalisierende Medien, die Rückschläge und Misserfolge personalisieren

---

7 Selbst diese Sicht vernachlässigt, dass es noch eine Reihe Staaten gibt, die sich dem Modell der modernen Gesellschaft verweigern. Ob z. B. der ‚arabische Frühling' tatsächlich moderne Staaten mit den Basisinstitutionen Konkurrenzdemokratie, Marktwirtschaft und Wohlstandsgesellschaft hervorbringt oder ob es zur Etablierung islamistischer Gesellschaftsformen mit stark traditioneller Ausrichtung (wie z. B. in Afghanistan unter der Talibanherrschaft) kommt, ist keineswegs entschieden.

und zum ‚No-Go' stilisieren; und schließlich auch als gutgläubige Öffentlichkeit, welche populistischen Argumentationen mehr Aufmerksamkeit und Glauben schenkt als sorgfältiger wissenschaftlicher Forschungsarbeit. In diesem Spannungsfeld müssen sich Monitoring und Evaluation als seriöse Instrumente behaupten und sie benötigen dabei den Schutz geeigneter Institutionen. Gegenwärtig fehlt hierfür allerdings noch das politische Bewusstsein und die Gefahr missbräuchlicher Instrumentalisierungen und Überregulierungen ist in vielen Politikfeldern sehr hoch.

Literatur

Albrecht, M. & Meyer, W. (2012):.Grenzüberschreitende Arbeitsmarktpolitik: Institutionen und institutionelle Steuerung des Arbeitsmarktes in der Großregion SaarLorLux-Rheinland-Pfalz-Wallonien. In J. Meyer & L. Rampeltshammer (Hrsg.), *Grenzüberschreitendes Arbeiten in der Großregion SaarLorLux* (S. 79–151). Saarbrücken: universaar.

Argyris, C. & Schön, D. A. (2008). *Die lernende Organisation. Grundlagen, Methode, Praxis* (3. Aufl.). Stuttgart: Klett-Cotta.

Beck, U. (1986). *Risikogesellschaft. Auf dem Weg in eine andere Moderne.* Frankfurt a.M.: Suhrkamp.

Beck, U. (1993). *Die Erfindung des Politischen. Zu einer Theorie reflexiver Modernisierung.* Frankfurt a.M.: Suhrkamp.

Beck, U. (1996). Wissen oder Nicht-Wissen? Zwei Perspektiven „reflexiver Modernisierung". In U. Beck, A. Giddens & S. Lash, *Reflexive Modernisierung. Eine Kontroverse* (S. 289–315). Frankfurt a.M.: Suhrkamp.

Beck, U., Bonß, W. & Lau, C. (2004). Entgrenzung erzwingt Entscheidung: Was ist neu an der Theorie reflexiver Modernisierung? In U. Beck & C. Lau (Hrsg.), *Entgrenzung und Entscheidung: Was ist neu an der Theorie reflexiver Modernisierung?* (S. 13–64). Frankfurt a.M.: Suhrkamp.

Beck, U. & Grande, E. (2010). Jenseits des methodologischen Nationalismus. Außereuropäische und europäische Variationen der Zweiten Moderne. *Soziale Welt, 61,* 187–216.

Buschor, E. (2002). Evaluation und New Public Management. *Zeitschrift für Evaluation, 1* (1), 61–73.

Collins, R. (2004). Schließungsprozesse und die Konflikttheorie der Professionen. In J. Mackert (Hrsg.), *Die Theorie sozialer Schließung. Tradition, Analysen, Perspektiven* (S. 67–86). Wiesbaden: VS Verlag.

DEZA – Direktion für Entwicklung und Zusammenarbeit (2009). Evaluation 2009/2: Evaluation of Knowledge Management and Institutional Learning in SDC. Commissioned by the Evaluation + Controlling Division of the Swiss Agency for Development and Cooperation (SDC). Bern: DEZA.

Fetterman, D. M. (2000). *Foundations of Empowerment Evaluation.* Thousand Oaks: Sage.

Grande, E. (2004). Vom Nationalstaat zum transnationalen Politikregime – Staatliche Steuerungsfähigkeit im Zeitalter der Globalisierung. In U. Beck & C. Lau, C. (Hrsg.), *Entgrenzung und Entscheidung. Was ist neu an der Theorie reflexiver Modernisierung?* (S. 384–401). Frankfurt a.M.: Suhrkamp.

Grande, E. (2008). Reflexive Modernisierung des Staates. *dms – der moderne staat – Zeitschrift für Public Policy, Recht und Management*, 1/2008, 7–28.

Grande, E. (2013). Politische Macht und Wissenschaft: Die neue Governance der Wissenschaft und ihre Grenzen. In J. Mittelstraß & U. Rüdiger (Hrsg.), *Macht und Wissenschaft. Heilige Allianzen und prekäre Verhältnisse* (S. 55–72). Konstanz: UVK.

Lehner, F. (2012). *Wissensmanagement: Grundlagen, Methoden und technische Unterstützung*. München: Carl Hanser Verlag.

Mark, M. M., Henry, G. T. & Julnes, G. (2000). *Evaluation: An Integrated Framework for Understanding, Guiding and Improving Public Nonprofit Policies and Programs*. San Francisco: Jossey-Bass.

Mayntz, R. (2006). From government to governance: Political steering in modern societies. In D. Scheer & F. Rubik (eds.), *Governance of Integrated Product Policy: In Search of Sustainable Production and Consumption* (pp. 16–25). Austin: Greenleaf.

Meyer, W. & Elbe, S. (2007). Evaluation of Local Network Governance in Germany. In C. George & C. Kirkpatrick (eds.), *Impact Assessment and Sustainable Development. European Practice and Ex-perience* (pp. 45–64). Series Evaluating Sustainable Development, Vol. 2. Cheltenham: Edward Elgar.

Meyer, W., Funk, E. & Nguyen, L. (2015). Participation and Valuation: On-going Methodological Challenges. In R. Stockmann & W. Meyer (eds.), *The Future of Evaluation. Global Trends – New Challenges – Shared Perspectives*. Basingstoke, New York: Palgrave McMillan (forthcoming).

Meyer, W. & Rech, J. (2013). Determinanten der Evaluationskultur – Das Beispiel Entwicklungszusammenarbeit. In J. Hense, S. Rädiker, W. Böttcher & T. Widmer (Hrsg.), *Forschung über Evaluation. Bedingungen, Prozesse und Wirkungen* (S. 189–210). Münster: Waxmann.

Papadopoulos, Y. (2004). Governance und Demokratie. In A. Benz (Hrsg.), *Governance – Regieren in komplexen Regelsystemen*. Eine Einführung (S. 215–238). Wiesbaden: VS-Verlag.

Stockmann, R. (2002). Evaluation und Qualitätsmanagement – Konkurrierende oder sich ergänzende Konzepte? *Zeitschrift für Evaluation, 1* (2), 209–244.

Stockmann, R. (Hrsg.). (2006a). *Evaluationsforschung. Grundlagen und ausgewählte Forschungsfelder* (3. Aufl.). Münster: Waxmann.

Stockmann, R. (2006b). *Evaluation und Qualitätsentwicklung. Eine Grundlage für wirkungsorientiertes Qualitätsmanagement*. Münster: Waxmann.

Stockmann, R. (Hrsg.). (2007). *Handbuch zur Evaluation. Eine praktische Handlungsanleitung*. Münster: Waxmann.

Stockmann, R. (2008). Zur gesellschaftlichen Bedeutung von Evaluation. CEval-Arbeitspapier Nr. 15. Saarbrücken: CEval.

Stockmann, R. (2010). Der gesellschaftliche Stellenwert von Evaluation. *Magazin Forschung*, 1/2010, 11–19.

Stockmann, R. (2012). Evaluation und Gesellschaft. In R. Strobl, O. Lobermeier & W. Heitmeyer (Hrsg.), *Evaluation von Programmen und Projekten für eine demokratische Kultur* (S. 195–220). Wiesbaden: Springer VS.

Stockmann, R. (2014a). Rolle der Evaluation in der Gesellschaft. In R. Stockmann & W. Meyer (Hrsg.), *Evaluation. Eine Einführung* (2. Aufl.) (S. 21–62). Leverkusen: Barbara Budrich.

Stockmann, R. (2014b). Wissensbasierte Evaluation. In R. Stockmann & W. Meyer (Hrsg.), *Evaluation. Eine Einführung* (2. Aufl.) (S. 63–110). Leverkusen: Barbara Budrich.

Stockmann, R., Meyer, W. & Schenke, H. (2011). Unabhängigkeit von Evaluationen. *Zeitschrift für Evaluation, 10* (1), 39–67.

Stockmann, R. & Meyer, W. (2014). *Evaluation. Eine Einführung* (2. Aufl.). Leverkusen: Barbara Budrich.

Walk, H. (2013). Herausforderungen für eine integrative Perspektive in der sozialwissenschaftlichen Klimafolgenforschung. In A. Knierim, S. Baasch & M. Gottschick (Hrsg.), *Partizipation und Klimawandel. Ansprüche, Konzepte und Umsetzung* (S. 21–36). München: oekom.

Wollmann, H. (2002). Verwaltungspolitik und Evaluierung. Ansätze, Phasen und Beispiele im Ausland und in Deutschland. *Zeitschrift für Evaluation, 1* (1), 75–99.

Zapf, W. (1991). Modernisierung und Modernisierungstheorien. In ders. (Hrsg.), *Die Modernisierung moderner Gesellschaften. Verhandlungen des 25. Deutschen Soziologentages in Frankfurt am Main 1990* (S. 23–39). Frankfurt a.M., New York: Campus.

Zapf, W. (1992). Entwicklung und Zukunft moderner Gesellschaften seit den 1970er Jahren. In H. Korte B. Schäfers (Hrsg.), *Einführung in die Hauptbegriffe der Soziologie* (2. Aufl.) (S. 195–210). Opladen: Leske+Budrich.

Evaluation zwischen Angebot und Nachfrage – Vom Ethos der Forschung und dessen Wirkung auf die Wissensmärkte[1]

Eike Emrich

1. Einleitung

Bruno S. Frey (2007) spricht von „Evaluitis" und bezeichnet damit den Sachverhalt einer häufig geforderten, keineswegs aber immer problemadäquaten und zielführenden Anwendung von Evaluationsverfahren auf verschiedene Gegenstände (s. auch Stockmann, 2000, S. 15 f.). Offensichtlich wird Evaluationswissen nachgefragt. Gleichzeitig aber erzeugen Evaluationsanbieter auch Nachfrage nach ihren Evaluationsleistungen und fördern so die „Evaluitis", etwa indem sie im politischen Raum oder in medialen Kontexten die Vorzüge ihrer Leistungen und damit implizit deren strategische Verwendbarkeit für Legitimationszwecke propagieren[2]. Die vielfältigen Evaluierungen im Bildungssystem unter dem Stichwort IGLU- und TIMSS-Studie, PISA oder die Rankings der deutschen Universitäten (zum CHE-Ranking vgl. Berghoff, Federkeil, Giebisch, Hachmeister, Hennings, Roessler & Ziegele, 2009) lassen vermuten, dass z. B. die OECD oder die Bertelsmann Stiftung[3] die Nachfrage nach Evaluationsleistungen aktiv beeinflussen. Dazu

---

1 Diskussionen des Themas mit Manfred Messing, Christian Pierdzioch, Freya Gassmann, Michael Fröhlich, Werner Pitsch und Lutz Thieme verdanke ich wertvolle Einsichten und Erkenntnisse.

2 Im Einzelnen muss man Legitimation unterscheiden nach der Frage: Für welchen Zweck wird Legitimation benötigt? Im Zusammenhang mit Evaluation könnte man zwischen Legitimierung von Ressourcenverwendung zur Bearbeitung eines Problems und Legitimierung von Veränderungen institutioneller Rahmenbedingungen infolge politischer Interventionen unterscheiden. Im zweiten Fall wäre noch zu unterscheiden zwischen der Legitimation vor der (beabsichtigten) politischen Intervention und nach der erfolgten politischen Intervention (zur nachträglichen Begründung/Stabilisierung bereits erfolgter Veränderungen).

3 Das Centrum für Hochschulentwicklung (CHE) wurde 1994 in Gütersloh von der Bertelsmann Stiftung und der Hochschulrektorenkonferenz als gemeinnützige GmbH gegründet (vgl. http://www.che.de/cms/?getObject=5&getLang=de, Zugriff am 19.03.2014). Die oben erwähnten IGLU und TIMSS-Studien werden vom Institut für Schulentwicklungsforschung an der Technischen Universität Dortmund (IFS) durchgeführt (vgl. http://ifs-dortmund.de/; Zugriff am 22.3.2014). TIMSS wurde dabei vom Bundesministerium für Bildung und Forschung (BMBF) sowie der Ständigen Konferenz der Kultusminister (KMK) der Länder in der Bundesrepublik Deutschland (zu gleichen Anteilen) gefördert (vgl. http://ifs-dortmund.de/1269.html; Zugriff am 22.3.2014).

variieren sie in einem komplexen Prozess wiederholt die Fragen, Ziele, Kriterien und vor allem Gegenstände von Evaluierungen und liefern dazu mehr oder minder komplexe Sachstandsmessungen.[4] Diese sind sowohl für eine aufmerksamkeitssteigernde Krisenrhetorik als auch als implizite Bestätigung für getroffene bildungspolitische Entscheidungen der Vergangenheit (und/oder in der Zukunft notwendige) verwendbar. Ihre Sachstandsmessungen ohne theoretische Begründung der ausgewählten Indikatoren führen pfadabhängig zu immer neuen Sachstandsmessungen, als deren Resultat schon aus Gründen der häufig normativen Variation der ausgewählten Indikatoren immer wieder Auf- und Absteiger sichtbar werden (s. dazu die Modellierung von Emrich & Pierdzioch, 2012). Durchgeführt werden die Sachstandsmessungen auf Kosten Dritter und produzieren so einen stetigen Einkommensstrom für Evaluationsanbieter meist auf Kosten des Steuerzahlers. Wie in jedem Markt kommt es, abgesehen vom geräumten Markt mit seinem Gleichgewicht von Angebot und Nachfrage, zu über die Zeit variierenden unterschiedlichen Angebots- und Nachfragemengen und damit zu unterschiedlichen Preisen. Das Angebot von Evaluationsleistungen und die Nachfrage danach bestimmen auch die Einkommensmöglichkeiten von Evaluationsanbietern, wobei grundsätzlich zwischen verschiedenen Typen von Anbietern zu unterscheiden ist:

1) Der außeruniversitäre Anbieter von Evaluationsleistungen, der sich im klassischen Sinn unternehmerisch im Sinne angewandter Wissenschaft im Markt betätigt und dann Einkommen erzielt, wenn er Evaluationsaufträge erhält und ausführt.
2) Außeruniversitäre Anbieter, die
    a) als Einrichtungen der öffentlichen Hand fungieren (wie z. B. die Agentur für Qualitätssicherung, Evaluation und Selbstständigkeit von Schulen (AQS) in Rheinland-Pfalz[5] oder das Deutsche Evaluierungsinstitut der Entwicklungszusammenarbeit (DEval), das derzeit über 38 feste Mitarbeiterinnen und Mitarbeiter verfügt und eine gemeinnützige Gesellschaft mit beschränkter Haftung (gGmbH) ist),[6]

---

4   So wird aktuell die Problemlösekompetenz von Schülerinnen und Schülern außerhalb der Schule untersucht, ein neues Geschäftsfeld in Erweiterung von PISA (vgl. Janker, 2014).
5   In ihrer Beschreibung heißt es: „Sie ist eine Landeseinrichtung, die auf der Grundlage des rheinland-pfälzischen Schulgesetzes regelmäßig an allen Schulen in öffentlicher Trägerschaft eine externe Evaluation durchführt. Die externe Evaluation ist Bestandteil einer umfassenden Strategie schulischer Qualitätsentwicklung mit dem Ziel, Schulen Impulse zur nachhaltigen Verbesserung des Unterrichts und der schulischen Prozesse zu geben" (http://aqs.rlp.de/externe-evaluation/, Zugriff am 20. März 2014).
6   Alleinige Gesellschafterin des DEval ist die Bundesrepublik Deutschland, die durch das Bundesministerium für wirtschaftliche Zusammenarbeit und Entwicklung (BMZ) vertreten wird (vgl. http://www.deval.org/de/struktur.html, Zugriff am 20. März 2014).

b) nicht zur Öffentlichen Hand gehören und im Markt tätig sind, wie z. B. das CHE, das als gemeinsame Einrichtung der Bertelsmann Stiftung und der Hochschulrektorenkonferenz eine Art Public Private Partnership darstellt, oder die OECD.[7]

3) Universitäre Anbieter, die sich im Evaluationsmarkt quasi unternehmerisch betätigen, also eine Art verbeamtete Kleinunternehmer.

Neben inhaltlichen und methodologischen Fragen der Evaluation (vgl. z. B. Kromrey, 2003; zum CHE-Ranking Dessauer, Emrich, Klein & Pierdzioch, 2014; allgemein Emrich & Pierdzioch, 2012) tauchen damit folgende Fragen auf:

1) Welchen konkreten institutionellen Einflüssen ist Evaluationsforschung innerhalb und außerhalb der Universität jeweils ausgesetzt?
2) Zu welchen spezifischen Konkurrenzverhältnissen kann es zwischen den Anbietertypen von Evaluationswissen kommen und welche Auswirkungen hat dies auf die jeweilige Wissensproduktion?
3) Welche strukturellen Aspekte und Interaktionsdynamiken prägen die soziale Beziehung zwischen Auftraggeber und Auftragnehmer, und zwar sowohl für Anbieter innerhalb als auch außerhalb der universitären Wissenschaft?

Zur Beantwortung dieser Fragen wird im nachfolgenden Beitrag aus wissenschaftssoziologischer und -ökonomischer Perspektive wie folgt vorgegangen:

1) Zunächst wird kurz die Frage der Unabhängigkeit der Evaluationsforschung kontextabhängig (universitäre versus nicht-universitäre Evaluationsforschung) diskutiert.
2) Dann werden mithilfe empirischer Befunde Probleme der Berufs- bzw. Professionsethik von in der Evaluation tätigen Forscherinnen und Forschern aufgezeigt und am reinen Ethos der Forschung (vgl. Merton, 1938) gespiegelt.
3) Nachfolgend werden die sozialen Beziehungen zwischen Auftraggeber und -nehmer mithilfe spieltheoretischer Überlegungen illustriert und
4) mithilfe des in der Institutionenökonomik diskutierten Konzepts unvollständiger Verträge (vgl. Richter & Furubotn, 1999) in ihrer Interaktionsdynamik und in ihren wechselnden strukturellen Ungleichgewichten diskutiert, und zwar sowohl für die außeruniversitären Leistungsanbieter als auch für die universitären Evaluationsforscherinnen und -forscher.

---

7 Ihnen ist gemeinsam, dass sie unter zumindest partieller Aushebelung des Wettbewerbs mehr oder minder exklusiv bestimmte, gesellschaftlich positiv oder bedeutsam bewertete Gegenstände (Bildung, Entwicklungshilfe) im öffentlichen Auftrag und mit öffentlichen Mitteln evaluieren.

2. Das Grundverständnis universitärer Forschung –
das Ethos der Forschung

In der Institution Universität haben sich zahlreiche Handlungsimperative für die Tätigkeit der Wissenschaftlerin bzw. des Wissenschaftlers herausgebildet, insbesondere ein spezifisches Wissenschaftsethos, das als Form normativer Selbstverpflichtung die Tätigkeit des Forschenden steuert und das aufgrund von im System verankerten Überwachungs- und Selbstreinigungskräften im Fall seiner Verletzung wiederhergestellt wird. Das Ethos der reinen Wissenschaft (pure ethos of science) im Sinne Mertons (1938) verpflichtet universitäre Wissenschaftlerinnen und Wissenschaftler zur Einhaltung bestimmter Regeln und trägt damit zur Erfüllung normativer Erwartungen bei, wodurch die Vertrauenskosten der Mitglieder der Scientific Community, aber auch anderer Wissensnachfrager außerhalb der Universität, erheblich sinken. Konkret sind hier die Verpflichtungen zu nennen, werturteilsfrei, ohne Ansehen der Person die jeweiligen Forschungsergebnisse unter Offenlegung aller methodischen Schwächen der Scientific Community nach erstinstanzlicher Prüfung durch Fachkolleginnen und -kollegen (Begutachtung) zur weiteren Beurteilung mittels Publikation zu übergeben und damit wahrheitsgetreu ohne Ansehen der Person Befunde zu berichten, nichts zu verschweigen und nichts zu manipulieren. Davon abweichendes Verhalten wird sanktioniert und mit Reputationsverlusten bestraft. Reputation als immaterieller Faktor ist dabei die ,Währung', in der Wissenschaftlerinnen und Wissenschaftler vornehmlich entlohnt werden.

Die Universität befindet sich derzeit in einem exogen aus dem politischen System heraus betriebenen institutionellen Wandel, in dessen Kern die Etikettierung der Institution Universität als reformbedürftig steht (vgl. Emrich & Fröhlich, 2010). Von der Idee her bot die Universität einen funktionalen Rahmen für die Organisierbarkeit des Nicht-Organisierbaren. Unter Lehrstuhlinhaberinnen und -inhabern wurde Zurückhaltung auf Gegenseitigkeit praktiziert (vgl. Plessner, 1985), Werte und normative Selbstverpflichtungen stellten die vertrauensbasierte Grundlage für das Wirken derer dar, die sich dem Ethos der Wissenschaft verpflichtet fühlen. Ihrer Idee nach war die in der Universität organisierte Wissenschaft „Kirche der Vernunft" und „Werthaltung und Lebensform" (vgl. Mittelstraß, 1982) zugleich. Aktuell wird sie immer mehr zu einer Massenausbildungsstätte, in der der Gedanke von Bildung als Entwicklung eigener Urteilskraft am kulturellen Objekt zusehends verdrängt wird und die spezifische berufliche Ausbildung in den Vordergrund rückt. Die (Massen-)Universität heutiger Tage wird auf der Ebene der Organisation zunehmend durch außengesteuerte Erwartungen an ihre ,betriebliche' Leistungsfähigkeit im Sinne hoher Absolventinnen- und Absolventenzahlen beeinflusst und soll vorrangig Absolventinnen und Absolventen spezialistisch auf die aktuellen Anforderungen des Arbeitsmarktes vorbereiten, zunehmend also die employability ihrer ,Kunden' herstellen.[8]

Zahlreiche normative Spannungslinien zwischen der Idee der Universität und ihrem organisatorischen Betrieb sind die Folge des geschilderten Prozesses (vgl. Paris, 2001; dazu schon früh Weber, 2002). Die einzelne Wissenschaftlerin bzw. der einzelne Wissenschaftler wird im Zuge dieses institutionellen Wandels zunehmend stärker mittels Publikationsleistungen und auf Basis der Summe eingeworbener Drittmittel bewertet und so in eine drittmittel- und impactgesteuerte Konkurrenz getrieben, die aufgrund der politisch gesteuerten universitären Ressourcenknappheit hohen Konkurrenzdruck erzeugt und den Charakter eines Rattenrennens (vgl. zum Begriff Akerlof, 1976) annimmt. Zu den drittmittelrelevanten Projekten gehört häufig auch die Evalutionsforschung. Gleichzeitig wird mit zunehmendem bürokratischem Aufwand und auf Basis von normativen Sachstandsmessungen dieser Konkurrenzkampf befeuert. Dabei werden jene Ressourcen, die man nicht mehr direkt ins System gibt, sondern programm- und antragsgesteuert durch staatliche (z. B. Ministerien), intermediäre (wie die staatlich finanzierte und durch die Wissenschaft verwaltete DFG) und nicht staatliche Forschungsfördereinrichtungen (wie Stiftungen) vergibt (vgl. zu den Wirkungen des CHE-Rankings auf eine Wissenschaftsdisziplin Dessauer et al., 2014; s. dazu das PARK-Modell von Emrich & Pierdzioch, 2011), zum Mittel der anreizgesteuerten Konkurrenzverschärfung.

Die den Normen des Wissenschaftsethos verpflichteten Wissenschaftlerinnen und Wissenschaftler sind durch diese Außensteuerung bei zunehmender Ressourcenknappheit im System in ihrer Unabhängigkeit gefährdet. Sie werden durch die universitäre Außensteuerung gelockt und gedrängt zugleich, an diesem Ressourcen verschwendenden Rattenrennen (vgl. Akerlof, 1976) um Drittmittel teilzunehmen. Jede Verweigerung der Teilnahme würde als mangelnde Leistungsfähigkeit interpretiert und die Einhaltung der Regeln des organisierten Skeptizismus würde die Wissenschaftlerin bzw. den Wissenschaftler im Konkurrenzkampf mit weniger stark normativ gebundenen Wissenschaftlerinnen und Wissenschaftlern innerhalb und außerhalb der Wissenschaft behindern.

Die Wissenschaftlerin bzw. der Wissenschaftler im Sinne der Idee der Universität verpflichtete sich selbst zum reinen Ethos der Wissenschaft und ihre bzw. seine Forschungsmittel wurden in der Universität als eine Art ,Staatsbetrieb' bereitgestellt. Die politisch vorangetriebenen Veränderungen der Rahmenbedingungen begünstigen und legitimieren nun eine Entwicklung hin zu Akteurinnen und Akteuren, die sich in einem zunehmend nach Angebot und Nachfrage gesteuerten

---

8 Dass diese Vorstellung idealtypisch ist, muss nicht erwähnt werden. Man denke an Außensteuerungen wie die Rassenforschung, die politisch gelenkte Forschung unter Stalin und seine Pläne zur Umgestaltung der Natur oder auch an die Unterdrückung von Forschungsergebnissen durch die Kirche im Mittelalter. Auch in der DDR waren für die Wissenschaft und damit die Universitäten ideologisch begründete Außensteuerungen typisch.

Wissensmarkt bewähren müssen, wenn sie Reputationsverluste vermeiden, ihre Arbeitsmittel erhalten und teilweise ihr infolge der Besoldungsreform in Teilen leistungsabhängiges, an Drittmitteln und Publikation ausgerichtetes Einkommen behalten oder ausweiten wollen.[9]

Zwar wird auf institutioneller Ebene im politischen Talk (vgl. Brunsson, 2003) nach wie vor eine Rhetorik werturteilsfreier Wissenschaft gepflegt, faktisch aber werden Handlungsanreize wirksam, welche es Wissenschaftlerinnen und Wissenschaftlern erschweren, sich ihre wissenschaftlichen Fragen selbst zu suchen.

Der Wissenschaftlertypus, der sich außengeleitet insbesondere jener Themen annimmt, die gerade im Wissensmarkt nachgefragt sind, hat dabei Konkurrenzvorteile, weil er auf solche äußeren Handlungsanreize rational reagiert und seinen Nutzen maximiert. Dies muss nicht zwingend heißen, dass dieser Typus die Standards des reinen Ethos der Forschung verletzt. Die Chance steigt jedoch, dass er sich im Wissensmarkt nach Angebot und Nachfrage richtet, kurzum Mainstreaming betreibt, und nicht exklusiv oder vorwiegend für ihn wissenschaftlich relevante Fragen stellt, sofern bzw. weil diese im Rennen um Drittmittel Nachteile brächten.

Wenn in diesem Zusammenhang ein Thema ‚Konjunktur‘ hat, kommt es zwangsläufig zu einem Missverhältnis von wissenschaftlichen Fragen und Antworten. Dies wird wiederum sichtbar in einer Homogenisierung von wissenschaftlich bearbeiteten Themen, da vorrangig solche beforscht werden, die in höherem Maße drittmittelfähig sind und für deren Bearbeitung die Forscherin bzw. der Forscher bereits im Markt bewährte Instrumente und Vorwissen hat (Skaleneffekte). Daraus resultiert auch das Phänomen, dass vielfach Antworten gegeben werden, für die gar keine Fragen gestellt worden waren. Dies kann sogar dazu führen, dass Antworten auf Phänomene gegeben werden, deren Existenz gar nicht nachgewiesen ist (vgl. zu Evaluationen ohne nachgewiesenes Explanandum Klein & Emrich, 2013).

Aufgrund der Außensteuerung der Wissenschaft und der zunehmend ressourcen- und impactabhängigen Bewertung der individuellen Leistung werden somit an der Idee der Freiheit von Forschung und Lehre sowie am reinen Ethos der Forschung orientierte Forscherinnen und Forscher nicht nur in ihrer beruflichen Existenz bedroht. Vielmehr können sie in ihrem Handeln aufgrund der geänderten äußeren Erwartungen, sofern sie ihnen genügen können und wollen, gar nicht mehr von jenen unterschieden werden, die sich von jeher stärker an äußeren Erwartungen ausrichteten bis hin zu jenen, die sich von Anfang der Universität nur als schützender Hülle bedienten, um Eigeninteressen zu verfolgen (vgl. Paris, 2001;

---

9   Wissenschaftlerinnen und Wissenschaftler haben sich auch oft mit irrelevanten Fragen befasst, zumindest ist der Relevanzbegriff nicht eindeutig (an und für sich relevant, für mich relevant, für „die" Forschung relevant, für die Praxis/Lehre relevant, für die Reputation relevant) und zudem variabel in Raum und Zeit (heute irrelevantes kann morgen relevant sein). Dessen ungeachtet führt die aktuelle Entwicklung zu einer vom Mainstream geprägten Homogenisierung von Fragen, Methoden und Antworten.

Emrich & Thieme, 2012). Zuweilen folgen sie sogar nur den außengesteuerten Erwartungen, um mit Hilfe eingeworbener Ressourcen dann ihre wissenschaftlichen Fragen verfolgen zu können (s. die Modellierung von Emrich & Pitsch, 2014).

Die sozialen Zwänge führen letztlich zu einer Homogenisierung von Verhalten und Forschungsfragen, bringen jedoch für einen Teil der Beteiligten normative Spannungslinien, die um so stärker werden dürften, je intensiver das reine Ethos der Forschung und das Bild selbstbestimmter Forschung ausgeprägt sind.[10] Forschungsergebnisse werden im Rahmen dieses Prozesses externer Steuerung zunehmend nicht mehr wissenschaftsintern diskutiert, sondern verlagern sich in Richtung Kommunikations- und Publikumsforschung. Sie werden zu medial angeheizten Debatten genutzt, deren einfache Talkshow geprägte Pro- und Contra-Diskussionen anfangs Aufmerksamkeitssteigerungen produzieren, insbesondere wenn sie von allgemein als bedrohlich empfundenen Krisenbehauptungen begleitet werden. Gleichzeitig nutzen auch Wissenschaftlerinnen und Wissenschaftler die Medien, um auf sich und die jeweiligen Forschungsleistungen aufmerksam zu machen und so die Chancen im Kampf um Drittmittel zu erhöhen bzw. Nachteile gegenüber den in die Öffentlichkeit drängenden Kolleginnen und Kollegen im Kampf um knappe Ressourcen zu vermeiden. Damit wechselt die Diskussion wissenschaftlicher Ergebnisse zumindest teilweise von der Wissenschaft in den öffentlichen Raum. Zudem findet die Bewertung von Qualität und Relevanz der Forschung nun neben der Scientific Community auch in den Medien statt, was sich dann wiederum auf das System der Wissenschaft auswirkt, indem Wissenschaftlerinnen und Wissenschaftler mit geringer medialer Präsenz und geringer Prominenz gleichzeitig Nachteile im Konkurrenzkampf um Drittmittel insbesondere aus dem außeruniversitären Bereich haben. Die medialen Debatten werden zusätzlich dadurch angeheizt, dass sich auch die Intention von Forschung wandelt. Sie soll jetzt Entscheidungen öffentlich legitimieren, statt im aufklärenden Sinn für eine politische Entscheidung verlässliche Informationen zu liefen. Im Zuge der zunehmenden Außensteuerung der Wissenschaft sind also gleichzeitig

---

10 Beide Typen zeigen Überschneidungen mit dem Konzept des vorrangig an Werten und Normen orientierten Homo sociologicus und dem einkommensmaximierenden, stärker äußeren Anreizen folgenden Homo oeconomicus. Allerdings kann auch ein Homo oeconomicus, der mit aller Intensität redlich forscht, um einen herausragenden Preis zu gewinnen und besondere Reputation durch herausragende Leistungen zu erlangen, der Verletzung des reinen Ethos der Forschung die kalte Schulter zeigen, solange er begründet hoffen kann, dieses Ziel zu erreichen. Insofern haben wir es schlicht mit normkonformem und abweichendem Verhalten zu tun, mit einer wahrscheinlich höheren Wahrscheinlichkeit im Mittel für abweichendes Verhalten beim Homo oeconomicus (den Hinweis verdanke ich Christian Pierdzioch, Helmut-Schmidt-Universität Hamburg). Gleichzeitig ist zu vermuten, dass Junior-Professorinnen und -Professoren durch ihre Sozialisation eher dem Pol der außengesteuerten Forscherinnen und Forscher zuneigen, da sie ja häufig gar keine Universität mehr kennen, die eine Organisationsform bietet, die freie Forschung nach eigenem Antrieb als Normalfall akzeptiert.

eine zunehmende Instrumentalisierung der Medien durch die Wissenschaft zur Austragung von wissenschaftlichen Prioritätskonflikten und eine Instrumentalisierung der Wissenschaft durch die Medien zur Aufmerksamkeitssteigerung zu beobachten.[11] Das eigentlich zu diskutierende wissenschaftliche Problem kann in den angeheizten medialen Debatten von Laien nur durch Glauben entschieden werden, wodurch die Wissenschaft allmählich entwertet wird (s. die Diskussionen um das Waldsterben, das Ozon-Loch, den Rinderwahnsinn usw.). Letztlich könnte es sogar zu Spezialisierungseffekten im Markt der Politikberatung auch auf Basis von Evaluationen kommen (siehe am Beispiel der Politikberatung den Fall des Ökonomenstreits im Zusammenhang mit der Euro-Krise Haucap & Mödl, 2013).

3.   Normative Selbstbindungskräfte für Evaluationsforscherinnen und -forscher

Auf den Internetseiten der Deutschen Forschungsgemeinschaft heißt es: „Evaluationsstudien werden durch qualifizierte Dritte, unabhängig und objektiv, durchgeführt. Die Auftragnehmer nehmen die Expertise der DFG in Bezug auf ihre Programme auf, um die Qualität und Richtigkeit der Berichte sicherzustellen, sind aber bei der Formulierung ihrer Ergebnisse und Schlussfolgerungen vollständig frei." (DFG, o.J.). Gleichzeitig stellen Evaluationsstudien „für die DFG ein wichtiges Instrument dar, um die Dynamiken und wechselnden Prioritäten in der Forschungslandschaft zu erkennen." (ebd). Forschungsnehmer evaluieren demnach unabhängig und objektiv die Wirkung der DFG-Programme, was angesichts der Veränderungen in der universitären Forschungslandschaft fast zwangsläufig zu Interessenkonflikten führen muss. Die DFG lässt also jene Programmwirkungen evaluieren, die sie selbst initiiert hat, und zwar von Forscherinnen und Forschern, die prinzipiell an der Konkurrenz um die über die Programme bereitgestellten Mittel teilnehmen können bzw. schon an anderen Programmen der DFG teilgenommen haben, was die Frage der Unabhängigkeit der Auftragnehmerinnen und -nehmer aufkommen lässt (vgl. Stockmann, 2000, S. 19, zu „Standards for Evaluation" s. auch Joint Committee, 2000; vgl. DeGEval – Gesellschaft für Evaluation e.V., 2004, S. 5).

Stockmann, Meyer und Schenke (2011) haben sich generell mit den normativen Erwartungen von Evaluierenden an ihre eigene Tätigkeit beschäftigt. Die abgefragten Wertvorstellungen waren auf einer Likert-Skala entsprechend der Ausprägungen 1 (stimme überhaupt nicht zu) bis 6 (stimme voll zu) zu beantworten und repräsentieren im Sinne Durkheims (1973) Elemente einer beruflichen Sondermoral, die aufgrund ihrer normativen Selbstverpflichtung als Substitut für die Bindung

---

11 Mittel zur Aufmerksamkeitssteigerung sind in das öffentliche Bewusstsein gerückte Krisen mit bedrohlichem Charakter (vgl. Weingart, 2001; schon früh Kurucz, 1986; zu moralischem Unternehmertum Klein & Emrich, 2013).

an das reine Ethos der Forschung dienen könnte. Die Ergebnisse (s. Tabelle 1) sind insofern interessant, als (sicherlich verstärkt durch Effekte sozialer Erwünschtheit) die „hauptsächliche Verpflichtung gegenüber den Evaluationsstandards" mit dem Mittelwert von 5,1 zwar hohe, aber eben keine völlige Zustimmung erreicht. Mit absteigender Zustimmung folgen die „Darstellung der tatsächlich ermittelten Ergebnisse" (4,7), „keine Beeinflussung in der methodischen Vorgehensweise" (4,3) und „schonungslose Offenlegung von Schwachstellen" (4,2) sowie „Verantwortung gegenüber den Stakeholdern ist prioritär" (3,0). Die geringste Zustimmung, aber keine völlige Ablehnung, erzielt das Item „Ausrichtung der Evaluationsergebnisse nach den Interessen der Auftraggeber" (2,0; s. dazu Tabelle 1). Dies zeigt, dass die von der DeGEval formulierten Standards einer guten Evaluation, nämlich Nützlichkeit, Durchführbarkeit, Fairness und Genauigkeit keineswegs vollständig im Sinne einer spezifischen Berufsmoral und damit als Richtschnur für das berufliche Handeln von Evaluierenden verinnerlicht wurden (zu den Standards der DeGEval vgl. DeGEval, 2008).

Zu vermuten ist sogar, dass die Evaluierenden einfach mit der Zeit ihre Standards im Sinne des Grenzmoralprinzips (vgl. Briefs, 1957) an den Markt angepasst haben. Bedenkt man dabei, dass die Wirkungen sozialer Erwünschtheit eigentlich eine spezifische Darstellung der Befragten in Richtung ausgeprägter Wertvorstellungen erwarten lässt, wird die in den Ergebnissen sichtbar werdende Anpassung an Marktstandards durchaus plausibel.[12] Eine berufliche Sondermoral für Evaluierende, die adäquat zum reinen Ethos der Wissenschaft im Sinne Mertons (1938) in normativer Selbstverpflichtung ein vergleichbares Maß an Eigenkontrolle fordert und das auch überwacht würde, zeigt sich also (noch) nicht.

Aufgrund der zunehmenden Außensteuerung der Universität können wir wohl eine zunehmende Homogenisierung von Verhalten vermuten (s. dazu Dessauer, Emrich, & Pierdzioch, 2014, für die Publikationspraxis der universitären Sportwissenschaft), obwohl die Unterschiedsprüfung für Evaluierende aus der Universität und außerhalb noch aussteht. So ist für weitergehende Forschung zu vermuten, dass sich in der Universität beheimatete Evaluierende, die sich stark an den oben geschilderten außengesteuerten Veränderungen der Bewertung ihrer universitären Tätigkeit orientieren, an die außeruniversitären tätigen Evaluierenden annähern, da sowohl für am freien Markt tätige als auch aus der Universität heraus operierende die äußeren Anreize gleichermaßen wichtig sind bzw. werden.

---

12 Die höheren Werte der Standardabweichung bei den Items „Schonungslose Offenlegung von Schwachstellen" und „Moralische Verantwortung gegenüber den Stakeholdern ist prioritär" zeigt dabei eine gewisse Spreizung bei den Antworten und damit Uneinheitlichkeit im Antwortverhalten.

Tabelle 1: Wertvorstellungen zum Berufsbild des Evaluators/der Evaluatorin

Skala von 1=stimme überhaupt nicht zu bis 6=stimme voll zu;
SD=Standardabweichung; n=Gesamtzahl valider Antworten

Item	MW	SD	N	Weiß nicht
Hauptsächliche Verpflichtung gegenüber den Evaluationsstandards	5,1	1,0	177	1
Darstellung der tatsächlich ermittelten Ergebnisse	4,7	1,3	175	1
Keine Beeinflussung in der methodischen Vorgehensweise	4,3	1,4	175	3
Schonungslose Offenlegung von Schwachstellen	4,2	1,5	176	2
Moralische Verantwortung gegenüber den Stakeholdern ist prioritär	3,3	1,6	158	15
Methodische Orientierung an den Interessen der Stakeholder	3,0	1,4	168	6
Abschwächung der negativen Evaluationsergebnisse gegenüber dem Auftraggeber	2,2	1,2	173	3
Ausrichtung der Evaluationsergebnisse nach den Interessen der Auftraggeber	2,0	1,3	176	3

Quelle: Stockmann, Meyer & Schenke, 2011

4.   Die soziale Beziehung zwischen Auftraggeber und Auftragnehmer in der Evaluationsforschung

Soziales Handeln wird von Weber (1980) als subjektiv sinnhaft auf das Handeln anderer bezogen definiert. Insofern gehören auch Dulden und Unterlassen zu zentralen Formen sozialen Handelns und können Merkmale höchster Sozialkompetenz sein.[13] Aus dem sinnhaft subjektiv aufeinander bezogenen sozialen Handeln von mindestens zwei Personen kann sich abhängig von der Interaktionsdichte eine soziale Beziehung entwickeln. Diese soll nach Webers Nominaldefinition „ein seinem Sinngehalt nach aufeinander gegenseitig eingestelltes und dadurch orientiertes Sichverhalten mehrerer heißen. Die soziale Beziehung besteht also durchaus und ganz ausschließlich: in der Chance, dass in einer (sinnhaft) angebbaren Art sozial gehandelt wird, einerlei zunächst: worauf diese Chance beruht" (Weber,

---

13 Sie sind z. B. wesentlicher Bestandteil des sozialen Taktes, wenn man mit einer gewissen Zartheit im Umgang miteinander sein Gegenüber sich so darstellen lässt, wie es sich wohl ursprünglich darstellen wollte und deshalb von bestimmten Handlungen gerade absieht.

1980, §3). Die soziale Beziehung kann soziologisch dabei durch Vergemeinschaftung und/oder Vergesellschaftung als grundlegende Handlungsorientierung der Interaktionspartner gekennzeichnet sein, wobei das für die Vergesellschaftung typische zweckrationale Handeln durch seine soziale Einbettung in Vergemeinschaftungsprozesse erleichtert werden kann (vgl. Emrich, 2006). Um die soziale Beziehung zwischen Auftraggeber und -nehmer zu analysieren, nutzen wir neben den analytischen Begriffen der Soziologie spieltheoretische Konzepte und die neuere Institutionenökonomik (vgl. Richter & Furubotn, 1999). Die Soziologie betont den normativen Kontext der Interaktion, die Spieltheorie stellt den Akteur und die Rationalität seiner Entscheidungen in den Vordergrund. Die Institutionenökonomik erweitert den neoklassischen Zugang eines unter vollständiger Information und Knappheitsbedingungen rational entscheidenden Individuums und geht davon aus, dass Menschen auch bei unvollständiger Information und unter Zeitknappheit rational handeln.[14] Im Sinne rationaler Nutzenmaximierer streben nun zwei potenzielle Vertragspartner danach, ihren jeweiligen Nutzen auf Kosten des anderen zu maximieren und nutzen hierzu Informationsasymmetrien, die dadurch entstehen, dass jeder Vertragspartner über sich selbst und seine konkreten Absichten mehr weiß als über den jeweils anderen. Je nachdem, ob man sich zeitlich vor oder nach einem Vertragsabschluss befindet, ergeben sich dabei zwangsläufig wechselnd asymmetrische Informationsverteilungen zwischen Auftraggeber (Prinzipal) und Auftragnehmer (Agent). Der Auftraggeber kann nach Abschluss eines Evaluationsvertrages während der Vertragslaufzeit das Handeln des Auftragnehmers nicht vollständig beobachten und er hat darüber hinaus gewöhnlich auch weniger Zugang zu relevanten Informationen als der Auftragnehmer (Evaluierende), der diese zudem selektiv nutzen kann. Im Fall des versteckten Handelns ist es für den Auftraggeber unmöglich oder zu kostspielig, den Agenten dauerhaft zu überwachen, bei versteckter Information ist es für den Auftraggeber unmöglich oder zu kostspielig, Informationen über den Agenten zu erhalten. Insofern werden die Erprobtheit der sozialen Beziehung und damit Reputation und Vertrauen zu

---

14 Institutionen wie der Universität stehen ebenso wie etwa Evaluationsagenturen im freien Markt formelle (objektives Recht) oder informelle Normen (subjektives Recht) zur Steuerung individuellen Verhaltens zur Verfügung. Da Gesetze nicht alle Fälle der Zusammenarbeit zwischen mindestens zwei Personen antizipieren können, werden subjektive Rechtsnormen benötigt, die in Form freiwillig geschlossener Verträge Verfügungsrechte sichern. Zentral für die Institutionenökonomik ist in diesem Zusammenhang die Theorie unvollständiger Verträge, wobei unter Vertrag „im ökonomischen Sinne […] jede bindende explizite oder implizite Vereinbarung über den Austausch von Gütern oder Leistungen zwischen Menschen, die dieser Vereinbarung zustimmen, weil sie sich davon eine Besserstellung versprechen […]", verstanden wird (Richter & Furubotn, 1999, S. 156 f.). Verträge sowohl zwischen Personen als auch korporativen Akteuren fixieren, welche Rechte und Pflichten sich die einzelnen Mitglieder einer durch den jeweiligen Vertrag bestimmten sozialen Einheit wechselseitig zugestehen bzw. zumuten.

wichtigen Faktoren, die Überwachungskosten senken können. Auch im Fall öffentlicher Ausschreibungen werden diese Mechanismen nicht grundsätzlich außer Kraft gesetzt, es kommt lediglich zu erweiterten Prinzipal-Agent-Beziehungen, die im Sinne informeller Kartelle Entscheidungsträger im Bereich der öffentlichen Hand mit einbeziehen.

Tabelle 2: Erfahrungen mit verschiedenen Beeinflussungsformen

Skala von 1=habe ich noch nie erlebt bis 6=habe ich schon sehr oft erlebt; n=Gesamtzahl valider Fälle; AG=Auftraggeber

Item	1	2	3	4	5	6	n
AG verlangte Umformulierung einzelner Sätze	12	13	16	21	20	17	168
AG hat verlangt, dass ich die Ergebnisse positiver darstelle	25	21	12	21	15	7	169
AG verlangte anderes methodisches Vorgehen	28	24	20	13	13	3	168
AG verlangte andere Schlussfolgerungen aus den Ergebnissen	37	23	14	11	13	3	168
AG verlangte inhaltliche Verzerrungen	45	22	12	12	7	2	170
AG verlangte andere Datenquellen	46	22	13	12	5	2	165
AG verlangte negativere Darstellung der Ergebnisse	74	17	5	3	1	1	168

Quelle: Stockmann, Meyer & Schenke, 2011

Tabelle 2 illustriert mit empirischen Befunden die in diesem Kontext grundsätzlich vorkommenden Beeinflussungsformen, in denen sowohl Asymmetrien vor Vertragsabschluss (etwa Auftraggeber verlangt anderes methodisches Vorgehen) als auch nach Vertragsabschluss (Auftraggeber verlangt andere Schlussfolgerungen) deutlich werden.[15]

5. Der Evaluierende als Unternehmer im Wissensmarkt

Weber (1980) hat untersucht, wie innerhalb eines weitreichenden Vergesellschaftungsprozesses der geldgebundene Austausch von Leistungen dominant wird und sittlich-normative Selbstverpflichtungen durch formales Recht ersetzt werden. Wenn aktuell Evaluationsergebnisse als wissenschaftliche Leistung gegen Geld

---

15 Hier wäre ein Feld für Befragungen mit indirekten Fragetechniken, mit deren Hilfe wohl verlässlicher der Anteil der Merkmalsträger im Kollektiv ermittelt werden könnte, die schon einmal Beeinflussungsversuchen nachgegeben haben.

gehandelt werden, gleichzeitig aber für die die damit verbundene Forschungstätigkeit die normativen Erwartungen des reinen Ethos der Forschung bindend sein sollen, dann stellt sich um so intensiver die Frage, wie universitäre Wissenschaftlerinnen und Wissenschaftler, die Evaluationsforschung betreiben, richtig handeln, nämlich ob sie Agentinnen und Agenten ihres Auftraggebers sind oder ob sie nur der Wissenschaft und der Annäherung an die Wahrheit verantwortlich sind, wobei sich beides nicht grundsätzlich ausschließen muss.[16] Entscheidend dürften in diesem Zusammenhang die spezifischen Erwartungen des Auftraggebers an die Erkenntnis- und Legitimationsfunktionen (vgl. Stockmann, 2000; Stockmann & Meyer, 2014) der Evaluation sein. Je nach Erwartung des Auftraggebers sollen Ergebnisse entweder zur Stabilisierung oder auch zur Aufdeckung unangenehmer Fakten (Aufklärungsfunktion) dienen, insofern können Erkenntnis- und Legitimationsfunktion in Widerspruch treten, wenn falsche oder gelenkte Erkenntnisse für die Legitimation eingesetzt werden bzw. werden sollen.[17] Denkbar ist, dass es darüber hinaus auch spezifische Erwartungen an die von Stockmann diskutierte Kontroll- und Lernfunktion der Evaluationen gibt. Wenn in jeder Evaluation entweder vorrangig die Erkenntnisfunktion, die Kontrollfunktion, die Lernfunktion oder die Legitimationsfunktion bzw. bestimmte Kombinationen dieser Funktionen dominieren, ergeben sich auch spezifische Erwartungen seitens des Auftraggebers. Wenn es diesem tatsächlich exklusiv um Erkenntnis oder organisationales Lernen geht, dann hat er ein Interesse an ehrlicher Forschung. Wenn es dem Auftraggeber um Legitimation beabsichtigten oder bereits erfolgten Handelns geht, dann ist er an affirmativen Erkenntnissen interessiert, was ehrliche Ergebnisse (bei Passungsfähigkeit), aber auch gelenkte erfordern kann. Geht es um die Kontrollfunktion (muss also kein Handeln legitimiert werden), dann sind die Ergebnisse dem Auftraggeber wahrscheinlich egal, weil er gegenüber dem zu erfassenden Sachstand neutral ist. Allerdings haben sowohl Auftraggeber als auch Auftragnehmer ein Interesse an der Wiederholung dieser Sachstandsmessung. Beiden fehlen dabei die Anreize zur Verwendung einer Messmethode, die sich theoretisch eingebettet an wissenschaftlichen Kriterien orientiert und die Indikatorenauswahl theoretisch

---

16 Der Autor ist sich der normativen Prämisse bewusst, indem hier idealtypisch davon ausgegangen wird, dass der Evaluator über das überlegene Wissen verfügt und der Auftraggeber mit seiner Intervention eine Schönfärberei oder Verfälschung beabsichtigt. Natürlich kann die Intervention des Auftraggebers vor allem bei methodisch unzulänglich qualifizierten Evaluierenden auch methodisch korrekt und begründet sein. Zudem kann natürlich auch ehrlich intendierte Forschung falsche Ergebnisse oder fehlerhafte Interpretationen liefern.

17 Stockmann (2000) listet vier Funktionen von Evaluation auf: die Gewinnung von Erkenntnissen (Erkenntnisfunktion), die Ausübung von Kontrolle (Kontrollfunktion), die Schaffung von Transparenz (Lernfunktion), um einen Dialog zu ermöglichen und die Dokumentation des Erfolgs (Legitimationsfunktion).

begründet, weil die Adressaten der Ergebnisse nur in wenigen Fällen in der Wissenschaft sind, sondern gewöhnlich die Öffentlichkeit/Medien, die Politik o.ä.[18]

Nachfolgend wird vorrangig die Legitimationsfunktion als zentrale Funktion betrachtet. In einer einfachen Vierfeldertafel für Interaktionen zwischen Auftraggeber und -nehmer (Spiele mit zwei Spielern, jeweils zwei Strategien, wobei das Handeln des Anderen nicht direkt beobachtet werden kann) gehen wir davon aus, dass man auf beiden Seiten entweder die Verhaltensstrategie ehrliche Forschung oder gelenkte Ergebnisse wählen kann (s. Tabelle 3).

Wir nehmen dabei für alle Spiele mit 2 Strategien $|S_1|=|S_2|=2$ und 2 Spielern die in Tabelle 3 dargestellte Matrix an. Dabei dürften marktorientierte Forscherinnen und Forscher hoch flexibel sein, während die innerlich dem Ethos der Forschung verpflichteten nur unter extremer Not (Hochkostensituation) bestimmte Varianten der Unehrlichkeit präferieren bzw. akzeptieren dürften, wenn überhaupt. Der Markt für Gutachten ist hier nicht unser Thema, obgleich ähnliche Mechanismen wie in der Evaluationsforschung zu vermuten sind (vgl. Jordan & Gresser, 2014). Für Wissenschaftlerinnen und Wissenschaftler, die sich am reinen Ethos der Forschung in normativer Selbstverpflichtung orientieren und/oder Reputationsverlust bei entdeckter Zuwiderhandlung fürchten, gilt:

1) Sie präferieren stets ehrliche Ergebnisse, für sie gilt a>b und a'>b'.
2) Unehrliche Forschung betreiben sie grundsätzlich nicht, also c<b und c'<b'
3) Spielen sie ehrlich und treffen auf einen unehrlichen Auftraggeber, den sie nicht überzeugen können, bricht er den Auftrag ab, also a>d und a' > d'.

Für den ehrlichen Auftraggeber, der reine Erkenntnis will, gilt:

1) Er präferiert stets ehrliche Ergebnisse (a>c und a'>c').
2) Liefert ein Auftragnehmer affirmative Forschung, bricht er ab (c<a und c'<a').

Treffen ehrliche Auftragnehmer und ehrliche Auftraggeber aufeinander, haben beide einen Anreiz, E/E zu wählen. Der eine erhält ehrlich Ergebnisse, die er konstruktiv im Sinne der Erkenntnisfunktion von Evaluation einsetzen kann, der andere hält sich an die Regeln der Wissenschaft und wird für diese Leistung bezahlt, was sich als Drittmitteleinwerbung reputations- und einkommenssteigernd für ihn auswirkt. Für völlig affirmative Wissenschaftlerinnen und Wissenschaftler in der Universität und außerhalb, die das reine Ethos der Forschung vielleicht noch kennen, es aber für irrelevant halten und die sich am ‚Verkauf' ihrer Dienstleistung im Wissensmarkt ausrichten, für die also der Kunde immer König ist, und die deshalb situativ entscheiden, gilt:

---

18 Dass Qualität an sich nicht messbar ist, es gibt keinen wahren Wert der Qualität, sei hier nur am Rande erwähnt.

1) Sie sind völlig indifferent. Für sie gilt a=b und b=b', sie liefern, was gewünscht bzw. gekauft wird.

2) Sie ziehen a=b und a'=b' gegenüber (c, c') und (d, d') vor.

3) Spielen sie ehrlich und treffen auf einen unehrlichen Spieler, brechen sie das Spiel nicht ab, sondern liefern affirmative Ergebnisse, da dann gilt a<d und a'<d' bzw. (b, b')>(a, a').

4) Spielen sie unehrlich und treffen auf einen Spieler, der ehrliche Forschung will, liefern sie situativ angepasste affirmative Ergebnisse, also in diesem Fall ehrliche Befunde, da dann gilt d<a und d'<a' bzw. (a, a')>(b, b').

Für den unehrlichen Auftraggeber, der die gelenkte Erkenntnisfunktion zwecks Legitimation braucht, gilt:

1) Er präferiert gelenkte Ergebnisse gegenüber ungelenkten (d>a und d'>a').

2) Trifft er auf einen Auftragnehmer, der konsequent ehrliche Forschung präferiert, bricht er ab, da d>a und d'>a.

Treffen unehrlicher Auftragnehmer und unehrlicher Auftraggeber aufeinander, haben beide einen Anreiz, V/V zu wählen, der eine erhält unehrliche Ergebnisse, die er konstruktiv im Sinne der Legitimationsfunktion von gelenkter Evaluation einsetzen kann, der andere wird für diese Leistung bezahlt. Ein Gleichgewicht in reinen Strategien liegt übrigens dann vor, wenn die Initiative beim Auftraggeber liegt (Fall V/E) und für diesen die Präferenz d>b und d'>a' gilt. Der Auftraggeber, der gelenkte Ergebnisse will, präferiert also eher eine Beauftragung für gelenkte Forschung bei einem bisher ehrlichen Auftragnehmer, da dann die gelenkten Ergebnisse zwangsläufig für ihn höheren Wert haben. Voraussetzung hierfür wäre jedoch auf Seite des Auftraggebers das strategische Zurückhalten und Lenken von Informationen bei einem ehrlichen Auftragnehmer, um diesem die Fiktion der Ehrlichkeit zu belassen, aber gleichzeitig das Ergebnis zu beeinflussen. Wird im Verlauf der Evaluation deutlich, dass die Gefahr unerwünschter Ergebnisse besteht, kann man die Evaluation immer noch abbrechen und den Auftrag zurückziehen. Liegt die Initiative beim Auftragnehmer, liegt ein solches Gleichgewicht vor, wenn für diesen c'>b' und b>a gilt. Der Auftragnehmer ist also offensichtlich eher bereit, gelenkte Forschung bei einem unehrlichen Auftraggeber zu liefern. Dies lässt ihm für die Zukunft noch die Chance zur Fortsetzung ehrlicher Forschung bei ehrlichem Auftraggeber.

*Tabelle 3: Präferenzen von Auftraggeber und Auftragnehmer in der Evaluationsfor-
schung*

Spieler B (Auftraggeber)	Spieler A (Auftragnehmer)	
	E/ehrliche Forschung	V/gelenkte Ergebnisse
E/ehrliche Forschung*	a' a	c' c
V/gelenkte Ergebnisse	d' d	b' b

* Wir setzen hier voraus, dass der Forscher nicht nur ehrlich ist, sondern auch das entsprechende
Können für die Forschung hat.

Faktisch ist hier zu bedenken, dass sich in der Forschungspraxis wohl keine Ex-
trema, sondern meist graduelle Näherungen ergeben, die sich eben im vereinzelten
Verschweigen ausgewählter Fakten (Verdecken kritischer neuralgischer Punkte
durch Offenlegen vereinzelter Schwachpunkte) und vereinzeltem Bestätigen gewünschter Ergebnisse zeigen dürften, also eine schwierige Grenznutzenabwägung
zwischen Inszenieren als kritische Wissenschaftlerinnen und Wissenschaftler und
gezieltem Bestätigen einzelner kritischer Punkte.

Die in Tabelle 4 exemplarisch gezeigten Präferenzen mit kardinalen Auszah-
lungswerten wurden für einen Auftragnehmer gewählt, für den der ‚Kunde König
ist‘ und der ‚auf Bestellung‘ affirmative Befunde liefert. Das Risiko beim ‚Liefern
auf Bestellung‘ wird hier für den Auftragnehmer mit fast gegen null gehend angenommen, denn die Befunde werden keiner Scientific Community vorgestellt,
durchlaufen keinen Begutachtungsprozess und werden gewöhnlich nicht publiziert, zudem sind sie Eigentum des Auftraggebers, der sie in seinem Sinn strategisch nutzt und häufig gestützt durch den abgeschlossenen Vertrag Anrecht auf
mehrere Besprechungsrunden hat, in denen das Ergebnis diskutiert wird. Deutlich
wird, dass unehrliche Auftraggeber und unehrliche Auftragnehmer weiterhin V/V
und ehrliche Auftraggeber und -nehmer weiterhin E/E präferieren. Zudem ist davon auszugehen, dass beim ‚Liefern auf Bestellung‘ höhere Preise erzielt werden
als beim ehrlichen Evaluieren, deshalb wird der Wert von V/V mit 3, der von E/E
mit 2 angesetzt, da ehrliche Auftraggeber und -nehmer niedrigere Preise verein-
baren dürften, da sie beide kein Entdeckungs- oder Reputationsrisiko einpreisen
müssen.[19]

---

19 Der Verfasser ist sich bewusst, dass die marktgebundene Preisbildung angesichts der zu
vermutenden kartellierten Märkte eine idealtypische Vorstellung ist.

Tabelle 4: Auszahlungsmatrix für einen affirmativen Evaluationsforscher ohne hohes Entdeckungsrisiko bei einem Auftraggeber, der gelenkte Ergebnisse will.

Spieler B (Auftraggeber)	Spieler A (Auftragnehmer)	
	E/ehrliche Forschung	V/in Ergebnissen teilweise oder ganz gelenkte Forschung
E/ehrliche Forschung	2 2	3 0
V/in Ergebnissen teilweise oder ganz gelenkte Forschung	0 3	3 3

Hier kann man klar ein Spiel mit gemischten Strategien erkennen. Es handelt sich also um ein Koordinationsspiel, da die Interessen zwischen dem affirmativen Auftragnehmer und dem unehrlichen Auftraggeber übereinstimmen und nicht gegenläufig sind wie etwa in einem Gefangenendilemma. Für den affirmativen Auftragnehmer gilt (c,c')>(a,a'), er wird sich grundsätzlich nach dem unehrlichen Auftraggeber richten und wird das tun, was der Auftraggeber möchte. Also kann (c, c')=(b, b') nicht sein und es muss gelten (b, b')> alle anderen Alternativen.

In der Realität kommt es nun wie bereits angesprochen zu wiederholten Verhandlungssituationen zwischen Auftraggeber und -nehmer (z. B. mehrfach jährlich), wie wir sie oben beschrieben haben. Dabei gehen wir davon aus, dass gemäß dem Tit-for-Tat-Prinzip Spieler 1 in Periode (t+1) kooperiert, wenn sein Gegenüber vorher in t kooperiert hat. Weicht sein Gegenüber in t ab, weicht Spieler 1 in (t+1) ab. Der Spieler, der die Tit-for-Tat-Strategie anwendet, macht also immer dasselbe wie sein Gegenspieler, allerdings eine Runde verzögert. Das heißt bezogen auf unseren affirmativen Auftragnehmer folgt auf V des Auftraggebers in der nächsten Runde V des Auftragnehmers und auf E des Auftraggebers folgt in der nächsten Runde E des Auftragnehmers. Uns interessiert nun, unter welchen Bedingungen der Mechanismus des Tit-for-Tat von affirmativen Forscherinnen und Forschern unterbrochen bzw. die Strategie verlassen und auf V des Auftraggebers in der nächsten Runde mit E geantwortet wird.

Theoretisch können solche Verhandlungen sogar unendlich oft stattfinden, bestehen doch Institutionen aus über die Zeit jeweils unterschiedlichen Menschen. Um dieses Problem einzufangen, muss man unterscheiden zwischen Erhalt eines Auftrages jetzt und dem stets nicht ganz sicheren Erhalt eines Folgeauftrages in der jeweils nächsten Periode. Wenn beide etwa einmal pro Jahr verhandeln, kann man das Problem des wegen der Konkurrenz anderer affirmativer Anbieter unsicheren Erhalts von Nachfolgeaufträgen ‚einpreisen', indem man z. B. den Zinssatz p als zukunftsbezogenen Diskontfaktor nutzt. Dabei gegen wir davon aus, dass der Erhalt eines Auftrages nebst damit verknüpftem Einkommen und Konsummöglichkeiten in Höhe eines vereinbarten Betrages von e besser ist als ein Vertrag im kommenden Jahr mit dem Betrag E, wenn (1+p)e >E gilt.

Alternativ kann man auch annehmen, dass die Bewertung der antizipierten Konsummöglichkeit, die aus dem im nächsten Jahr erwarteten Vertrag folgt, auf das q-fache geschmälert ist mit: q=1/(1+p)<1. Will man nun wissen, wann sich bei wiederholten Spielen für affirmative Forscherinnen und Forscher, für die der Kunde König ist, ein Wechsel von der Tit-for-Tat-Strategie bei einem unehrlichen Auftraggeber lohnt, gilt anknüpfend an unser Beispiel folgende Ungleichung (zur Spieltheorie allgemein vgl. Holler & Illing, 2005).

Es muss gelten: $2 + 2q + 2q^2 + 2q^3 + \ldots < 3 + 1q + 1q^2 + \ldots$ (geometr. Reihe)
Das gilt genau dann, wenn

$$2 \cdot \frac{1}{1-q} < 3 + \frac{1}{1-q} - 1 \Leftrightarrow \frac{1}{1-q} < 2 \Leftrightarrow \frac{1}{2} < 1 - q \Leftrightarrow q < 0,5$$

Damit muss also

$$q = \frac{1}{1+p} < 0,5 \Leftrightarrow 1 + p > 2 \Leftrightarrow p > 1$$
[20]

gelten, damit sich eine Abweichung von der Tit-for-Tat-Strategie für affirmative Forscherinnen und Forscher lohnen würde.

Tabelle 5 zeigt eine Ungleichung, ab der sich ein Wechsel von der Tit–for-Tat-Strategie für affirmative Forscherinnen und Forscher angesichts künftiger Sanktionen bzw. weniger wahrscheinlich gewordener künftiger Konsummöglichkeiten lohnt. Wenn sich also der Zukunftswert der Strategie V/V für affirmative Forscherinnen und Forscher und unehrlichen Auftraggeber in der Ungleichung in Tabelle 5 auf den Wert 1 verringert hat, im Vergleich zu 2 für E/E, lohnt sich die Aufgabe der Strategie ,Wie Du mir so ich Dir' und der Auftragnehmer enttäuscht dann den Auftraggeber, um in der nächste Periode E/E zu präferieren bzw. E/V zu riskieren. Gleichzeitig wird klar, dass ein bloßes Reden über Sanktionen, also Talk, ohne erkennbares Vollziehen, also hohe Sanktion bei gegen null gehender Entdeckungswahrscheinlichkeit, den Wechsel der Strategie nicht verändern dürfte. Dies bedeutet gleichzeitig, dass dann, wenn man durch Einführung verstärkter

---

20 Für allgemeine Auszahlungsgrößen x,y >0 mit y>x und y als Auszahlung im Fall gelenkter Forschung gilt: $k := \frac{x-1}{y-x} < p$.

Für den Fall, dass $y = x + 1$ gilt $x \in (0,1) \Rightarrow k < 0; x \in (1,n) \Rightarrow k \in (0,1)$ $x \geq n+1 \Rightarrow k \geq 1$.

Ist $y = n \cdot x$, so gilt für $x \in (0,1] \Rightarrow k \leq 0; x > 1 \Rightarrow k < 1$.

Sanktionsmechanismen die Auszahlungswerte wie in Tabelle 5 gezeigt verringert, das Ethos der Forschung als normative Regulierung substituiert werden kann.[21]

Tabelle 5: Wechselbedingungen für einen affirmativen Forscher hin zur Ehrlichkeit

Spieler B (Auftraggeber)	Spieler A (Auftragnehmer)	
	E/ehrliche Forschung	V/in Ergebnissen teilweise oder ganz gelenkte Forschung
E/ehrliche Forschung	2 2	3 0
V/in Ergebnissen teilweise oder ganz gelenkte Forschung	0 3	1 1

Geeignete Maßnahmen für die Substituierung könnten etwa ein verstärkter Zwang zur Publikation und der Ausschluss von Evaluierenden aus der einschlägigen Fachorganisation wie z. B. der Gesellschaft für Evaluation (DeGEval) sein, wenn etwa Forscherinnen bzw. Forscher Evaluationsberichte nicht publizieren[22] bzw. Einblick in dieselben gewähren, sowie Schulungen von Evaluierenden im Bereich der forschungsethischen Grundsätze. Damit wächst einerseits die Chance, dass Abweichler, die affirmative Forschung liefern, entdeckt und öffentlich bekannt werden. Auftraggeber kämen andererseits dadurch nicht mehr in den Nutzen einer falschen Legitimation durch gelenkte Befunde. Denkbar wäre auch eine unabhängige Ethikkommission, die dem Auftragnehmer nach vollzogenem Auftrag und vorliegendem Bericht eine Art Gütesiegel erteilt.

Insbesondere durch die externe Überwachung von Forschungsstandards könnte mittels der damit verbundenen Kontrolle affirmativer Forscherinnen und Forscher ein Substitut für das Ethos der Forschung geschaffen werden, wenn man ehrliche Forschung will (vgl. Homann & Pies, 1994). Dieses Instrument greift dabei umso wirksamer, je schwächer sich die Forscherinnen und Forscher am reinen Ethos der Forschung orientieren und je weniger problematisch Erwartungsenttäuschungen desselben sind.[23] Gleichzeitig wäre es ein Beitrag zur Wettbewerbsgerechtigkeit. Die Entwicklung der Nachfrage nach ehrlicher Evaluationsforschung hängt dann

---

21 Die Ergebnisse zeigen au ch, warum bei wiederholten Verträgen bestehende kartellähnliche Zustände zwischen Auftraggeber und -nehmer so stabil sind bzw. so lange aufrechterhalten werden.

22 Datensensible Evaluationsbefunde könnte man entsprechend anonymisieren.

23 Unbedingt zu vermeiden ist, dass zwecks Legitimation eine Überwachung kommuniziert wird, durch Entkoppelung von Reden und Handeln aber eine Beeinträchtigung der Produktionsfunktion vermieden wird (s. zur organisierten Heuchelei von Organisationen Brunsson, 2003)

jedoch davon ab, in welchem Umfang tatsächlich seitens der Auftraggeber Erkenntnis oder falsche Legitimationsfunktion gewünscht ist. Wird also Evaluation bisher eher zur Legitimation mithilfe affirmativer Forschung benötigt, wird die Nachfrage stark schrumpfen. Nehmen wir nun weiter an, dass Auftraggeber mittlerweile die Legitimationsfunktion mittels gelenkter Befunde wichtiger nehmen als die reine Erkenntnisfunktion und dass sie deshalb affirmative Forschung präferieren[24], ist gleichzeitig zu erwarten, dass bei Nichteinführung der Sanktionsmechanismen universitäre und außeruniversitäre Anbieter mit variablen Präferenzen zusehends mehr Aufträge erhalten, dadurch erhöhen sie den Druck auf universitäre Anbieter, die sich normativ eng am Ethos der Forschung ausrichten und exklusiv ehrliche Forschung anbieten.

Verweigern die am Ethos der Forschung ausgerichteten universitären Forscherinnen und Forscher affirmative Evaluationen, wird sich das drittmittelbezogene Nahrungsangebot für die ehrlichen Forscherinnen und Forscher in der Universität verknappen, ebenso auch für die im außeruniversitären Markt tätigen ehrlichen Forscherinnen und Forscher, die grundsätzlich keine affirmative Forschung liefern (zu ähnlichen Mechanismen vgl. Emrich & Thieme, 2012). Wird sich die Zahl der Auftraggeber stark erhöhen, die ehrliche Forschung wollen, wird sich auch die Konkurrenz für die ehrlichen Auftragnehmer weiter verschärfen, weil auch die variablen Forscherinnen und Forscher ehrliche Forschung liefern können. Je nach Ausgestaltung der Regeln ist aber Pareto-Effizienz in diesem Markt zumindest grundsätzlich denkbar.

Die Aushebelung der Marktmechanismen durch Public-Private-Partnership (PPP)-Anbieter wie das CHE-Ranking ist hier ohne größeren Einfluss. Quasi-Monopolisten wie die OECD oder das CHE-Ranking drücken zwar mit erheblicher politischer und medialer Unterstützung eine erhöhte Menge des Gutes ‚Evaluation' in den Markt, fördern jedoch gleichzeitig die steuerfinanzierte Nachfrage durch politischen Lobbyismus, setzen also den Markt durch Subventionen gerade außer Kraft. Diese Evaluationsanbieter befriedigen mittels der in hohem Maße verfügbaren Steuermittel den endogen erzeugten Bedarf von Politik und Öffentlichkeit nach Evaluationswissen. Mit dem Ausmaß der steuerlichen Alimentierung nimmt auch die Wettbewerbsverzerrung zu, kommen doch kaum andere Anbieter in dieses Marktsegment. Je mehr Druck diese PPP-Anbieter medial entfalten, umso mehr Bedarf erzeugen sie und umso mehr Steuermittel benötigen sie. Institutionell verbundene Auftraggeber/Auftragnehmer schaffen sich somit einen Markt und sorgen durch ausgeprägtes rent seeking für dessen Fortbestand und Ausweitung. Dabei sind die Ergebnisse egal, weil im Mittelpunkt die durch bloße Sachstandsmessungen (und damit meist naiven Empirismus) dokumentierten relativen

---

24 Unter diesen Bedingungen ähnelt die selbst beauftragte Evaluation einem echten Büßerritual. Man simuliert nicht Buße, um hinterher weiter zu machen wie zuvor, sondern will echte Läuterung.

Veränderungen stehen (zu Auf- und Abstiegstabellen s. die wiederholten PISA-Ergebnisse).

Damit ist auch klar, welche relevanten Überlegungen die evaluierende Forscherin bzw. der Forscher anstellen muss, um entscheiden zu können, welche Intentionen und versteckten Aktionen vor und nach Vertragsabschluss zwischen Auftraggeber und -nehmer relevant sind. Der Auftragnehmer muss Informationen darüber sammeln, was der Auftraggeber wohl wirklich will und umgekehrt gilt dies auch für den Auftraggeber, der einen Auftragnehmer möchte, der seine realen Erwartungen unabhängig von den kommunizierten nicht enttäuscht. Abhängig davon, ob es sich hier um einen Erstvertrag oder um eine stabile (erprobte) Geschäftsbeziehung handelt, werden die kommunizierte Reputation in ihrer Signaling-Funktion sowie Screening- und Monitoring-Strategien unterschiedlich relevant. Je mehr man weiß, was man voneinander zu erwarten hat und je häufiger diese Erwartungen schon im Sinne erprobter Vertrauensbeziehungen erfüllt worden sind, um so stabiler entwickelt sich über differenzierte Signaling-Strategien ein stummer Handel (zum stummen Handel s. Herodot), der zu stabilen Geschäftsbeziehungen führt (s. zu den Mechanismen vor Beauftragung Benedikt & Gresser, 2014, am Beispiel von Gerichtsgutachten).

Hat der Auftraggeber also einen Vertrag abgeschlossen und haben sich beide vorher vorsichtig ‚abgetastet', bleibt zur Vermeidung des Moral-Hazard-Problems für den Auftraggeber nur die vertragliche Zusicherung, dass die Ergebnisse ihm exklusiv zur Verfügung stehen und die Möglichkeit zur Einführung von mehrfachen Besprechungen der Ergebnisse z. B. in Beiräten, die wiederum das Einkommen des Auftragnehmers infolge erhöhten Zeitaufwands reduzieren. Die Forscherin bzw. der Forscher wird ihre bzw. seine Antworten auf die Fragen, was können wir wirklich gesichert sagen, je nachdem, ob sie bzw. er eher redliche oder affirmative Forschung liefert, abwägen zwischen der Ehrlichkeit und Unbeeinflusstheit wissenschaftlicher Befunde, unabhängig welche Erwartungen der Auftraggeber signalisiert hat, und der Erfüllung der Erwartungen des Auftraggebers. Damit wird der anerkanntermaßen ehrliche und völlig unbestechliche Evaluationsanbieter wiederum zum Spezialanbieter in all jenen Fällen, in denen die Ergebnisse kritikresistent und möglichst unangreifbar sein müssen.

Tabelle 6 skizziert die vor bzw. nach Vertragsabschluss relevanten Informationsasymmetrien. Abschließend wird damit deutlich, warum der einschlägige Ruf von Evaluationsunternehmen, Empfehlungen und die Pflege von Kontakten zwischen potenziellen Auftraggebern und -nehmern so hohe Bedeutung haben, sie verringern die gegenseitigen Transaktionskosten und belegen die Plausibilität stabiler kartellähnlicher Zustände, wie sie implizit aus der Berechnung im Kontext von Tabelle 5 deutlich wurden.

Tabelle 6: Asymmetrien zwischen Auftraggeber und Evaluierenden

Vor- und nach Vertragsab-schluss	*Typ der Asymmetrie zwischen Evaluierenden (Auftragnehmer) und Auftraggeber*	
	Hidden Characteristics Vor Vertragsabschluss Negative Eigenschaften werden beiderseits verborgen. (Bevorzugt der Auftraggeber bestimmte Ergebnisse? Ist der/die Wissenschaftler/in wirklich in der Lage, zugesagte Leistungen zu erbringen usw.?)	Hidden Action Nach Vertragsabschluss Forschung ist nicht direkt beobachtbar. Welche Interessen vertritt der/die Wissenschaftler/in wirklich? Verwertungsklauseln, Veröffentlichungsmöglichkeit usw. Wer hat überhaupt die Verfügungsrechte an Ergebnissen, wie lange sind sie eventuell eingeschränkt?
Zu bearbeitende Probleme	Informationsbeschaffung (Informationsasymmetrien vermeiden. Über welche Informationen verfügen die Partner vor Vertragsabschluss?)	Nachteilsvermeidung (Moral Hazard) Wie können unliebsame Ergebnisse nach Vertragsabschluss verhindert werden?
Lösung	Wirksames Signaling auf beiden Seiten Verlässlichkeit erfragen (Reputationsrecherche)	Monitoring Beständige Sitzungen/Beirat Nachbesserungsrecht beim Schlussbericht

6.   Zusammenfassung und Diskussion

Bei wiederholten Spielen lohnt für affirmative Forscherinnen und Forscher und unehrliche Auftraggeber ein Verlassen der Tit-for-Tat-Strategie von V/V hin zu E/E nur, wenn erhöhte Risiken bestehen. Bestehen solche Risiken also nicht, was wir für die Gegenwart annehmen können, insbesondere für außeruniversitäre Evaluationsnehmer, ist die V/V Variante stabil die lohnendste. Angesichts vielfältiger Principal-Agent-Beziehungen zwischen verschiedenen Auftraggebern und einem Auftragnehmer bedeutet dies, dass über die Zeit eher diejenigen im Markt bleiben, die als Auftragnehmer sowohl E/E als auch V/V beherrschen.[25] Wenn also Auf-

---

25 Hier wurde vorrangig die Legitimationsfunktion betrachtet. Denkbar ist auch, dass sich entsprechend der von Stockmann (2000, 17) angesprochenen Funktionen von Evaluationen vier Marktsegmente ausprägen mit Spezialisierungen für die vier Funktionen. Je

tragnehmer flexibel genug sind, sowohl Auftraggeber zu ‚bedienen‘, die V erwarten als auch diejenigen, die E erwarten (hier gilt: der Kunde ist König und geliefert wird, was bestellt wurde), werden sie wesentlich mehr Aufträge auf Dauer haben als etwa der am reinen Ethos der Forschung orientierte Typus, der unabhängig nur E bieten will und damit die Erwartung V/V nicht ‚bedienen‘ will. Dies bedeutet aber auch, dass angesichts der geschilderten zunehmenden Außensteuerung von Wissenschaft die Wahrscheinlichkeit für V/V solange hoch bleibt, wie nicht entsprechende Schutzmechanismen konstruiert, durchgesetzt und sanktionsbewehrt überwacht werden, die moralisch wünschenswertes Verhalten begünstigen. Evaluationsforschung als sowohl universitäre Wissenschaft als auch außerhalb der Universität betriebene angewandte Wissenschaft könnte sich also wirkungsvoll gegenüber einer Außensteuerung durch marktliche Mechanismen schützen.

Die Aushebelung der Marktmechanismen durch z. B. PPP-Anbieter ist ungleich problematischer. Während man durch Einführung der EU-Overhead-Regeln die Wettbewerbssituation für universitäre Evaluationsanbieter verschlechtert, indem Angebote dadurch verteuert werden, setzen auf der Seite außeruniversitärer Anbieter Evaluationsagenturen wie etwa das CHE-Ranking oder die OECD als mit Steuergeld subventionierte Einrichtungen die Wettbewerbsregeln ebenfalls außer Kraft, indem sie die Politik teilweise ‚vor sich her treiben‘ und den Bedarf nach Evaluation endogen solange erhöhen, bis die Politik nicht mehr anders kann und sie beauftragt, während anderen Evaluationsagenturen der Zugang in diesen Markt faktisch kaum gelingt. So wird der Wettbewerb auf die wenigen im politischen und medialen Bewusstsein präsenten Anbieter reduziert, die schon frühere Sachstandsmessungen produziert haben. Vor dem Hintergrund der Tournament-Theorie könnte man auch argumentieren, dass die Politik, nicht selten getrieben durch seitens der Evaluationsagenturen medial erzeugten öffentlichen Druck, einen Wettbewerb organisiert, der die Teilnehmer in einen speziellen Typ eines Rattenrennens verwickelt. In diesem Rattenrennen finden permanente Rennen statt. Der Ressourcenzustrom wird allerdings immer wieder erhöht, so dass bei Simulation von harter Konkurrenz die ins scheinbare Rattenrennen getriebenen Anbieter mit höherer Wahrscheinlichkeit und ausreichend bis opulent mit Ressourcen ausgestattet überleben als Konkurrenten in nicht staatlich subventionierten Märkten (vgl. Lazear & Rosen, 1981). Mit der staatlichen Subventionierung werden somit die Ergebnisse der Evaluationen so gelenkt, dass die Nachfrage nach mehr Evaluation im Sinne von bloßen Sachstandsmessungen verstärkt wird (man ist ja häufig nicht an wirklicher Erkenntnis interessiert, sondern an der nachträglichen Legitimation politischer Entscheidungen), was wiederum den steten Strom von Steuergeldern auf die Mühlen dieser Quasi-Monopolisten verstärkt.

Gleichzeitig erhöht dies den Druck auf sonstige Evaluationsanbieter zu einer affirmativen Haltung gegenüber der Politik, da ja die staatlich subventionierten,

---

nach deren Bedeutung haben dann die ‚richtigen‘ Wissenschaftlerinnen und Wissenschaftler mehr oder weniger Marktmöglichkeiten.

sich im Scheinwettbewerb befindlichen Quasi-Monopolisten den Mainstream vorgeben. Die eingangs zitierte Formulierung von Frey (2007), der von Evaluitis sprach, hat also einschließlich ihres wertenden Untertons durchaus ihre Berechtigung. Ob es sich bei der offensichtlichen Präferierung und Belohnung affirmativer Evaluations-‚forschung‘ im Zuge der Universitätsreformen um eine erwünschte oder unerwünschte Wirkung der aktuellen Förderungsstrukturen handelt, kann allerdings hier nicht beantwortet werden.

Literatur

Akerlof, G. (1976). The Economics of Caste and the Rat Race and Other Woeful Tales. *Quarterly Journal of Economics, 90*, 599–617.

Berghoff, S., Federkeil, G., Giebisch, P., Hachmeister, C.-D., Hennings, M., Roessler, I. & Ziegele, F. (2009). Das CHE-Forschungsranking deutscher Universitäten 2009. Gütersloh: Centrum für Hochschulentwicklung.

Briefs, G. (1957). Grenzmoral in der pluralistischen Gesellschaft. In E. Beckerath, F. W. Meyer & A. Müller-Armack (Hrsg.), *Wirtschaftsfragen der freien Welt. Festschrift für Ludwig Erhard* (S. 97–108). Frankfurt am Main: Knapp.

Brunsson, N. (2003). *The Organization of Hypocrisy: Talk, Decisions, and Actions in Organizations* (2nd ed). Copenhagen: Copenhagen Business School Press.

DeGEval – Gesellschaft für Evaluation e.V. (Hrsg.). (2004). Empfehlungen zur Anwendung der Standards für Evaluation im Handlungsfeld der Selbstevaluation. Alfter.

DeGEval – Gesellschaft für Evaluation (Hrsg.). (2008). Standards für Evaluation (4. Aufl.). Verfügbar unter: http://www.degeval.de/degeval-standards/standards/ [16.03.2014].

Dessauer, B., Emrich, E. Klein, M. & Pierdzioch, C. (2014). Zur Evaluation wissenschaftlicher Publikationsleistungen in der Sportwissenschaft. *Zeitschrift für Evaluation, 13* (1), 55–83.

DFG – Deutsche Forschungsgesellschaft (o.J.). Evaluationsstandards. Verfügbar unter: http://www.dfg.de/dfg_profil/foerderatlas_evaluation_statistik/programm_evaluation/ evaluationsstandards/ [16.03.2014].

Durkheim, E. (1973). Erziehung, Moral und Gesellschaft. Vorlesung an der Sorbonne 1902/1903, übers. von L. Schmitz, Neuwied: Luchterhand (Orig. 1925).

Emrich, E. (2006). „Ars Corrumpendi“. Zur Interaktions- und Beziehungsdynamik bei Bestechungen. *sozialersinn, 7* (2), 327–343.

Emrich, E. & Fröhlich, M. (2010). Universität in Deutschland zwischen Institution und Organisation. Reflexionen zur Idee der Universität und ihrer betrieblichen Ausgestaltung. *sozialersinn, 11* (1), 125–144.

Emrich. E. & Pierdzioch, C. (2011). Im Biotop der Wissenschaft. Das PARK-Modell der Makroökonomie. Universaar: Saarbrücken. Verfügbar unter: http://universaar.uni-saarland.de/monographien/volltexte/2011/86/pdf/emrich_pierdzioch.pdf

Emrich, E. & Pierdzioch, C. (2012). Das Vademecum der Evalualogie. Neue Arten im Biotop der Wissenschaft. Saarbrücken. Universaar. Verfügbar unter: http://universaar.uni-saarland.de/monographien/volltexte/2012/98/pdf/Emrich.pdf.

Emrich, E. & Thieme, L. (2012). Überlegungen zur Schließung von Wissensmärkten am Beispiel angewandter Sportwissenschaft. In S. Körner & P. Frei (Hrsg.), *Die Möglichkeit des Sports. Kontingenz im Brennpunkt sportwissenschaftlicher Analysen* (S. 219–253). Bielefeld: transcript Verlag.

Emrich, E. & Pitsch, W. (2014). Sportwissenschaft als Kirche der Vernunft und ihre Gläubigen – Die normativen Grundlagen wissenschaftlicher Rationalität. Arbeitspapier des Europäischen Institutes für Sozioökonomie, Nr. 10. Verfügbar unter: http://www. soziooekonomie.org/fileadmin/sozio-oekonomie.org/pdf/EIS_Workingpaper_10_2014. pdf.

Frey, B. S. (2007). Evaluierungen, Evaluierungen … Evaluitis. *Perspektiven der Wirtschaftspolitik, 8*, 207–220.

Haucap, J. & Mödl, M. (2013). Zum Verhältnis von Spitzenforschung und Politikberatung: Eine empirische Analyse vor dem Hintergrund des Ökonomenstreits. *Perspektiven der Wirtschaftspolitik, 14* (3/4), 346–378.

Herodot, Buch 4 Dareios: Skythenfeldzug. Feldzug gegen Libyen, Beschreibung Libyens, Kapitel 196, 490–424 v. Chr.

Holler, M. & Illing G. (2005). *Einführung in die Spieltheorie* (6. Aufl). Springer: Berlin.

Homann, K. & Pies, I. (1994). Wirtschaftsethik in der Moderne: Zur ökonomischen Theorie der Moral. *Ethik und Sozialwissenschaften, 5*, 3–12.

Janker, K. (2014). Jeder fünfte Schüler ist im Alltag abgehängt. Sueddeutsche.de vom 1. April 2014. Verfügbar unter: http://www.sueddeutsche.de/bildung/pisa-studie-jeder-fuenfte-schueler-ist-im-alltag-abgehaengt-1.1926567 [02.04.2014].

Joint Committee on Standard for Educational Evaluation (Hrsg.). (2000). *Handbuch der Evaluationsstandards* (2. durchgesehene Aufl.). Opladen: Leske + Budrich.

Jordan, B. & Gresser, U. (2014). Gerichtsgutachten: Oft wird die Tendenz vorgegeben. *Deutsches Ärzteblatt, 111* (6): A-210/B-180/C-176. Verfügbar unter: www.aerzteblatt.de/ archiv/154014/Gerichtsgutachten-Oft-wird-die-Tendenz-vorgegeben [31.03.2014].

Klein, M. & Emrich, E. (2013). Konstruktion sozialer Probleme. Zur Rolle von moralischen Kreuzfahrern im wissenschaftlichen Legitimationsprozess. *sozialersinn, 14* (1), 103–121.

Kromrey, H. (2003). Evaluation in Wissenschaft und Gesellschaft. Vortrag bei der Feierstunde zur Eröffnung des Centrums für Evaluation am 21.2.2003 in Saarbrücken. Veröffentlicht in *Zeitschrift für Evaluation, 2* (1). Verfügbar unter: http://hkromrey.de/ Kromrey_EvalWissG.pdf [31.03.2014].

Kurucz, J. (1986). *Ideologie, Betrug und naturwissenschaftliche Erkenntnis. Eine wissenssoziologische Untersuchung.* Reihe Saarländische Beiträge zur Soziologie, Band 6. Saarbrücken: Verlag d. Reihe, 1986.

Lazear, E. P. & Rosen, S. (1981). Rank-Order Tournaments as Optimum Labor Contracts. *Journal of Political Economy, 89* (5), 841–864.

Merton, R. K. (1938). Science and the social order. *Philosophy of Science, 5*, 321–337.

Mittelstraß, J. (1982). *Wissenschaft als Lebensform. Reden über philosophische Orientierung in Wissenschaft und Universität.* Frankfurt am Main: Suhrkamp.

Paris, R. (2001). Machtfreiheit als negative Utopie. Die Hochschule als Idee und Betrieb. In E. Stölting & U. Schimank (Hrsg.), *Die Krise der Universitäten* (S. 194–222). Wiesbaden: Westdeutscher Verlag.

Plessner, H. (1985). Zur Soziologie der modernen Forschung und ihrer Organisation in der deutschen Universität (1924). In H. Plessner (Hrsg.), *Gesammelte Schriften in zehn Bänden – X: Schriften zu Soziologie und Sozialphilosophie* (S. 7–30). Frankfurt am Main: Suhrkamp.

Richter & Furubotn (1999). *Neue Institutionenökonomik* (2. Aufl.). Tübingen: Mohr Siebeck.

Stockmann, R. (2000). Evaluation in Deutschland. In R. Stockmann (Hrsg.), *Evaluations-forschung. Grundlagen und ausgewählte Forschungsfelder* (S. 11–40). Opladen: Leske & Budrich.

Stockmann, R., Meyer, W. & Schenke, H. (2011). Unabhängigkeit von Evaluationen. *Zeitschrift für Evaluation, 10* (1), 39–67.

Stockmann, R. & Meyer, W. (2014). *Evaluation. Eine Einführung*. Opladen & Toronto: Barbara Budrich.

Weber, M. (1980 [1921]). *Wirtschaft und Gesellschaft*. Tübingen: Mohr Siebeck.

Weber, M. (2002 [1919]). Wissenschaft als Beruf. In D. Kaesler (Hrsg.), *Max Weber Schriften 1894–1922* (S. 474–511). Stuttgart: Kröner.

Weingart, P. (2001). *Die Stunde der Wahrheit? Zum Verhältnis der Wissenschaft zu Politik, Wirtschaft und Medien in der Wissensgesellschaft*. Göttingen: Velbrück Wissenschaft.

II
Evaluation als Profession?
Nachhaltige Forschung und Lehre

Professionelle Evaluation oder Evaluation als Profession?

Wolfgang Böttcher und Jan Hense

In den letzten Jahren hat Evaluation in vielen Politikfeldern deutlich an Gewicht gewonnen, manchmal schneller und womöglich auch mit weniger Qualität, als man es sich es aus Sicht einer ‚professionellen‘ Evaluation wünschen mag. Das Fremdwort ‚Evaluation‘ ist mittlerweile zum Alltagsbegriff geworden, nicht selten mit negativen Konnotationen belastet. Für einige ist Evaluation nicht ein Instrument des Lernens und mithin nützlich und selbstverständlich, für manche ist sie Last, und eine nicht zu unterschätzende Anzahl von Betroffenen empfindet sie gar als Kontrolle oder Zumutung.

Häufig ist jedoch überhaupt nicht klar, was mit ‚Evaluation‘ eigentlich gemeint ist. So wird auf der einen Seite eine triviale Art der Rückmeldung, auf der anderen Seite ein Verfahren strikter Leistungskontrolle unter dem Begriff subsummiert. Rückmeldebogen im Hotelzimmer über die Härte der Matratzen, weltweite Vermessung von Schülerleistungen: alles Evaluation.

Das wirft natürlich auf der einen Seite die Frage auf, was genau unter den Evaluationsbegriff fällt und was nicht. Diese Frage überlassen wir an dieser Stelle dem Lehrbuch und anderen maßgeblichen Standardwerken (vgl. Stockmann & Meyer 2010; DeGEval 2002). Hier interessieren uns andere Fragen: Was ist professionelle Evaluation und wie inwieweit ist Evaluation eine Profession? Wie lernt man Evaluation und wer darf sich Evaluatorin oder Evaluator nennen? Und warum und durch wen oder was wird eine solche Bezeichnung legitimiert?

Wir werden im vorliegenden Aufsatz keine dieser Fragen abschließend beantworten können, allerdings werden wir einige Ideen zur Diskussion der Frage beitragen, wie ‚Professionalität in die Evaluation‘ kommt und was das bedeuten kann. Wir werden zunächst aus einer professionssoziologischen Perspektive u. a. zwei mögliche Bedeutungsvarianten des Begriffs Professionalität skizzieren: Einerseits die soziologische Definition, andererseits die im Alltag vorherrschende Vorstellung, wonach ein professionelles Handeln schlicht die besondere Güte einer Aufgabenerledigung adressiert (Abs. 1). Wir werden dann aus der Perspektive eines Verbandes, der – vor allem – Personen organisiert, die sich selbst Evaluatorin oder Evaluator nennen (DeGEval – Gesellschaft für Evaluation), einige der Gütekriterien skizzieren, die ‚Evaluation‘ definieren und, daraus abgeleitet, notwendige Kompetenzen einer Evaluatorin bzw. eines Evaluators beschreiben (Abs. 2).

Im nächsten Schritt werden wir im Modus antithetischer Darstellung die Breite des Weges skizzieren, auf dem eine Professionalisierung der Evaluation sich bewegen kann (Abs. 3). Abschließend werden wir einige Vorschläge wagen, wie eine mögliche Entwicklung aussehen könnte (Abs. 4).

1.   Evaluation als Profession

Wie weit ist die Professionalisierung der Evaluation international und national bereits gediehen und wie weit und bis zu welcher ‚Finalität' soll dieser Professionalisierungsprozess getrieben werden? Um diese Fragen sinnvoll diskutieren zu können, lohnt es sich, einerseits einen Blick in die allgemeine professionssoziologische Forschung zu werfen (vgl. Mieg, 2005; Demszky von der Hagen & Voß, 2010) und andererseits die diesbezüglichen internationalen Erfahrungen mit in den Blick zu nehmen.

Die Professionssoziologie bezieht sich auf ein Verständnis des Begriffs ‚professionell', das sich vom häufigen Alltagsgebrauch unterscheidet (vgl. Brandt, 2009). Während ‚professionell' informell oft synonym mit ‚fachmännisch', ‚gekonnt' oder ‚versiert' verwendet wird (z. B. ‚Sie hat die Reise professionell vorbereitet.'), geht es der Professionssoziologie um die Bedeutung ‚berufsmäßig' (‚Sie ist professionelle Reiseveranstalterin.').

Die Ambivalenz dieser beiden Bedeutungsvarianten lädt zu Missverständnissen ein, wenn keine inhaltliche Festlegung erfolgt. So bezeichnet etwa die DeGEval ‚Professionalisierung' als eines ihrer zentralen Ziele (vgl. http://www.degeval.de/ueber-uns/), ohne sich jedoch explizit im Hinblick auf eine der beiden Bedeutungsvarianten zu positionieren (was im Übrigen verbandsstrategisch in einer relativ jungen Fachgesellschaft aufgrund der Konflikthaltigkeit des Themas durchaus sinnvoll sein kann). Dabei dürfte in Bezug auf die Evaluation der Anspruch der Professionalität in alltagssprachlicher Bedeutung selbstverständlich und unstrittig sein. Dieser Anspruch wird unter anderem in den Standards der Evaluation als allgemeingültig formuliert (vgl. Abs. 2). Die interessantere Frage ist daher, inwiefern Evaluation bereits eine ‚berufsmäßige' Profession ist (deskriptive Perspektive) bzw. werden soll (normative Perspektive). Dazu sind einige weitere professionssoziologische Befunde aufschlussreich.

Historisch bezieht sich die Professionssoziologie ursprünglich auf klassische Professionen wie Recht oder Medizin und untersucht vor der Folie deren Entwicklung neuere Professionen wie Ingenieurswesen, Journalismus oder Psychotherapie. Diese Professionen lassen sich grob in zwei Klassen unterscheiden (vgl. Mieg, 2010):

1. *Fürsorge- und beziehungsorientierte Professionen* sind in besonderem Maße auf das Vertrauen der Klientinnen und Klienten oder Patientinnen und Patienten in die professionelle Expertise und Integrität angewiesen, da es um zentrale Lebensbereiche wie Gesundheit oder Recht geht. Daraus kann sich auch auf Seite der die Profession Ausübenden etwa die Bereitschaft ergeben, in Ausnahmesituationen kostenfrei zu arbeiten. Beispiele sind Ärztinnen und Ärzte oder Anwältinnen und Anwälte.
2. *Marktorientierte Professionen* bedienen dagegen weniger zentrale Lebensbereiche und werden auch nicht alleine von Individuen, sondern oft sogar überwiegend von Unternehmen und anderen Organisationen nachgefragt. Hier besteht

eine eindeutigere innerprofessionelle Konkurrenz über den Preis und die Tätigkeit ist eher einkommensorientiert. Beispiele sind etwa Wirtschaftsberatung oder Ingenieurswesen.

Eine hochinteressante Frage an die Evaluation ist in diesem Zusammenhang, welcher dieser beiden Klassen man sie als Profession zuordnen würde. Zweifellos spricht Einiges dafür, die Evaluation bei den marktorientierten Professionen zu sehen, da sie in einem klaren Auftragskontext stattfindet, oft als Dienstleistung auf einem freien Wettbewerbsmarkt angeboten und dementsprechend in einer Konkurrenzkonstellation ausgeschrieben und vergeben wird. Eine gewisse Ambiguität resultiert allerdings daraus, dass sich Evaluation ganz häufig auf soziale Maßnahmen bezieht, die eher im Fürsorge- und Beziehungsbereich zu verorten sind. Da Evaluation das Ziel hat, die Steuerung dieser Maßnahmen oder ganz allgemein die Steuerung im entsprechenden (sozialen) Politikbereich zu verbessern, handelt sie zumindest auf der Meta-Ebene der Steuerung oft in der Domäne von fürsorge- und beziehungsorientierten Professionen. Nicht umsonst sehen prominente Evaluationstheoretiker das Ziel „social betterment" als Ultima Ratio jeder Evaluation (Mark, Henry & Julnes, 2000). Hinzu kommt, dass Evaluation auch auf der operativen Ebene v.a. im Umgang mit Stakeholdern oft in hohem Maße auf Aspekte wie Vertrauen, Diplomatie und eine gelingende Beziehungsgestaltung angewiesen ist. Und auch in der Praxis würden sich sicherlich viele Evaluierende unwohl dabei fühlen, ihre Tätigkeit, selbst wenn sie diese auf einem Wettbewerbsmarkt anbieten, als ausschließlich marktorientiert zu betrachten.

Eine weitere interessante Perspektive auf den Professionalisierungsstand der Evaluation ergibt sich aus professionssoziologischen Studien zu idealtypischen Schritten der Entstehung einer Profession (zu weiteren theoretischen Ansätzen der Professionalisierung vgl. Curnow& McGonigle, 2006). Klassisch ist dabei ein Phasenmodell, das Wilensky (1964) seinen Studien zugrunde legt:

1) Im ersten Schritt entsteht ein neues Tätigkeitsfeld und Einzelne, die ursprünglich andere Tätigkeiten ausfüllten, befassen sich *in Vollzeit* mit dieser Tätigkeit.
2) In Folge der Initiative besonders engagierter ‚Pioniere' oder des Drucks von Klienten, einer interessierten Öffentlichkeit oder (seltener) einem Fachverband entstehen dann erste *Aus- oder Fortbildungsprogramme.*
3) Einzelne schließen sich in einer dritten Phase auf lokaler, regionaler, nationaler und/oder transnationaler Ebene in *Fachverbänden* zusammen. Dabei geht die Initiative in der Regel von jenen aus, die entweder als Lehrende oder als Absolventinnen und Absolventen in die neuen Aus- oder Fortbildungsprogramme involviert sind. Begleiterscheinungen dieser Phasen sind oft
    a) eine Tendenz, ‚niedrigere' Teilaufgaben an weniger Qualifizierte zu delegieren,
    b) Konflikte zwischen Etablierten und Absolventinnen und Absolventen der neuen Ausbildungsgänge (s. Schritt 2) sowie

c) Konkurrenz mit und Abgrenzungsbemühungen gegenüber verwandten Tätigkeitsfeldern.

4) In Schritt vier verstärken sich professionspolitische Bestrebungen der *Abschottung* gegenüber ‚nicht Professionellen'. Je nachdem, wie trennscharf die Tätigkeit gegenüber anderen Tätigkeiten abzugrenzen ist, ist dabei das Schützen der Berufsbezeichnung (vgl. etwa das seit 1999 wirksame Psychotherapeutengesetz in Deutschland) oder die Illegalisierung einer nicht lizenzierten Ausübung (z. B. Medizin) das vorrangige Ziel. Wichtiges Mittel ist dabei oft eine Lizensierung oder Zertifizierung einer qualifizierten Tätigkeitsausübung.

5) Schließlich werden Regeln etabliert, die professionelles Fehlverhalten sanktionieren, den innerprofessionellen Konkurrenzdruck mindern und dem Klientenschutz dienen. Formal münden diese in einem *code of ethics*.

Die fünf Stufen dieses Prozesses müssen nach Wilensky (1964) nicht immer linear in der genannten Reihenfolge verlaufen. Bei der Mehrzahl der 18 von ihm verglichenen Professionen konnte der Ablauf allerdings in dieser Form bestätigt werden. Man könnte dieses Modell womöglich um die Etablierung einer Gebührenordnung oder einer doch zumindest relativ verlässlichen Honorierung von Leistungen als weiteren – gar finalen – Schritt im Prozess ergänzen.

Versucht man, die Evaluation im Kontext dieses Phasenmodells zu verorten, so entsteht ein wenig eindeutiges Bild des Professionalisierungsstands.

zu 1: Schon in Bezug auf die erste Phase muss man feststellen, dass viele Evaluierende ihrer Evaluationstätigkeit eher in Teilzeit nachgehen. Denn von Vielen wird die Leistung Evaluation neben einer Tätigkeit in der universitären Forschung, als Teil einer Funktionsstelle z. B. in Verwaltungen und Stiftungen oder neben anderen marktorientierten Dienstleistungen wie Markt- oder Auftragsforschung, Managementberatung und Organisationsentwicklung angeboten. Zwar sind eine wachsende Anzahl von Evaluierenden, etwa am 2012 eröffneten Deutschen Evaluierungsinstitut, zweifellos auch in Vollzeit mit Evaluation befasst, für große Teile der z. B. in der DeGEval organisierten Personen dürfte dieses Kriterium allerdings nicht zutreffen (vgl. Brandt, 2009, S. 208).

zu 2: Einfacher stellt sich die Situation bei der Frage nach der Etablierung eigener Ausbildungsgänge dar (s. Abs. 3). 2002 wurde in Bern der erste universitäre Studiengang etabliert, 2004 kam Saarbrücken dazu, 2008 folgte Bonn. Diese Reihe stimmt auf den ersten Blick hoffnungsvoll. Die inzwischen erfolgte Schließung des Studiengangs in Bonn macht jedoch deutlich, dass für den deutschen Sprachraum die Nachfrage nach einer grundständigen Ausbildung in Evaluation offenbar eher rückläufig ist. Hier ist ein enger Zusammenhang mit dem jeweiligen Entwicklungsstand auf den anderen vier Stufen der Professionalisierung zu vermuten: Je mehr Professionalisierung insgesamt, desto höher die Nachfrage nach grundständigen, universitär verankerten Ausbildungsgängen.

zu 3: Entgegen der von Wilensky empirisch mehrheitlich beobachteten Reihenfolge kam Schritt 3, die Gründung eines Fachverbands für Evaluation, in Deutschland zeitlich früher. Bereits 1997 wurde die DeGEval, damals noch als ‚Deutsche Gesellschaft für Evaluation‘, gegründet und 2005 umbenannt in ‚Gesellschaft für Evaluation‘, um der Öffnung für andere deutschsprachige Länder, v.a. Österreich, Rechenschaft zu tragen. Die für diese Phase nach Wilensky typischen Begleiterscheinungen sind allerdings bisher nicht zu beobachten. Weder ist zu erkennen, dass Evaluierende systematisch ‚niedrigere‘ Teilaufgaben (denkbar wären hier bestimmte Teilschritte im Datenerhebungs- oder -auswertungsprozess) an weniger Qualifizierte delegieren, noch kommt es bisher zu Konflikten zwischen Etablierten und Absolventinnen und Absolventen der neuen Ausbildungsgänge. Die Abgrenzung gegenüber verwandten Tätigkeitsfeldern ist zwar immer wieder Diskussionsthema, gezielte Bemühungen, sich etwa gegenüber Feldern wie Marktforschung, Unternehmensberatung oder Audits erkennbar zu distanzieren, sind bisher ebenfalls nicht zu erkennen.

zu 4: In Bezug auf Abschottungstendenzen gegenüber ‚nicht Professionellen‘ ist seit Etablierung eines ‚credentialing‘-Verfahrens durch die Canadian Evaluation Society (CES) international eine gewisse Dynamik entstanden (vgl. Cousins, Cullen, Sumbal & Maicher, 2009). Inzwischen versucht auch die European Evaluation Society (EES) ein ähnliches Projekt auf den Weg zu bringen. Für den deutschsprachigen Raum sind ähnliche Bewegungen derzeit allerdings nicht zu erkennen und wie die Erfahrungen der American Evaluation Society (AEA) aus den 1990ern zeigen, können entsprechende Versuche auch ergebnislos scheitern (vgl. Altschuld, 1999). Dass die CES im Gegensatz zur AEA erfolgreich bei der Einführung ihres ‚Beglaubigungs‘-Systems war, wird damit erklärt, dass die kanadische Evaluationslandschaft sowohl auf Nachfrage- als auch Anbieterseite weniger heterogen und damit leichter zu standardisieren sei.[1] Bei der EES besteht zwar vordergründig aufgrund des multinationalen Charakters eine noch viel größere Heterogenität, da viele Akteure sich jedoch auf ein gemeinsames Setting, die Evaluation in EU-Kontexten, beziehen, könnte hier durchaus ebenfalls der nötige Homogenisierungsgrad für ein Zertifizierungssystem bestehen. Wie die Vielfältigkeit alleine innerhalb der DeGEval zeigt, ist ein vergleichbarer Homogenisierungsgrad im deutschsprachigen Raum eher nicht vorauszusetzen. Dennoch, oder vielleicht gerade deswegen, besteht allerdings in der Mitgliedschaft durchaus eine gewisse Offenheit gegenüber entsprechenden Bemühungen (vgl. Brandt, 2009).

zu 5: Schließlich ist auch bei der Frage eines code of ethics ein gemischtes Bild zu konstatieren. Zwar wurde mit den 2002 erschienenen Standards für Evaluation der DeGEval (vgl. Abs. 2) frühzeitig ein Meilenstein in Bezug auf Regeln professioneller Evaluation erreicht. Trotz ihres inhaltlichen Gehalts, der auf den langjährigen Vorerfahrungen mit den Standards des Joint Committee on Stan-

---

1   Persönliche Kommunikation Brigitte Maicher, Canadian Evaluation Society, 2005.

dards for Educational Evaluation (vgl. JCSEE,1994) aufbaut, können sie aber gegenüber den von Wilensky beschriebenen Codes kaum explizit regulierend wirksam werden. Da mit ihnen keinerlei Sanktionierungsmechanismen, etwa bei eklatanten Verstößen gegen die Standards guter Praxis, verbunden sind und Metaevaluationen bislang nur selten durchgeführt werden, bleibt die Einhaltung der Standards letztlich freiwillig.

Unabhängig von der Frage der allgemeinen Gültigkeit des Phasenmodells von Wilensky (1964) zeigt seine Anwendung auf die Evaluation doch einige klare Problemfelder auf, die derzeit einer weiteren Professionalisierung der Evaluation entgegenstehen. Besonders zutreffend für die Evaluation im deutschsprachigen Raum, aber auch nach wie vor international, erscheint folgende Charakterisierung: „Activists in the association engage in much soul-searching – on whether the occupation is a profession, what the professional tasks are, how to raise the quality of recruits, and so on." (Wilensky, 1964, S. 144). Diese Charakterisierung hat Wilensky für die dritte Stufe vorgenommen, was insgesamt das Bild bestätigt, dass für eine Professionalisierung der Evaluation wichtige Meilensteine bereits erreicht wurden, zu einer echten Professionalisierung im Sinne eines Berufs aber noch viele Entwicklungsschritte fehlen.

2.   Standards, Ziele und Funktionen von Evaluation sowie Kompetenzen für Evaluation

Die Notwendigkeit, Professionalität (wenigstens) als Güte der Evaluation zu verstehen, wird deutlich, wenn wir einen Blick auf die Standards der Evaluation werfen, die für die DeGEval-Gesellschaft für Evaluation eine qualitativ hochwertige, also in diesem Sinne: professionelle Evaluation ausmachen.

Die DeGEval organisiert – vorwiegend in Deutschland und Österreich – aktuell gut 600 Personen, die Evaluationen durchführen sowie mehr als 160 institutionelle Mitglieder. Die Mitglieder kommen aus renommierten wirtschafts- und sozialwissenschaftlichen Forschungseinrichtungen, Hochschulen, Unternehmensberatungen und Politikberatungsunternehmen sowie Ministerien, Verwaltungen und Ressortforschungseinrichtungen.

Als Fachverband für Evaluation hat die DeGEval im Jahr 2002 Standards der Evaluation vorgelegt (vgl. DeGEval, 2002). In Anlehnung an die Program Evaluation Standards des Joint Committee on Standards for Educational Evaluation (vgl. JCSEE, 1994; Yarbrough, Shulha, Hopson & Caruthers, 2011) und die Standards der schweizerischen Schwestergesellschaft SEVAL definieren die DeGEval-Standards für Evaluation insgesamt 25 Einzelstandards, die in die vier Standardgruppen – Nützlichkeit (N), Durchführbarkeit (D), Fairness (F) und Genauigkeit (G) – gegliedert sind.

„Die Standards sollen die Qualität von Evaluationen sichern und entwickeln helfen. Sie sollen als Dialoginstrument und fachlicher Bezugspunkt für einen Austausch über die Qualität von professionellen Evaluationen dienen" (DeGEval, 2002, S. 2). In der Kommunikation mit Auftraggebern, Adressaten und Adressatinnen sowie einem weiten Kreis von Beteiligten und Betroffenen, also auch einer interessierten Öffentlichkeit, können Standards als Referenz für „Evaluation als professionelle Praxis" dienen (vgl. ebd.).

Evaluation ist die systematische Untersuchung des Nutzens oder Wertes von z. B. Interventionen, Projekten, Produkten, Leistungen oder Organisationen. Evaluationen werden in unterschiedlichen Feldern durchgeführt wie z. B. in der betrieblichen Bildung, der Entwicklungspolitik, dem Gesundheitswesen, der Hochschule, der Sozialen Arbeit, im Umweltbereich, in der Verwaltung oder Wirtschaft. Die Bewertungen der Evaluation können bedeutende Folgen haben, etwa für die Fortführung oder Einstellung von Maßnahmen in politischen Arenen, in Forschung oder Technik. Die Ergebnisse, Schlussfolgerungen oder Empfehlungen aus Evaluationen müssen deshalb nachvollziehbar sein und auf empirisch gewonnenen Daten beruhen (vgl. DeGEval, 2002, S. 3).

Betrachten wir kurz die Standardgruppen. Die *Nützlichkeitsstandards* thematisieren die Notwendigkeit, dass Evaluation sich an abgestimmten und geklärten Zwecken orientiert, damit sie am Informationsbedarf der vorgesehenen Nutzerinnen und Nutzer ausgerichtet ist. Die Orientierung am Nutzen ist wohl ein wesentliches Charakteristikum, das die Evaluation von wissenschaftlicher Tätigkeit, jedenfalls wissenschaftlicher Grundlagenforschung, unterscheidet. Evaluationen sollen die Basis für Lernen, also die Entwicklung und Verbesserung des jeweiligen Evaluationsgegenstands erzeugen. Obwohl die vier Standardgruppen nicht explizit hierarchisiert sind, dürfte es doch nicht zufällig sein, dass die Nützlichkeitsstandards die erste Gruppe bilden. Um nützlich zu sein, müssen u. a. Evaluationsziele geklärt und betroffene oder beteiligte Personen bzw. Gruppen identifiziert sein. Auch die Auswahl und Umfang der Informationen, die eine Evaluation erarbeiten muss, um nützlich zu sein, hat bestimmten Ansprüchen zu genügen. Schließlich verpflichtet diese Standardgruppe die Evaluierenden zur rechtzeitigen Ablieferung der Ergebnisse.

Die *Durchführbarkeitsstandards* sollen sicherstellen, dass eine Evaluation realistisch, gut durchdacht, diplomatisch, kostenbewusst und transparent geplant ausgeführt wird. Evaluation soll Nutzen bringen und den Evaluationsgegenstand nicht – mehr als unvermeidbar – belasten.

Die *Fairnessstandards* zielen darauf, dass in einer Evaluation respektvoll und fair mit den beteiligten und betroffenen Personen und Gruppen umgegangen wird. Hierzu gehören nicht nur die Selbstverständlichkeiten, die Sicherheit, Würde und Rechte der in eine Evaluation einbezogenen Personen zu schützen. Auch werden einschlägige formale Vereinbarungen erwartet und die Evaluation soll unterschiedliche Sichtweisen von Beteiligten und Betroffenen auf Gegenstand und

Ergebnisse der Evaluation in Rechnung stellen. Bewertungen sollen fair und möglichst frei von persönlichen Gefühlen getroffen werden.

Die *Genauigkeitsstandards* sollen gewährleisten, dass eine Evaluation gültige und überprüfbare Informationen und Ergebnisse zu dem jeweiligen Evaluationsgegenstand und den Evaluationsfragestellungen hervorbringt und vermittelt. Gegenstand, Zwecke, Fragestellungen und Vorgehen der Evaluation, sollen genau dokumentiert und beschrieben werden, so dass sie selbst Gegenstand systematischer Bewertung werden kann. Die im Rahmen einer Evaluation genutzten Informationsquellen sollen hinreichend genau dokumentiert werden, damit die Verlässlichkeit und Angemessenheit der Informationen eingeschätzt werden kann. Im Wesentlichen geht es hier um die Wissenschaftlichkeit der Evaluation, mithin ihre methodologische und methodische Seriosität, um Validität, Reliabilität und Intersubjektivität.

Die Idee hinter den Standards ist, dass sie möglichst die Praxis bestimmen oder wenigstens en detail und explizit reflektiert werden. Sie sollen als Orientierung bei der Durchführung und Bewertung von Evaluationen dienen. Mit den Qualitätsstandards ist ausdrücklich nicht die Absicht verbunden, eine Evaluation, bei der ein bestimmter Standard nicht auf eine ganz bestimmte Weise erfüllt wurde, abzuwerten. Auch wird in Rechnung gestellt, dass es Evaluationen geben kann, in denen einzelne Standards nicht anwendbar sind. Die Nicht-Anwendung eines Standards soll dann allerdings begründet werden.

Entscheidend sei, so heißt es, ihre Umsetzung. Freilich weiß man meist wenig darüber, ob und wie die Standards bei Planung und Durchführung einer Evaluation berücksichtigt wurden und versucht wurde, ihnen im Rahmen der konkreten Bedingungen möglichst gerecht zu werden.

Im Hinblick auf die dem vorliegenden Beitrag zugrundeliegende Thematik sind auch weitere, an Evaluation gestellte Ansprüche interessant. In seinem häufig zitierten Schema unterscheidet Stockmann (2010, S. 72 ff.) vier Funktionen von Evaluation. Der Funktionsbegriff, obwohl bei Stockmann nicht systematisch von Zielen und Aufgaben unterschieden, verweist unter anderem darauf, dass eine Aktivität (also auch eine Evaluation) womöglich andere als die intendierten Zielsetzungen bedient, also durchaus funktional im Hinblick auf andere als die definierten Ziele sein kann. Mit der *Erkenntnisfunktion* stellt Stockmann darauf ab, dass Evaluation eine rationale Grundlage für Entscheidungen oder eine systematische Analyse des Evaluationsgegenstands liefern soll. Damit ist der Wissenschaftskern der Evaluation adressiert. Ohne diese Rationalität sei keine Entwicklung und kein Lernen möglich, Nützlichkeit nicht erwartbar. Mit der *Entwicklungsfunktion* ist – ganz im Sinne der Nützlichkeitsstandards – ein Kernziel von Evaluation angesprochen. Evaluation kann aber auch eine *Kontrollfunktion* haben. Auch wenn sie nicht auf die Bewertung einzelner Akteure zielt, kann sie dennoch Informationen über mangelnde Kompetenzen oder mangelnde Leistungserbringung einzelner Personen oder Personengruppen oder – etwas allgemeiner – über eine Dysfunktionalität bestimmter Aktivitäten liefern. Mit Evaluation „kann auch die Legitimation von Programmen oder Maßnahmen demonstriert und kommuniziert werden" (*Legitimationsfunktion*) (Stockmann, 2010, S. 75). Stockmann ergänzt sein Vier-Funktionen-Schema noch mit der „taktischen" Funktion, die aber eher als eine Variante der Legitimationsfunktion verstanden werden kann: Hier geht es um eine Rechtfertigungsstrategie und damit Evaluationen als „dekorative Symbole für eine moderne Politik, ohne die Ergebnisse von Evaluationen ernsthaft nutzen zu wollen" (ebd.).

Man sieht, dass Evaluatorinnen und Evaluatoren mit professionellen Herausforderungen konfrontiert sind, die sich in der Wissenschaft selten bis gar nicht ergeben. Letztlich ist die Wissenschaftlerin bzw. der Wissenschaftler nur seinen bzw. ihren Kolleginnen und Kollegen gegenüber verantwortlich, die seine oder ihre Arbeit einem ‚Review' unterziehen. In der Evaluation steht man dagegen inmitten eines Spannungsfeldes von disparaten Interessensgruppen, manchmal äußerst enttäuschungsfesten Meinungen von Protagonisten oder findet sich in dem Dilemma wieder, die Arbeit von einzelnen Personen oder Subgruppen womöglich kritisieren zu müssen, um den Anspruch, den übergeordneten Zweck der Verbesserung des Evaluationsgegenstands zu verfolgen, nicht zu gefährden. Trotz des wissenschaftlichen Fundaments der Evaluation sieht sich die Evaluatorin bzw. der Evaluator oftmals weniger durch die Erfüllung wissenschaftlicher Standards herausgefordert als durch die Lösung praktischer und kommunikativer Spannungen. Jenseits der ‚hard skills' der Wissenschaft ist es für die Profession wichtig, die ‚soft skills' zu beherrschen und mutig Konflikte zu bearbeiten.

Der schnelle Blick über Standards und Funktionen der Evaluation offenbart weitreichende Anforderungen an Evaluationskompetenzen. Eine professionelle, im Sinne einer ‚guten' Evaluation ist äußerst anspruchsvoll. „Die besondere Rolle der Standards der Evaluation ergibt sich aus der Forderung, dass die Aus- und Weiterbildung zur Evaluation zukünftige Evaluierende in die Lage versetzen sollte, qualitativ hochwertige Evaluationen hervorzubringen" (Hense & Steckhan, 2014, S. 192). Ein Versuch, „Anforderungsprofile an Evaluatorinnen und Evaluatoren" in systematischer Form zu beschreiben, wurde von der DeGEval mit einem weiteren zentralen Dokument, den „Empfehlungen für die Aus- und Weiterbildung in der Evaluation", konkretisiert.

Die Empfehlungen für die Aus- und Weiterbildung in der Evaluation nennen fünf Kompetenzfelder als Anforderungsprofile an professionelle Evaluatorinnen und Evaluatoren, zu denen jeweils eine Reihe von Teildimensionen gehört (vgl. Abbildung 1).

Abbildung 1: Kompetenzfelder der Evaluation (vgl. DeGEval, 2004, S. 7)

1. Zur *Theorie und Geschichte der Evaluation* gehören elementare Kompetenzen wie die Kenntnis wesentlicher Evaluationsbegriffe, -konzepte und -definitionen, der (ideen)geschichtlichen Entwicklung der Evaluation, Überblickswissen zu verschiedenen Evaluationsansätzen und -modellen und Kenntnis der Standards der Evaluation.

2. Unter *Methodenkompetenzen* fallen Grundzüge empirischer Sozialforschung sowie Wissen über Untersuchungsdesigns, Strategien und Instrumente zur Erhebung, Aufbereitung, Auswertung und Interpretation von qualitativen und quantitativen Daten, aber auch Kenntnisse der Projektorganisation.

3. Der Kompetenzbereich *Organisations- und Feldkenntnisse* trägt der Tatsache Rechnung, dass Evaluation immer in bestimmten Politikfeldern und oft auch in organisationalen Kontexten agiert. Der Bereich fordert daher Organisationswissen, Rechts- und Verwaltungswissen sowie – je nach Evaluationsgegenstand – spezifische Feldkenntnisse.

4. Im Bereich *Sozial- und Selbstkompetenzen* spiegeln sich die hohe Bedeutung der Interaktion und Kommunikation mit Stakeholdern in der Evaluation. Er umfasst soziale Kompetenzen, kommunikative Kompetenzen, Kooperationskompetenz, Selbstmanagementkompetenz sowie Lern- und Problemlösekompetenz.

5. Schließlich drückt sich im Bereich *Praxis der Evaluation* aus, dass eigene praktische Erfahrungen für den Erwerb umfassender Evaluationskompetenzen eine notwendige, wenn auch nicht hinreichende, Bedingung sind. Die Forderung bezieht sich auf Planung, Durchführung, Ergebnisdarstellung und Präsentation sowie Ergebniskontrolle von Evaluationen.

Die Kompetenzfelder der DeGEval (2004) sollen mehrere Funktionen erfüllen. Verbandspolitisch sind sie, ähnlich wie die Standards, als Maßnahme zu sehen, einen konkreten Qualitätsanspruch an Evaluierende zu stellen und drücken damit gleichzeitig einen innerverbandlichen Konsens aus. Konkret sollen sie vorrangig in der Aus- und Weiterbildung bei der Planung von Curricula und einzelnen Kurs- oder Seminarangeboten Verwendung finden. Gleichzeitig können sie Personen, die sich für eine Qualifizierung in Evaluation interessieren, als Orientierung und Selbstüberprüfung dienen, welche Kompetenzen dabei relevant sind. Schließlich sollten auch Auftraggebende bei der Vergabe von Evaluationsaufträgen im Blick haben, inwiefern potenzielle Auftragnehmende in den benannten Bereichen qualifiziert sind.

3. Die Situation der Aus- und Weiterbildung in der Evaluation

Wie kann, wer evaluieren möchte, sich für diese anspruchsvolle Tätigkeit qualifizieren? Wie kann man ‚gut', sprich: professionell, arbeiten? Hense und Steckhan (2014) unterscheiden sechs Ebenen der Qualifizierung:

1. Grundständige Aufbaustudiengänge
2. Studienschwerpunkte und Vertiefungsfächer in Fachstudiengängen
3. Evaluation als Teil der Methodenlehre v.a. in sozialwissenschaftlichen Studiengängen
4. Aus- und Weiterbildungen für spezifische Evaluationsverfahren
5. Allgemeiner Weiterbildungsmarkt
6. Selbststudium, Praxiserfahrung und professionelle Selbstreflexion

Man kann davon ausgehen, dass die relativ umfassendste Ausbildung in Evaluation in einschlägigen Studiengängen erfolgt, wo eine komplexe curriculare Struktur vorliegt und Zugänge geregelt sind. Im deutschsprachigen Raum existieren derzeit an den Universitäten Saarbrücken und Bern solche Studiengänge. Ein dritter Studiengang an der Universität Bonn wurde – wie oben bereits erwähnt – im Sommer 2008 implementiert, musste aber nach drei Studienjahrgängen eingestellt werden.

Das älteste umfassende deutschsprachige Angebot besteht an der Universität Bern in der Schweiz (vgl. http://www.evaluationsstudium.ch). Es richtet sich an Evaluierende in den Bereichen Bildung, Gesundheit, Soziales, Umwelt, Politik/ Verwaltung, Wirtschaft und Wissenschaft und ermöglicht drei verschiedene Abschlüsse, die jeweils unterschiedliche inhaltliche Schwerpunkte legen: Certificate of Advanced Studies in School Evaluation, Diploma of Advanced Studies in Evaluation sowie Master of Advanced Studies in Evaluation.

Als einzige deutsche Universität bietet derzeit die Universität des Saarlandes mit dem Master of Evaluation (vgl. http://www.master-evaluation.de) einen eigenständigen Studiengang für Evaluation an. Er besteht aus einem viersemestrigen berufsbegleitenden Aufbaustudiengang und einem zehnwöchigen Berufspraktikum. Zielgruppe sind Studierende sowie Absolventinnen und Absolventen sozialwissenschaftlicher Studiengänge. In einem ersten Teil werden Inhalte wie Evaluationstheorie und -praxis, Organisationswissen, Methoden der Datenerhebung und -auswertung, Moderation, Verhandlungsführung, Mediation und Reporting behandelt. In einem zweiten Teil erfolgt die Vertiefung der Inhalte in einem Praxisfeld der Evaluation (z. B. Entwicklungszusammenarbeit), wobei pädagogische Praxisfelder derzeit aber nicht angeboten werden.

Die weiteren Formen sind schwerlich in eine Gütehierarchie einzuordnen. Hier fehlt schlicht eine empirische Wissensbasis. Man kann aber durchaus erwarten, dass die Angebote zum Thema Evaluation im Rahmen von Schwerpunktsetzungen bzw. Modulen in verschiedenen Fachstudiengängen ein akzeptables Niveau erreichen. Die Anzahl der Professuren in – vor allem – sozialwissenschaftlichen Fächern, die den Begriff Evaluation in der Denomination der Stelle führen, hat sich in der Vergangenheit deutlich erhöht – und damit auch das Angebot einschlägiger Module. Allerdings liegt uns keine Quelle vor, die diese nur vage formulierte These der Expansion quantifiziert. Gleiches gilt für den nächsten Typ der Qualifizierung: Evaluation als Teil der Methodenlehre. Es ist auch hier zu vermuten, dass Evaluation in den meisten Angeboten nicht ignoriert wird, ob allerdings die Besonderheiten der Evaluation angemessen bearbeitet werden, ist – allein wegen der Tatsache, das sich Evaluation nicht auf Methodologie oder Methoden reduzieren lässt – eher zweifelhaft.

Über den Bereich der spezifischen Weiterbildungsmaßnahmen oder die Angebote auf dem allgemeinen Markt der Weiterbildung weiß man aktuell so gut wie nichts. Aber auch hier liegt die Vermutung nahe, dass – allein angesichts der Ausweitung externer Evaluationen und politischen Aufforderungen zur Selbstevaluation in verschiedenen Politikfeldern – eine beachtliche Expansion zu erwarten ist. Wenn zum Beispiel 15 Bundesländer Inspektionen als externe Evaluation der Schulen durchführen oder in der Sozialen Arbeit die Wirkung von Hilfemaßnahmen in den Fokus der Finanzpolitik geraten, dann wird sich das im Weiterbildungsbedarf von Schulleitungen oder Leitungen von Jugendämtern widerspiegeln.

Schließlich und keinesfalls zu unterschätzen ist die mittlerweile breite Literatur zu Evaluation, die allerdings in aller Regel und in den Selbstbeschreibungen lediglich einen einführenden Charakter hat. Diese Bescheidenheit mag auch damit zusammenhängen, dass Evaluation eine praktisch und nicht nur theoretisch erlernbare Qualifikation ist.

Im Jahre 2002 wurde die „Zeitschrift für Evaluation" gegründet (vgl. www.zfev. de), deren geschäftsführender Herausgeber Reinhard Stockmann ist. Die Zeitschrift leistet einen erheblichen Beitrag zur Integration des Feldes, steht allerdings vor der gleichen Herausforderung wie die Evaluation insgesamt: Die an Disziplinen orientierte Evaluationstätigkeit führt dazu, dass die Fächer den evaluierenden Akteuren – und auch den Auftraggebenden – wichtiger sind als die noch nicht wirklich identitätsstiftende ‚Professionsgemeinschaft Evaluation'.

Einen nicht zu unterschätzenden Beitrag zur Kompetenzentwicklung leistet die DeGEval (Reinhard Stockmann war hier eines der Gründungsmitglieder) u. a. dadurch, dass sie die Herausgabe der Zeitschrift für Evaluation finanziell und logistisch unterstützt. Satzungsgemäß gehört es zu den zentralen Aufgaben des Verbandes, den Austausch in und zwischen den Feldern der Evaluation zu unterstützen. Das gelingt u. a. durch Veranstaltungen der Arbeitskreise, zunehmend häufig in Kooperation mit anderen Arbeitskreisen und der jährlichen Konferenz der Gesamtorganisation (vgl. www.degeval.de). In den letzten Jahren hatte diese Tagung regelmäßig mehr als 300 Teilnehmerinnen und Teilnehmer. Im Vorfeld der Jahrestagung werden zudem verschiedene und thematisch fokussierte Weiterbildungsangebote gemacht.

Die DeGEval versucht auch, das Defizit zu korrigieren, das in dieser Skizze deutlich wurde: das weitgehende Unwissen über die Lage der Aus- und Weiterbildung zur Evaluation. In Kooperation mit der SEVAL wird daher zurzeit eine Angebotsdatenbank aufgebaut.

Diese Angebotsübersicht soll einen lange bestehenden Bedarf schließen. Sie soll Personen, die an einer Basis- oder Weiterqualifikation im Bereich der Evaluation interessiert sind, einen schnellen Überblick über regelmäßige und einmalige Aus- und Weiterbildungsangebote ermöglichen. Um eine gewisse Qualitätssicherung der erfassten Angebote sicherzustellen müssen die eingestellten Angebote bestimmte Mindestkriterien erfüllen (u.a. Berücksichtigung der DeGEval-Standards) und laufend aktuell gehalten werden. Gleichzeitig kann die Angebotsübersicht keinen Empfehlungscharakter haben, sondern nur der Orientierung und Information dienen. Ein erster öffentlicher Testbetrieb der Angebotsübersicht ist für den Herbst 2014 geplant. Im Regelbetrieb wird sie über die Webseiten der DeGEval und der SEVAL erreichbar sein.

4.   Die Breite der Debatte: Thesen und Antithesen

In den voranstehenden Abschnitten haben wir Aspekte der Professionalisierung in und von Evaluation aus verschiedenen Perspektiven beleuchtet. Ausgehend von zentralen Befunden der Professionssoziologie haben wir die Standards der Evaluation und die Kompetenzprofile für Evaluatorinnen und Evaluatoren als Instrumente der Qualitätsentwicklung von Evaluationen diskutiert. Schließlich haben wir einen Blick auf die Situation des Aus- und Weiterbildungsmarkts sowie die Rolle der Zeitschrift für Evaluation und der DeGEval im Kontext Professionalisierung geworfen.

Definitive Antworten in Bezug auf zukünftige Entwicklungen sind auf dieser Basis sicherlich nicht möglich. Vielleicht lassen sich aber das Ziel der Professionalisierung der Evaluation und die damit verbundenen Herausforderungen abschließend am besten in Form einer antithetischen Darstellung erörtern. Hiermit kann gewissermaßen die Breite des Weges markiert werden, auf dem man sich bewegen kann. Die folgenden Überlegungen basieren auf einem Thesenpapier, das der Vorstand der DeGEval unter der Federführung von Oliver Schwab zur Vorbereitung der organisationsinternen Debatte vorgelegt hat (vgl. zum Folgenden DeGEval, 2014). Dabei sollen These und Gegenthese jeweils als Spannungsfeld zweier Extrempole verstanden werden, zwischen denen sich die Entwicklung vollziehen kann.

Zunächst werden im Folgenden Adressaten bzw. Gegenstände einer Profes-
sionalisierung unterschieden: Evaluierende, spezifische Felder der Evaluation,
Auftraggebende oder Evaluation als Verfahren. Es bietet sich durchaus an, diese
Thesen im Prozessmodell von Wilensky (vgl. Abs. 1) zu verorten. Man wird hierbei
bestätigt finden, dass sich die Evaluation im Einflussbereich der DeGEval dieser
Logik entzieht.

Professionalisierung der Evaluierenden

Die erste These geht davon aus, dass qualitativ hochstehende Evaluationen nur
dann durchgeführt werden können, wenn die Evaluierenden über komplexe evaluationsspezifische Qualifikationen verfügen. Diese können nur in spezifischen
Ausbildungsangeboten, sei es Masterstudiengängen oder umfassenden Zertifi-
katskursen, adäquat vermittelt werden. Die Gegenthese: Gute Evaluationen sind
nur bei bester Feldkenntnis und fachwissenschaftlicher Kompetenz möglich. Evaluierende benötigen deshalb vor allem feldspezifische und fachliche Kenntnisse
z. B. als Politikwissenschaftlerin, Psychologe, Raumplanerin oder Ingenieur. Darüber hinausgehende evaluationsspezifische Kenntnisse und Fähigkeiten spielen
eine geringere Rolle und benötigen keine formalisierte Ausbildung. Diese Thesen
bezeichnen ein grundsätzliches Dilemma: Ist Evaluation eine eigenständige Profession, auch wenn sie innerhalb spezifischer Politikfeldern agiert, oder ist sie ein
Add-On für Fachwissenschaftlerinnen und -wissenschaftler oder Professionelle in
einem Feld?

Aus der obigen Gegenthese folgt logisch dieser Schluss, auch wenn er empirisch nicht belegt ist: Es gibt hinreichend Aus- und Weiterbildungsangebote für
Evaluierende und Auftraggeber. Die Qualität dieser Angebote ist vollkommen
ausreichend. Dagegen steht: Aus- und Weiterbildungsangebote sind Mangelware
und angesichts der Komplexität der Anforderungen an Evaluation können die
kurzfristigen und unsystematisch in breitere Lehrangebote eingebauten Kurse
oder Seminare kaum Ausbildungsqualität sichern, da sie in aller Regel qualitativ
nicht genügend und praxisfern sind.

Aus der letzten These könnte der Aufruf folgen, möglichst flächendeckende
(und kostenfreie, ein- oder zweijährige) akademische Ausbildungen anzubieten. Das kann entweder als generisches Angebot (Master of Evaluation) oder als
feldspezifisches (z. B. Master in Evaluation of development policy oder Master in
Evaluation of urban policy) umgesetzt werden. Die Gegenthese hier: Der Markt
der Anbieter entwickelt sich quasi automatisch, und die Konkurrenz sichert die
Qualität. Wir benötigen allenfalls (!) Zertifizierungen durch (kostenpflichtige)
hochschulische Weiterbildungsangebote.

Professionalisierung in den einzelnen Feldern

Wenn die feldspezifischen Kompetenzen dominieren, ist es wichtig, feldspezifische Bedingungen der Evaluierung im Blick zu haben. Qualitätsentwicklung von Evaluation wäre demnach am besten im jeweiligen Feld zu organisieren. Das andere Ende des Kontinuums könnte es heißen: Qualitätsentwicklung kann nur übergreifend sichergestellt werden. Auch wenn Evaluationen in spezifischen Feldern durchgeführt werden, sind feldspezifische Bemühungen zum Scheitern verurteilt, weil so die Besonderheit der Evaluation als Profession nicht umgesetzt werden kann.

Qualifizierung der Auftraggebenden

Evaluationen und ihre Güte sind auch abhängig von den Kompetenzen derjenigen, die sie in Auftrag geben. Sie müssen die Standards kennen und damit eine adäquate Vorstellung von der Komplexität – und damit auch den Kosten – einer Evaluation haben. Insofern hieße die These hier: Professionalisierung der Evaluation muss auch Wege finden, die Auftraggebenden zu schulen. Gegenthese: Die ‚Kunden‘ für Evaluationen werden auf dem Markt der Anbieter durch schlichte Erfahrung diejenigen selektieren, die ‚gut‘ sind.

Professionalisierung für die Evaluation insgesamt

Mit Blick auf die Beschreibung einer guten Evaluation könnte gelten: Insbesondere mit den Standards der Evaluation (s.o.) liegt ein aussagekräftiger und an klaren Kriterien ausgerichteter Maßstab für Qualitätssicherung vor. Womöglich sollten hier regelmäßig Anpassungen an theoretische wie methodische Entwicklungen vorgenommen werden. Aber: Darüber hinausgehende Maßnahmen oder Vorgaben sind nicht erforderlich. Allenfalls könnte man erwarten, dass sich Evaluierende (womöglich auch Auftraggebende) auf diese Standards verpflichten. Die Gegenthese: Die Qualität der Evaluierung kann dauerhaft nur durch härtere und systematischere Regulierung gesichert werden. Zertifizierung von Evaluierenden ist dazu unerlässlich.

Zur letzten These könnte gehören: Wir benötigen eine Stelle zur Prüfung der Qualität von Evaluationen. Eine solche Einrichtung, eine Schiedskommission, könnte auch bei Beschwerden bzw. Konflikten zwischen Evaluierenden und Auftraggebenden entscheiden. Die gegenteilige Position würde eine ‚externe‘ Bewertung einer Evaluation als unnötig – oder gar schädlich – erachten. Die Qualität einer Evaluation wird demnach zwischen Auftraggebenden und Evaluierenden entschieden. Das gilt auch für ethische Konflikte.

Zusammenfassend und an unsere Diskussion der Professionalitätsbegriffs (Abs. 1) anknüpfend heißen die Pole des Kontinuums, die womöglich Antagonisten sind: Professionalisierung heißt schlicht ‚gute' Evaluation versus Professionalisierung geht darüber hinaus, bedeutet also die Schaffung einer Profession im Sinne von: akademisch, Bedienung einer zentralen gesellschaftlichen Funktion, hohen Standards, Kontrolle, Sicherung des Zugangs.

Bei dieser Diskussion muss man allerdings auch fragen, wer das Subjekt ist, das innerhalb dieser Spannungsfelder Entscheidungen herbeiführen oder doch wenigstens Debatten leiten soll. Sicherlich ist hier jeder Akteur gefragt, der sich der Evaluation verpflichtet fühlt und sich – das könnte eine minimale Anforderung sein – mit den Standards der Evaluation auseinandersetzt.

Erwähnenswert ist aber auch, dass in vielen Professionen der Gesetzgeber letztlich den Ausschlag gegeben hat. Als ein aktuelles Beispiel mag etwa die EU-Richtlinie zur Mediation dienen (vgl. Curnow & McGonigle, 2006).

Aber sicherlich ist mit der Frage der Professionalisierung insbesondere die Organisation angesprochen, die Menschen zusammenbringt, die sich selbst als Evaluatorin oder Evaluator bezeichnen. Was also die DeGEval in dieser Richtung anstoßen könnte, ist das Thema unseres letzten Absatzes.

5.   Ein Fazit: Lose Enden und ein bisschen Hoffnung

Wer könnte einen Masterstudiengang oder einen Zertifikatskurs akkreditieren? Wer im Streitfall zwischen einer Auftraggeberin und einem Evaluator entscheiden? Wer richtet darüber, ob Qualitätserfordernisse verfehlt wurden? Die Evaluation teilt das Schicksal mit vielen ‚professionellen' Aktivitäten, die keine Professionen sind. Anders als die klassischen Professionen Theologie, Recht, Medizin, die über jahrhundertalte Traditionen der geregelten Rekrutierung und damit strenger Selektion verfügen, kann ein Berater, eine Moderatorin, ein Schauspieler eine gute Arbeit leisten, ohne formalisierte Verfahren durchlaufen zu haben. Auch die Besten unter ihnen können sich im Umkreis von Menschen befinden, die sich ebenso nennen, aber – mehr oder weniger offensichtlich – Dilettanten sind.

Wer zum Beispiel als Sportfachmann, Stanz- und Umformmechanikerin, Straßenbauer, Systeminformatikerin, Tankwart oder Technische Konfektionärin unter seines- bzw. ihresgleichen ist, weiß, dass alle in etwa gleich qualifiziert sind, denn man hat einen anerkannten Ausbildungsberuf absolviert. Während ein Fußballspieler in der ersten oder zweiten Bundeliga ohne Zweifel deshalb ein ‚Profi' ist, weil ihn ein Verein via Vertrag zum Profi macht, muss ein Trainer im Profifußball eine geregelte Ausbildung absolviert haben. Auch ein Schiedsrichter könnte nicht auf den Platz, nur weil er von sich behauptet, die Regeln zu kennen.

Aber: Mitglied der DeGEval wird, wer im Aufnahmeantrag mehr oder weniger knapp über seine Erfahrungen in der Evaluation referiert. In aller Regel verfügen die Kandidatinnen und Kandidaten über eine akademische Ausbildung in einem Studienfach, aber darüber hinaus wird keine spezifische Qualifizierung im Feld der Evaluation verlangt. Eine weitere antithetische Positionierung könnte so lauten:

eine kurze Selbstbeschreibung qualifiziert für eine Mitgliedschaft in der DeGEval und mit dieser legitimiert sich eine Evaluatorin bzw. ein Evaluator in Deutschland und Österreich. Immerhin ist das mehr als nichts, mehr als die bloße Behauptung, Evaluatorin oder Evaluator zu sein. Aber – nun die Gegenthese – müsste die DeGEval nicht Kriterien für eine Zertifizierung formulieren und entsprechend prüfen? So wäre an die Mitgliedschaft wenigstens eine definierte Qualifikation gekoppelt.

Aber wer will das legitimeren? Wer will das begutachten? Mit welchen Zielen? Eine Organisation wie die DeGEval, die sich keine hauptamtliche Führung leisten kann, würde sich mit einem solchen Programm womöglich selbst überfordern oder gar schädigen, wenn hierdurch Mitglieder ausgeschlossen würden und die Organisation auch für neue kaum attraktiv wäre, weil der Markt das Zertifikat nicht goutiert.

Und überhaupt: Ist es nicht eine Aufgabe der DeGEval, sich gerade auch um diejenigen zu bemühen, die noch kein vertieftes Wissen haben und es hier erwerben können? Oder um solche Akteure, die dafür gestärkt werden wollen, Evaluation innerhalb ihrer Arbeitsorganisation zu etablieren? Schließlich kann eine Organisation wie die DeGEval auch davon profitieren, wenn sich hier nicht nur Evaluatorinnen und Evaluatoren versammeln, sondern sich mit Qualitätsmanagern, Controllerinnen oder Auditoren ‚verwandte‘ Berufsgruppen engagieren.

Angesichts der komplexen Entscheidungsfelder, in denen sich eine Evaluatorin bzw. ein Evaluator in der praktischen Arbeit bewegt, und angesichts der Bedeutung, die Evaluationsergebnisse als Evidenzen in Entscheidungsprozessen haben können, ist die Perspektive einer ‚offenen‘ Haltung womöglich wenig verheißungsvoll. Es gibt aber für die DeGEval (und jede ernsthafte Evaluatorin bzw. jeden ernsthaften Evaluator in der DeGEval) verschiedene Möglichkeiten, den satzungemäßen Auftrag der Professionalisierung voranzutreiben, indem zunächst das verbessert werden kann, was ohnehin getan wird: Akquise qualifizierter Mitglieder, weitere Verbreitung der Standards guter Evaluation, Kooperation mit Fachverbänden, in denen sich Personen versammeln, die (auch) evaluieren, oder Stärkung der externen Kommunikation mit Auftraggebern.

Zu neuen Aufgaben, die im Rahmen organisierter Aktivitäten auch denkbar und realistisch umzusetzen sein dürften, wäre der Versuch zu rechnen, erste curriculare Elemente zu erstellen, die mittelfristig für eine Zertifizierung genutzt werden könnten oder ein politisches Marketing zu betreiben, das die Idee der qualifizierten Evaluation und ihrer Unverzichtbarkeit in die Legislative transportiert. DeGEval-Mitglieder, die an Universitäten arbeiten, könnten im Rahmen von Qualifikationsarbeiten Themen vergeben wie zu prüfen, wie andere Evaluationsgesellschaften die Frage der Professionalisierung angehen. Darüber hinaus kann der internationale Blick hilfreich sein: Eine der derzeit spannendsten Entwicklungen mit Einfluss auf die Aus- und Weiterbildung von Evaluierenden sind Bemühungen zur Implementation von Prozessen zur Beglaubigung bzw. Begutachtung von Evaluierenden (vgl. Hense & Steckhan, 2014): Nach ersten gescheiterten Versuchen der AEA in den 1990er Jahren ist seit einigen Jahren die CES mit der Etablierung einer

„Professional Designation" Vorreiter. Im Rahmen eines langjährigen Diskussions- und Entwicklungsprozesses wurden standardisierte Verfahren und Strukturen zur Vergabe des Titels „Credentialed Evaluator" (etwa: Beglaubigte Evaluatorin/Beglaubigter Evaluator) eingeführt. Dieser ist nicht nur mit Mindestanforderungen an eine Erstausbildung und an praktische Vorerfahrungen, sondern auch mit der Auflage für regelmäßige Weiterbildungen verknüpft. Das Verfahren ist seit 2009 in Kraft und in Kanada bisher ein Erfolgsmodell. Besonders interessant ist, dass bereits von Anfang an ein Interesse aus dem Ausland nach einer Beglaubigung durch die CES bestand. Interessante und nützliche Recherchen könnten auch zu Verbänden in anderen Tätigkeitsfeldern führen, die in einer ähnlichen Situation sind wie die Evaluation.

Strukturtheoretische Theorien zur Professionalisierung betonen, dass eine spezifische Wissensbasis elementare Grundlage jeder Profession und ihrer Fachexpertise ist (vgl. Curnow & McGonigle, 2006). Zu solch einer Wissensbasis gehört unverzichtbar eine theoretische und empirische Fundierung des professionellen Handelns. Diese liegt für die Evaluation bisher nicht in systematischer Form vor. Daher besteht ein enormes Defizit hinsichtlich der Forschung über Evaluation (vgl. Hense, Rädiker, Böttcher & Widmer, 2013), über ihre Wirkung und Umsetzung, über Verfahren und die Relevanz der Standards oder über die Qualität von Aktivitäten, die sich Evaluation nennen.

Unser Fazit kann nicht zufriedenstellen. Statt Antworten zu geben, produzieren wir ein Knäuel von Fragen mit vielen losen Enden. Was allerdings auch zu erkennen ist: dass die Debatte um Professionalisierung und damit die Stärkung der Evaluation Fahrt aufnimmt. Die DeGEval greift gemeinsam mit der SEVAL anlässlich der Jahrestagung 2014 dieses Thema auf. Dies und hoffentlich auch unser kleiner Beitrag sollen Aufforderung zu – sicherlich kontroversen – Diskussionen und realistischem Handeln sein. Man muss bedenken, wie jung die Evaluation als systematisches und wissenschaftsbasiertes Verfahren ist. Bis zur Erstellung einer verbindlichen Gebührenordnung, vielleicht das härteste Kriterium für Professionalität, ist es noch sehr weit. Ob dies ein Ziel sein soll? Vordringlich erscheint uns, dass innerhalb der Fach-Community, aber auch mit interessierten Außenstehenden, ein intensiver Diskussionsprozess nicht nur über die von uns aufgeworfenen Fragen, sondern vor allem über die Frage der ‚Finalität' in Gang kommt: Wo soll die Evaluation in 10 Jahren stehen?"

Literatur

Altschuld, J. W. (1999). The case for a voluntary system for credentialing evaluators. *American Journal of Evaluation, 20* (3), 507–517.

Brandt, T. (2009). *Evaluation in Deutschland: Professionalisierungsstand und -perspektiven.* Reihe Sozialwissenschaftliche Evaluationsforschung, Band 7. Münster, New York: Waxmann.

Cousins, J. B., Cullen, J., Sumbal, M. & Maicher, B. (2009). Debating Professional Designations for Evaluators: Reflections on the Canadian Process. *Journal of MultiDisciplinary Evaluation, 6* (11), 71–82.

Curnow, C. K. & McGonigle, T. P. (2006). The effects of government initiatives on the professionalization of occupations. *Human Resource Management Review, 16* (3), 284–293.

DeGEval – Gesellschaft für Evaluation e.V. (2002). Standards für Evaluation. Köln.

DeGEval – Deutsche Gesellschaft für Evaluation e.V. (2004). Empfehlungen für die Aus- und Weiterbildung in der Evaluation. Anforderungsprofile an Evaluatorinnen und Evaluatoren. Köln.

DeGEval – Gesellschaft für Evaluation e.V. (2014). Professionalisierung. Thesenpapier des Vorstands zur Jahrestagung 2014. Unveröffentlicht.

Demzky v. d. Hagen, A. & Voß, G. G. (2010). Beruf und Profession. In: F. Böhle, G. G. Voß & G. Wachtler (Hrsg.), *Handbuch Arbeitssoziologie* (S. 751–803). Wiesbaden: VS Verlag für Sozialwissenschaften.

Hense, J. U., Rädiker, S., Böttcher, W. & Widmer, T. (Hrsg.). (2013). *Forschung über Evaluation: Bedingungen, Prozesse und Wirkungen*. Münster, New York: Waxmann.

Hense, J. U. & Steckhan, H. (2014). Aus- und Weiterbildung in Evaluation: Vergangenheit – Gegenwart – Zukunft? In DeGEval-Vorstand (Hrsg.), *Evaluation in Deutschland und Österreich: Stand und Entwicklungsperspektiven in den Arbeitsfeldern der DeGEval – Gesellschaft für Evaluation* (S. 191–205). Münster, NewYork: Waxmann

Joint Committee on Standards for Educational Evaluation [JCSEE] (1994). *The Program Evaluation Standards* (2nd ed.). Thousand Oaks: Sage Publications.

Mark, M., Henry, G. & Julnes, G. (2000). *Evaluation: An Integrated Framework for Understanding, Guiding, and Improving Policies and Programs*. San Francisco: Jossey-Bass.

Mieg, H. A. (2005). Professionalisierung. In F. Rauner (Hrsg.),*Handbuch der Berufsbildungsforschung* (S. 342–349). Bielefeld: Bertelsmann.

Mieg, H. A. (2010). Professionalisierung: eine dreifache Autonomieregulation. In K. Gräfin von Schlieffen Breinlinger, Roland/Dauner, Friedrich/Greger, Reinhard u. a., *Professionalisierung und Meditation* (S. 15–27). München: C.H. Beck.

Stockmann, R. (2010). Wissenschaftsbasierte Evaluation. In R. Stockmann & W. Meyer, *Evaluation. Eine Einführung* (S. 55–100). Opladen, Berlin, Toronto: Barbara Budrich.

Stockmann, R. & W. Meyer (2010). *Evaluation. Eine Einführung*. Stuttgart: UTB.

Wilensky, H. L. (1964). The Professionalization of Everyone? *The American Journal of Sociology, 70* (2), 137–158.

Yarbrough, D. B., Shulha, L. M., Hopson, R. K.& Caruthers, F. A. (2011). The Program Evaluation Standards: A Guide for Evaluators and Evaluation Rsers (3rd ed.). Thousand Oaks: Sage.

Masterstudiengang Evaluation – Professionalisierung der Evaluation durch hochschulische Ausbildung

Jörg Rech unter Mitarbeit von Sandra Schopper

1. Einführung

Ziel von Professionalisierungsbestrebungen ist es, den Wissensstand über einen bestimmten Handlungs- und Problembereich zu verbessern und allgemein verbindliche Verhaltens- und Handlungsstandards innerhalb eines Tätigkeitsfelds zu etablieren. Hierdurch sollen Qualität, Transparenz und Kontrolle von Leistungen optimiert und eine Vertrauensbeziehung zwischen Anbietenden und Klientinnen und Klienten aufgebaut werden. Strukturelle Merkmale von Professionalisierung sind eine spezifizierte Wissensbasis für alle Akteurinnen und Akteure eines Bereichs, der organisatorische Zusammenschluss der im Feld Tätigen, die Festlegung von Standards des professionellen Handelns und die Etablierung von Ausbildungsprogrammen, die eine grundlegende Wissensbasis und Standards vermitteln (vgl. Brandt, 2009, S. 34 f.; Freidson, 1994, 2001; Halliday 1987). Wird die Professionalisierung des Evaluationsbereichs betrachtet, stellt Stockmann (2010) fest, dass „eine Vielzahl von Professionalisierungsbestrebungen zu erkennen sind und sich zunehmend eine ‚Evaluationskultur‘ ausbreitet" (Stockmann, 2010, S. 35).

Diese Feststellung basiert auf mehreren Beobachtungen. So hat Evaluation an Bedeutung gewonnen und ist inzwischen ein anerkanntes, sich weiter etablierendes Instrument von Politikgestaltung und der Steuerung von Projekten und Programmen sowie Organisationen geworden. Dies hat zur Folge, dass die Nachfrage nach Evaluationen kontinuierlich steigt. Diese gestiegene Nachfrage hat einerseits dazu geführt, dass die Zahl der mit Evaluation Beschäftigten ebenfalls zugenommen hat. Das Spektrum dabei reicht von Einzelgutachterinnen und -gutachtern über (kleine) Consultings bis hin zu Sozialforschungsinstituten, Wirtschaftsprüfungsgesellschaften und Unternehmensberatungsfirmen, die den Markt gerade für sich zu entdecken beginnen (vgl. Stockmann, 2010, S. 32 ff.). Andererseits sorgt der Bedarf auch für die Notwendigkeit, das Wissen über die Qualität von Evaluation zu verbessern und zu standardisieren sowie genügend qualifizierte Fachkräfte auszubilden, um die Nachfrage bedienen zu können.

Dementsprechend ist es nachvollziehbar, dass auch die weltweit angebotenen Trainings- und Weiterbildungsangebote in diesem Bereich stark zugenommen haben (vgl. ebd.). Dies ist nicht nur in den USA festzustellen, wo die Evaluation ihre Wurzeln hat und laut einem Ranking von Furubo, Rist & Sandahl (2002) die Evaluationskultur auch am stärksten ausgeprägt ist. Auch in Europa expandiert das Angebot. Indiz hierfür ist beispielsweise eine hohe Anzahl an Studiengängen mit Evaluationsbezug, wie eine regelmäßige, seit 2004 stattfindende Umfrage der

Universität Bern zeigt. Derzeit gibt es 13 Evaluationsstudiengänge in Europa, zu denen auch der Master of Evaluation in Saarbrücken gehört, der vor allem auf Initiative von Professor Dr. Reinhard Stockmann gegründet wurde.

Der Studiengang existiert bereits seit über zehn Jahren und hat zum Ziel, die Professionalisierung im Evaluationsbereich voranzutreiben. Eine grundlegende Voraussetzung hierfür ist, dass er sich am Ausbildungsmarkt durchsetzen kann. Inwiefern dem Studiengang dies bisher gelang und welche Perspektiven ihm diesbezüglich offen stehen, soll in diesem Beitrag veranschaulicht werden.

Zur Analyse seiner Etablierung am Markt wird der Studiengang hinsichtlich mehrerer Kriterien beleuchtet. Das erste Kriterium ist die Passgenauigkeit des Curriculums zu den Vorgaben der Fachdisziplin. Dabei wird untersucht, inwiefern die curricularen Ausbildungsinhalte komplementär zu den Anforderungen der zuständigen Fachgesellschaft in Deutschland, der DeGEval – Gesellschaft für Evaluation, sind. Die DeGEval dient als Referenzgröße, da sie innerhalb der Disziplin dafür zuständig ist, eine einheitliche Wissensbasis zu schaffen. Das nächste Kriterium zur Analyse der Marktdurchsetzungsfähigkeit ist die Orientierung an den Bedürfnissen der Zielgruppe. Hierfür werden die organisatorische Umsetzung der curricularen Inhalte und die Entwicklung der Nachfrage im Zeitverlauf beschrieben. In diesem Kontext wird auch ein Profil der Zielgruppe herausgearbeitet, um zu zeigen, für welche Akteurinnen und Akteure der Studiengang relevant ist. Inwiefern die Studierenden so ausgebildet wurden, dass sie am Stellenmarkt erfolgreich sind und den Zielen der Professionalisierung genügen, d. h. die Studiengangsinhalte im Beruf anwenden können und dadurch qualitativ gute Evaluationen durchführen können, stellt das nächste Untersuchungskriterium dar. Im Anschluss werden darüber hinausgehende Beiträge des Studiengangs zur Professionalisierung aufgezeigt. Der Beitrag schließt mit einem Fazit und Ausblick.

2.   Anforderungen der Fachgesellschaft und Umsetzung im Curriculum

In welchem Maße der Masterstudiengang Evaluation zur Professionalisierung einer ganzen Disziplin beitragen und sich am Markt behaupten kann, hängt auch davon ab, inwiefern die Studiengangsinhalte die von der Fachgesellschaft DeGEval vorgegebenen und damit allgemein akzeptierten Kompetenzprofile berücksichtigen. Die DeGEval ist der organisatorische Zusammenschluss der im Evaluationsfeld tätigen Akteurinnen und Akteure im deutschsprachigen Raum und hat unter anderem zum Ziel, verbindliche Qualitätskriterien für Evaluation zu fördern und Aus- und Weiterbildungsangebote zu unterstützen.[1] Hierdurch soll ein Beitrag dazu geleistet werden, eine (einheitliche) Wissensbasis zu schaffen und dadurch die Qualität von Evaluationen zu sichern. Hierfür hat die DeGEval neben Evalua-

---

1   Vgl. hierzu http://www.degeval.de/ueber-uns/ziele/ [11.11.2014].

tionsstandards auch Empfehlungen zur Aus- und Weiterbildung formuliert. Diese Empfehlungen enthalten Anforderungs- bzw. Kompetenzprofile, die für die angemessene Durchführung von Evaluationen erforderlich sind (vgl. DeGEval, 2008).

Ein Ziel der Empfehlungen zur Aus- und Weiterbildung ist es zu definieren „welche Kenntnisse und Kompetenzen im Sinne eines grundlegenden Anforderungsprofils für die Tätigkeit als Evaluatorin oder Evaluator notwendig sind und entsprechend in ein Programm zur Aus- und Weiterbildung aufgenommen werden sollten" (DeGEval, 2008, S. 8). Weiterhin sollen sie aber auch dazu beitragen, dass sowohl Auftraggebende als auch Evaluatorinnen und Evaluatoren Sicherheit darüber erlangen, welche Kompetenzen im Evaluationsbereich erwartet werden (vgl. ebd.). „In diesem Sinne sind [die Empfehlungen] auch als Beitrag zur Entwicklung von Qualitätsstandards in der Aus- und Weiterbildung" (ebd.) zu verstehen. Sie richten sich an Studienprogramme und alle sonstigen Formen der Aus- und Weiterbildung in der Evaluation. Die Empfehlungen der DeGEval beziehen sich auf folgende fünf Themenfelder:

1. Theorie und Geschichte der Evaluation,
2. Methodenkompetenzen,
3. Organisations- und Feldkenntnisse,
4. Sozial- und Selbstkompetenzen,
5. Praxis der Evaluation.

Dabei ist der letztgenannte Punkt als Querschnittsbereich zu verstehen, in dem die in den Feldern eins bis vier genannten erworbenen Kompetenzen in der Praxis angewendet und vertieft werden. Zur *Theorie und Geschichte der Evaluation* zählen grundlegendes Wissen über zentrale Begriffe, Definitionen und Evaluationsstandards sowie ein konzeptionelles Verständnis der geschichtlichen Entwicklung der Evaluation und der theoretischen und methodologischen Ansätze. Diese Kenntnisse sind unabdingbar, um die unterschiedlichen Rollenverständnisse von Evaluatorinnen und Evaluatoren zu verstehen und entsprechend angemessene Evaluationsdesigns entwickeln zu können. Die *Methodenkompetenzen* umfassen in erster Linie Kenntnisse über qualitative und quantitative Erhebungsmethoden und Auswertungsverfahren der Sozialforschung. Zudem sollten Evaluatorinnen und Evaluatoren aber auch ein Grundwissen im Projektmanagement erwerben. *Organisations- und Feldkenntnisse* beinhalten ein umfangreiches Wissen zum Verständnis von Organisationen und Politikfeldern, in denen evaluiert wird. Dies ist wichtig, da Organisationen Träger von zu evaluierenden Programmen sind oder selbst evaluiert werden und daher Kenntnisse über Strukturen, Handlungsprogramme sowie Formen der Interaktion und Kommunikation in Organisationen notwendig sind. *Feldkenntnisse* beziehen sich unter anderem auf evaluationsspezifische Besonderheiten, die bei der Evaluation in einem bestimmten Politikfeld (z. B. Entwicklungszusammenarbeit, Bildung, soziale Dienstleistung) zu berücksichtigen sind. Neben dem fachlichen und methodischen Wissen sind die Verständigung und Zusammenarbeit zwischen Evaluatorinnen und Evaluatoren mit den beteiligten Stakeholdern (Auftraggeber, Kolleginnen und Kollegen, Betroffene, Nutzerinnen und Nutzer) sowie Selbstmanagement und Problemlösefähigkeiten notwendige Erfolgsbedingungen für professionell durchgeführte Evaluationen. Somit gehören entsprechende *Sozial- und Selbstkompetenzen* ebenfalls zum empfohlenen Anforderungsprofil (vgl. DeGEval, 2008, S. 8).

Wird das von der Fachgesellschaft empfohlene Kompetenzprofil mit den Studiengangsinhalten des Master of Evaluation verglichen, fällt eine große Übereinstimmung auf. Dies kann bereits an der Strukturierung des Lehrangebots in Modulen festgestellt werden:

- Evaluationstheorie,
- Organisationswissen,
- Evaluationspraxis,
- Methoden der Datenerhebung und -auswertung im Evaluationskontext,
- Schlüsselqualifikationen,
- Praktikum,
- Fach- und Feldkompetenz,
- Master-Thesis (vgl. MEval, 2014a; MEval, 2014b; MEval, 2014c).

Unterschiede zwischen den Empfehlungen und dem Curriculum des Saarbrücker Masterstudiengangs sind vor allem im Rechts- und Verwaltungswissen festzustellen, die von der DeGEval empfohlen, jedoch nicht im Master of Evaluation in einer eigenen Veranstaltung angeboten werden. Das inhaltliche Studienangebot geht allerdings in vielen Bereichen über die Empfehlungen der Fachgesellschaft zum erforderlichen Kompetenzprofil hinaus. So beinhaltet das Curriculum bereits seit dem Start des Studiengangs z. B. die Vermittlung von Kenntnissen über Qualitätsmanagement. Zudem kamen im Zeitverlauf neue Inhalte hinzu. Hierbei orientierte man sich v.a. an international diskutierten Trends und gab diesen Themen im Curriculum eine stärkere Gewichtung, wie z. B. das Thema Wirkungsorientierung. Dieses wird anhand des von Reinhard Stockmann entwickelten und am Centrum für Evaluation (CEval) vielfach eingesetzten Evaluationsansatzes praktisch vertieft (vgl. DeGEval, 2008; MEval, 2014a).

Bilanzierend kann festgehalten werden, dass das curriculare Angebot des Master of Evaluation überwiegend deckungsgleich zu den Empfehlungen zur Aus- und Weiterbildung der Fachgesellschaft ist. Somit wird einerseits die Professionalisierung der Evaluation in Deutschland weiter vorangetrieben, da die Anforderungen im Studiengang den vorgegebenen Standards entsprechen. Andererseits hat dies sicherlich auch dazu beigetragen, dass die Abschlüsse innerhalb der Evaluationscommunity akzeptiert bzw. nachgefragt werden und der Studiengang somit eine stets hohe Nachfrage erfahren hat und sich entsprechend am Ausbildungsmarkt durchsetzen konnte.

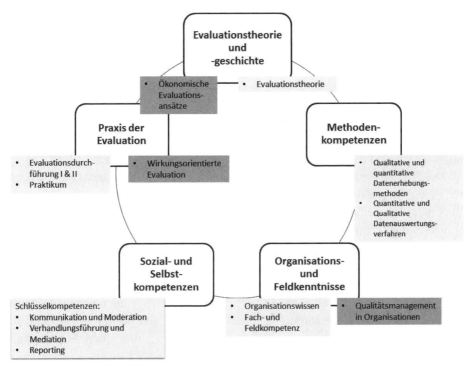

Abbildung 1:   Vergleich des empfohlenen Kompetenzprofils der DeGEval mit den Studiengangsinhalten des Master of Evaluation. Legende: Innerer Kreis = Empfohlenes Kompetenzprofil der DeGEval, zugeordnete Kästen = Studiengangsinhalte des Master of Evaluation, dunkelgrau hinterlegte Inhalte weichen von den Empfehlungen der DeGEval ab. Quelle: Eigene Darstellung auf Basis von DeGEval (2008) und MEval (2014a)

3.   Etablierung des Studiengangs am Ausbildungsmarkt

Die tatsächliche Etablierung des Studiengangs am Ausbildungsmarkt ist trotz der bereits geschilderten inhaltlichen Voraussetzungen nicht selbstverständlich. Inwiefern dies gelungen ist, welche Zielgruppe den Studiengang besonders nachfragt und welche Entwicklung der Studiengang vollzogen hat, wird nachfolgend näher beschrieben.

3.1   Beschreibung des Studiengangs und seiner Entwicklung

Das Defizit, dass der steigenden Nachfrage nach Evaluationen und dafür adäquat ausgebildeten Evaluatorinnen und Evaluatoren kein hochschulisches Ausbildungsangebot gegenüberstand, wurde in Deutschland zuerst von der Universität des Saarlandes (UdS), der Hochschule für Technik und Wirtschaft des Saarlandes (htwsaar) sowie der Katholischen Hochschule für Soziale Arbeit Saarbrücken (KHSA) identifiziert und behoben. Auf Initiative von Prof. Dr. Reinhard Stockmann (UdS) und Prof. Dr. Dieter Filsinger (KHSA) gründeten diese drei Hochschulen 2004 gemeinsam den ersten Evaluationsstudiengang in Deutschland, den Master of Evaluation. In Zeiten, als sogar die sogenannte Bologna-Reform noch in den Kinderschuhen steckte, war dies nicht nur für den Evaluationsbereich, sondern auch für die Hochschullandschaft insgesamt ein innovativer Schritt. Die beteiligten Hochschulen verständigten sich darauf, die Verwaltung der Studierenden an der UdS zu organisieren, sodass auch die Studiengangskoordination dort angesiedelt ist.

Der Studiengang ist seit Beginn als Postgraduierten-Studium konzipiert, d. h. er steht allen Interessierten offen, die mindestens einen Bachelor vorweisen können. Zudem ist der Aufbaustudiengang interdisziplinär ausgerichtet, d. h. er richtet sich aufgrund der fachlichen Nähe zwar insbesondere an Absolventinnen und Absolventen sozialwissenschaftlicher (Fach-) Hochschulstudiengänge aus dem In- und Ausland; der interdisziplinäre Charakter des Studiengangs ermöglicht aber auch (Fach)Hochschulabsolventinnen und -absolventen aus anderen Fachdisziplinen den Zugang zum Evaluationsstudium. Damit hat der Master of Evaluation im Vergleich zu konsekutiven Studiengängen den Vorteil, eine breitere Zielgruppe an (Bachelor-)Absolventinnen und Absolventen ansprechen zu können. Ein Nachteil besteht darin, dass postgraduale Studiengänge an der UdS in der Regel gebührenpflichtig sind. Wenngleich die Gebühren im Vergleich zu anderen Aufbaustudiengängen moderat sind[2], ist es nachvollziehbar, dass hierdurch die Nachfrage eingeschränkt wird (vgl. Rech, 2013; MEval, 2014d; MEval, 2014e).

Der Studiengang ist praxisorientiert und soll zur professionellen Durchführung und Koordination von Evaluationen befähigen, indem er erforderliche Kernkompetenzen zur wissenschaftlichen Bearbeitung von Evaluationsfragestellungen sowie Kenntnisse für gutachterliche und beratende Tätigkeiten vermittelt. Gleichzeitig bereitet er auf organisationsinterne Aufgaben im Kontext von Qualitätsmanagement und Organisationsentwicklung vor. Das Studium beginnt jeweils zum Wintersemester (WS) und schließt mit dem Master-Titel (120 ECTS-Credits) ab. Dabei stehen pro Studierendenkohorte 25 Studienplätze zur Verfügung, sodass bei mehr als 25 Bewerberinnen und Bewerbern eine Auswahl anhand der Studien- und Prüfungsleistungen im vorausgegangenen Studium und der persönlichen Eignung erforderlich ist. Die Regelstudienzeit beträgt vier Semester. Der erste Abschnitt des Studiums zielt thematisch auf die Vermittlung grundlegender, allgemein für die Evaluation erforderlicher Kenntnisse und Fertigkeiten ab. Aufbauend darauf erfolgt in einem zweiten Abschnitt eine Vertiefung der erlernten Inhalte anhand jeweils eines Praxisfeldes der Evaluation. Zur Auswahl stehen derzeit die folgenden vier Bereiche:

---

2   Die Studiengebühren betrugen im ersten Jahr des Bestehens 750,-€ je Semester, zwischen dem Wintersemester 2005/06 und dem Sommersemester 2012 1.000,-€ pro Semester, seit dem Wintersemester 2012/13 1.200,-€ pro Semester.

- Evaluation in der Entwicklungszusammenarbeit,
- Evaluation von sozialen Dienstleistungen,
- Evaluation im Bildungsbereich und
- Evaluation im Gesundheitswesen.

Seit dem Bestehen des Studiengangs MEval hat sich das Schwerpunktangebot teilweise verändert. Die Schwerpunkte Entwicklungszusammenarbeit, Bildung und soziale Dienstleistungen sind davon nicht betroffen. Die Praxisfelder ,Umwelt' und ,Wirtschaftspolitik' wurden von 2004 bis 2007 bzw. 2012 angeboten und aufgrund mangelnder Nachfrage eingestellt. Das Vertiefungsangebot ,Sportorganisationen und Gesundheitsanbieter' bestand von 2006 bis 2009. Danach wurde dieser Schwerpunkt inhaltlich geschärft und ist seitdem als Praxisfeld ,Gesundheitswesen' Bestandteil des Schwerpunktangebots (vgl. Rech, 2013; MEval 2014d; MEval, 2014e; MEval, 2014f.).

Neben inhaltlichen Veränderungen war aber auch eine wesentliche strukturelle Reform erforderlich. Bereits im zweiten Studienjahr wurde beschlossen, den Studiengang für Berufstätige attraktiver zu gestalten. Der Grund war zum einen die geringe Nachfrage im ersten Studienjahr (s.u.). Zum anderen hat sich aufgrund der Anfragen von Interessierten bereits sehr früh gezeigt, dass ein Evaluationsstudiengang für viele attraktiv ist, die im Rahmen ihrer beruflichen Tätigkeit mit Monitoring und Evaluation befasst sind und sich hierfür professionalisieren möchten. Um das Studienangebot besser an die Bedürfnisse von Berufstätigen anzupassen, wurde die Kursorganisation geändert. Während im ersten Jahr die Kurse noch wöchentlich stattfanden, wurden sie ab dem WS 2005/06 als Blockkurse angeboten, und zwar jeweils von Donnerstagmittag bis Samstagnachmittag, sodass die An- und Abreise am ersten bzw. letzten Tag möglich ist.

Da sich die Präsenzzeiten des 1. und 3. bzw. 2. und 4. Semesters nicht überschneiden, ist es möglich, Veranstaltungen aus dem 1. Semester im 3. Semester zu belegen (bzw. aus dem 2. Semester im 4. Semester). Dadurch lässt sich ein individueller, auf die jeweilige berufliche und private Situation zugeschnittener Studienplan erstellen. Weiterhin wird ein berufsbegleitendes Studium dadurch begünstigt, dass die Studiengebühren lediglich für den Zeitraum der Regelstudienzeit (vier Semester) zu entrichten sind. Sollte sich das Studium verlängern, fallen keine Mehrkosten – außer den Rückmeldegebühren der Universität – an. Seit dieser Reform steht der Studiengang somit sowohl Interessierten offen, die nach einem ersten Hochschulabschluss weiterstudieren wollen, als auch Berufstätigen, deren Studium bereits einige Zeit zurückliegt. In der Folge erhöhte sich die Nachfrage nach dem Studienangebot im Bereich Evaluation in Saarbrücken deutlich (s.u.).

Der Studiengang hatte aber auch eine Krise zu bewältigen, da die KHSA zum Ende des Jahres 2008 aufgelöst wurde. Seitdem wird die Kooperation alleine durch die UdS und die htwsaar getragen. Dies war vor allem deshalb möglich, weil die Studiengänge der KHSA seit 2009 von der htwsaar fortgeführt und erweitert wurden und sich somit die dort neu gegründete Fakultät für Sozialwissenschaften an der Lehre im Master of Evaluation beteiligen konnte (vgl. CEval, 2009, S. 27). Vonseiten der UdS ist derzeit ausschließlich der Lehrstuhl für Soziologie unter der Leitung von Prof. Dr. Reinhard Stockmann an der Lehre im Studiengang beteiligt.[3] Obgleich die für die Lehre notwendigen Ressourcen seit 2009 nur noch von zwei Hochschulen erbracht werden, konnte der Master of Evaluation auf diese veränderten strukturellen Rahmenbedingungen positiv reagieren und gestärkt hervorgehen. Aus der Krise wurde Kontinuität, die sowohl durch eine hervorragende Kooperation der beiden beteiligten Fachrichtungen als auch durch eine stetig steigende Nachfrage (s.u.) geprägt ist.

3.2   Entwicklung der Nachfrage und des Nachfrageprofils des Studiengangs

Gemessen an der Anzahl der Studienbewerberinnen und -bewerber sowie der Studienanfängerinnen und -anfänger ist die Nachfrage seit dem Start des Studiengangs 2004 stetig gestiegen. Der größte Effekt zur Steigerung der Nachfrage konnte im WS 2005/06 durch die Ausrichtung auf ein berufsbegleitendes Studium erzielt werden. So ist im Vergleich zum ersten Jahr ein Anstieg von vier auf 19 Studienanfängerinnen und -anfänger zu verzeichnen. Seitdem ist die Zahl der Erstsemester nicht mehr unter diese Marke gefallen und hat sich nach oben bewegt. Dies spricht für die Qualität des Studienangebots des Master of Evaluation.

Auch die Reduzierung auf die zwei Kooperationspartner UdS und htwsaar im Jahr 2009 hat die Nachfrage nach dem Studiengang nicht beeinträchtigt. Im Gegenteil konnten seitdem in der Regel mehr als 20 Studienplätze an geeignete Bewerberinnen und Bewerber vergeben werden. Zweimal wurde sogar die Zulassungshöchstgrenze angesichts einer Vielzahl qualifizierter Kandidatinnen und Kandidaten überschritten. Ein leichter Rückgang der Nachfrage ist zwischen WS 2010/11 und WS 2011/12 zu verzeichnen. Dies liegt zum einen daran, dass im WS davor die Zulassungshöchstgrenze überschritten wurde, sodass der Vergleichswert doch unüblich hoch ausfällt. Zum anderen könnte dies damit zusammenhängen, dass für das WS 2011/12 eine Erhöhung der Studiengebühren angekündigt und im WS 2012/13 umgesetzt wurde. Ein dauerhaft negativer Effekt hat sich dadurch aber nicht eingestellt, wie der Anstieg der Nachfrage im WS 2014/15 verdeutlicht (vgl. Abbildung 2). Eine Ursache hierfür ist sicher, dass die Studiengebühren immer noch moderat im Vergleich zu anderen Aufbaustudiengängen – sowohl im Evaluationsbereich (vgl. hierzu eine Übersicht der europäischen Evaluationsstudiengänge von Friedrich, 2012) aber auch in anderen Fachbereichen – sind. Zudem hat der Studiengang im Jahr 2014 seine Marketingaktivitäten deutlich verstärkt.

---

3 Von 2006 bis 2012 beteiligte sich vonseiten der UdS zudem der Lehrstuhl für Sportsoziologie und -ökonomie des Sportwissenschaftlichen Instituts (SWI) unter der Leitung von Prof. Dr. Eike Emrich an der Lehre im Masterstudiengang Evaluation.

Hierzu gehören eine Neugestaltung der Webseite des Masterstudiengangs und der in diesem Jahr erstmalig angebotene „Schnuppertag Evaluation".

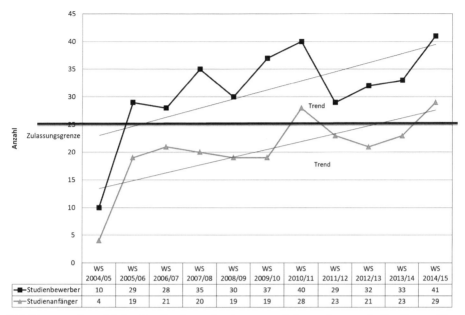

	WS 2004/05	WS 2005/06	WS 2006/07	WS 2007/08	WS 2008/09	WS 2009/10	WS 2010/11	WS 2011/12	WS 2012/13	WS 2013/14	WS 2014/15
Studienbewerber	10	29	28	35	30	37	40	29	32	33	41
Studienanfänger	4	19	21	20	19	19	28	23	21	23	29

Abbildung 2: Anzahl der Studienbewerberinnen und -bewerber sowie Studienanfän-
gerinnen und -anfänger seit WS 2004/05. Quelle: Studierendenstatistik
des Studiengangs

Die Personen, die den Evaluationsstudiengang studieren, sind keine homogene Gruppe. So gibt es zwar konstante Eigenschaften, jedoch haben sich im Zeitverlauf auch einige Merkmale verändert. Zu den Charakteristika, die relativ gleich geblieben sind, zählt die Fachdisziplin des Erststudiums: Die meisten Studierenden haben vor dem Master of Evaluation ein sozialwissenschaftliches Studium absolviert (41%, n=245). Es zeigt sich weiterhin, dass die interdisziplinäre Ausrichtung des Studiengangs den Bedarf nach Professionalisierung im Bereich Evaluation gut widerspiegelt. So haben nicht nur Sozialwissenschaftlerinnen und -wissenschaftler mit Evaluation zu tun, sondern auch Personen mit anderem fachlichen Hintergrund wollen sich in diesem Bereich weiterbilden. Daher ist eine Vielzahl an Fachdisziplinen im Studiengang vertreten. Dabei hat die größte Gruppe einen Abschluss in einem Fach der Geistes-, Sprach- und Kulturwissenschaften (17%, n=245). Aber auch Wirtschaftswissenschaftlerinnen und -wissenschaftler sowie Absolventinnen und Absolventen eines Fachs aus dem Gesundheitswesen sind mit 12% bzw. 9% relativ häufig vertreten, wobei letztere Gruppe gewachsen ist, seit der Schwerpunkt ‚Gesundheitswesen' etabliert wurde (vgl. Abbildung 3 und Tabelle 1).

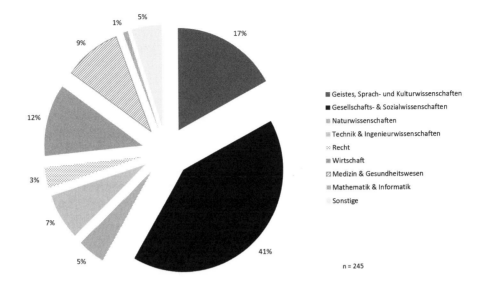

Abbildung 3: Fachdisziplin der Studienanfängerinnen und -anfänger des Master of Evaluation seit dem WS 2004/05. Quelle: Studierendenstatistik des Studiengangs

Tabelle 1: Fachdisziplin der Studienanfängerinnen und -anfänger des Master of Evaluation seit dem WS 2004/05[4]

	n	Prozent
Geistes, Sprach- und Kulturwissenschaften	42	17
Gesellschafts- & Sozialwissenschaften	101	41
Naturwissenschaften	11	4
Technik & Ingenieurwissenschaften	18	7
Recht	8	3
Wirtschaft	28	11
Medizin & Gesundheitswesen	23	9
Mathematik & Informatik	2	1
Sonstige	12	5
Summe	245	100

Quelle: Studierendenstatistik des Studiengangs

---

4   Aufgrund von Mehrfachabschlüssen oder Haupt- und Nebenfächern bei Magisterstudiengängen in verschiedenen Fachdisziplinen ist die Anzahl der Nennungen größer als die Zahl der Studienanfänger

Dies hatte auch zur Folge, dass im WS 2012/13 genügend Personen diesen Schwerpunkt wählten, sodass er zum ersten Mal durchgeführt werden konnte. Gleichzeitig studierten im selben Jahrgang weniger Personen mit Interesse oder beruflichem Bezug zur Entwicklungszusammenarbeit oder zu Bildung und soziale Dienstleistung. Daraus ergab sich, dass erstmals seit Beginn des Studiengangs nicht wie üblich ein Schwerpunkt ‚Entwicklungszusammenarbeit‘ und ein Kombinationsschwerpunkt ‚Bildung/Soziale Dienstleistung‘ realisiert werden konnte. Stattdessen fand ein Schwerpunkt ‚Gesundheit‘ und ein Kombinationsschwerpunkt ‚Bildung/Entwicklungszusammenarbeit‘ statt.[5] Im darauffolgenden Jahr war die Nachfrage nach dem Schwerpunkt ‚Entwicklungszusammenarbeit‘ sogar so niedrig, dass er nicht zustande gekommen ist. Allerdings konnte auch kein neuer Trend etabliert werden, da der Gesundheitsschwerpunkt bisher nur einmal stattfinden konnte und der Schwerpunkt ‚Entwicklungszusammenarbeit‘ parallel zum Schwerpunkt ‚Bildung/Soziale Dienstleistung‘ seit dem WS 2014/15 wieder angeboten wird. Dies zeigt, dass die Felder, in denen der Wunsch nach Professionalisierung im Evaluationsbereich vorhanden ist, nicht konstant sind. Daher ist Flexibilität im Lehrangebot gefragt, die der Master of Evaluation durch seine Struktur und die verschiedenen Vertiefungsmöglichkeiten mitbringt.

Der Studiengang musste sich auch auf andere Veränderungen einstellen und Lösungen finden. So war das Durchschnittsalter seit dem WS 2005/06 mit 36,4 Jahren bis zum WS 2012/13 jährlich auf 33,2 Jahre gesunken und seitdem ist wieder ein Anstieg auf derzeit 36,9 Jahre zu verzeichnen. Dies geht einher mit der Beobachtung, dass die Zahl der Personen mit einem Magister- oder Diplomabschluss aus dem Erststudium nicht substanziell abnimmt, obwohl man einen Rückgang vermuten könnte, da diese Abschlussarten seit der Bologna-Reform immer seltener angeboten wurden. So haben nach wie vor ca. zwei Fünftel der Studierenden des Master of Evaluation (42%, n=29 Studienanfängerinnen und -anfänger im WS 2014/15) einen Magister- oder Diplomabschluss. Dies bedeutet, dass bei einem großen Teil der Studierenden der Studienabschluss schon länger zurück liegt und sich der Studiengang darauf einstellen muss. Da er insbesondere im Methodenmodul auf vorhandenem Grundwissen aufbaut, sind entsprechende Tutorien zur Auffrischung des Methodenwissens erforderlich. Dies gilt auch für Studierende aus Disziplinen, in denen kein sozialwissenschaftliches Methodenwissen vermittelt wird. Die Offenheit des Studiengangs für verschiedene Fachdisziplinen fördert zwar die Nachfrage, stellt die Ausbildung jedoch vor die Herausforderung, dass die Kenntnisse der Studierenden im Bereich der empirischen Sozialforschung sehr heterogen sind. Um das Kompetenzniveau anzupassen und somit in der Lehre im

---

5   In jedem Studienjahr können zwei Schwerpunkte realisiert werden. Das jeweilige Angebot orientiert sich an der Schwerpunktwahl der Studierenden. Da aber meist nicht eindeutig nur zwei Schwerpunkte präferiert werden, werden auch – sofern fachlich miteinander vereinbar – Kombinationen angeboten.

Methodenmodul auf Grundwissen aufbauen zu können, werden daher auch für diese Zielgruppe Tutorien angeboten.

Diese Beispiele zeigen, dass die Nachfrage und damit der Wunsch nach Professionalisierung im Rahmen eines hochschulischen Angebots seit über zehn Jahren besteht und weiter wächst. Jedoch braucht es ein Angebot für Berufstätige, da sich die Notwendigkeit der Weiterbildung offenbar meist aus der beruflichen Tätigkeit im Zusammenhang mit Evaluation ergibt. Zudem sind flexible Lehrstrukturen gefragt, die einerseits eine gewisse Unsicherheit in der thematischen Nachfragestruktur abfedern und andererseits das Studium auch Gruppen ermöglichen, die keinen sozialwissenschaftlichen Hintergrund haben und deren Grundwissen im Bereich der Methoden der empirischen Sozialforschung damit weniger ausgeprägt ist. Diese Voraussetzungen werden vom Master of Evaluation erfüllt, sodass er auch durch diese Eigenschaften zur Professionalisierung im Evaluationsbereich beitragen kann.

Eine weitere Bedingung für einen Professionalisierungsbeitrag ist, dass die Absolventinnen und Absolventen am Stellenmarkt erfolgreich sind und den Zielen der Professionalisierung genügen, d.h. die Studiengangsinhalte im Beruf anwenden können. Inwiefern dies gelingt, wurde im Rahmen einer Absolventenverbleibsstudie untersucht, deren Ergebnisse im nächsten Kapitel dargestellt werden.

4.   Marktchancen der Absolventinnen und Absolventen und Professionalisierung

Im Dezember 2011/Januar 2012 führte der Master of Evaluation eine Befragung seiner Absolventinnen und Absolventen durch, um empirisch fundierte Daten zu ihren Berufschancen zu gewinnen. Ziel der Befragung war es zudem, die Qualität der Studieninhalte in Bezug zu den beruflichen Anforderungen zu untersuchen und Optimierungsbedarfe zu identifizieren.[6]

Für die Studie wurden die Absolventinnen und Absolventen der Studienanfängerkohorten[7] vom WS 2004/05 bis einschließlich WS 2008/09 befragt, da aus den nachfolgenden Kohorten zum Befragungszeitpunkt noch keine Studierenden examiniert waren. Daraus ergibt sich eine Grundgesamtheit von 31 Personen.[8] Diese auf den ersten Blick niedrige Absolventenzahl lässt sich durch mehrere Faktoren erklären. Erstens ist die Zahl der potenziellen Absolventinnen und Absolventen aufgrund der Zulassungsbeschränkung auf 25 Studienanfängerinnen und -anfänger relativ gering. Des Weiteren reduzieren Studienabbrüche die Zahl der Absol-

---

6   Die nachfolgenden Ausführungen in Kapitel 4 basieren auf dem in der Zeitschrift für Evaluation erschienen Beitrag von Jörg Rech (vgl. Rech, 2013).

7   Mit dem Begriff (Studienanfänger-)Kohorte wird eine Gruppe von Personen bezeichnet, die im gleichen Jahr ihr Studium begonnen haben.

8   Dies entspricht bei 83 Studienanfängerinnen und -anfängern von WS 2004/05 bis einschließlich WS 2008/09 einer Absolventenrate von 37%.

ventinnen und Absolventen, wenngleich diese mit ca. einem Fünftel im Vergleich zu sozialwissenschaftlichen Studiengängen, zu denen der Master of Evaluation eine inhaltliche Nähe aufweist, gering ist. Zudem tragen hohe berufliche Anforderungen der Studierenden sowie Mutterschutz- und Elternzeitphasen dazu bei, dass die Regelstudienzeit von einigen Studierenden überschritten wurde.

Für die Datenerhebung wurde ein Online-Fragebogen eingesetzt. Von den kontaktierten Absolventinnen und Absolventen antworteten 25, was einer Rücklaufquote von 81% entspricht.[9] Dies ist im Vergleich zu anderen Befragungen dieser Art als sehr hoch einzustufen und durch diesen Rücklauf wurden aussagekräftige Daten generiert. Die Rücklaufquote kann als ein hohes Commitment der ehemaligen Studierenden mit dem Master of Evaluation interpretiert werden. Eine kohortenspezifische Analyse ist angesichts dieser Fallzahl jedoch nicht sinnvoll.

Ein Beitrag zur Professionalisierung kann nur dann geleistet werden, wenn die Absolventinnen und Absolventen und ihre Qualifikationen am Stellenmarkt stetig nachgefragt werden. Daher ist es auch relevant, dass die Nachfrage und damit der Stellenmarkt mittel- bis langfristig relativ stabil sind. Die Daten zeigen, dass diese Bedingungen im Evaluationsbereich gegeben sind: Die Mehrheit (75%, n=24) der befragten Absolventinnen und Absolventen war bereits vor Studienbeginn berufstätig und zum Erhebungszeitpunkt gingen sogar alle Befragten einer Beschäftigung nach. Davon befinden sich 77% (n=22) in einem Angestelltenverhältnis und 23% sind freiberuflich tätig. Zwar haben sieben von 16 Befragten im Laufe des Studiums den Arbeitgeber gewechselt, dies ist jedoch kein Zeichen für instabile Beschäftigungsverhältnisse: Erstens gibt eine große Mehrheit der Befragten (86%, n=21) an, dass ihre berufliche Situation voraussichtlich mittel- bis langfristig Bestand haben wird. Lediglich bei drei Befragten (14%) ist die berufliche Situation nach eigener Einschätzung eine kurzfristige Übergangssituation. Zweitens schätzten die Absolventinnen und Absolventen ihre beruflichen Zukunftsperspektiven bezogen auf die Beschäftigungssicherheit überwiegend als gut ein (Mittelwert von 4,3 auf einer Skala von 1=‚sehr schlecht‘ bis 6=‚sehr gut‘; n=21).

Es ist ebenfalls positiv zu werten, dass arbeitsuchende Absolventinnen und Absolventen mit ihren Bewerbungen relativ schnell erfolgreich und dass die im Studium erworbenen Qualifikationen dabei offenbar mitentscheidend waren. Zudem berichteten nur wenige Befragte von generellen Problemen bei der Stellensuche. Wenn Probleme genannt wurden, beziehen sie sich häufig auf Aspekte, die nicht auf generell ungünstige Beschäftigungsperspektiven hindeuten. Hierzu gehören beispielsweise eine zu große Entfernung der Stelle zum Wohnort (38%) oder höhere Erwartungen an die Berufserfahrung (24%, n=21). Als weiteres Indiz für gute berufliche Perspektiven im Evaluationsbereich kann die Tatsache gewer-

---

9 Bezüglich der einzelnen Fragestellungen kann die Anzahl der Fälle geringer sein, da die Befragten nicht immer alle Fragen beantwortet haben bzw. vier Personen die Befragung nicht beendet haben. Daher ist nachfolgend die Fallzahl bei jeder Auswertung angegeben (n).

tet werden, dass keine bzw. keiner der befragten Freiberuflichen (n=4) die Entscheidung für eine freiberufliche Tätigkeit auf eine erfolglose Bewerbungsphase zurückführt.

Neben den beruflichen Zukunftaussichten haben sich durch das Evaluationsstudium auch die Karriereaussichten verbessert. So haben über die Hälfte (53%, n=15) der befragten Absolventinnen und Absolventen nach dem Studium eine bessere berufliche Position inne; über eine Verschlechterung wurde in keinem Fall berichtet. Zudem haben sich mehrheitlich die Erwartungen der Befragten bezüglich ihrer Karriereaussichten durch das Studium erfüllt.[10] Daneben ist positiv hervorzuheben, dass sich das Einkommen durch das Studium bei sieben Befragten (41%) sogar erhöhte und bei den übrigen zehn Absolventinnen und Absolventen nach dem Studium konstant blieb (59%, n=17). Daher kann begründet angenommen werden, dass das Studium einen Beitrag zur Verbesserung der Aufstiegschancen und Verdienstmöglichkeiten der befragten Absolventinnen und Absolventen geleistet hat.

Für die Professionalisierung des Evaluationsbereichs ist es eine wichtige Voraussetzung, dass es genügend Stellen mit Evaluationsbezug gibt. Dabei ist ebenfalls relevant, wie hoch bei diesen Stellen der Anteil der Tätigkeiten mit Evaluationsbezug ist. Zwar zeigen die Ergebnisse, dass zumindest von den befragten Absolventinnen und Absolventen nur rund drei Viertel (72%, n=21) Stellen mit Evaluationsanteilen haben und es offenbar nur wenige Stellen mit 100% Evaluationsbezug gibt. Hervorzuheben ist in diesem Zusammenhang allerdings, dass die Evaluationsanteile der Befragten im Zeitverlauf angestiegen sind. Während vor dem Studium der durchschnittliche Evaluationsanteil bei 26% lag, liegt er nach dem Studium bei 36% (n=15).

Werden die Aufgaben der Absolventinnen und Absolventen genauer betrachtet, fällt auf, dass die Durchführung von Evaluationen vor, während und nach dem Studium den Hauptanteil der Tätigkeiten mit Evaluationsbezug darstellt. Allerdings haben insbesondere Aufgaben in den Bereichen ‚Qualitätssicherung von Evaluation‘, ‚Auftragsvergabe von Evaluationen‘ und sonstige Tätigkeiten mit Evaluationsbezug (z. B. Backstopping sowie Monitoring und Evaluation von Entwicklungsprojekten (3 Nennungen), Angebotserstellung für Evaluationsaufträge, Evaluationsforschung und Beratung zum Thema Evaluation (3 Nennungen)) im Zeitverlauf zugenommen (vgl. Abbildung 4).[11]

---

10 Die Befragten bewerteten vor dem Hintergrund der Frage „War die Teilnahme am Studium ‚Master of Evaluation‘ hinsichtlich folgender Aspekte nützlich für Sie?" die Items „Arbeitsmarktchancen verbessern" und „Bessere Aufstiegschancen im Beruf" auf einer Skala von 1=‚überhaupt nicht nützlich‘ bis 6=‚sehr nützlich‘ im Durchschnitt mit 4,3 bzw. 4,1.

11 Ob sich ggf. durch Stellenwechsel Art und Umfang der Evaluationstätigkeit verändert hat, kann aufgrund der vorliegenden Daten nicht ermittelt werden.

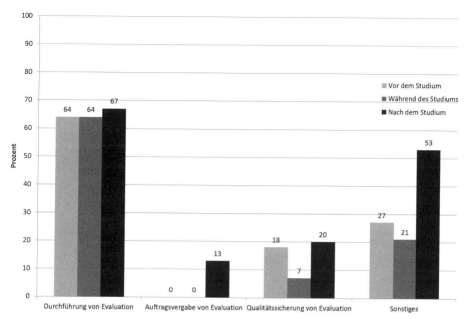

Abbildung 4: Tätigkeitsbereiche der befragten MEval-Absolventinnen und -Absolventen (Mehrfachnennung möglich). n (vor dem Studium) = 11, n (während des Studiums) = 14, n (nach dem Studium) = 15. Quelle: Rech 2013.

Für die Professionalisierung ist schließlich bedeutsam, inwiefern die vermittelten Kompetenzen nicht nur den Vorstellungen der Fachdisziplin genügen, sondern für den beruflichen Alltag relevant sind und entsprechend den beruflichen Anforderungen adäquat im Studiengang vermittelt wurden. Mit Blick auf diese Kriterien kann dem Studienangebot des Master of Evaluation eine hohe Relevanz bescheinigt werden: Die verschiedenen fachlichen Inhalte werden im beruflichen Alltag häufig eingesetzt. Ausnahmen hierbei bilden lediglich das Wissen über die Bereiche ‚Evaluationsansätze‘ und ‚Evaluationsstandards‘, die seltener benötigt werden. Kompetenzen in den Bereichen ‚Evaluationsplanung und -durchführung‘, ‚Darstellung und Präsentation von Evaluationsergebnissen‘ sowie ‚Erhebungs- und Auswertungsmethoden‘ werden sehr häufig eingesetzt. Dies kann darauf zurückgeführt werden, dass die Durchführung von Evaluationen der am häufigsten vorkommende Tätigkeitsbereich darstellt (vgl. Abbildung 4). Des Weiteren werden auch die Schlüsselqualifikationen wie ‚Moderation‘ und ‚Projektmanagement‘ relativ oft benötigt. Kenntnisse aus den Fächern ‚Organisationswissen‘, ‚Qualitätsmanagement‘ sowie ‚Fach- und Feldkompetenz aus dem Scherpunktfach‘ spielen ebenfalls eine wichtige Rolle, wenngleich sie etwas seltener eingesetzt werden (vgl. Abbildung 5).[12]

Hervorzuheben ist dabei, dass die im Beruf benötigten Evaluationskenntnisse im Master of Evaluation überwiegend adäquat vermittelt wurden oder sogar ausführlicher erlernt wurden, als in der Praxis benötigt[13] und dass die Studierenden das Studium hinsichtlich fachlicher Aspekte als nützlich beurteilen[14]. Lediglich beim ‚Projektmanagement‘ und bei der ‚Darstellung und Präsentation von Evaluationsergebnissen‘ entsprachen die im Master of Evaluation erworbenen Kenntnisse aus Befragtensicht nicht vollständig den Anforderungen der Berufspraxis.[15]

Mit Blick auf die Befunde der Absolventenverbleibsstudie kann zusammenfassend festgehalten werden, dass die Absolventinnen und Absolventen des Masterstudiengangs Evaluation am Stellenmarkt nicht nur gebraucht werden, sondern ihre Ausbildung befördert auch ihre berufliche Karriere. Bedeutsam ist zudem, dass sich die Stellenanteile mit Evaluationsbezug bei den Befragten im Zeitverlauf erhöht haben. Schließlich wird deutlich, dass die vermittelten Kompetenzprofile auch alltagstauglich sind, d.h. dass die Lerninhalte des Studiengangs im beruflichen Alltag benötigt und die für die beruflichen Anforderungen notwendigen Kompetenzen adäquat im Master of Evaluation vermittelt werden.

Somit kann zumindest für den deutschsprachigen Raum festgestellt werden, dass durch den Masterstudiengang ein Beitrag zur Professionalisierung der Evaluation geleistet wird. Inwiefern der Studiengang auch internationale Strahlkraft hat und damit generell die Professionalisierung im Evaluationsbereich voranbringt, wird im nächsten Abschnitt diskutiert.

---

12 Die Bewertungen erfolgten auf einer Skala von 1 = ‚überhaupt nicht eingesetzt‘ bis 6 = ‚sehr häufig eingesetzt‘. Zur Gegenüberstellung von positiven und negativen Werten wurde die Skala nachträglich um den Nullpunkt transformiert in -2,5 = ‚überhaupt nicht eingesetzt‘ bis 2,5 = ‚sehr häufig eingesetzt‘.

13 Die Bewertungen erfolgten auf einer Skala von 1 = ‚überhaupt nicht erlernt‘ bis 6 = ‚voll und ganz erlernt‘. Zur Gegenüberstellung von positiven und negativen Werten wurde die Skala nachträglich um den Nullpunkt transformiert in -2,5 = ‚überhaupt nicht erlernt‘ bis 2,5 = ‚voll und ganz erlernt‘.

14 Die Befragten bewerteten auf einer Skala von 1 = ‚überhaupt nicht nützlich‘ bis 6 = ‚sehr nützlich‘ vor dem Hintergrund der Frage „War die Teilnahme am Studium ‚Master of Evaluation‘ hinsichtlich folgender Aspekte nützlich für Sie?" die Items „Vertiefung von Fachwissen" im Durchschnitt mit 4,6, „Einstieg in ein neues Wissensgebiet" mit 4,5 und „Anschluss an neuere Entwicklungen" mit 3,9.

15 Hinsichtlich dieses Befunds ist anzumerken, dass die Befragung retrospektiv angelegt ist. Daher beziehen sich die kritischen Bewertungen der Absolventinnen und Absolventen zur Angemessenheit der Lerninhalte der Aspekte ‚Projektmanagement‘ und ‚Darstellung und Präsentation von Evaluationsergebnissen‘ auf Veranstaltungsinhalte, die aufgrund von Studierendenfeedback inzwischen an die Studierendenbedürfnisse angepasst wurden. Neuere Lehrevaluationen zeichnen ein positiveres Bild bei der Angemessenheit der Vermittlung dieser Lerninhalte im Bereich Schlüsselqualifikationen.

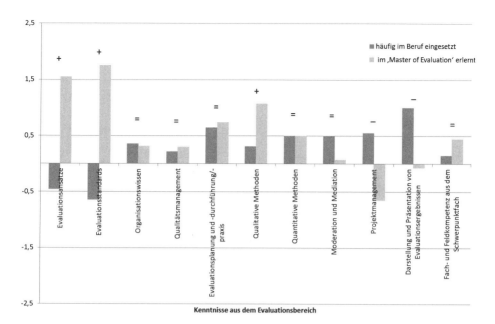

Abbildung 5: Vergleich der im Beruf eingesetzten Evaluationskenntnisse und deren Vermittlung durch den Master of Evaluation. „=" = die im Beruf benötigten Evaluationskenntnisse wurden im Master of Evaluation adäquat vermittelt, „+" = die im Beruf benötigten Evaluationskenntnisse wurden im Master of Evaluation ausführlicher erlernt als in der Praxis benötigt, „-" = die im Master of Evaluation erworbenen Kenntnisse entsprechen nicht den Anforderungen der Berufspraxis. Quelle: Rech 2013.

5. Transfer eines Erfolgsmodells

Nachdem sich der Masterstudiengang Evaluation in Deutschland etabliert hat, wurden Kooperationspartner gesucht, um die Professionalisierung im Evaluationsbereich auch international voranzutreiben. Bislang konnten zwei erfolgreiche Kooperationsprojekte initiiert werden. Hierbei handelt es sich um eine seit dem Jahr 2008 bestehende Zusammenarbeit zwischen der Universidad de Costa Rica (UCR) und dem Lehrstuhl für Soziologie an der UdS[16], die durch den Deutschen Akademischen Austauschdienst (DAAD) gefördert wird. Die Kooperation mit zwei ugandischen Universitäten wurde im Jahr 2012 ins Leben gerufen.

Hintergrund der Kooperation mit der UCR ist, dass in den letzten Jahren in Costa Rica das öffentliche Bewusstsein für die Notwendigkeit wuchs, ökonomische, ökologische und soziale Politikmaßnahmen, Programme und Projekte auf ihre Wirksamkeit und Nachhaltigkeit hin zu überprüfen. Als Reaktion darauf

---

16 Inhaber des Lehrstuhls für Soziologie der UdS ist Prof. Dr. Reinhard Stockmann.

richtete die UCR im Jahre 1994 den Masterstudiengang ‚Maestría en Evaluación de Programas y Proyectos de Desarrollo' (MEPPD; Masterstudiengang in Evaluation von Projekten und Programmen zur sozialen Entwicklung) ein. Dabei setzt sich der Maestría zum Ziel, den Stellenwert von Evaluation in Costa Rica bzw. Zentralamerika durch eine stärkere Qualifizierung von Fachpersonal zu erhöhen und so der steigenden Nachfrage an Evaluatorinnen und Evaluatoren gerecht zu werden. Bis 2008 war die Nachfrage nach der Maestría auf nationaler Ebene zwar zufriedenstellend, er konnte allerdings kaum Studierende anderer Nationen anwerben. Auch im Hinblick auf die Erfüllung internationaler Standards der Evaluation wies der Studiengang Optimierungspotenziale auf.

Daher wurde im Jahr 2008 eine Kooperation zwischen dem Studiengang der UCR, dem Centro de Investigación y Capacitación en Administración Publica (CICAP) und dem Lehrstuhl für Soziologie der UdS vereinbart. Bis 2011 (1. Förderphase im Rahmen des sog. DAAD-Beraterprogramms) diente die Kooperation in erster Linie dazu, den Maestría an internationale Anforderungen und an den im internationalen Evaluationskontext geltenden Standards für Aus- und Weiterbildung auszurichten und dadurch seine Attraktivität im zentralamerikanischen Raum zu stärken. Hierfür war eine Anpassung des Curriculums erforderlich. Im Rahmen der Zusammenarbeit wurde die UCR beraten, wie sie das bestehende Curriculum optimieren könnte. Dabei orientierte man sich an der Struktur und den Inhalten des Master of Evaluation in Saarbrücken, die sich bis dahin bereits bewährt hatten. Im Wesentlichen wurden folgende Veränderungen umgesetzt:

- Einführung einer Modulstruktur (ähnlich dem Saarbrücker Studiengang),
- Anpassung der einzelnen Lehrveranstaltungen an eine didaktisch logische Struktur,
- Ergänzung des Curriculums um ganze Module, z. B. Schlüsselkompetenzen,
- Stärkung des theoretischen und methodischen Grundlagenwissens,
- Einführung von Spezialisierungen,
- Einführung von Diskussionen über aktuelle Themen im internationalen Evaluationskontext, z. B. im Rahmen von Kolloquien,
- Einführung von Praktika,
- Einführung von Reglementierungen für die Abschlussarbeiten,
- Integration der Bearbeitung von Fallstudien,
- Anpassung der Titel der einzelnen Lehrveranstaltungen,
- Modifizierung der Credit-Points-Zuordnung.

So wurde das Curriculum den im internationalen Evaluationskontext geltenden Standards für Aus- und Weiterbildung angepasst. Bereits seit Mai 2011 wird an der UCR nach diesem überarbeiteten Curriculum unterrichtet.

Die zweite Kooperationsphase (2012–2015) wird durch das DAAD-Programm ‚Fachbezogene Partnerschaften mit Hochschulen in Entwicklungsländern' gefördert. In die Kooperation ist ebenfalls das CICAP eingebunden. Ziel dieser

Hochschulzusammenarbeit ist der Ausbau des Masterstudiengangs zu einem Leuchtturm der Evaluation in der Region durch die Verbesserung von Lehr- und Forschungsstrukturen sowie fachlichem und interkulturellem Austausch (vgl. CEval 2010). Zu diesem Zweck findet ein reger Austausch von Professorinnen und Professoren, Dozierenden, Graduierten und Studierenden zwischen Saarbrücken und San José statt, es wurden bereits drei von Reinhard Stockmann verfasste oder herausgegebene Lehrbücher ins Spanische übersetzt und ein gemeinsames Forschungsprojekt realisiert. Eine dritte Phase zur Fortführung der erfolgreichen Kooperation (2016–2019) ist angestrebt.

Die zweite, den Master of Evaluation betreffende Kooperation besteht zwischen dem Centrum für Evaluation – CEval[17] und der Uganda Technology and Management University (UTAMU). Begünstigt wurde dieses Projekt durch das Evaluation Capacity Development (ECD)-Vorhaben des Bundesministeriums für wirtschaftliche Zusammenarbeit und Entwicklung (BMZ). Vor dem Hintergrund der Pariser Erklärung (2005) und dem Accra Aktionsplan (2008) wurde vom BMZ das ECD-Programm entwickelt, um „Kompetenzen, Ressourcen und Leistungsfähigkeit zur Durchführung von Evaluierungen in Partnerländern zu stärken" (GIZ, 2011). Ziel von ECD ist es, „vor Ort Angebot und Nachfrage für qualifizierte Evaluierungsdienstleistungen zu bedienen und Evaluationsergebnisse für politische Entscheidungsprozesse besser nutzen zu können" (ebd.). Zum einen betrifft dies die Aus- und Fortbildung von Mitarbeiterinnen und Mitarbeitern öffentlicher und zivilgesellschaftlicher Organisationen, zum anderen richtet sich das Programm an Gutachterinnen und Gutachter aus Partnerländern, um diese dazu zu befähigen, Evaluierungen nach internationalen Standards durchzuführen (vgl. ebd.).

Im Auftrag des BMZ entwickelt das CEval in diesem Kontext seit 2012 gemeinsam mit der Deutschen Gesellschaft für Internationale Zusammenarbeit (GIZ) und der Makerere Universität in Kampala/Uganda (2012–2014) bzw. der UTAMU in Kampala/Uganda (seit 2014) einen Masterstudiengang Evaluation in englischer Sprache. Dieser im Blended-Learning-Format konzipierte Studiengang orientiert sich in Inhalt und Struktur am Master of Evaluation in Saarbrücken. Er ermöglicht ein zeit- und ortsunabhängiges Studium der Evaluation und kann so einen wichtigen Beitrag zur Professionalisierung der Evaluation in Entwicklungsländern leisten.

Die erste Testphase der Module (Zeitraum: September 2014 bis Mai 2015) verlief sehr vielversprechend. Im Rahmen von Präsenzseminaren durch erfahrene Lehrende (u. a. des CEval) im Bereich Evaluation sowie der tutoriellen Online-Begleitung der Studierenden (auch u. a. durch das CEval) und der Ergänzung durch Beiträge internationaler Expertinnen und Experten (beispielsweise der Weltbank) wurde festgestellt, dass das Angebot in dieser Form gut angenommen wird. Eine

---

17 Prof. Dr. Reinhard Stockmann ist Direktor des CEval, das somit eng mit dem Lehrstuhl für Soziologie verknüpft ist.

Erhöhung des Teilnehmerkreises auch über die Landesgrenzen Ugandas hinaus ist angestrebt.

Aufgrund des regen Interesses an Evaluation auch über die Landesgrenzen von Costa Rica hinaus, ist angedacht, an der UCR ebenfalls einen Blended-Learning-Masterstudiengang zu implementieren. Hierfür sollen die für Uganda entwickelten Lerninhalte ins Spanische übersetzt und (zunächst) in Teilmodulen angeboten werden. Durch dieses neue Angebot wird es möglich sein, auch über die Landesgrenzen Costa Ricas hinaus die Professionalisierung im Bereich der Evaluation im Sinne des Evaluation Capacity Developments mit Hilfe neuer Lehrmethoden zu fördern.

Insgesamt zeigen diese beiden erfolgreichen Kooperationen, dass der Masterstudiengang Evaluation in Saarbrücken auf andere Kontexte übertragbar ist und somit auch international einen Beitrag zur zur Professionalisierung der Evaluation leistet.

6.   Fazit und Ausblick

Bilanzierend lässt sich festhalten, dass der Master of Evaluation sowohl national als auch international zur Professionalisierung der Evaluation beiträgt. Seine inhaltliche Ausrichtung orientiert sich an den Empfehlungen zum Kompetenzprofil der Fachgesellschaft DeGEval und diese Kongruenz hat sicherlich dazu beigetragen, dass die Abschlüsse in der Evaluationscommunity akzeptiert und nachgefragt werden. Die gestiegene Nachfrage nach hochschulischer Ausbildung im Bereich Evaluation in Saarbrücken ist ein Indiz hierfür. Die Nachfrage wird aber nicht nur von den Lerninhalten getragen. Auch die strukturelle Anpassungsfähigkeit des Studiengangs an die Bedürfnisse der Zielgruppe (Stichwort ‚berufsbegleitendes Studium') hat zur Durchsetzung am Ausbildungsmarkt geführt. Somit trägt der Studiengang dazu bei, qualifizierte Fachkräfte für den gestiegenen Bedarf nach Evaluation im öffentlichen und privaten Sektor in Deutschland, Europa und weltweit auszubilden Der Beitrag zur Professionalisierung zeigt sich weiterhin darin, dass ein Evaluationsstudium durch die adäquate Vermittlung der notwendigen theoretischen und praktischen Kompetenzen für die Absolventinnen und Absolventen die Chancen auf dem einschlägigen Arbeitsmarkt steigert. Somit erfüllt der Evaluationsstudiengang viele Grundvoraussetzungen für eine langfristige und weiterhin erfolgreiche Etablierung am deutschsprachigen Ausbildungsmarkt und kann dadurch die Professionalisierung im Evaluationsbereich nachhaltig stärken.

Darüber hinaus hat der Studiengang aber auch dadurch gute Zukunftsperspektiven, dass seine Inhalte und Strukturen Modellcharakter für andere Länder und Hochschulen haben. Durch diese praxiserprobte Transfermöglichkeit kann er nachhaltig und weltweit wirken, sodass er auch über die deutschen Sprachgrenzen hinaus die Professionalisierung langfristig befördert. Letztlich belegt die Entwicklung und erfolgreiche Pilotierung eines neuen Ausbildungsformats im Rahmen von Blended Learning, dass der Studiengang den heutigen Ausbildungsanforderungen adäquat Rechnung trägt und dadurch zukunftsfähig ist.

Literatur

Brandt, T. (2009). *Evaluation in Deutschland. Professionalisierungsstand und -perspektiven.* Münster: Waxmann.

CEval (Centrum für Evaluation) (2009). CEval-Jahresbericht 2008. Saarbrücken.

CEVal (Centrum für Evaluation) (2010). Antrag auf Förderung im Rahmen des DAAD-Programms „Fachbezogene Partnerschaften mit Hochschulen in Entwicklungsländern". Strukturbildung des Master of Evaluation Studienprogramms der Universidad de Costa Rica (unveröffentlichtes Dokument).

DeGEval (Gesellschaft für Evaluation e.V.) (2008). *Empfehlungen für die Aus- und Weiterbildung in der Evaluation. Anforderungsprofile an Evaluatorinnen und Evaluatoren* (2. unveränderte Aufl.). Mainz. Verfügbar unter: http://www.alt.degeval.de/calimero/tools/proxy.php?id=24057 [11.11.2014].

Freidson, E. (1994). *Professionalisation Reborn: Theory, Prophecy and Policy.* Cambridge: Polity Press.

Freidson, E. (2001). *Professionalism: The Third Logic.* London: Polity Press.

Friedrich, V. (2012): *European university-based study programmes in evaluation. Sixteen profiles.* University of Bern, Centre for University Continuing Education. Verfügbar unter: http://europeanevaluation.org/sites/default/files/16_profiles_November%202012.pdf [17.11.2014].

Furubo, J.-E., Rist, R.C. & Sandahl, R. (Hrsg.). (2002). *International Atlas of Evaluation.* New Brunswick: Transaction Publishers.

GIZ (Gesellschaft für Internationale Zusammenarbeit) (2011). Factsheet Evaluation Capacity Development. Verfügbar unter: http://www.giz.de/de/downloads/giz2011-de-ecd-factsheet.pdf [14.11.2014].

Halliday, T.C. (1987). *Beyond Monopoly. Lawyers, State Crisis, and Professional Empowerment.* Chicago: University of Chicago Press.

MEval (Master of Evaluation) (2014a). Studienordnung. Verfügbar unter: http://www.master-evaluation.de/images/downloads/studium/Studienordnung.pdf [11.11.2014].

MEval (Master of Evaluation) (2014b). Kommentiertes Vorlesungsverzeichnis WS 2014/15. Verfügbar unter: http://www.master-evaluation.de/images/downloads/veranstaltungen/WS_2014_15/KVV_WS14_15_1Sem.pdf [11.11.2014].

MEval (Master of Evaluation) (2014c). Kommentiertes Vorlesungsverzeichnis SoSe 20145. Verfügbar unter: http://www.master-evaluation.de/images/downloads/veranstaltungen/SS_14/KVV_Koh_X_SS_2014.pdf [11.11.2014].

MEval (Master of Evaluation) (2014d). Studiengang: Profil. Verfügbar unter: http://www.master-evaluation.de/studiengang/profil [11.11.2014].

MEval (Master of Evaluation) (2014e). Studiengang: Zielgruppe. Verfügbar unter: http://www.master-evaluation.de/studiengang/zielgruppe [11.11.2014].

MEval (Master of Evaluation) (2014 f.). Studiengang: Lernorganisation. Verfügbar unter: http://www.master-evaluation.de/studiengang/lernorganisation [11.11.2014].

Rech, J. (2013). Studienevaluation und berufliche Perspektiven von Absolvent(inn)en des ‚Master of Evaluation'. Ergebnisse einer Absolvent(inn)enbefragung. *Zeitschrift für Evaluation, 12* (1), 131–150.

Stockmann, R. (2010). Rolle der Evaluation in der Gesellschaft. In R. Stockmann & W. Meyer (Hrsg.), *Evaluation. Eine Einführung* (S. 15–53). Opladen und Bloomfeld Hills: Barbara Budrich.

Well done? Who knows …
Ein Plädoyer für Meta-Evaluationen

Alexandra Caspari

1.   Einführung

Der 60. Geburtstag von Reinhard Stockmann ist sicherlich ein ausgesprochen geeigneter Anlass, eine Zwischenbilanz zum Stand der Entwicklung von Evaluation
im Spannungsfeld zwischen Wissenschaft und Praxis, zwischen Anspruch und
Realität, Soll und Ist zu ziehen. Der Begriff ‚Evaluation' hat zwischenzeitlich sein
Nischendasein verlassen und gehört heute zum allgemein üblichen Wortschatz.
Während in einem der ersten deutschsprachigen Grundlagenbücher das erste Kapitel noch mit „Evaluation, was ist das?" (Stockmann, 2000, S. 12) betitelt wurde,
führt Stockmann zehn Jahre später in seinem Lehrbuch direkt im dritten Satz der
Einleitung auf, dass der Begriff selbst in der Alltagssprache mittlerweile einen „fes-
ten Stammplatz" hat (Stockmann, 2010, S. 9). „Der Begriff wird nicht nur geradezu
inflationär verwendet, sondern auch in vielen Kontexten, in denen er zumindest
von seiner wissenschaftlichen Bedeutung her nichts zu suchen hat, denn nicht jede
Form der Bewertung ist auch eine Evaluation" (ebd.). Ein prägnantes Beispiel einer solch inflationären Verwendung war am 18. Mai 2014 im Deutschlandfunk zu
hören: In einem Interview äußerte Juan Moreno, Autor einer Hoeneß-Biografie,
dass seine Gespräche mit Freunden und Bekannten im Umfeld von Hoeneß dazu
geführt hätten, dass „eine neue Evaluierung ihres Verhältnisses stattgefunden"
habe …

Gleichzeitig nimmt die Zahl an durchgeführten Evaluationen stetig zu. Die
zwischenzeitlich fest implementierten Aus- und Fortbildungsprogramme in Evaluation lassen des Weiteren vermuten, dass mehr und mehr ‚ausgebildete' Evaluatorinnen und Evaluatoren tätig sind. Doch kann aus Quantität zwangsläufig
auch Qualität abgeleitet werden? Die Frage der Professionalisierung von Evaluation zeigt sich nicht an der Anzahl umgesetzter Evaluationen oder an der Häu-
figkeit umgesetzter Evaluationsempfehlungen bzw. der Nutzung. Doch ähnlich
wie in der Diskussion der von uns evaluierten Maßnahmen scheint auch in der
Evaluation noch eine eher input-orientierte Sichtweise vorzuherrschen: ein *Mehr*
an Evaluationen und ein *Mehr* an qualifizierten Evaluatorinnen und Evaluatoren
ist zufriedenstellend – es wird im Ergebnis schon automatisch zu qualitativ guten
Evaluationen führen. Ergänzt werden könnte diese Auflistung – zumindest für das
Politikfeld der Entwicklungszusammenarbeit – um ein *Mehr* an Handreichungen,
Bearbeitungsvorlagen, Annotationen seitens der Auftraggebenden. Inwieweit all
dies letztendlich wirklich zu qualitativ hochwertigen Evaluationen führt, ist jedoch

nur durch eine Evaluation der Evaluationen zu beantworten – durch *Meta-Evaluationen.*

Im Folgenden wird zunächst eine Klärung des Begriffs Meta-Evaluation in Abgrenzung zu Begriffen wie Metaanalyse, Evaluationssynthese, Review sowie Systematic-Review gegeben. Anschließend werden die Ergebnisse früher Meta-Evaluationen sowie exemplarisch dreier Meta-Evaluationen aus dem Politikfeld der Entwicklungszusammenarbeit der Jahre 2010 bis 2013 dargestellt, um die hohe Relevanz von Meta-Evaluationen für die Weiterentwicklung von Evaluation aufzuzeigen. Denn Meta-Evaluationen scheinen nach einem ersten Boom in den 1990er Jahren nicht wirklich nachhaltig in der Evaluationspraxis verankert.

2. Meta-Evaluation, Evaluationssynthese, Metaanalyse, Review und Systematic Review – Eine Begriffsverortung und -abgrenzung

2.1 Meta-Evaluation

Der Begriff Meta-Evaluation wurde bereits 1969 von Michael Scriven in einem Artikel *An introduction to meta-evalation* geprägt. Scriven definiert hier Meta-Evaluation als Evaluation einer Evaluation. In seinem *Evaluation Thesaurus* führt Scriven näher aus: „Metaevaluation is the evaluation of evaluations — indirectly, the evaluation of evaluators — and represents an ethical as well as a scientific obligation when the welfare of others is involved" (Scriven, 1991, S. 228). In der *Encyclopedia of Evaluation* definiert Scriven Meta-Evaluation als „evaluation of evaluations (and of evaluators). […] The key element in metaevaluation […] is that it evaluates the evaluation to which it refers" (Scriven, 2005, S. 249 f.). In weiteren Enzyklopädien benachbarter wissenschaftlicher Fachbereiche – *International Encyclopedia of Education, The Sage Glossary of the Social and Behavioral Sciences* – wird der Begriff analog definiert (vgl. Wingate, 2010; Schroeter, 2009).

Weitere renommierte Autoren zentraler Evaluationsfachbücher haben diese ‚Urdefinition' übernommen. So führt Michael Quinn Patton in seinem 2008 in 4. Auflage erschienenen Werk *Utilization-Focused Evaluation* mit Verweis auf Scriven bezüglich Meta-Evaluation auf: „Evaluation of evaluations: Was the evaluation well done? Is it worth using? Did the evaluation meet professional standards and principles?" (Patton, 2008, S. 303). Auch Daniel Stufflebeam definiert Meta-Evaluation in Anlehnung an Scriven als „the process of delineating, obtaining, and applying descriptive information and judgmental information about an evaluation's utility, feasibility, propriety, and accuracy and its systematic nature, competence, integrity/honesty, respectfulness, and social responsibility to guide the evaluation and publicly report its strengths and weaknesses" (Stufflebeam, 2001, S. 183; auch Stufflebeam, 1974). In der deutschsprachigen Evaluations-Community wurde diese Definition übernommen. Entsprechend wird im *Eval-Wiki: Glossar der Evaluation* unter Meta-Evaluation aufgeführt: „Die Evaluation einer oder mehrerer Evaluationen zur Beschreibung und Bewertung ihrer Güte, Tauglichkeit und Bedeutsamkeit" (Univation, 2011a).

In älterer Literatur und insbesondere im Politikfeld der Entwicklungszusammenarbeit wird bzw. wurde der Begriff Meta-Evaluation teilweise uneinheitlich interpretiert. So wird nach wie vor in dem 2010 unverändert aufgelegten OECD/DAC *Glossary of Key Terms in Evaluation and Results Based Management* unter Meta-Evaluation aufgeführt: „The term is used for evaluations designed to aggregate findings from a series of evaluations" (OECD, 2010, S. 35). Erst im zweiten Satz wird angefügt: „It can also be used to denote the evaluation of an evaluation to judge its quality and/or assess the performance of the evaluators" (ebd.). Diese Sichtweise mag auf Vedung (1997) zurückzuführen sein. In seiner Veröffentlichung *Public Policy and Program Evaluation* führt er zwar zunächst auf: „Metaevaluation may be applied to one particular evaluation, for example, before it is sent to the commissioner or prior to its publication. It may be carried out by the evaluator herself, by some external scrutinizers, or preferably by the evaluatees. The purpose is to check for methodological quality, readability, faithfulness to facts, and other properties" (Vedung, 1997, S. 21 f.). Direkt im nachfolgenden Satz wird dagegen die Sichtweise erweitert: „Metaevaluation may also be carried out as a summary of findings from several evaluation studies" (ebd.). An anderer Stellen fasst Vedung zusammen: „The word embodies three meanings: (i) evaluation of another evaluation; (ii) evaluation of the evaluation function in organizations; and (iii) summary of findings from several evaluations" (ebd., S. 303).

Bereits 1996 stellte Widmer allerdings fest, dass Studien, die inhaltliche Befunde aus verschiedenen Evaluationsstudien kombinieren, integrieren oder kumulieren in der englischsprachigen Literatur häufig als ‚evaluation synthesis' bezeichnet werden und dass „die Bezeichnung solcher Studien als Meta-Evaluationen [...] in den letzten Jahren immer seltener geworden" ist (Widmer, 1996, S. 3). Des Weiteren führt Widmer unter Bezug auf umfangreiche Literatur aus, dass „im heutigen Sprachgebrauch [...] unter Meta-Evaluation zumeist die Bewertung von Evaluationsstudien verstanden" wird (ebd., S. 3). Auch Leeuw und Cooksy (2005) führen in ihrem Beitrag *Evaluating the Performance of Development Agencies: The Role of Meta-Evaluations* unter Bezug auf Stufflebeam einleitend ein, dass „meta-evaluation is generally defined as a systematic review of evaluations to determine the quality of their processes and findings" (Leeuw & Cooksy, 2005, S. 95). Leeuw und Cooksy stellen ebenfalls fest, dass „although the term ‚meta-evaluation' is sometimes used to refer to studies that synthesize evidence from previous evaluations and other sources in order to come to an overall conclusion about effectiveness, such studies are more appropriately called ‚evaluation syntheses'" (ebd., 2005, S. 96).

2.2   Evaluationssynthese

Der Begriff Evaluationssynthese ist kein originärer Begriff der Evaluationsforschung. Vielmehr wird hier auf den Begriff der (Forschungs-)Synthese selbst
zurückgegriffen. Eine Synthese ist demnach zunächst einmal die Zusammenfas-
sung und Integration von Erkenntnissen aus verschiedenen Studien: „A research
synthesis can be defined as the conjunction of a particular set of literature review
characteristics. Most definitional about research syntheses are their primary focus
and goal: research syntheses attempt to integrate empirical research for the purpose of creating generalizations" (Cooper & Hedges, 2009, S. 6). Entsprechend
führt Scriven (1991) in seinem *Evaluation Thesaurus* zunächst allgemein die Synthese von Forschungsstudien auf: „Synthesis (of research studies). The integration of multiple research studies into an overall picture. […] These ‚reviews of
the literature' are not only evaluations in themselves […]" (Scriven, 1991, S. 342).
Im Kontext von Evaluationen erläutert er anschließend den Begriff als Synthese
von Erkenntnissen innerhalb einer Evaluation. Als zweite Möglichkeit führt er
auf: „(Evaluation) Synthesis may also refer to the process of reconciling multiple
independent evaluations of the same evaluand" (ebd., S. 345). Leeuw und Cooksy
(2005) umschreiben den Begriff der Evaluationssynthese als: „[…] studies that
synthesize evidence from previous evaluations and other sources in order to come
to an overall conclusion about effectiveness, such studies are more appropriately
called ‚evaluation syntheses'. […] Evaluation syntheses are a common approach to
assessing overall impact" (Leeuw & Cooksy, 2005, S. 96). Hierbei unterscheiden sie
zwischen quantitativen und qualitativen Synthesen: „Evaluation syntheses are similar to what an international development organization might call a ‚desk study';
they are characterized by a reliance on information contained in existing studies. A
synthesis that is primarily a qualitative analysis of information across sub-studies
has been called a narrative review" (ebd., S. 96). Im deutschsprachigen *Eval-Wiki:
Glossar der Evaluation* wird eine vergleichbare Definition aufgeführt, die allerdings
ausschließlich auf qualitative Synthesen fokussiert: „Inhaltliche Synthese mehrerer
Evaluationsberichte zu ähnlichen Evaluationsgegenständen, bspw. Programmen
oder Projekten in einem Evaluationsfeld. Diese Synthese wird im Gegensatz zur
Metaanalyse zumeist ausschließlich auf Basis von Evaluationsberichten erstellt,
nutzt also nicht die im Rahmen der Evaluationen gewonnenen Daten direkt" (Univation, 2011b).

2.3   Metaanalyse

Der Begriff Metaanalyse ist ebenfalls kein originärer Begriff der Evaluationsforschung sondern entstammt der sozialwissenschaftlichen Forschung. Eine Metaanalyse ist die Synthese homogener quantitativer Studien zu einem gemeinsamen
Gegenstand, bei der Primärdaten zu Metadaten zusammenfasst und statistische

Effektgrößen berechnet werden, um zu untersuchen, ob ein Effekt vorliegt bzw. wie groß dieser ist. Dieses Verständnis von Metaanalyse basiert auf einem von Gene V. Glass 1976 veröffentlichten Artikel *Primary, Secondary and Meta-Analysis of Research*. Hier definiert Glass Metaanalyse als „analysis of analyses. I use it to refer to the statistical analysis of a large collection on analysis results from individual studies for the purpose of integrating the findings" (Glass, 1976, S. 3). In dem zentralen Lehrbuch *Forschungsmethoden und Evaluation für Human- und Sozialwissenschaftler* von Bortz und Döring wird die Metaanalyse in einem eigenen Kapitel ausführlich dargelegt: „Eine Metaanalyse fasst den aktuellen Forschungsstand zu einer Fragestellung zusammen, indem sie die empirischen Einzelergebnisse inhaltlich homogener Primärstudien statistisch aggregiert. Dabei kann überprüft werden, ob ein fraglicher Effekt in der Population vorliegt und wie groß er ist. […] In einer Metaanalyse sollten nur Primärstudien eingehen, die methodischen Mindeststandards genügen (also insbesondere eine hinreichend hohe interne Validität und ausreichende Teststärke aufweisen)" (Bortz & Döring, 2009, S. 673 ff.).

Im Kontext der Evaluation wird der Begriff Metaanalyse als besondere Form der quantitativen Evaluationssynthese entsprechend übernommen. So bezieht sich Scriven (1991) bei seinen Ausführungen zu Metaanalyse im *Evaluation Thesaurus* auf Glass: „(Gene Glass) The name for a *particular* approach to synthesizing quantitative studies on a common topic, involving the calculation of a special parameter for each ('effect size'). Its promise is to pick up something of value even from studies that do not, alone, meet the usual minimum standards of significance" (Scriven, 1991, S. 342). Auch Stufflebeam (2001) umschreibt Metaanalyse als „form of quantitative synthesis of studies that address a common research question. In program evaluation research contexts, this usually involves a treatment-control (or treatment A-treatment B) comparison. Across a selected set of similar studies, the investigator calculates and examines the magnitude and significance of effect sizes" (Stufflebeam, 2001, S. 187). In seinen weiteren Ausführungen hebt Stufflebeam die Abgrenzung des Begriffs zur Meta-Evaluation hervor: „While metaevaluation and meta-analysis are different activities, metaevaluations have applications in meta-analysis studies. Metaevaluations are used first to evaluate and determine which candidate comparative studies qualify for inclusion in a defensible meta-analysis database. Also, a metaevaluation can and should be conducted to assess the merit and worth of the completed meta-analysis study. The meta-analysis technique is rarely applicable in a metaevaluation, since most evaluations do not involve multiple comparative studies in a particular program area" (Stufflebeam, 2001, S. 187).

2.4   Review und Systematic Review

Der Begriff ‚Systematic Review' wurde in den letzten Jahren im Kontext von Evaluation im Politikfeld der Entwicklungszusammenarbeit vornehmlich durch die *In-*

ternational Initiative for Impact Evaluation (3ie) bekannt. Daher werden an dieser Stelle auch die Begriffe ‚Review' und ‚Systematic Review' betrachtet.

Der Begriff ‚Review' beschreibt zunächst recht allgemein eine Übersichtsarbeit, die den Forschungsstand zu einem Thema darstellt. So fasst ein Literaturreview im Sinne einer Literaturübersicht das zu einem bestimmten Thema verfügbare Wissen zusammen. Wie oben ausgeführt, definiert Scriven eine Synthese von Forschungsstudien als „review of the literature" (Scriven, 1991, S. 342). Auch Leeuw und Cooksy sehen qualitative Evaluationssynthesen als „narrative review" (Leeuw & Cooksy, 2005, S. 96). Cooper und Hedges dagegen zeigen auf, dass der Begriff Research-Review sowohl im Sinne von Research-Synthese als auch im Sinne von Meta-Evaluation („evaluative review of research") gesehen wird: „In addition to its use in the context of research synthesis, the term research review is used as well to describe the activities of evaluating the quality of research" (Cooper & Hedges, 2009, S. 6). Es wird ersichtlich, dass der Begriff Review eher als allgemeiner Oberbegriff für einen zusammenfassenden Überblick mehrerer Publikationen, Studien oder Evaluationen zu sehen ist. So führt Labin eine „Typology of Research Reviews" (Labin, 2008, S. 93) auf, wobei sie das klassische Literaturreview am einen Ende und die Metaanalyse am anderen Ende des Spektrums möglicher Review-Typen verortet, die Evaluationssynthese dagegen in der Mitte: „The two most commonly known and widely used types of methods to summarize previous research are the traditional literature review and the meta-analysis. Both are used for the same general purposes: to summarize a set of research findings and to guide future programs and research. They can be seen as two ends of the spectrum of possible types of reviews, with broad-based research syntheses falling in the middle and incorporating features from both the traditional review and metaanalysis" (ebd., 92). Diese Sichtweise des Begriffs ‚Review' als Überbegriff jedweder Art von zusammenfassender Darstellung deckt sich mit der in der Praxis häufig zu findenden Verwendung: So sind in der Wissenschaft sogenannte Annual Reviews bekannt, Zeitschriften, in denen zu einem wissenschaftlichen Forschungsgebiet die wichtigen Fortschritte in einem bestimmten Themenkreis zusammengefasst werden, wobei hier nicht näher definiert wird, *wie* diese Zusammenfassungen vorzunehmen sind bzw. *welche* Studien bzw. Erkenntnisse zu berücksichtigen sind und welche nicht. Auch im Kontext der Entwicklungszusammenarbeit werden von diversen Geberorganisationen Annual Reviews veröffentlicht, die meist Erkenntnisse zu einem Themengebiet zusammenfassend aufarbeiten, wobei auch hier nicht eine bestimmte Vorgehensweise präjudiziert ist.

In Abgrenzung zu diesem allgemeinen Begriff des Reviews als Oberbegriff ist der Begriff des ‚Systematic Reviews' wesentlich enger zu sehen. Originär aus der evidenzbasierten Medizin bekannt (vgl. Higgins & Green, 2011) umschreibt die *Campbell Collaboration (C2)* Systematic Review wie folgt: „The purpose of a systematic review is to sum up the best available research on a specific question. This is done by synthesizing the results of several studies. A systematic review uses transparent procedures to find, evaluate and synthesize the results of relevant research" (Campbell Collaboration, o.J.). Hierbei wird sehr präzise vorgegeben, wie ein Systematic Review umzusetzen ist: „Procedures are explicitly defined in advance, in order to ensure that the exercise is transparent and can be replicated. This practice is also designed to minimize bias. Studies included in a review are screened for quality, so that the findings of a large number of studies can be combined. […] A systematic review must have: Clear inclusion/exclusion criteria, an explicit search strategy, systematic coding and analysis of included studies, Meta-analysis (where possible)" (ebd.). In der Entwicklungszusammenarbeit wurden Systematic Reviews im Zuge der Diskussion um Rigorous Impact Evaluations sowie Evidence Based Evaluations populär (vgl. Caspari 2009a). Insbesondere *3ie* fokussiert im Bereich der Evaluation auf Systematic Reviews. So ist dezidiertes Ziel von *3ie* die Förderung – neben qualitativ hochwertigen, methodisch anspruchsvollen Wirkungsevaluationen – insbesondere von Systematic Reviews. Bei der Umsetzung von Systematic Reviews kooperiert *3ie* mit der *Campbell Collaboration*. Entsprechend müssen alle Systematic Reviews den Kriterien von C2 entsprechen (vgl. 3ie, 2011). Allerdings finden auch sogenannte Realist Evaluations nach Pawson und Tilley (1997, S. 56 ff.) Berücksichtigung: „3ie's approach is also influenced by realist evaluation, which stresses the importance of recognizing how outcomes may vary by context and the underlying causal mechanisms at work. In practice this means: (1) setting the outcome review in the broader context of the underlying program theory, and reporting evidence on all assumptions and links in the causal chain, not only outcomes; and (2) examining the variation in reported outcomes, not only their mean" (3ie, 2011; vgl. auch van der Knaap, Leeuw, Bogaerts & Lijssen, 2008). Somit kann differenziert werden zwischen Synthesen zur Wirksamkeit, „[that] should use evidence from high quality impact evaluation evidence" und Synthesen von Wirkungs- bzw. Kausalketten, „[that] can draw on mixed methods, including qualitative data synthesis" (3ie, 2011, S. 1).

2.5 Verortung der Begriffe

Zusammenfassend können die Begrifflichkeiten demnach wie folgt verortet werden:

Review: Allgemeiner Oberbegriff für jedwede Art einer *zusammenfassenden Darstellung* verschiedener Publikationen, Studien oder Evaluationen zu einem Themenbereich.

Evaluationssynthese: Oberbegriff für die *Querschnittsauswertung und Synthese* von in verschiedenen Evaluationsstudien sowie weiteren Quellen, wie z. B. Forschungsstudien, aufgeführten Erkenntnissen zu einem gemeinsamen Gegenstand bzw. Evaluandum, um generelle Schlussfolgerungen und (maßnahmen-)übergreifende Erkenntnisse zu erhalten, z. B. über die Reichweite, Effektivität oder Wirksamkeit oder aber zentrale Erfolgs- und Misserfolgsfaktoren von Maßnahmen.

Evaluationssynthesen können *qualitativ* in Form von narrativen Reviews sein oder *quantitativ* in Form von Metaanalysen.

Systematic Review: Hochsystematisches Analyse- und Synthese-Verfahren, bei dem vornehmlich *quantitative Befunde* vergleichbarer empirischer Einzelstudien zusammengefasst und deren Variabilität untersucht werden. Systematic Reviews beinhalten eine *vorab explizit definierte Methodik*, z. B. eine eindeutige Suchstrategie relevanter Studien sowie eindeutige Auswahlkriterien, eine systematisch Kodierung und Analyse der berücksichtigten Studien sowie eine Metaanalyse, sofern möglich. Im Unterschied zur Evaluationssynthese nutzen Systematic Reviews eher quantitative Verfahren, um hoch anspruchsvolle Primärdaten einer Sekundärdatenanalyse zu unterziehen. Häufig werden hierbei ausschließlich randomisierte kontrollierte Studien (RCTs) ausgewählt mit dem Ziel, die Daten der Einzelstudien statistisch zu aggregieren und eine *Metaanalyse* durchzuführen, um die Wirkungen der Maßnahme in einem Politikfeld zu synthetisieren. Aber auch sog. Realist Evaluations, die auf einem Methodenmix basieren, können Grundlage sein, um die Wirkungs- bzw. Kausalketten der Maßnahmen zu analysieren. Ein weiteres Unterscheidungsmerkmal ist, dass Evaluationssynthesen vornehmlich *Evaluations*berichte analysieren, wobei *auch* andere Quellen herangezogen werden können, während Systematic Reviews meist randomisierte kontrollierte *Studien* (RCTs) synthetisieren, die nicht unbedingt *Evaluationen* sein müssen.

Metaanalyse: Analyse von Analysen. Ein rein *statistisches Syntheseverfahren*, bei dem homogene quantitative Primärdaten zu Metadaten aggregiert und die Effektgrößen berechnet werden, um zu untersuchen, ob ein Effekt vorliegt bzw. wie groß dieser ist.

Meta-Evaluation: Evaluation von Evaluationen. Ein Reviewverfahren, das anhand definierter Bewertungskriterien – Checklisten, die auf Evaluations-Standards und -Prinzipien sowie Gütekriterien und Qualitätskriterien empirischer Sozialforschung basieren – analysiert, inwieweit eine oder mehrere Evaluationen allgemein akzeptierte Standards erfüllen und die Qualität einer oder mehrerer Evaluationen bewerten.

Die Qualität sowohl von Evaluationssynthesen, Systematic Reviews als auch Metaanalysen ist in hohem Maße von der Qualität der einbezogenen Einzelstudien bzw. -evaluationen abhängig, da methodisch unzureichende Studien bzw. Evaluationen die Ergebnisse verzerren können. Daher werden häufig Meta-Evaluationen vorgeschaltet. Dies wird in den zuvor aufgeführten Definitionen selten explizit benannt, ist allerdings in den näheren Ausführungen häufig implizit zu finden. So beinhaltet für Labin eine Synthese im Unterschied zu einem Review einen systematischen Auswahlprozess: „The research synthesis differs from traditional reviews in its emphasis on systematic decision rules" (Labin, 2008, S. 90). Cooper und Hedges können vergleichbar interpretiert werden: „[…] research syntheses almost always […] critically analyze the research they cover" (Cooper & Hedges, 2009, S. 6). Auch nach Chelimsky umfassen Evaluationssynthesen eine Meta-Evaluation als vorgeschalteten Auswahlprozess: „The evaluation synthesis represents a cluster of techniques by which questions about a Federal program are developed collaboratively with congressional committee staff, existing studies addressing those questions are identified and collected, the studies are assessed in terms of their quality and, based on the strength of the evidence supporting the findings, used as a data base for answering the questions" (GAO, 1983, S. i). Aber auch Systematic Reviews beinhalten Meta-Evaluationen: „Studies included in a review are screened for quality […]. A systematic review must have: […] analysis of included studies" (Campbell Collaboration, o.J.). Leeuw und Cooksy führen als Ziel von Meta-Evaluation u. a. auf: „Meta-evaluation is the method that should be used to ensure that the meta-studies (either narrative reviews or meta-analyses) are based on defensible evaluations" (Leeuw & Cooksy, 2005, S. 96).

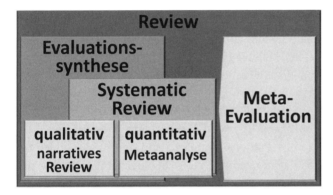

Abbildung 1: Verortung der Begrifflichkeiten

3.   Meta-Evaluationen in der Entwicklungszusammenarbeit

3.1   Qualitätskriterien als Grundlage von Meta-Evaluationen

Auch wenn Stufflebeam bereits 1974 ein Konzept zur Durchführung von Meta-Evaluationen aufzeigte, wurde insbesondere mit Veröffentlichung der *Program Evaluation Standards* des Joint Committee on Standards (JCS) der American Evaluation Association (AEA) 1994 erstmals ein grundlegender Katalog zur Beurteilung und Bewertung der Qualität von Evaluationsstudien bereitgestellt, der breite Anerkennung fand. Für den deutschsprachigen Raum erschien 1999 eine deutsche Übersetzung der JCS-Standards (vgl. Sanders, 1999). Zeitgleich verabschiedete die schweizerische Evaluationsgesellschaft (SEVAL) die *SEVAL-Standards* und schließlich 2002 die DeGEval ihre *Standards für Evaluation* (vgl. Widmer, Landert & Bachmann, 1999; DeGEval, 2002a). Diese Standards beanspruchen Gültigkeit für unterschiedlichste Evaluationszwecke sowie eine Vielzahl von Evaluationsfeldern mit dem Ziel, die *Qualität von Evaluationen* zu sichern. In erster Linie als Orientierungsrahmen für die praktische Arbeit von Evaluatorinnen und Evaluatorien geschaffen sollen die Standards auch eine „Orientierung geben bei der Evaluation von Evaluationen (Meta-Evaluation)" (DeGEval, 2002a, S. 12, vgl. auch DeGEval, 2002b). Sowohl von Scriven als auch von Stufflebeam wurden diverse *Meta-Evaluation Checklists* mit Bewertungskriterien basierend auf den JCS-Standards (vgl. JCS, 1994; Sanders, 1999) sowie den *Guiding Principles for Evaluators* (vgl. Newman, Scheirer, Shadish Wye, 1995) entwickelt, die weltweit Anwendung finden (vgl. Stufflebeam 199; Stufflebeam, Goodyear, Marquart & Johnson, 2005; Scriven, 2010).

Im Politikfeld der Entwicklungszusammenarbeit wurde die Qualitätsdebatte bereits Anfang der 1990er Jahre mit der Veröffentlichung der *DAC Principles for Evaluation of Development Assistance* angestoßen, die die wichtigsten Anforderungen an Evaluationsprozesse spezifisch für den Bereich der Entwicklungszusammenarbeit auflisten (vgl. OECD, 1991, 1998). Doch bereits zuvor untersuchte die United States Agency for International Development (USAID) die Qualität ihrer Evaluationen aus den Jahren 1987 und 1988 und entwickelte hierfür einen Fragenkatalog (vgl. USAID, 1989). Dieser Fragenkatalog wurde zwei Jahre später von der Canadian International Development Agency (CIDA) genutzt, um Evaluationen der Jahre 1988 bis 1990 auf ihre Qualität zu prüfen (vgl. van de Putte, 2001). Der Fragenkatalog wurde über die Jahre hinweg zwar verändert, doch die zentralen Elemente blieben enthalten. 1997 verknüpfen Forss und Carlsson diese Fragen mit den amerikanischen Evaluations-Standards und stellten ein Modell zur Operationalisierung von Qualitätsindikatoren vor, das einen Fragenkatalog mit 52 Variablen enthält. Auf dieser Grundlage führten sie eine Meta-Evaluation von 277 Evaluationsberichten der Jahre 1994 bis 1996 der schwedischen Entwicklungszusammenarbeit durch (vgl. Forss & Carlsson, 1997). Im Jahr 2000 wurde vom *Active Learning Network for Accountability and Performance* (ALNAP) ein *Quality Proforma* entwickelt „to underpin the annual meta-evaluation of evaluation of humanitarian action reports [...] [which] seeks to identify trends in respect of the quality the EHA process, identifying both good and weak practices" (ALNAP, 2003, S. 1). Um der durchaus immer sichtbarer werdenden mangelhaften Qualität von Evaluationen an sich aber auch von Evaluierungsberichten zu begegnen, wurden schließlich auch für die Entwicklungszusammenarbeit *spezifische Standards* erarbeitet, die – stärker als die allgemeinen Standards von AEA und DeGEval – insbesondere die Berichtsqualität betreffen: 2005 veröffentlichte die United Nations Evaluation Group (UNEG) die *Norms for Evaluation in the UN System* sowie *Standards for Evaluation in the UN System* (vgl. UNEG, 2005a, 2005b). Fast zeitgleich veröffentlichte die OECD die *DAC Evaluation Quality Standards* (2006). Ziel auch dieser Standards ist, die Qualität von Evaluationen zu verbessern und zu einem einheitlichen Evaluationsansatz beizutragen, indem „key pillars needed for a quality evaluation process and product" (OECD, 2006, S. 3) zur Verfügung gestellt werden. Viele der aufgeführten Standards betreffen die einer Evaluation zugrunde liegenden *Methoden* sowie die *Berichtsform*, entsprechend sind Kriterien zur methodischen Qualität sowie zur transparenten Darstellung der Methodologie bei Meta-Evaluationen von zentraler Bedeutung.

3.2   Zentrale Ergebnisse früher Meta-Evaluationen

Die erste Untersuchung der Qualität von 284 *USAID-Evaluationen* aus den Jahren 1987 und 1988 ergab, dass die Datenerhebungsmethoden fast ausschließlich auf Interviews mit Schlüsselpersonen und Projektbesuchen beruhten (vgl. USAID, 1989, S. 38 f.). Die zusammenfassende Bewertung der Komplexität der Evaluationsmethoden wird anhand eines Indexes mit einer Skala von 0 bis 17 dargestellt. Auch wenn die Autoren das Ergebnis als „well distributed" interpretieren, zeigt die aufgeführte Tabelle ein anderes Bild: Die Werte im oberen Drittel (12 bis 17) sind sogar derart gering, dass sie zusammengefasst werden: Lediglich 3% der untersuchten 284 Berichte werden dieser Kategorie, die als ‚excellent' bezeichnet werden könnte, zugeordnet. Werden die Ausprägungen null bis fünf (‚inadequat') sowie sechs bis elf (‚adequat') entsprechend zusammengefasst, so zeigt sich, dass bei 57% der untersuchten Evaluationen unzureichende Methoden zugrunde liegen (ebd., S. 40 f.).

Die kanadische Studie von *CIDA-Evaluationen* ergab, dass von den 54 zwischen 1988 und 1990 untersuchten Projekten bei einem Drittel die Qualität der Evaluationen als unzureichend und 50% als angemessen zu bewerten sind. Nur knapp jeder fünfte Bericht wird als gut gewertet. Auch hier werden insbesondere der methodische Aufbau der Evaluationen sowie die Datenerhebungsmethoden als zentrales Problem benannt (vgl. van de Putte 2001, S. 7).

Die groß angelegte Studie von Forss und Carlsson, in deren Rahmen alle 277 Evaluationsberichte der schwedischen Entwicklungszusammenarbeit von 1994 bis 1996 einer Meta-Evaluation unterzogen wurden, kam zu vergleichbaren Ergebnissen: In einem ersten Schritt untersuchten Forss und Carlsson die Frage der *Systematik* anhand der *genutzten Datenerhebungsmethoden*. Das Ergebnis war derart niederschmetternd, dass die Autoren die Frage stellten, ob – angesichts der Tatsache, dass praktisch keine Systematik gegeben ist – überhaupt noch von Evaluationen gesprochen werden kann (vgl. Forss & Carlsson, 1997, S. 488): Äußerst selten führten die Evaluatorinnen und Evaluatoren umfassende Dokumentenanalysen durch und wenn doch, dann nicht angemessen. Von den 277 untersuchten Evaluationen wurde in keinem einzigen Fall die Methode der Beobachtung angemessen eingesetzt. Meist wurden Informationen verbal eingeholt, wobei jedoch selten ersichtlich war, wie die Befragten ausgewählt oder welche Fragen gestellt wurden (vgl. ebd., S. 488). In einem zweiten Schritt wurde untersucht, inwieweit die Datenerhebung *strukturiert* war. Hier zeigte sich, dass durchschnittlich bei weniger als 10% der Fälle einzelne Standardinstrumente zur Datenerhebung genutzt wurden. Über 80% der Berichte enthalten keine Informationen zu den Datenerhebungsmethoden. Forss und Carlsson gehen davon aus, dass in den meisten dieser

Fälle die Evaluatorinnen und Evaluatoren tatsächlich keine strukturierten Methoden genutzt haben (vgl. ebd., S. 489). Die Berichte, bei denen einzelne Methoden als genutzt aufgeführt sind, geben jedoch keine qualitative Aussage darüber, *wie* diese Methoden angewandt wurden. So finden sich lediglich in 2% der Evaluationsberichten Aussagen zur Methodologie. Eine Diskussion über Reliabilität oder Validität ist in keinem der Berichte enthalten. Insgesamt wurden bei dem Großteil der Evaluationen keine Daten im sozialwissenschaftlichen Sinne erhoben, die die Evaluatorinnen und Evaluatoren zu ihren Schlussfolgerungen führen könnten. Es sind praktisch keine Daten vorhanden, so dass der Evaluationsprozess mit wenigen Ausnahmen als *nicht transparent* gewertet werden muss. „As it is, we have no clue to why the evaluators arrive at their conclusions [...]. The lack of method and data that we find here verges on being unethical" (ebd., S. 490 f.). Diese Aussage wird durch weitere Analysen bekräftigt: Die Untersuchung, welche *Themen* in den Berichten behandelt werden, zeigt, dass Aussagen zur Erreichung der langfristigen Ziele (Oberziele) in 68% der Berichte ungenügend oder nicht vorhanden sind. Lediglich die kurzfristigen Ziele (Projektziele) sowie der Projektnutzen werden in 10 bzw. 7% der Berichte ‚excellent' und in 41 bzw. 51% ‚adequate' behandelt. Forss und Carlsson stellen aufgrund der dargestellten Ergebnisse die Frage, inwieweit wichtige Entscheidungen „can be taken on the poor analytical grounds these evaluations provide" und kommen zu dem Schluss „perhaps it is better if they are not much used at all" (ebd., S. 494).

Die Ergebnisse der ersten Meta-Evaluation von ALNAP 2001, in deren Rahmen 49 Einzelevaluationen und fünf Syntheseberichte der Jahre 1999 und 2000 ausgewertet wurden, erscheinen nicht verwunderlich: „evaluation reports are insufficient with regard to clarity in presentation of methodology and the methodology itself" (ALNAP, 2001, S. 24). Auch die im darauf folgenden Jahr durchgeführte Meta-Evaluation von 41 Einzelevaluationen kam insbesondere im Hinblick auf die genutzten Methoden zu einem vergleichbaren Ergebnis: „The quality of evaluation reports was found on balance to be unsatisfactory" (ALNAP, 2002, S. 162). Darüber hinaus wurden bzgl. der Methodendarstellung 43% der untersuchten Berichte als mangelhaft, weitere 24% als unbefriedigend bewertet (vgl. ebd., S. 172).

3.3   Ergebnisse aktueller Meta-Evaluationen

Während in den 1990er Jahren international mehrere durchaus umfangreiche Meta-Evaluationen umgesetzt wurden, ebbte dieser Prozess mit Beginn der Diskussion um evidenzbasierte Evaluationen durch Rigorous Impact Evaluations bzw. High Quality Impact Evaluations offensichtlich wieder ab. Der Fokus verschob sich auf randomisierte kontrollierte Studien (RCTs), denen per se eine hohe methodische Zuverlässigkeit und wissenschaftliche Güte zugesprochen wird, und auf vornehmlich von 3ie geförderten Systematic Reviews. Die in der Praxis der Entwicklungszusammenarbeit nach wie vor vorherrschenden Evaluationen, die eher selten ein experimentelles oder auch quasi-experimentelles Design zugrunde legen, scheinen dagegen aus dem Blickfeld geraten zu sein. So erlangte in den letzten Jahren lediglich die im Rahmen der *Evaluation of the Paris Declaration* durchgeführte Meta-Evaluation breitere international Aufmerksamkeit (vgl. Patton & Gornick, 2011). Zwar konstatieren Patton und Gornick: „We opened this evaluation of the evaluation by noting that it has become a standard in major highstakes evaluations to commission an independent review to determine whether the evaluation meets generally accepted standards of quality, and, in so doing, to identify strengths, weaknesses, and lessons" (ebd., 2011, S. 15), so erscheint es fraglich, ob Meta-Evaluationen heute tatsächlich Standard sind, denn insgesamt erscheinen sie eher rar. Im Politikfeld der deutschen Entwicklungszusammenarbeit gibt es nur wenige Meta-Evaluationen, wobei die *Deutsche Gesellschaft für Internationale Zusammenarbeit (GIZ)* bzw. die Vorgängerorganisation *Internationale Weiterbildung und Entwicklung (InWEnt)* hier vergleichsweise positiv hervorstechen: Seit 2010 werden regelmäßig Meta-Evaluationen und Evaluationssynthesen zu Schwerpunktthemen umgesetzt. Bis 2014 wurden insgesamt sechs Meta-Evaluationen in Auftrag gegeben:

1. Meta-Evaluation von 15 InWEnt-Abschlussevaluationen der Capacity Building Maßnahmen aus 2009 (vgl. Caspari, 2010),
2. Meta-Evaluation von 22 dezentralen Evaluationen der Human Capacity Development Maßnahmen aus 2010 (vgl. Caspari, 2011),
3. Querschnittsauswertung der methodischen Vorgehensweise von 12 unabhängigen Evaluationen im Sektor ‚Berufliche Bildung' aus 2010 und 2011 (vgl. Stockmann & Silvestrini, 2012)
4. Meta-Evaluation von 37 GIZ-Evaluationen im Sektor ‚Gesundheit' aus 2009 bis 2012 (vgl. Raetzell & Krämer, 2013),
5. Meta-Evaluation von 24 GIZ-Evaluationen im Sektor ‚Bildung' aus 2011 bis 2013 (vgl. Huber, Steinger, Tulowitzki, Wenger & Büzberger, 2014),
6. Meta-Evaluation von 26 GIZ-Evaluationen im Sektor ‚Ländliche Entwicklung' 2014 (vgl. Caspari, 2014).

Allerdings erscheinen nicht alle diese Meta-Evaluation angemessen bzw. weisen in Bezug auf für Meta-Evaluationen selbst relevante Kriterien wie Systematik und Transparenz Defizite auf. Grund hierfür mag sein, dass Meta-Evaluationen meist in Kombination mit Evaluationssynthesen umgesetzt wurden und im Verhältnis einen teilweise nur geringen Stellenwert einnehmen.

Da drei der aufgeführten Meta-Evaluationen auf Basis eines einheitlichen Analyserasters vorgenommen wurden, das den in oben aufgeführten Meta-Evaluationen von USAID und CIDA bzw. von Forss und Carlsson genutzten Rastern entspricht, werden die zentralen Ergebnisse dieser Meta-Evaluationen kurz skizziert.

2010 wurde erstmalig von InWEnt eine systematische Querschnittsauswertung aller 15 in 2009 fertig gestellten bzw. vorliegenden Schlussevaluierungen der Capacity Building Maßnahmen in Form einer Meta-Evaluation sowie einer Evaluationssynthese beauftragt (vgl. Caspari, 2010). Ziel der Meta-Evaluation war dezidiert zu untersuchen, „inwieweit die vorliegenden Evaluationsberichte bzw. Evaluationsergebnisse *methodisch zuverlässig* sind, um auf Basis fundierter Erkenntnisse über zentrale Problemfelder bei der Umsetzung der Evaluationen schlüssig und entscheidungsvorbereitend Verbesserungspotentiale für die Planung und Durchführung zukünftiger Abschlussevaluierungen aufzuzeigen" (ebd., S. 1). Grundlage der Meta-Evaluation war ein von Stockmann und Caspari 1998 auf Basis der JCS-Program Evaluation Standards (vgl. JCS, 1994) entwickeltes Analyseraster zur Beurteilung und Bewertung der Qualität von Evaluationsstudien (vgl. Stockmann & Caspari, 1998), das seither mehrfach angewandt und auf Basis der Erfahrungen sowie relevanter Publikationen – DeGEval-Standards (2002a), UNEG Norms for Evaluation in the UN System (2005a), UNEG Standards for Evaluation in the UN System (2005b), OECD/DAC-Evaluation Quality Standards (2006) – kontinuierlich angepasst wurde (vgl. Caspari, 2004). Aufgrund der Diskussion um adäquate Wirkungsuntersuchungen wurde der Kriterienkatalog 2008 um Aspekte zum genutzten Untersuchungsdesign ergänzt (vgl. Caspari & Barbu, 2008; Caspari, 2009b, 2009c). Für die InWEnt Meta-Evaluation wurde dieses über Jahre weiterentwickelte Analyseraster mit dem InWEnt *Standard-Berichtsraster für Evaluierungen* und der InWEnt *Checkliste für Abschlussevaluierungen* (vgl. InWEnt, 2008) sowie den damals erst als Entwurf vorliegenden *Qualitätsstandards für Evaluierungsberichte* des BMZ abgeglichen (vgl. Caspari, 2010, S. 5 f.).

Das Analyseraster umfasst sechs Themenbereiche mit insgesamt 18 Aspekten, die anhand 70 Kriterien erhoben wurden (vgl. ebd., S. 6 f., S. 102 f.). Die Kriterien beziehen sich einerseits auf die Bewertung der *Berichtsqualität*: (1) Bericht allgemein: z. B. inwieweit der Bericht logisch aufgebaut bzw. klar gegliedert ist und insgesamt verständlich und nachvollziehbar ist, inwieweit die zentralen Einflussfaktoren (Erfolgs- und Misserfolgsfaktoren) dezidiert im Bericht aufgeführt werden. (2) Darstellung der genutzten Methoden: z. B. inwieweit die methodische Vorgehensweise transparent dargestellt und die Vor- und Nachteile, die Validität und Reliabilität diskutiert werden. Andererseits wurden Kriterien zur *methodischen und inhaltlichen Qualität* formuliert: (3) Genutzte Methoden selbst: inwieweit alle Personen- bzw. Stakeholdergruppen berücksichtigt werden, M+E Informationen berücksichtigt werden, die methodische Vorgehensweise dem Gegenstand angemessen ist, die Evaluatorinnen und Evaluatoren ausreichend neutral bzw. objektiv sind und zwischen Ergebnissen und Analyse bzw. Interpretation getrennt wird. Des Weiteren wird berücksichtigt, inwieweit die Vorgehensweise systematisch ist, d. h. ob eine Wirkungskette aufgezeigt wird, Hypothesen und Indikatoren formuliert werden und ob die theoretische Konzeption sowie das Untersuchungsdesign angemessen sind. Ein zweiter Unterpunkt zur Analyse der Angemessenheit der methodischen Vorgehensweise bezieht sich dezidiert auf die genutzten Datenerhebungsmethoden – hier wird überprüft, welche Datenerhebungsmethoden eingesetzt werden, inwieweit ein ausreichender Methodenmix zugrunde liegt und partizipative Konzepte genutzt wurden. Der dritte Unterpunkt zur Überprüfung einer angemessenen methodischen Vorgehensweise hinterfragt, inwieweit das Kausalitätsproblem angemessen behandelt wird, d. h. ob Kontrollgruppen berücksichtigt, Vorher-Daten (Baseline) genutzt werden und inwieweit die Stichprobenziehung angemessen ist. Weitere Analysekriterien betreffen die (4) Inhalte: inwieweit sind die Informationen ausreichend für die Begründung der Schlussfolgerungen und Empfehlungen, werden die unterschiedlichen Perspektiven der Beteiligten sowie die Stärken und Schwächen des evaluierten Gegenstandes ausreichend dargestellt, werden im Rahmen des Mehrebenenansatzes alle relevanten Ebenen behandelt (Individuum, Organisation, System), werden alle Wirkungsebenen analysiert (Input, Output, Outcome, Impact), werden die DAC-Kriterien (Relevanz, Effektivität, Impact, Effizienz, Nachhaltigkeit) sowie die zusätzlichen Evaluierungskriterien des BMZ (Kohärenz, Komplementarität und Koordination) bearbeitet. Abschließend sind Kriterien zu den in den Berichten aufgeführten (5) Schlussfolgerungen und Empfehlungen enthalten: inwieweit sind die Schlussfolgerungen aus den erhobenen Informationen gut begründet, werden die Informationen angemessen analysiert, sind die Empfehlungen aus den erhobenen Informationen und Schlussfolgerungen abgeleitet (vgl. Caspari, 2010, S. 2 f., S. 101; 2011, S. 22 f., S. 145 f.). Die Qualitätsbeurteilung erfolgte je Kriterium entweder in Form einer Ziffer in vier Abstufungen 1 ‚sehr gut‘, 2 ‚eher gut‘, 3 ‚eher schlecht‘ und 4 ‚sehr schlecht‘ oder aber es wurde vermerkt, dass das Kriterium erfüllt wurde (‚x‘).

2011 wurde von der Evaluierungsbeauftragten der InWEnt, später Stabsstelle Monitoring und Evaluierung der GIZ, erneut eine systematische Querschnittsauswertung mit Meta-Evaluation und Evaluationssynthese in Auftrag gegeben. Ziel der Meta-Evaluation war auch hier, die methodische Zuverlässigkeit der Evaluationen zu analysieren, um Verbesserungsmöglichkeiten für zukünftige Evaluationen abzuleiten. Grundlage der Meta-Evaluation waren 22 Hauptberichte standardisierter dezentraler Evaluierungen von Human Capacity Development Maßnahmen des Jahres 2010 (vgl. Caspari, 2011). Die Meta-Evaluation stellte eine Fortführung der im Jahr zuvor durchgeführten Studie dar. Daher wurde der gleichen Methodik gefolgt und als Basis der Kriterienkatalog aus 2010 zugrunde gelegt, um einen Vergleich der Ergebnisse zu ermöglichen.

2014 wurde von der GIZ eine Querschnittsauswertung im Sektor ‚Ländliche Entwicklung‘ geplant. Zum ersten Mal wurde hierfür jedoch die Umsetzung der Meta-Evaluation und der Evaluationssynthese an unterschiedliche externe Gutachterinnen und Gutachter vergeben. Ziel der Meta-Evaluation war die Analyse der Belastbarkeit der Ergebnisse und Bewertung der methodischen Qualität von 26 Evaluationsberichten zu insgesamt 30 Vorhaben, davon 11 Berichte aus 2013/2014 zu unabhängigen Evaluationen von insgesamt 15 Maßnahmen sowie 15 Berichte von dezentralen Evaluationen aus den Jahren 2012 bis 2014. Auf Basis der Meta-Evaluation sollte die Auswahl der für die Synthese heranzuziehenden Evaluationen getroffen werden (vgl. Caspari, 2014, S. 1 f.). Empfehlungen zur Weiterentwicklung und Verbesserung zukünftiger Evaluationen waren dagegen nicht gefordert.

Grundlage der Meta-Evaluation war das zuvor im Rahmen der Meta-Evaluationen der Capacity Development Maßnahmen (Caspari, 2010, 2011) genutzte Analyseraster, wobei an wenigen Stellen Subkriterien neu verortet wurden (Caspari, 2014: S. 2; 20). Werden die Ergebnisse dieser drei Meta-Evaluationen gegenüber gestellt, zeigt sich Folgendes:

Ein Großteil der in 2010 analysierten 15 Capacity Building (CB) Abschlussevaluationen wird als nicht transparent gewertet (66%), wogegen 77% der ein Jahr später untersuchten Evaluationen von 22 Human Capacity Development (HCD) Maßnahmen ,sehr gut' bzw. ,eher gut' bzgl. der Transparenz zu sehen sind, lediglich fünf Berichte (21%) werden mit Blick auf die Transparenz als ,eher schlecht' oder ,sehr schlecht' bewertet. Hier zeigt sich demnach eine auffallende Verbesserung im Vergleich zu den Ergebnissen des Vorjahres. Die Transparenz der 26 in 2014 analysierten Evaluationen des Sektors Ländliche Entwicklung (LE) wird für fünf (20%) Berichte ,sehr gut' oder ,eher gut' bewertet. Ein Großteil der Berichte (42%) wird ,eher schlecht' bewertet, zehn Berichte sind nicht akzeptabel (38%), wobei sich hier große Unterschiede zwischen den elf unabhängigen Evaluationen (UE) und den 15 dezentralen Evaluationen (DE) zeigen: So wird in 12 (27%) der UEs die umsetzte Methodologie transparent dargestellt, wogegen die Darstellung der umgesetzten Methodologie bei keiner der DEs angemessen ist.

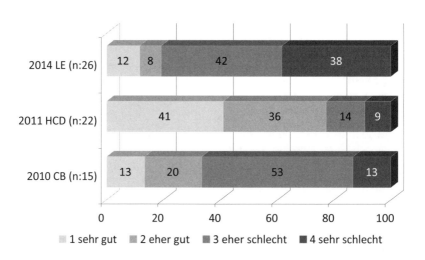

Abbildung 2: Vergleich der Transparenz bzgl. der zugrunde liegenden Methodologie (in %)

Die Angemessenheit der den Evaluationen zugrunde gelegten Methodologie hat sich über die Jahre hinweg insgesamt offensichtlich grundsätzlich verbessert: Während 2010 noch 12 (80%) der Berichte ,eher schlecht' bzw. ,sehr schlecht' bewertet werden, liegt der Anteil 2011 bei 59%, 2014 bei 61%. Der Anteil an mit ,sehr gut' bewerteter Methodologie steigt von 7% im Jahr 2012, auf 9% 2011 und auf 19% 2013. Bzgl. der 2014 analysierten Evaluationen werden 63% der UEs jedoch nur 20% der DEs mit ‚sehr gut‘ oder ‚eher gut‘ bewertet. Bezogen auf die 2010 analysierten Evaluationen bedeutet das recht schlechte Ergebnis letztendlich, dass die Evaluationsergebnisse und Erkenntnisse insbesondere bzgl. der Programmwirkungen meist nicht zuverlässig sind bzw. nicht nachvollziehbar abgeleitet werden. Ein Nachweis von Wirkungen wird in diesen Evaluationen aufgrund unzureichender Methodologie entsprechend nicht erbracht. Allerdings ist hier zu berücksichtigen, dass die Notwendigkeit eines eindeutigen Wirkungsnachweises im Sinne kausaler Attribution in Deutschland erst ab 2009 intensiv diskutiert wird, in den analysierten Evaluationen aus 2009 demnach noch nicht zu erwarten waren. 2014 wurde das den Evaluationen zugrunde gelegte Untersuchungsdesign immerhin bei drei der unabhängigen Evaluationen mit ‚sehr gut‘ bzw. ‚eher gut‘ bewertet.

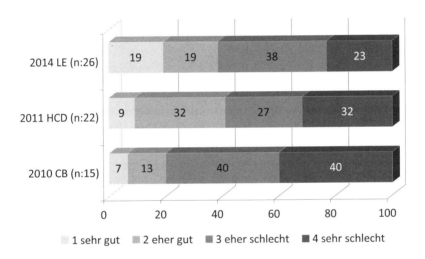

Abbildung 3: Vergleich der Angemessenheit der zugrunde liegenden Methodologie (in %)

Der Vergleich der Ergebnisse aus den drei Meta-Evaluationen zur Angemessenheit der im Rahmen der Evaluationen genutzten Datenerhebungsmethoden zeigt ein erstaunliches Bild: Der Anteil an ‚eher schlecht‘ bzw. ‚sehr schlecht‘ bewerteten Evaluationen nimmt über die Zeit hinweg kontinuierlich zu: Während 2010 lediglich 33% der analysierten Berichte negativ bewertet werden, sind dies 2011 bereits 46% und 2014 gar 73%. Werden für 2014 die Ergebnisse näher betrachtet zeigt sich allerdings auch hier ein deutlicher Unterschied zwischen unabhängigen und dezentralen Evaluationen.

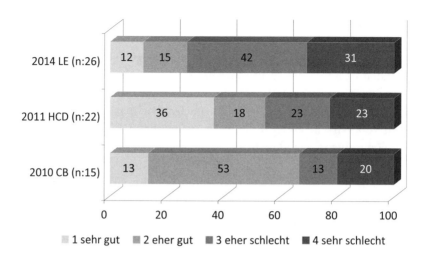

*Abbildung 4: Vergleich der Angemessenheit der genutzten Datenerhebungsmetho-
den (in %)*

In der abschließenden Gesamtbewertung zur Qualität der analysierten Evaluationen zeigt sich für die 15 Berichte aus 2010, dass eine Evaluation als ‚sehr gut‘
(7%), sechs weitere als ‚eher gut‘ (40%), fünf Berichte dagegen als unzureichend
bewertet werden (33%). Die Gesamtbetrachtung der Qualität der in 2011 analysierten 22 Evaluationsberichte fällt dagegen auffallend positiv aus: Neun Evaluationen
werden als ‚sehr gut‘ (41%) eingestuft, fünf als ‚eher gut‘ (23%) und sieben als ‚eher
schlecht‘ (32%). Lediglich eine Evaluation wird als ‚sehr schlecht‘ (5%) bewertet.
Die im Jahr 2014 analysierten 26 Evaluationen ergeben in der Gesamtbewertung
ein eher negatives Bild: Nur drei (12%) der analysierten Evaluationsberichte weisen
eine ‚sehr gute‘ Qualität auf, weitere drei Berichte eine ‚eher gute‘ Qualität. Ein
Großteil der Evaluationen (46%) ist von ‚eher schlechter‘, 31% von ‚sehr schlechter‘
Qualität. Der Unterschied zwischen unabhängigen und dezentralen Evaluationen
ist hier allerdings gravierend: Je 27% der UEs sind insgesamt ‚sehr gut‘ bzw. ‚eher
gut‘ zu sehen – keine ist in ihrer Qualität unzureichend. Dagegen ist die Qualität
keiner der dezentralen Evaluierungen mit ‚sehr gut‘ oder ‚eher gut‘ bewertet. 47%
weisen eine ‚eher schlechte‘ Qualität, über die Hälfte (53%) eine ‚sehr schlechte‘
Qualität auf.

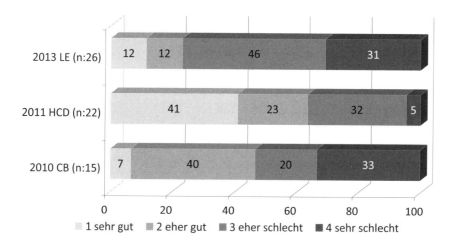

Abbildung 5: Vergleich der Gesamtbewertungen der Qualität der drei Evaluationen (in %)

4.   Fazit

Vor dem Hintergrund dieser Ergebnisse wird die hohe Relevanz von Meta-Evaluationen deutlich. Nur anhand solcher systematischer Analysen kann die methodische Zuverlässigkeit und wissenschaftliche Güte von Evaluationen aufgezeigt werden. Dies ist einerseits wichtig für Auftraggebende von Evaluationen, da nur Evaluationen, die qualitativen Mindeststandards genügen auch genutzt werden sollten. Wenn Evaluationen nicht grundlegende Qualitätskriterien erfüllen, ist ihr Nutzen gering, im schlimmsten Fall können sie zu Fehlentscheidungen führen. Andererseits sind Meta-Evaluationen aber auch ein Abbild der Wissenschaftlichkeit von Evaluationen. Sie zeigen systematische Qualitätsprobleme auf und können so zu einer gezielten Verbesserung von Evaluationen beitragen.

Es ist daher angebracht, die DeGEval Evaluations-Standards erneut in den Fokus der Diskussion zu bringen – denn es scheint, dass bei Evaluationen häufig mit Blick auf die Durchführbarkeitsstandards die Nützlichkeits- und Genauigkeitsstandards aus dem Auge verloren werden. Anhand von Meta-Evaluationen kann aufgezeigt werden, wie zentral insbesondere der Nützlichkeitsstandard N6 ‚Vollständigkeit und Klarheit der Berichterstattung' sowie die Genauigkeitsstandards G4 ‚Angabe von Informationsquellen' und G6 ‚Valide und reliable Informationen' für die Qualität von Evaluationen und somit vice versa für den Nützlichkeitsstandard N8 ‚Nutzung und Nutzen der Evaluation' ist. Es sollte daher der Genauigkeitsstandard G9 ‚Meta-Evaluation' präzisiert und die *Notwendigkeit* der Umsetzung von Meta-Evaluationen stärker betont werden. Denn wie in G9 aufgeführt, erhöhen regelmäßig durchgeführte Meta-Evaluationen die Qualität und Glaubwürdigkeit sowohl einzelner Evaluationen als auch des Berufsstandes der Evaluatorinnen und Evaluatoren und dienen letztendlich dem wissenschaftlichen Fortschritt.

Literatur

3ie – The International Initiative for Impact Evaluation (2011). *Criteria for Systematic Reviews.* Verfügbar unter: http://www.3ieimpact.org/media/filer/2012/05/29/3ie_systematic_reviews_criteria_2011.pdf [20.10.2012].

ALNAP – Active Learning Network for Accountability and Performance (2001). *Humanitarian Action: Learning from Evaluation. ALNAP Annual Review Series 2001.* London: ALNAP/ODI.

ALNAP – Active Learning Network for Accountability and Performance (2002). Humanitarian Action: *Improving Performance through Improved Learning. ALNAP Annual Review 2002.* London: ALNAP/ODI.

ALNAP – Active Learning Network for Accountability and Performance (2003). *Humanitarian Action: Improving Performance through Improved Learning. ALNAP Annual Review 2003.* London: ALNAP/ODI.

Bortz, J. & Döring, N. (2009). *Forschungsmethoden und Evaluation für Human- und Sozialwissenschaftler* (4. überarb. Aufl.). Heidelberg: Springer.

Campbell Collaboration (o.J.). *What Is a Systematic Review?* Verfügbar unter: http://www.campbellcollaboration.org/what_is_a_systematic_review/index.php [20.10.2012].

Caspari, A. (2004). *Evaluationen der Nachhaltigkeit von Entwicklungszusammenarbeit. Zur Notwendigkeit angemessener Konzepte und Methoden.* Wiesbaden: VS-Verlag.

Caspari, A. (2009a). ‚Rigorose‘ Wirkungsevaluation – methodische und konzeptionelle Ansätze der Wirkungsmessung in der Entwicklungszusammenarbeit. *Zeitschrift für Evaluation, 8* (2), 183–213.

Caspari, A. (2009b). *Peer Review zur methodischen Vorgehensweise der Studie ‚National Impact Survey of Microfinance in Egypt‘.* Gutachten im Auftrag der Deutschen Gesellschaft für Technische Zusammenarbeit (GTZ). Eschborn: GTZ.

Caspari, A. (2009c). *Peer Review zur methodischen Vorgehensweise der Studie ‚Impact and Sustainability of SHG Bank Linkage Programme‘.* Gutachten im Auftrag der Deutschen Gesellschaft für Technische Zusammenarbeit (GTZ). Eschborn: GTZ.

Caspari, A. (2010). *Lernen aus Evaluierungen. Meta-Evaluation & Evaluationssynthese von InWEnt-Abschlussevaluierungen 2009.* Gutachten im Auftrag der Internationale Weiterbildung und Entwicklung gGmbH (InWEnt). Bonn: InWEnt. Verfügbar unter: http://www.giz.de/de/downloads/giz2010-de-meta-evaluation-synthese-lernen-aus-evaluierungen.pdf [25.07.2013].

Caspari, A. (2011). *Meta-Evaluation & Evaluationssynthese 2011 – Hauptbericht. Querschnittsauswertung dezentraler Evaluierungen der Human Capacity Development Programme des Jahres 2010.* Gutachten im Auftrag der Deutschen Gesellschaft für Internationale Zusammenarbeit (GIZ) GmbH. Bonn, Eschborn: GIZ. Verfügbar unter: http://www.giz.de/de/downloads/giz2011-de-meta-evaluation-evaluationssynthese-hcd-programme.pdf [02.09.2014].

Caspari, A. (2014). *Sektorbezogene Querschnittsauswertung: Meta-Evaluierung Ländliche Entwicklung.* Hauptbericht. Gutachten im Auftrag der Deutschen Gesellschaft für Internationale Zusammenarbeit (GIZ) GmbH. Bonn, Eschborn: GIZ.

Caspari, A. & Barbu, R. (2008). *Wirkungsevaluierungen. Zum Stand der internationalen Diskussion und dessen Relevanz für die Evaluierung der deutschen Entwicklungszusammenarbeit* (BMZ Evaluation Division: Evaluation Working Papers). Bonn: BMZ.

Cooper, H. & Hedges, L.V. (Hrsg.) (2009). *The Handbook of Research Synthesis and Meta-Analysis* (2. Aufl.). New York: Russell Sage Foundation.

DeGEval – Gesellschaft für Evaluation (2002a). *Standards für Evaluation*. Köln: DeGEval.

DeGEval – Gesellschaft für Evaluation (2002b). *Leitlinien für die Erstellung von Gutachten oder Meta-Evaluationen*. Köln: DeGEval.

Forss, K. & Carlsson, J. (1997). The Quest for Quality – Or Can Evaluation Findings Be Trusted?. *Evaluation, 3* (4), 481–501.

GAO – U.S. General Accounting Office. (1983). *The Evaluation Synthesis*. Verfügbar unter: http://archive.gao.gov/otherpdf1/088890.pdf [30.10.2012].

Glass, G.V. (1976). *Primary, Secondary, and Meta-Analysis of Research*. Verfügbar unter: http://stat.smmu.edu.cn/uppic/file/pdf/primary.pdf [06.01.2013].

Higgins, J.P.T. & Green, S. (Hrsg.). (2011). *Cochrane Handbook for Systematic Reviews of Interventions* (Version 5.1.0), The Cochrane Collaboration. Verfügbar unter: www.cochrane-handbook.org [10.10.2012].

Huber, S. G., Steinger, E., Tulowitzki, P., Wenger, M. & Büzberger, M. (2014). *Querschnittsauswertung Bildung: Meta-Evaluierung und Synthese*. Gutachten im Auftrag der Deutschen Gesellschaft für Internationale Zusammenarbeit (GIZ) GmbH. Bonn, Eschborn: GIZ. Verfügbar unter: http://www.giz.de/de/downloads/giz2014-de-hauptbericht-querschnittsausw-bildung.pdf [20.12.2014].

InWEnt – Internationale Weiterbildung und Entwicklung (2008). *PriME-Handbuch für Programme des Kerngeschäfts*. Bonn: InWEnt.

JCS – Joint Committee on Standards for Educational Evaluation (1994). *The Program Evaluation Standards. How to assess evaluations of educational programs*. Thousand Oaks: Sage.

Labin, S.N. (2008). Research Synthesis. Toward Broad-Based Evidence. In N.L. Smith, P.R. Brandon & R. Paul (Hrsg.), *Fundamental Issues in Evaluation* (S. 89–110). New York, London: Guilford Press.

Leeuw, F.L. & Cooksy, L.J. (2005). Evaluating the Performance of Development Agencies: The Role of Meta-Evaluations. In G.K. Pitman, O.N. Feinstein & G.K. Ingram (Hrsg.), *Evaluating Development Effectiveness* (World Bank Series on Evaluation and Development No. 7) (S. 95–108). New Brunswick, London: Transaction.

Newman, D.L., Scheirer, M.A., Shadish, W.R. & Wye, Ch. (1995). Guiding principles for evaluators. In W.R. Shadish, D.L. Newman, M.A. Scheirer, & C. Wye (Hrsg.), *New directions for program evaluation* (S. 19–26). San Francisco: Jossey-Bass.

OECD – Organisation for Economic Co-operation and Development (1991). *DAC Principles for Evaluation of Development Assistance*. Paris: OECD.

OECD – Organisation for Economic Co-operation and Development (1998). *Review of the DAC Principles for Evaluation of Development Assistance*. Paris: OECD.

OECD – Organisation for Economic Co-operation and Development (2006). *DAC Evaluation Quality Standards (for test phase application)*. Paris: OECD.

OCED – Organisation for Economic Co-operation and Development (2010). *Glossary of Key Terms in Evaluation and Results Based Management*. Paris: OECD. Verfügbar unter: http://www.oecd.org/development/peer-reviews/2754804.pdf [25.04.2012].

Patton, M.Q. (2008). *Utilization-focused Evaluation* (4. Aufl.). Thousand Oaks u. a.: Sage.

Patton, M.Q. & Gornick, J. (2011). *Evaluation of the Phase 2 Evaluation of the Paris Declaration. An Independent Review of Strengths, Weaknesses, and Lessons.* Verfügbar unter: http://www.oecd.org/dac/evaluationofdevelopmentprogrammes/dcdndep/48620425. pdf [25.04.2012].

Pawson, R., Tilley, N. (1997). *Realist Evaluation.* London u.a: Sage.

Raetzell, L. & Krämer, M. (2013). *GIZ Review Gesundheit: Metaevaluierung. Querschnittauswertung mit Metaevaluierung, Effizienzanalyse und Evaluierungssynthese.* Gutachten im Auftrag der Deutschen Gesellschaft für Internationale Zusammenarbeit (GIZ) GmbH. Bonn, Eschborn. Verfügbar unter: http://health.bmz.de/topics/Measuring-results/Studies_and_articles/Review_of_health_programmes_implemented_by_GIZ/Hauptbericht_GIZ_Review_Gesundheit_2013.pdf [02.01.2015].

Sanders, J.R. (Hrsg.). (1999). *Handbuch der Evaluationsstandards. Die Standards des „Joint Committee on Standards for Educational Evaluation".* Opladen: Leske + Budrich.

Schroeter, D.C. (2009). Metaevaluation. In L. Sullivan (Hrsg.), *The Sage Glossary of the Social and Behavioral Sciences* (S. 323–324). Thousand Oaks, CA: Sage.

Scriven, M. (1969). An introduction to meta-evaluation. *Educational Product Report, 2* (5), 36–38.

Scriven, M. (1991). *Evaluation Thesaurus.* Newbury Park, London, New Delhi: Sage.

Scriven, M. (2005). Metaevaluation. In S. Mathison (Hrsg.), *Encyclopedia of Evaluation* (S. 248–249). Thousand Oaks: Sage.

Scriven, M. (2010). *Evaluating Evaluations: A Meta-Evaluation Checklist.* Verfügbar unter: http://dmeforpeace.org/sites/default/files/EvaluatingEvals-Checklist.pdf [30.10.2012].

Stockmann, R. (2000). Evaluation in Deutschland. In R. Stockmann (Hrsg.), *Evaluationsforschung. Grundlagen und ausgewählte Forschungsfelder* (S. 11–40). Opladen: Leske + Budrich.

Stockmann, R. (2010). Einleitung. In R. Stockmann & W. Meyer (Hrsg.), *Evaluation. Eine Einführung* (S. 9–14). Opladen: Barbara Budrich.

Stockmann, R. & Caspari, A. (1998). *Ex-post Evaluationen als Instrument des Qualitätsmanagements in der Entwicklungszusammenarbeit.* Gutachten im Auftrag der Deutschen Gesellschaft für Technische Zusammenarbeit (GTZ) GmbH. Bonn: GTZ.

Stockmann, R. & Silvestrini, S. (2012). *Synthese und Meta-Evaluierung Berufliche Bildung, 2011.* Gutachten im Auftrag der Deutschen Gesellschaft für Internationale Zusammenarbeit (GIZ) GmbH. Bonn, Eschborn: GIZ. Verfügbar unter: http://www.giz.de/de/downloads/giz2011-de-synthesebericht-berufliche-bildung.pdf [08.01.2015].

Stufflebeam, D.L. (1974). *Meta-Evaluation* (Evaluation Center Occasional Paper Series, No. 3). Western Michigan University: The Evaluation Center.

Stufflebeam, D.L. (1999). *Program Evaluations Metaevaluation Checklist. Based on The Program Evaluation Standards.* Verfügbar unter: http://www.wmich.edu/evalctr/archive_checklists/program_metaeval.pdf [30.10.2010].

Stufflebeam, D.L. (2001). The Metaevaluation Imperative. *American Journal of Evaluation, 22* (2), 183–209.

Stufflebeam, D.L., Goodyear, L., Marquart, J. & Johnson E. (2005). *Guiding Principles Checklist for Evaluating Evaluation based on the 2004 Guiding Principles for Evaluators.* Verfügbar unter: http://www.wmich.edu/evalctr/archive_checklists/guidingprinciples 2005.pdf [30.10.2010].

UNEG – United Nations Evaluation Group. (2005a). *Norms for Evaluation in the UN System.* New York: UNEG.

UNEG – United Nations Evaluation Group. (2005b). *Standards for Evaluation in the UN System*. New York: UNEG.

Univation – Institut für Evaluation (2011a). Meta-Evaluation. In *Eval-Wiki: Glossar der Evaluation*. Verfügbar unter: http://eval-wiki.org/glossar/Evaluationssynthese [30.11.2012].

Univation – Institut für Evaluation (2011b). Evaluationssynthese. In *Eval-Wiki: Glossar der Evaluation*. Verfügbar unter: http://eval-wiki.org/glossar/Meta-Evaluation [30.11.2012].

USAID – United States Agency for International Development (1989). *Review of the Quality of A.I.D. Evaluations FY 1987 and FY 1988* (A.I.D. Evaluation Occasional Paper No. 19). Washington D.C.: USAID.

van de Putte, B. (2001). *Follow-up to Evaluations of Humanitarian Programmes* (Paper submitted to the ALNAP Biannual meeting 26–27. April 2001). o.O.: ALNAP.

van der Knaap, L.M., Leeuw, F.L., Bogaerts, St. & Lijssen, L.T.J. (2008). Combining Campbell Standards and the Realist Evaluation Approach: The Best of Two Worlds?. *American Journal of Evaluation*, 29 (1), 48–57.

Vedung, E. (1997). *Public Policy and Program Evaluation*. New Brunswick, London: Transaction.

Widmer, Th. (1996). *Meta-Evaluation. Kriterien zur Bewertung von Evaluationen*. Bern, Stuttgart, Wien: Haupt.

Widmer, Th., Landert, Ch. & Bachmann, N. (1999): *Evaluationsstandards – empfohlen von der Schweizerischen Evaluationsgesellschaft (SEVAL)*. Bern, Genf: SEVAL.

Wingate, L.A. (2010). Metaevaluation: Purpose, Prescription, and Practice. In E. Baker, P. Peterson & B. McGaw (Hrsg.), *International Encyclopedia of Education* (3. Aufl.) (S. 765–774). San Diego: Elsevier.

Evaluation, Reinhard Stockmann and the three M's: Methods, Modalities and Mechanisms

Frans L. Leeuw

1. Introduction

In the "Atlas of Evaluation", first published in 2002 under the editorship of Jan-Eric Furubo, Ray C. Rist and Rolf Sandahl, Germany's evaluation culture was as one of the 21 countries that was described and 'rated'. The authors used the following indicators (per country).

i.   Number of domains in which evaluations take place within the country;
ii.   Supply of evaluators/evaluating organizations within the country;
iii.   Education activities regarding evaluation;
iv.   National discourse on evaluation;
v.   Presence of a profession with its own societies or frequent attendance of international societies in the country;
vi.   Institutional arrangements for conducting evaluations within the public sector/government;
vii.   Institutional arrangements for conducting evaluations within Parliament;
viii. Evaluation activities are carried out by supreme audit offices;
ix.   Elements of pluralism exist, that is, within each policy domain there are different people or agencies commissioning and performing evaluations; and
x.   Evaluations should not just focus on the relation between inputs/outputs or technical production activities. Some public sector evaluations must have program or policy outcomes as their object (i.e., including attention to the question of causality between programs and effects).

The data were collected by making use of (personal) interviews, documents, existing (short) histories of how evaluation developed (or not) in these countries.

The picture was, according to this rating, *klipp und klar*: Germany was one of the 'ivy league'-countries in the field of evaluation and its surrounding culture. Only – of course – the USA, and not at the top: Canada, Sweden, the UK and my home country (the Netherlands) outranked Germany. In soccer games between the Netherlands and Germany this did not happen very often, but Reinhard and I never talked 'soccer', so I leave this finding as it is.

Several years earlier Hans-Ulrich Derlien (1999) from the University of Bamberg published a seminal paper on the development of evaluation in welfare states in which he suggested a wave theory. Wave 1 countries for evaluation were – again – the USA and Canada, wave 2 countries were UK, Sweden, Germany, the Nether-

Table 1:   Ranking of countries on the indicators of an evaluative culture

	I	II	III	IV	V	VI	VII	VIII	IX	X	Total
United States	2	2	2	2	2	2	2	2	2	2	20
Australia	2	2	1	2	2	1	1	2	2	2	17
Canada	2	2	1	2	2	2	1	2	2	1	17
Sweden	2	2	1	2	1	2	1	2	2	2	17
Netherlands	2	2	1	2	1	2	1	2	2	1	16
United Kingdom	2	2	1	2	2	1	1	2	1	2	16
Germany	2	2	1	1	2	1	1	2	1	1	14
Denmark	2	2	1	2	1	1	0	2	1	1	13
Korea	2	0	1	2	2	2	0	2	1	1	13
Norway	2	1	1	1	1	2	1	1	2	1	13
France	2	1	1	1	2	2	1	1	1	0	12
Finland	2	1	1	1	1	1	1	1	1	1	11
Israel	1	1	1	0	2	1	0	1	1	1	9
Switzerland	1	1	1	2	2	0	0	2	0	0	9
New Zealand	1	0	1	1	2	0	0	1	1	1	8
Ireland	1	1	0	1	0	1	0	1	1	1	7
Italy	0	1	1	1	2	0	0	1	1	0	7
China	1	1	0	0	0	2	0	1	0	1	6
Spain	1	0	0	1	2	1	0	0	0	0	5
Zimbabwe	1	1	0	0	0	1	0	0	1	0	4
Japan	1	0	0	0	0	1	0	0	0	0	2
Total	32	25	17	25	29	27	9	26	24	18	

I)   Number of domains in which evaluations take place within the country;
II)   supply of evaluators/evaluating organizations within the country;
III)   education activities regarding evaluation;
IV)   national discourse on evaluation;
V)   presence of a profession with its own societies or frequent attendance of international socie-
        ties in the country;
VI)   institutional arrangements for conducting evaluations within the public sector/government;
VII)   institutional arrangements for conducting evaluations within Parliament;
VIII) evaluation activities are carried out by supreme audit offices;
IX)   elements of pluralism exist, that is, within each policy domain there are different people or
        agencies commissioning and performing evaluations; and
X)   evaluations should not just be focused on the relation between inputs/outputs or technical
        production activities. Some public sector evaluations must have program or policy outco-
        mes as their object (including therefore attention paid to the question of causality between
        programs and effects).
Source: Furubo et al. (2002).

lands and Australasia, while wave 3 looked into countries that barely had anything going in the field of evaluation and monitoring but were beginning to let the ball roll. As a revised version of the Evaluation Atlas is in preparation, we will soon know what has happened in these and a large number of 'new' countries. Having been around in evaluation for quite some time and in different positions, I expect that the Atlas 2015 will show that evaluation, monitoring, inspection and performance auditing are no longer 'baby' or 'infant' industries in many countries. In fact, the number of studies and reports has increased so much over the last two decades that Rist & Stame (2006) gave one of their recent books the title: "From Studies to Streams" [of studies]. The number of jobs for evaluators has increased (cf. Leeuw, Toulemonde & Brouwer, 1999; Preskill, 2008), as has the number of (national) evaluation societies and their memberships. Also, since 2001, membership of the American Evaluation Association has grown more than 79 per cent (from 3055 members in 2000 to 5479 by December 2007). Therefore, Preskill (2008) coined the idea of evaluation becoming a (positive) *social epidemic*. Part of this 'epidemic' are the 'systems of evaluations' that have their own organizations, handbooks, methodology, money and staff (cf. Leeuw & Furubo, 2008). Examples are: performance auditing and monitoring, M(onitoring) and E(valuation), experimental evaluations and evaluation and accreditation. Dahler-Larsen (2009) took this a bit further and coined the concept of 'evaluation machines', pointing to the phenomena that evaluations, once part of analytical, applied sociology and linked to Kurt Lewin-types of social psychological studies[1], now has developed into a set of rules, quasi-regulations, and protocols that almost in a 'machine'-like way produces facts and figures. In particular this is applicable to the world of performance measurement and audit.

As to the position of Germany when the new edition of the "Atlas of Evaluation" is published, I doubt that it has changed in a downward or upward way. It is my prediction that Germany's position will be the same or more or less the same compared with 13 years ago. What has all this to do with Reinhard Stockmann, now that he turned 60?

Well, a lot. From Stockmann's resumé it is clear that he and a few others have been among the very early adopters of evaluation research in (Western) Germany. In the late 80's and early 90's he set himself as a sociologist to work in the field of evaluation of – amongst other – the world of development co-operation. And he continued to do that, however, very much broadening his horizon. In the preface of his "A Practitioner Handbook of Evaluation" (2010), he made the point that "only a few years back some people in Germany still had difficulty pronouncing the word 'evaluation' correctly or occasionally confused it with the term 'evolution' […]" (p. ix) . Immediately thereafter he made clear that evaluation nowadays is 'in' in Germany. Without doubt that has something to do with *Stockmann himself*. He definitely has been one of the founding fathers of the German Evaluation 'Scene'. For many years he directs CEval in Saarbruecken, for quite some time the only development aid evaluation institute in Germany. But the focus of CEval was not

---

1   See the very interesting book by Melvin Mark, Stewart Donaldson and Bernadette Campbell (2011) on what social psychology has to add to evaluation (and evaluation to social psychology).

only developmental; also culture policy, higher education, labor market policies, to name a few, have been evaluated by Stockmann and his colleagues. See this very tiny snapshot of ongoing projects (here I quote only one page of the Annual Report 2013, there are many more) to get a feeling of the breadth of the work.

Projektname
Evaluation des *Deutsch-Ägyptischen Forschungsfonds* (GERF)
Meta-Evaluation von 34 Evaluationsberichten zu den *Regional-Entwicklungsprogrammen* von World Vision Deutschland
Durchführung einer *Mitgliederbefragung von IMMOEBS e.V.*
Studie *"Gute Arbeit im Vollzug – eine Studie zu Arbeitsbedingungen und Gesundheit im saarländischen Justizvollzug"*
Aufbau eines wirkungsorientierten *M&E-Systems in Deutschland für die Kooperationsplattform Lateinamerika Nord* (KOPLAN)
Assessing the *Impacts of Multinational Corporations* on Global Development and Value Creation (Global Value)
Begleitende Evaluation des *Karriereförderprogramms "Talente sichern – Zukunft gestalten"* (2013–2014)
Energising Development (EnDev) Herdstudie in Äthiopien
Begleit- und Akzeptanzforschung zu aktuellen Fragen des *Stromnetzausbaus in Deutschland* – Wissenschaftliche Begleitung der Planungspraxis (Modul III)
Unabhängige Evaluierungen 2013/2014 im Sektor *Ländliche Entwicklung*: Management und Nutzung natürlicher Ressourcen, sowie Kapazitätenaufbau in Zentralamerika
UNICEF-Mehrländer-Evaluation zu Inklusion aller *Kinder in qualifiziertes Lernen in MOEL/GUS Staaten*
MRE Netzwerk Hessen-Saarland: Schnittstellen in der Versorgung und ihre Überwindung durch *Analyse, Wirkungsevaluation, und Einsatz neuer Lehr/Lerntechniken*

Source: CEval (2014)

The academic work Stockmann has done, stimulated, directed or reviewed is therefore covering a wide array of topics. What can be said about three other characteristics of the work:

- Attention paid to underlying mechanisms of policies, programs, interventions, laws and regulations?
- Attention paid to methods and
- attention paid to modalities of evaluation work?

These are the three M's in the title of this chapter.

2.   The three M's: Methods, Modalities and Mechanisms

2.1   Stockmann and Methods

For the German audience, Stockmann has, together with his colleagues, published several important handbooks that discuss (in depth) methods of evaluation. His "Evaluationsforschung. Grundlagen und ausgewaehlte Forschungsfelder" is a good example of the level of attention paid to methods and techniques. And the same is true for the more recent "Evaluation. Eine Einfuehrung", which was first published in 2010. Of course, more text- and handbooks in the English language in particular have been published that can compete with the CEval work but bringing in examples from Germany and dealing with the relationships between Germany and other countries, gives definitely extra shine and value to what was already there in terms of foreign handbooks. Stockmann's "Evaluation and Quality Development: Principles of Impact-Based Quality Development", published by Peter Lang is a very nice read and takes the reader through the whole gamut of evaluation and quality, including methodology. In fact this book tries to combine worlds that not long ago never met: quality assessment, quality improvement, quality certification on the one hand and evaluation 'Forschung' on the other hand. His Practitioner Handbook, that we already alluded to, is indeed an interesting overarching book that describes in detail ('mit deutscher Gruendlichkeit') steps that have to be taken when doing evaluations in reality.

   One of the aspects I have always liked is that, contrary to what is happening in wave 4 countries (newcomers, marching rapidly into the world of evaluation, not having an insight in the historical, epistemological aspects of evaluation), Stockmann continued to speak about Evaluations-*Forschung*. This is more than a little 'language thing'. Those of us who deliberately refer to evaluation RESEARCH, I believe, adhere more to strict methodological rules than those that only refer to evaluation *(as such)*.

2.2   Stockmann and Modalities

When using the word 'modality' in a text on evaluation, most of the readers very probably think about evaluating service delivery modalities, development aid modalities, 'vouchers as modalities to stimulate the quality of education' and many more similar things. That is not how I see 'evaluation modalities' in this paper. I refer to the ways in which evaluations are organized, or, if this suits you better, are institutionalized. One modality of evaluation is the evaluation done by an independent institution, sponsored by – for example – a (national) science foundation or something similar, that does its work almost without having 'contact with the evaluands'. Long time ago the USA General Accounting Office (now relabeled as Government Accountability Office) acted sometimes like this, which resulted in the fact that some of their reports and activities were called 'ambush audits'. On the other side of the spectrum are evaluation modalities in which the work is done inside the office that is to be evaluated, where the work has to be approved by the director of this organization (mostly in collaboration with the project leader of the evaluation), where all costs of the evaluation are paid by the evaluand, including the salary of the evaluators team. Many modalities are in between these two. Recently, in the American Journal of Evaluation papers were published on how to reconcile these different modalities. One of the papers was written by Liket, Rey-Garcia and Maas (2014). It has as a starting point that nonprofit organizations (the field that is also central in Stockmann's work) "are under great pressure to use evaluations to show that their programs 'work' and that they are 'effective'. However, empirical evidence indicates that nonprofits struggle to perform useful evaluations, especially when conducted under accountability pressures. An increasing body of evidence highlights the crucial role of a participatory negotiation process between nonprofits and stakeholders on the purposes of design of evaluations in achieving evaluation utility" (p. 1). The authors then move on to describe what such a meaningful meeting could be and how to design that.

Stockmann's work as head of the CEval (and I have experienced that several times when we as the Oversight Board of CEval met and discussed things and approaches with his staff), has always had a keen eye on these different modalities, including their pro's and con's. Attention paid to stakeholders, and in particular in order to structure the debate and negotiations with them in a way that lawyers would call: *procedural (and 'evaluative') justice*, is high on CEval's agenda. However, at the same time Stockmann is not a completely 'true believer' of stakeholders involvement. To put it a bit differently: he is not one of those that believe that when stakeholders speak positively about an evaluation, that is a guarantee for a high-quality robust evaluation. He (and I) know that (very) positive comments by stakeholders on a report can not only can be caused by a 'social desirability mechanism' but, worse, can imply that the real problems, difficulties and failures underneath the surface were not detected by the evaluators. Therefore it is always our task to 'check and recheck' our methods, theory and data.

2.3   Stockmann and Mechanisms

This is the third part of my message. It needs a bit of an introduction. I first discuss how mechanisms can be defined, and next which types (and examples) of mechanisms do exist and are relevant for evaluators.

To answer the first question some scholars have compiled "running lists" of definitions of "mechanism" (cf. Gerring, 2007; Hedstrom, 2005). For example, Mahoney (2001, 2003) identified 24 different definitions of this term, which he sourced from the writings of 21 authors. Rather than providing yet another list, I will first discuss what mechanisms are not. A common mistake [made by practitioners and evaluators] is to conflate the term mechanism with the intervention or legal arrangement *itself*. Mechanisms are not just another label for an intervention. If a study looks into the why and how of introducing a public information campaign on empowering women in the household decision making in Sub Saharan Africa, it would be incorrect to see this information campaign as 'the mechanism'[2]. Nevertheless, these things happen. Mechanisms also appear too frequently as unexplained 'causal arrows' that seem to flourish so well in the present climate of enthusiasm with visual logic models. A related concern is when mechanisms are equated with variables. Then, mechanisms are sometimes seen as independent causal variables or more often, treated as an intervening variable or set of mediating or moderating variables that attempt to account for why a statistical correlation exists between an independent and dependent variable.

As a definition of the mechanism concept that prevents these misinterpretations, Germany's very well-known sociologist Renate Mayntz (2004, p. 241) proposal is adequate. Mechanisms are "sequences of causally linked events that occur repeatedly in reality if certain conditions are given. Substantively speaking, mechanisms state how, by what intermediate steps, a certain outcome follows from a set of initial conditions. A mechanism provides a clear causal chain". Together with my Australian colleague Brad Astbury, he and I (2010: 368) defined this concept in a similar way: "underlying entities, processes, or structures which operate in particular contexts to generate outcomes of interest". Mechanisms operate at a deeper level than the intervention itself: "We must go below the [...] surface level descriptions of constant conjunctions and statistical correlations to identify the underlying mechanisms that account for regularities in the joint-occurrence of events" (Astbury & Leeuw, 2010, p. 368).

The second question is if there is only one type of mechanism? The answer is no. Coleman (1990), Hedstrom (2005) and Elster (2007) point at three types of mechanisms: situational, action-formation and transformational.

Situational mechanisms show how specific social, legal and/or economic or physical situations or events (occurring at the macro-level of a society) help to shape the beliefs, desires, opportunities and choices of (individual) actors. The *self-fulfilling prophecy mechanism* described by Merton (1948) is an example. Another example is the *opportunity structure* a community, village or city is characterized by; the more there are opportunities (for crime, for the unemployed), the larger the chance that crimes will be carried out and jobs will be found.[3]

Action-formation mechanisms operate at what Coleman (1990) calls the micro level. This type of mechanism looks at how individual choices and actions are influenced by specific combinations of desires, beliefs, opportunities (and ever more so:

---

2   Weiss (1997, p. 46) made clear that "the mechanism of change is not the program service per se but the response that the activities generate".

3   Relevant other institutional mechanisms pointed at in the literature are societal belief systems (e.g., 'the protestant ethic') or events (e.g., revolutions).

biosocial factors). Festinger's *cognitive dissonance mechanism* (1957) is an example and shows how individuals reduce psychological distress that arises when a person holds two contradictory ideas simultaneously. Smokers, for example, often use techniques of rationalization to avoid quitting despite strong evidence that smoking reduces life expectancy (e.g., 'lung cancer only happens to heavy smokers'). The „*shadow of the future-mechanism*" is another example, sometimes (implicitly) referred to in legal studies addressing the behavioral drive to do things differently (or refrain from doing them) because the law (and its enforcement) function as a shadow of the future. *Framing* (how something is presented and influences the choices people make) and *incentives* are other action-formation mechanism as are *prisoner's dilemmas*, the *endowment mechanism* (people ascribe more value to things merely because they own them) and at least some 20 (other) cognitive mechanisms like *hindsight bias* and *the fundamental attribution error*. Increasingly, researchers search for biosocial processes underlying these mechanisms.

Transformational mechanisms operate at the micro-to-macro level and show how a number of individuals, through their actions and interactions, can generate macro-level outcomes. An example is *cascading* by which people influence one another so much that people largely ignore their private knowledge and rely instead on the publicly stated judgments of others. The *bandwagon phenomenon* – the tendency to do (or believe) things because many other people do (or believe) – is related to this, as are *group think* (cf. Elster, 2007). *Tipping points* are another transformational mechanism.

This brings me to answering the question if and to what extent Stockmann has been involved in the world of M's (Mechanisms), has paid attention to this topic in his (hand)books and to what extent he has contributed to the knowledge about the *Wirkung* of (behavioral, institutional) mechanisms.

Unfortunately, and as far as I have been able to find out, colleague Stockmann has not paid a lot of attention to mechanisms, or to, to quote Ray Pawson (2013), CMO-configurations: how M's and C(context)s 'go together' in producing O(ut-comes)? Of course, in chapters on the underlying logic model (or program theory) or when he discusses theoretical aspects of evaluation, one can see in his major works that 'mechanisms' are addressed but not in a very in depth way. I personally would have loved the idea that after having been doing so many evaluations of programs and interventions, 'stocktaking' of the mechanisms that are working and those that are not working (given certain contexts), colleague Stockmann would have found the time for a major contribution to the knowledge repository of *Evaluationsforschung* into mechanisms.

3.   Where does this bring us?

Now that Reinhard has reached a demographic situation (60 years) that was once, in the Netherlands, called '*the moment when the preparation for the third stage of life (> 60 years) starts'*, he has to make up his mind what to do. Let me help him by specifying some options including some of their underlying mechanisms.

- *Continue to do everything you have been doing before. Ignore 60!*
  To realize this state of mind and behavior, I suggest you to work with cognitive dissonance reduction strategies like: *'sixty is the new forty'*, as Americans now use to say. Join cognition-oriented serious gaming that helps you to totally 'delete' from your dendrites the horrible idea that you have reached the age of 60. And: start to count back. So, if somebody asks you next year: "Reinhard, sind Sie nicht ein bisschen zu alt fuer …?", dann sag: 59 (and keep that ball running, till you are 53 again and then move back up again). The behavioral mechanisms involved are: cognitive dissonance reduction, impression management, and fight or flight. To some extent James Coleman's 'social capital mechanism' is also active, as you need to be surrounded with enough people so that it makes sense to say that you are 59, 58, 57 … if nobody listens, then the *Wirkungskraft* of this mechanism is nil to zero. For you as head of CEval there will always be enough of these *surrounding social capital*(ists)!
- *Accept that you're 60, continue to love the work, but go for complete cognitive sustainability of the major findings of your career as an evaluator-sociologist.*
  Write the book on which mechanisms and context do 'the work' in the policy fields you have been working. The behavioral mechanism here is the drive to *contribute something spectacular to society*. The 'Stature'-mechanism, also known as the Mitterrand-, Pompidou-, Charles de Gaulle-Mechanism. The rational choice mechanism is that after society has made it possible to you to do your travelling all over the world, to write your books, to steer your institute, to do your evaluations, you know are obliged ('reciprocity') to do something back to the trans-discipline of evaluation, i.e. that book that will make all other books on mechanisms and evaluation obsolete.

Gute Fahrt, Reinhard and congratulations for your achievements!

References

Astbury, B, & Leeuw, F. L. (2010). Unpacking Black Boxes: Mechanisms and Theory Building in Evaluation. *American Journal of Evaluation, 31* (3) 363–381.

CEval – Center for Evaluation (2014). Annual Report 2013. Online available: http://ceval.de/typo3/fileadmin/user_upload/PDFs/CEval_JB_2013.pdf.

Coleman, J. S. (1990). *The Foundations of Social Theory*. Cambridge, MA: The Belknap Press of Harvard University.

Dahler-Larsen, P. (2009). *The Evaluation Society*. Stanford: Stanford University Press.

Derlien, H.U. (1999). Genesis and structure of evaluation efforts in comparative perspective. In: R.C. Rist (Ed.), *Program evaluation and the management of government, Pat-*

terns and prospects across eight nations (pp. 147–176). New Brunswick, NJ: Transaction Publishers.

Elster, J. (2007). *Explaining Social Behaviour: More Nuts and Bolts for the Social Sciences.* Cambridge, UK: Cambridge University Press.

Festinger, L. (1957). *A Theory of Cognitive Dissonance.* Stanford: Stanford University Press.

Furubo, J.-E., Rist, R. C. & Sandahl, R. (Eds.). (2002). *International Atlas of Evaluation.* London: Transaction Publishers.

Gerring, J. (2007). The Mechanismic Worldview: Thinking Inside the Box. *British Journal of Political Science, 38,* 161–179.

Hedstrom, P. (2005). *Dissecting the Social: On the Principles of Analytical Sociology.* Cambridge, UK: Cambridge University Press.

Leeuw, F. L., Toulemonde, J & Brouwer, A (1999). Evaluation Activities in Europe: A Quick Scan of the Market in 1998. *Evaluation, 5* (4), 487–496.

Leeuw, F. L. & Furubo, J.-E. (2008). Evaluation Systems: What Are They and Why Study Them? *Evaluation,, 14,* 157–169.

Liket, K.,Rey-Garcia, M. & Maas, K. E. H. (2014). Why Aren't Evaluations Working and What to Do About It: A Framework for Negotiating Meaningful Evaluation in Nonprofits. *American Journal of Evaluation, 35,* 1–18.

Mahoney, J. (2001). Beyond Correlational Analysis: Recent Innovations in Theory and Method. *Sociological Forum, 16,* 575–593.

Mahoney, J. (2003, August 28). Tentative answers to questions about causal mechanisms. Paper presented at the annual meeting of the American Political Science Association, Philadelphia, PA. Retrieved from: http://www.allacademic.com/meta/p62766_index.html [07.10.2008].

Mark, M. M., Donaldson, S. I. & Campbell, B. (Eds.). (2011). *Social Psychology and Evaluation.* New York: Guilford Publications.

Mayntz, R. (2004). Mechanisms in the Analysis of Social Macro-Phenomena. *Philosophy of the Social Sciences, 34,* 237–259.

Merton, R. K. (1948). The self-fulfilling Prophecy. *The Antioch Review,* Band 8, 193–210

Pawson, R. (2013). The Science of Evaluation. London, Thousand Oaks: Sage.

Preskill, H (2008). Evaluation's Second Act: A Spotlight on Learning. *American Journal of Evaluation, 29* (2), 127–138.

Rist, R. & Stame, N. (Eds.). (2006). *From Studies to Streams: Managing Evaluative Systems.* London: Transaction Publishers.

Stockmann, R. (Ed.). (2006). *Evaluationsforschung. Grundlagen und ausgewaehlte Forschungsfelder.* Münster, New York: Waxmann.

Stockmann, R. (2008). *Evaluation and Quality Management. Principles of Impact-Based Quality Management.* English Translation of: *Evaluation und Qualitätsentwicklung.* Frankfurt: Peter Lang.

Stockmann, R. (Ed.). (2010). *A Practitioner Handbook of Evaluation.* Cheltenham: Edward Elgar.

Stockmann, R. & Meyer, W.(2010). *Evaluation. Eine Einführung.* Opladen: Verlag Barbara Budrich.

Weiss, C. H. (1997). Theory-based evaluation: Past, present, and future. *New Directions for Evaluation, 76,* 41–55.

Die Zeitschrift für Evaluation – Aufbau und Entwicklung

Hansjörg Gaus

1.   Einleitung

In einer Festschrift für Reinhard Stockmann darf ein Beitrag über die Zeitschrift für Evaluation nicht fehlen, da diese im Jahr 2002 auf seine Initiative gegründet wurde und er ihre Entwicklung bis heute als geschäftsführender Herausgeber begleitet und vorantreibt.

Generell spielen Fachzeitschriften eine bedeutende Rolle für die Herausbildung und Weiterentwicklung wissenschaftlicher Disziplinen. Im internationalen Rahmen konnte beobachtet werden, dass Debatten zu wichtigen Evaluationsthemen sich zunehmend auf bestimmte ausgewiesene Evaluationszeitschriften konzentrieren, die somit zentral für die Diskussion aktueller Themen der Evaluationstheorie und -praxis sind (vgl. Nielsen & Winther, 2014; Heberger, Christie & Alkin, 2010).

Die Gründung einer eigenen Zeitschrift war dementsprechend für die deutschsprachige Evaluationscommunity ein wichtiger Meilenstein, der die nachhaltige Verankerung von Evaluation unterstützt. Schließlich braucht der Diskurs zum Thema Evaluation Foren – und ein solches Forum stellt neben den Konferenzen und Tagungen der Fachverbände DeGEval – Gesellschaft für Evaluation (für Deutschland und Österreich) und Schweizerische Evaluationsgesellschaft (SEVAL) insbesondere die Zeitschrift für Evaluation dar. Die Existenz und das Standing einer solchen Zeitschrift können als wichtige Beiträge zur Weiterentwicklung der Evaluationskultur verstanden werden. Nicht umsonst sehen Furubo und Sandahl (2002, S. 7) die Offenheit für neue Ideen und Impulse als einen zentralen Aspekt der Reife einer Evaluationskultur an. Und als einen solchen Impulsgeber hat Reinhard Stockmann die Zeitschrift für Evaluation von Anfang an konzipiert, so dass sie „zu einem Brennpunkt für Evaluation werden (sollte), in dem Fachkenntnisse interdisziplinär gebündelt werden und ein wechselseitiger Transfer zwischen Wissenschaft und Praxis stattfindet" (Stockmann, 2002, S. 7). In seinem Editorial zum zehnjährigen Bestehen der Zeitschrift für Evaluation fasst Reinhard Stockmann (2011) rückblickend die damit verbundenen Ziele wie folgt zusammen:

- sektorales Evaluationswissen zu bündeln und interdisziplinär zugänglich zu machen,
- ein wissenschaftliches Publikationsorgan zu sein, aber gleichzeitig auch ein Austauschforum für Wissenschaftlerinnen und Wissenschaftler, Gutachterinnen und Gutachter, Anwender und Auftraggebende aus den unterschiedlichsten Bereichen von Staat und Gesellschaft,
- einen Beitrag zu leisten zur gesellschaftlichen Aufklärung.

Die Erreichung dieser Ziele soll zum Abschluss dieses Beitrags diskutiert werden. Zunächst ging es aber darum, die Zeitschrift überhaupt erst einmal zu gründen, eine Infrastruktur aufzubauen und die Zeitschrift zu etablieren. Dies sind implizite, aber umso wichtigere Ziele und daher soll dieser Prozess im Folgenden erst einmal nachgezeichnet werden.

2.   Gründung und Etablierung der Zeitschrift für Evaluation

Zentral für die erfolgreiche Gründung und Etablierung der Zeitschrift für Evaluation war neben der Initiative und dem dauerhaften Engagement von Reinhard Stockmann die Unterstützung durch hervorragend ausgewiesene Evaluationsexpertinnen und -experten, die ihre eigenen Erfahrungen und Vorstellungen einbrachten und mit ihren unterschiedlichen disziplinären Hintergründen wesentliche Teile der Evaluationsforschung und -praxis abdecken konnten. Die Mitherausgeberinnen und -herausgeber der ersten Stunde Prof. Dr. Gerd-Michael Hellstern, Prof. Dr. Helmut Kromrey, Prof. Dr. Helfried Moosbrugger, Prof. Dr. Hildegard Müller-Kohlenberg sowie Prof. Dr. Hellmut Wollmann haben dies auf hervorragende Weise erfüllt. Ihrem engagierten Wirken ist es auch zu verdanken, dass die Zeitschrift für Evaluation die Mitgliederzeitschrift der DeGEval werden konnte. Im Laufe der Zeit sind drei der Gründungsherausgeber ausgeschieden und dafür mit Prof. Dr. Dr. Christiane Spiel, Prof. Dr. Alexandra Caspari und Prof. Dr. Wolfgang Böttcher ebenfalls profilierte Evaluationsforscherinnen und -forscher nachgerückt. Jeder Herausgeber bzw. jede Herausgeberin ist für die Begutachtung der eingereichten Originalbeiträge in drei bis vier der 19 als zentral definierten Themengebiete der Zeitschrift zuständig. Diese umfassen *Arbeitsmarktpolitik, Aus- und Weiterbildung, Berufliche Bildung, E-Learning, Entwicklungspolitik, Forschung, Technologie und Innovation, Gesundheitswesen, Hochschule, Kultur und Kulturpolitik, Medienevaluation, Organisationsentwicklung, Schule, Soziale Dienstleistungen, Stadt- und Regionalentwicklung, Strukturpolitik, Theorie und Methoden, Umwelt, Verwaltung* sowie *Wirtschaft*.

Als sehr günstig für die Entwicklung der Zeitschrift für Evaluation hat sich die enge Zusammenarbeit mit der DeGEval erwiesen. Insbesondere dadurch, dass seit Gründung der Zeitschrift in der DeGEval-Mitgliedschaft automatisch auch das Abonnement enthalten ist, hat sie eine stetige Steigerung der Verkaufszahlen erlebt, die der Entwicklung der Mitgliederzahlen der DeGEval folgt. Umgekehrt profitiert auch die DeGEval davon, ihren Mitgliedern das Angebot eines preisgünstigen Abonnements der mit ihr verbundenen Fachzeitschrift machen zu können.

Ein weiterer wichtiger Erfolgsfaktor ist eine passende verlegerische Heimat. In diesem Zusammenhang ist es für eine Zeitschrift in ihrem 14. Jahrgang sicherlich ungewöhnlich, bereits beim dritten Verlag zu erscheinen, was allerdings zu einem erheblichen Teil dem Konzentrationsprozess im Verlagsgewerbe geschuldet ist.

Nachdem der ursprüngliche Verlag Leske + Budrich (Heft 1/2002 bis 2/2003) an den VS Verlag für Sozialwissenschaften (Heft 1/2004 bis 2/2005) verkauft worden war und sich die Konditionen dort deutlich verschlechtern sollten, erfolgte der Wechsel zum Waxmann Verlag, der seither nicht zuletzt mit seinem Programmschwerpunkt im Bereich Evaluation ein attraktives und verlässliches verlegerisches Umfeld bietet. Seit dem Jahr 2013 stellt der Waxmann Verlag den Leserinnen und Lesern die Zeitschrift neben der gedruckten auch in elektronischer Form zur Verfügung. Für die Mitglieder der DeGEval ist dieser Service kostenlos.

Die Redaktion ist seit der Gründung der Zeitschrift am Centrum für Evaluation (CEval) der Universität des Saarlandes angesiedelt, das dafür eine viertel Mitarbeiterstelle sowie Mittel für studentische Hilfskräfte einsetzt. Bislang wurde bzw. wird die Redaktion von PD Dr. Wolfgang Meyer (Gründung bis Heft 2/2003), Prof. Dr. Alexandra Caspari (Heft 1/2004 bis 2/2007), Ragnhild Barbu (Heft 1/2008), Stefanie Kihm (Heft 2/2008 bis 1/2012) sowie Dr. Hansjörg Gaus (seit Heft 2/2012) getragen. Dass die redaktionelle Arbeit trotz der relativ bescheidenen Mittelausstattung funktioniert, ist neben dem Wirken der Redakteurinnen und Redakteure insbesondere auch dem besonderen Engagement einer stetigen Folge von studentischen Hilfskräften zu verdanken, die sich von Anfang an immer wieder neu in das notwendige akribische Redigieren einer Fachzeitschrift eingearbeitet haben. Aktuell sind zwei studentische Hilfskräfte für die Zeitschrift tätig.

Einen wesentlichen Meilenstein der Entwicklung der Zeitschrift stellt der mit Heft 2/2004 erreichte Status eines referierten Journals dar. Seither werden alle neu eingereichten Originalbeiträge einem doppelt-blinden Begutachtungsverfahren unterzogen. Jeder Beitrag wird dabei einem bzw. einer für das jeweilige Themengebiet zuständigen Herausgeberin bzw. Herausgeber zugeordnet, die bzw. der das Manuskript an zwei fachkundige Reviewerinnen bzw. Reviewer weitergibt und nach Eingang der anhand eines einheitlichen Begutachtungsbogens erstellten Gutachten ein Gesamturteil fällt. Im Falle uneinheitlicher Einschätzungen der ursprünglichen Reviewerinnen bzw. Reviewer können auch weitere Gutachterinnen und Gutachter hinzugezogen werden.

Möglich ist ein solches Verfahren nur, wenn es genügend Fachleute gibt, die sich als Gutachterinnen und Gutachter zur Verfügung stellen, was seit Einführung dieses Verfahrens ca. 250 Expertinnen und Experten getan haben. Von ihrem disziplinären und institutionellen Hintergrund decken die Reviewerinnen und Reviewer das gesamte Spektrum der deutschsprachigen Evaluationsforschung ab.

Seit dem Jahr 2011 wird die Begutachtung auch von einem aus 20 renommierten Evaluationsexpertinnen und -experten bestehenden Editorial Board ergänzt, das dabei hilft, die Qualität der Begutachtung zu sichern und die fachliche Breite der Themen- und Arbeitsfelder der Evaluation noch besser abzudecken. Die Mitglieder sind überwiegend Sozialwissenschaftlerinnen und Sozialwissenschaftler unterschiedlicher Disziplinen, ergänzt durch hochrangige Praktikerinnen und Praktiker.

Wichtig war die Einführung eines Begutachtungsverfahrens nicht nur für die wissenschaftliche Qualitätssicherung der Originalbeiträge, auch wenn dies ein zentraler Aspekt ist. Darüber hinaus war es aber auch die Grundlage für die Aufnahme der Zeitschrift für Evaluation in renommierte Informationsdienste wie den Social Science Citation Index (SSCI) des Institute for Scientific Information (ISI), die Zitations- und Abstract-Datenbank SCOPUS des Verlags Elsevier sowie die ERIH (European Reference Index for the Humanities) List der European Science Foundation (ESF). In dem Maße, wie akademische Karrieren und die Verteilung von Haushalts- und Drittmitteln an Wissenschaftlerinnen und Wissenschaftler oder wissenschaftliche Institutionen an die Zahl referierter Artikel sowie bibliometrische Größen wie Zitationen und Impact Factors geknüpft werden, gewinnen solche Listungen an Bedeutung, da sie Wissenschaftlerinnen und Wissenschaftlern als Anreiz dienen, hochwertige Aufsätze bei einer bestimmten Zeitschrift einzureichen. Auch wenn hier keinem naiven Umgang damit das Wort geredet werden soll, haben wissenschaftliche Zeitschriften ohne diese Qualitätssignale wesentliche Wettbewerbsnachteile.

Der Erfolg der Zeitschrift für Evaluation ist sicherlich nicht zuletzt darin begründet, dass sie den Leserinnen und Lesern seit Jahren Heft für Heft eine große Vielfalt an relevanten und fundierten Informationen bietet. Neben den Originalbeiträgen, die ein doppelt-blindes Begutachtungsverfahren durchlaufen und unter dem Motto *Theorie, Methoden und Praxis der Evaluation* erscheinen, stellt die Zeitschrift auch ein Forum für eine große Bandbreite unterschiedlicher Beiträge der deutschsprachigen Evaluationscommunity dar. So gibt es in der Rubrik *Information & Service* unter anderem Praxisberichte, Tagungsberichte, Interviews, Vorstellungen von Evaluationsinstitutionen, Debattenbeiträge sowie Rezensionen. Darüber hinaus geben die Beiträge der Rubrik *DeGEval … Info* interessante Einblicke in die vielfältigen Aktivitäten innerhalb der DeGEval, beispielsweise in Gestalt von Positionspapieren und Berichten der Arbeitskreise.

Von den insgesamt bis einschließlich Heft 2/2014 erschienenen 120 Originalbeiträgen stammen etwas mehr als 80% von Autorinnen und Autoren, die in Deutschland tätig sind, 6% aus der Schweiz, 4% aus Österreich, 3% aus den USA, 1% aus den Niederlanden und 3% von gemischten Teams, an denen wiederum Autorinnen und Autoren aus Deutschland, Österreich, der Schweiz sowie den USA beteiligt sind. Neben Beiträgen in deutscher Sprache werden in einem begrenzten Umfang auch interessante englischsprachige Beiträge profilierter ausländischer Autorinnen und Autoren veröffentlicht, zuletzt z. B. von Steve Fleischman, Jean King oder Frans Leeuw. Diese Praxis dient nicht zuletzt dazu, auch den Blick von außen in die Zeitschrift zu integrieren und somit zusätzliche Anregungen für den deutschsprachigen Diskurs zu erhalten. Die Mehrzahl der bisherigen englischsprachigen Artikel resultierte aus Keynote-Vorträgen auf den Jahrestagungen der DeGEval. Einer Ausdehnung der Anteile fremdsprachiger Beiträge sind allerdings bewusst Grenzen gesetzt, weil die Zeitschrift für Evaluation von ihrem Selbstverständnis her eben gerade das zentrale Organ der deutschsprachigen Evaluationscommunity sein soll und auch nicht nur eine akademische Klientel bedienen möchte.

Eine im Jahr 2014 am CEval durchgeführte Studie zeigte, dass Autorinnen und Autoren aus den deutschsprachigen Ländern in den allgemeinen internationalen Evaluationszeitschriften wie dem American Journal of Evaluation oder Evaluation Review nur eine geringe Anzahl Beiträge veröffentlichen (vgl. Gaus, Müller & Konradt, 2014). Bezieht man die Größe der Länder in die Betrachtung mit ein, ist festzustellen, dass insbesondere für Autorinnen und Autoren aus Deutschland die Zeitschrift für Evaluation das wesentliche wissenschaftliche Publikationsorgan darstellt.

Am stärksten unter den bisher erschienenen Originalbeiträgen vertreten ist das allerdings sehr breite und heterogene Themengebiet *Theorie und Methoden* (26). Eine größere Zahl Beiträge gibt es auch zu den Themen *Hochschule* (20), *Arbeitsmarktpolitik* (11), *Forschung, Technologie und Innovation* (10) sowie *Stadt- und Regionalentwicklung* (9). Zu einzelnen der definierten Themengebiete werden bisher allerdings kaum Originalbeiträge eingereicht. Über die Ursachen für diese Ungleichverteilung bei den Einreichungen kann hier nur spekuliert werden, sei es, dass die Autorinnen und Autoren in bestimmten Feldern disziplinspezifische (internationale) Zeitschriften bevorzugen oder dass sie generell gegenüber Originalbeiträgen praxisnähere Veröffentlichungen vorziehen.

Eine Zeitschrift ist letztlich nichts ohne ihre Leserinnen und Leser sowie Abonnentinnen und Abonnenten. Im Jahr 2014 wurden pro Ausgabe der Zeitschrift für Evaluation bei einer Druckauflage von 1.400 Exemplaren ca. 1.250 Exemplare verbreitet (einschließlich Frei-, Beleg- und Ansichtsexemplaren). Von den insgesamt 958 Personen, die ein Abonnement der Zeitschrift beziehen, waren 624 persönliche Mitglieder und 168 institutionelle Mitglieder der DeGEval, ein Abonnement ohne DeGEval-Mitgliedschaft hatten 166 Personen. Die Abonnentinnen und Abonnenten, die gleichzeitig Mitglieder der DeGEval sind, kommen entsprechend deren Mitgliederstruktur überwiegend aus Deutschland (83,7%) und Österreich (10,4%), zu einem geringen Teil aus der Schweiz (2,7%) und anderen Ländern (3,2%). Zur Herkunft der übrigen Abonnements liegen leider keine Zahlen vor.

3.   Erreichung der Ziele

Wie bereits eingangs angekündigt, soll in diesem Beitrag auch die Erreichung der mit der Gründung der Zeitschrift für Evaluation verbundenen expliziten Ziele diskutiert werden.

Das erste große Ziel besteht darin, *sektorales Evaluationswissen zu bündeln und interdisziplinär zugänglich zu machen*. Da sich die Evaluationsforschung durch eine große Vielfalt disziplinärer Hintergründe auszeichnet (vgl. Jacob, 2008) und die Trennlinie zwischen wissenschaftlicher Grundlagenforschung und Evaluation oft schwer zu ziehen ist, erscheinen viele Beiträge mit Evaluationsbezug in Zeitschriften, die sich auf Forschungsbereiche, spezifische Disziplinen oder Methoden der empirischen Sozialforschung im Allgemeinen konzentrieren (vgl. Nielsen & Winther, 2014) und daher von wesentlichen Teilen der potenziellen Zielgruppe nicht wahrgenommen werden. Die Zeitschrift für Evaluation hat es dagegen seit ihrer Gründung geschafft, eine Vielzahl von Beiträgen aus sehr unterschiedlichen Feldern anzuziehen und für die an Evaluationswissen Interessierten zugänglich zu machen. Das Ziel der Bündelung von Evaluationswissen und der interdisziplinären Zugänglichkeit wird durch die Zeitschrift also bereits erreicht. Die Verteilung der Themen der Originalbeiträge zeigt allerdings, dass dies noch nicht in allen Themenfeldern gleichermaßen gelingt. Hier besteht demnach noch ein unausgeschöpftes Potenzial für die Gewinnung von Beiträgen, gerade, wenn sich dies auf Themengebiete bezieht, die in der DeGEval durch aktive Arbeitskreise repräsentiert sind.

Dem zweiten Ziel zufolge soll die Zeitschrift für Evaluation ein *wissenschaftliches Publikationsorgan sein, aber gleichzeitig auch ein Austauschforum für Wissenschaftlerinnen und Wissenschaftler, Gutachterinnen und Gutachter, Anwender und Auftraggebende aus den unterschiedlichsten Bereichen von Staat und Gesellschaft.*

Dass die Zeitschrift für Evaluation in ihrem 14. Jahrgang ein etabliertes wissenschaftliches Publikationsorgan ist, kann sicherlich mit Fug und Recht konstatiert werden. Als Belege dafür sei auf die leistungsfähige Infrastruktur, die Qualität des Begutachtungsverfahrens sowie der Reviewerinnen und Reviewer und die Listung in wichtigen Informationsdiensten verwiesen. Sie ist zugleich aber auch das von Anfang an beabsichtigte Austauschforum zwischen Wissenschaft und Evaluationspraxis, sowohl auf der Seite der Evaluierenden als auch der Auftraggebenden und Anwender, was man an der Bandbreite der Abonnentinnen und Abonnenten, aber auch der Autorinnen und Autoren ablesen kann. Auch hier gibt es allerdings noch Möglichkeiten für die Community, die Zeitschrift noch effektiver zu nutzen. Als Beispiel kann die Rubrik Debatte genannt werden, die bisher erst einmal in Anspruch genommen wurde, auch wenn es in diesem Fall zu dem initialen Beitrag insgesamt drei Repliken gab. Und auch für Praxisberichte, Tagungsberichte oder Interviews bietet das vielfältige Betätigungsfeld Evaluation sicherlich noch sehr viel mehr Publikationsgelegenheiten als es sich bisher in den eingereichten Beiträgen manifestiert.

Schließlich ist es sicherlich am schwierigsten zu beurteilen, inwieweit das Ziel, *einen Beitrag zur gesellschaftlichen Aufklärung zu leisten*, erreicht wird.

Letztlich ist dies ein Ziel, das mit Evaluation generell verfolgt wird. Indem die Zeitschrift ein zentrales Forum für den deutschsprachigen Evaluationsdiskurs darstellt, leistet sie einen wesentlichen Beitrag, nicht nur, indem sie theoretische und methodische Einsichten verbreitet, die eine aufgeklärte Evaluationspraxis befruchten, sondern auch, indem über die Ergebnisse ganz konkreter Evaluationen berichtet oder die Evaluationspraxis kritisch reflektiert wird. Unverzichtbar sind dabei die Unabhängigkeit und Wissenschaftlichkeit der Zeitschrift. Auch dieses Ziel kann also als erreicht angesehen werden.

4.   Fazit

Diesen Beitrag abschließend kann festgehalten werden, dass zum einen die mit der Initiative Reinhard Stockmanns zur Gründung der Zeitschrift für Evaluation verbundenen impliziten Ziele der Schaffung einer leistungsfähigen Infrastruktur und der Etablierung der Zeitschrift erreicht wurden. Zum anderen wurden auch die expliziten Ziele, die die Rolle der Zeitschrift für die Evaluationscommunity und das Thema Evaluation insgesamt beschreiben, in hohem Maße erreicht. Allerdings ist die Herausgabe einer Zeitschrift ein Prozess im Fluss, was bedeutet, dass deren Optimierung und Anpassung an neue Entwicklungen niemals aufhört, sondern eine dauerhafte Herausforderung – man kann auch sagen, eine reizvolle Aufgabe – darstellt.

Literatur

Furubo, J.-E. & Sandahl, R. (2002). A Diffusion Perspective on Global Developments in Evaluation. In J.-E. Furubo, R. C. Rist & R. Sandahl (Hrsg.), *International Atlas of Evaluation* (S. 1–23). New Brunswick: Transaction Publishers.

Gaus, H., Müller, C. E. & Konradt, I. (2014). Publikationen in referierten allgemeinen Evaluationszeitschriften im internationalen Vergleich – Ergebnisse einer explorativen Studie. Präsentation auf der gemeinsamen Jahrestagung der DeGEval und der SEVAL, Zürich, 11.09.2014.

Heberger, A. E., Christie, C. A. & Alkin, M. C. (2010). A Bibliometric Analysis of the Academic Influences of and on Evaluation Theorists' Published Works. *American Journal of Evaluation*, 31, 24–44.

Jacob, S. (2008). Cross-Disciplinarization: A New Talisman for Evaluation? *American Journal of Evaluation*, 29, 175–194.

Nielsen, S. B. & Winther, D. M. (2014). A Nordic Evaluation Tradition? A Look at the Peer-reviewed Evaluation Literature. *Evaluation*, 20, 311–331.

Stockmann, R. (2002). Editorial. Zur Notwendigkeit und Konzeption einer deutschsprachigen „Zeitschrift für Evaluation". *Zeitschrift für Evaluation*, 1 (1), 3–9.

Stockmann, R. (2011). Editorial. Zum zehnjährigen Bestehen der Zeitschrift für Evaluation. *Zeitschrift für Evaluation*, 10 (1), 3–16.

III
Evaluation als Entwicklung?
Nachhaltige Nutzung

Six Uses of Evaluation

Evert Vedung

"[T]he worth of an evaluation is determined according to how useful it is; 'In the end, the worth of evaluations must be judged by their utility' (Rossi, Lipsey & Freeman 2004: 411). According to Beywl (2001:160) the utility of an evaluation manifests itself in insights, information and conclusions being utilized and having an influence on the actions of the audiences in their praxis."
Reinhard Stockmann, 2013, in Stockmann & Meyer, *Functions, Methods and Concepts in Evaluation Research*, p. 199

"Die Erkenntnis tödtet das Handeln, zum Handeln gehört ja das Umschleiertsein durch die Illusion – das ist die Hamletlehre." ("Knowledge kills action; action requires the veils of illusion – that is the Hamlet Doctrine.")
Friedrich Nietzsche, *Die Geburt der Tragödie* (The Birth of Tragedy)

"Our worth [as evaluators] is to be judged by use. Evaluations are to help improve programs, help make programs more effective, and provide information for decision-making. That is use. That is our accountability."

These strong words were pronounced by Michael Quinn Patton (1988:228) in a riposte to Carol Weiss during their famous altercation on utilization at the 1987 American Evaluation Society conference in Boston. Use is fundamental. Not achieving use makes an evaluation a failure.

Patton's emphasis on use is shared by many, as emerges from the Reinhard Stockmann quotation at the opening of this chapter. Since the inception of evaluation in the 1960s, its findings are expected to be used directly and immediately to make evaluated interventions work better (instrumental use).

But early on, frustrated voices were raised. Findings from many excellent evaluations are blatantly ignored or used but misinterpreted or willfully skewed, it was lamented. If evaluation findings are used wrongfully or not at all, what is the point of spending time and money on evaluation? In view of this, evaluators like Carol Weiss argued that critics were demanding too much; conceptual use or use in thinking but not in action was sufficient as a rationale and justification for evaluation. This view upset and disappointed many, Patton included. It was also discovered – to the dismay of instrumentalists – that evaluation findings were used strategically in reasoning to legitimize stances already adopted. Over the years evaluators have continued debating use. The utilization of processes and findings of evaluation has been more discussed than the use of applied social science.

Purpose

The purpose of this chapter is logical and conceptual, not empirical. Three questions are pursued in my reading of evaluation literature.

1) What generic types of use can be found?
2) What elements of evaluation are supposed to generate use?
3) What combinations of types and elements exist?

To the commonly recognized instrumental, conceptual, and legitimizing types of use, I have added tactical, ritual, and the more unusual constitutive use. I have honed and sharpened each of these six types in order to keep them logically apart and make them suitable as *tools* for thinking, arguing, empirical investigation, and normative reasoning.

In answering question 2, the use of evaluation findings is only a starting point, because evaluation process use has come to play an important role in the use debate. Consequently, the answer to question 2 is divided into two classes: process use and product use. Uptake and use are triggered either by evaluation activities (processes) or by results of evaluation activities (products, findings). Finally, all six uses are combined with both evaluation activities and results of evaluation activities. To begin, I will define what I mean by the word "evaluation".

Evaluation – What Is It?

Evaluation is the name of the process of determining the merit of an entity and the product of that determination. This statement captures the basic *general* meaning of the term (cf. Scriven 2013, p. 178). Evaluation is a key analytical procedure in all intellectual and practical human endeavors. Here, however, evaluation will be restricted to the scrutiny and judgment of a special family of entities: public sector interventions.

Many scholars care little about defining their main terms. My approach is different; I prefer formally to define key expressions. Furthermore, I am in favor of *minimal definitions*. Therefore, I will start with a minimal definition of what is meant by evaluation when we talk about how it is used in public governance. Evaluation is a contested concept (cf. Gallie, 1956), a semantic magnet (cf. Vedung, 1997, p. 3). To cut a long and complicated story short, I propose the following minimal definition:

> Evaluation: the careful assessment ex post of the merit of the content, administration, output, outcome effects, and organization of public sector interventions, which is intended to be useful in practical action situations.

Evaluation is *assessment* (appraisal, judgment) concerned with ascertaining the merit, i.e. the worth or value, of public sector doings. The term refers to valuing in two senses: the process of valuing and the product of such valuing. A person may waive a written report in the air and exclaim: "this is an evaluation!" Simultaneously, she may also affirm: "the evaluation for this report required 12 months of hard work!" In the first case, evaluation refers to a product (written on paper), in the second to a 12-month activity resulting in the written report (and other products as well). Evaluation is a process—product concept.

An evaluation is a *careful* assessment, i.e. methodically and meticulously executed and systematically presented without necessarily being scientific.

Evaluation objects are confined to *public sector interventions*, e.g., policies, programs, program ingredients, initiatives, schemes, projects, services, frontline practices etc., as well as the organization of such measures. Interventions are judged by their outcome effects (intervention results), but their paths toward outcome effects are also judged (from content through output and organization).

Evaluation focuses on interventions *ex post*, i.e. interventions once they are adopted, not activities contemplated and planned only (*after* inauguration, *not before* inauguration of interventions).

Finally, by definition, evaluation is *intended to be useful in practical action situations*. Evaluation is meant to create a basis for continued practical considerations, i.e. it is something that might be used in public governance.[1]

Six Uses of Evaluation Products and Processes

In the following, I shall discuss in detail the aforementioned six types of uses, each of which uses either elements of the process of doing evaluation or elements of the product of this process (Figure 1).

---

1   The minimal definition does *not* say that an investigation fulfilling the first requirements also *must be useful* to be an evaluation; an *intention* to be useful is enough. If an evaluation is intended to be useful (in some fashion to somebody) but in reality is not useful at all (however that is to be determined) to anyone, it is still an evaluation because it was *intended* to be useful. If an evaluation is intended to be useful and no intended usefulness is actually achieved but lots of unintended usefulness and use, it is still an evaluation because the minimal definition only says there must be some *intentions* about usefulness in order for it to be an evaluation, and this was actually the case.

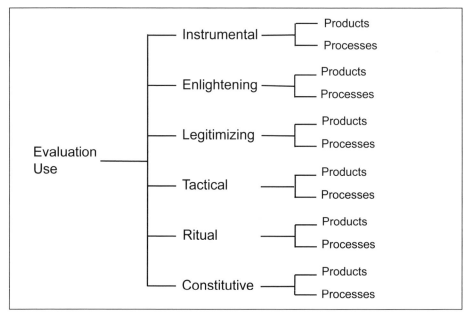

Figure 1:   *A Sextet of Uses of Evaluation End-findings (Products) and Processes*

Instrumental Use

In *instrumental use,* evaluative findings (or recommendations for action) are employed as *direct* input into *immediate* decisions (cf. Weiss, 2013, p. 137) regarding the concerned intervention and its implementation. Insights produced by some evaluations are so clear-cut and well-underpinned that responsible decision-makers adopt them wholesale in practical decision-making. Evaluation findings may be employed to terminate, keep, or cut-back the program, or to extend it, adjust its activities, transform its policy instruments, or fine-tune the training of its staff (cf. Shadish, Cook & Leviton, 1991, p. 54; Weiss, 1998, pp. 23 f.). In the instrumental mode, end-findings (products) make a difference in the sense that decisions about the intervention and its implementation turn out differently than they would have without the evaluation.

Instrumental Product Use: The Case of Experimental Findings

Evaluation started as a movement to liberate the public sector from shaky hunches, cronyism, and rules of thumb and make it more knowledge-based, effective, and rational. The so-called *engineering model* was believed to be the best device available for performing this task through evaluation. Constituent features of the engineering model are sketched in figure 2 (cf. Albæk, 1988, pp. 23 ff.).

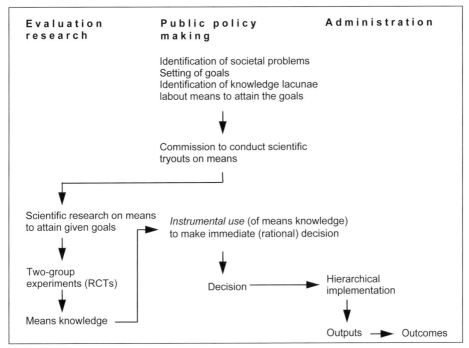

Figure 2:   *The Engineering Model for Instrumental Use of Evaluation.*
              Illustration: Tage Vedung based on hand drawings by EV.
              Source: Inspiration for the figure has been drawn from
              Albæk (1988, p. xx) and Naustdalslid & Reitan, (1994, p. 51)

The engineering model contains a governance doctrine that may be streamlined into a series of *seven steps.*[2] In Step 1, a phenomenon in society or nature is discerned and transformed into a substantive problem by, for instance, researchers, the mass media, or interest organizations. Next (Step 2), the problem enters the policy agenda, where its size, fluctuations over time, causes, and consequences will be mapped in order to decide whether it should be subjected to public intervention. In Step 3, the system circumscribes the problem[3], sets goals, and commissions

---

2   In this context, the engineering model will be interpreted as a normative theory of how the interplay between decision-making, evaluation, and implementation should unfold. It will not be regarded as an empirical theory providing a picture of reality with pretensions to be true. A third possibility would be to consider the model as a heuristic tool, i.e. an instrument to facilitate empirical investigations, as an ideal type like the perfect market in economic theory or the perfect hierarchical model in administrative theory. While this third interpretation is reasonable, I shall brush it aside and depart from the notion that the engineering model expresses a normative ideal.

3   Usually, advocates of the instrumental use of findings from randomized experimentation write as if problems are just found out there in the world. I for one agree with the following statement by Becker (1998, p. 162). "[S]ocial problems [...] are not so-

academics to perform rigorous research work on means, because the available knowledge of means is deemed too shaky or scant.

In Step 4, the researchers carry out the task with appropriate scientific methodologies, preferably *randomized controlled trials* (RCTs).[4] After a number of such trials have been performed, information on the means found to be most effective in attaining the set goals is fed back to the commissioners of the evaluation (the decision-making body, Step 5). The decision-makers decide to use this finding in the already prepared intervention, and introduce the intervention across the board, as binding for all actors in the polity (Step 6). Then (Step 7) the decision is transmitted to implementation agents, who faithfully execute it so that the outcome goals are achieved.

The analytical findings generated by the engineering model are supposed to be used by decision-makers directly and immediately to affect the initiated intervention, i.e. instrumental use.[5] Instrumental use is rooted in *means-ends rationality* according to *Max Weber*. A rational choice amounts to selecting the most effective means to attain a given end (goal). The validity of *ultimate goals* in ends-means chains cannot be fully ascertained scientifically. By contrast, science can find out which *means* is most rational in the sense of maximizing the achievement of ultimate goals. Given that goals are set by bodies outside the scientific community and expressly recognized as subjective, academic research in two-group experimental settings can deliver objective, scientific truths about the factual effectiveness of various means to reach these externally set goals (*instrumental rationality*).

---

cial problems because it's in their nature to be problems. They are problems because someone, somewhere, experiences and defines them as problems." Furthermore, real instrumentalists would not subscribe to the view that problems are framed. "Framing an issue means to select some aspects of perceived reality and make them more salient [important or visible] [...] in such a way as to promote a particular problem definition, causal interpretation, moral evaluation, and or treatment recommendation" (Stone, 2012, p. 252).

4 The logic of RCTs with upsides and downsides as tools for evaluation is laid out in numerous publications; allow me in this article to make self-references to Vedung,1997, pp. 170 ff. (2nd ed. forthcoming 2015), and Vedung, 2013, p. 44 ff.

5 "Instrumental use – direct, visible action taken based on evaluation findings" (Kirkhart, 2000, p. 9). "This is instrumental use: making direct decisions about changing programs based on evaluation results" (Shadish, Cook & Leviton, 1991, p. 53). Or more elusive: "Evaluators prize the *direct* or *instrumental* use of their evaluations. By direct use is meant the documented and specific use of evaluation findings by decisionmakers and other stakeholders" (Rossi et al., 1999, p. 432).

The instrumental use doctrine has been heavily criticized.[6] RCTs are very rare and their conclusions seldom used, the critics maintain.[7] Instrumental use of findings elicited through designs less rigorous than RCTs but nonetheless claiming to be scientific is somewhat closer to the ideal, but still rare (cf. Albæk, 1996, 1995; Boswell, 2009, p. 29 ff.; also Dahler-Larsen, 2012, 2004; Nutley, Walter & Davies, 2007; Rossi et al., 1999, p. 432; Valovirta, 2002; Wittrock, 1991, and Weiss, 1979). In view of this, evaluation theorists of a qualitative bent argue that use should not be equated with instrumental deployment of final report information with scientific pretentions. Michael Patton's *utilization-focused evaluation* is a famous exemplar of this alternative idea of instrumental use.

Instrumental Process Use – Patton Style

Michael Patton's alternative approach engenders a close, interactive, face-to-face, dialogical, conversational relationship between evaluators and the evaluation's intended users. He wants to achieve direct, local, instrumental use in decision-making *not of findings recorded in some final reporting* but of findings unearthed during continuous, collaborative, reciprocal, investigative, give-and-take, deliberative *evaluation processes*. He does not bother with two-group experimentation, or the ends-means distinction, or the requirement of being scientific. He is strongly in favor of process use. Asked in 2002 by an interviewer, he ranked process use as number one among "breakthrough ideas" in evaluation over the last 10 to 15 years (Patton 2002).

Process use "occurs when those involved in an evaluation learn from the evaluation process itself or make program changes based on the evaluation process rather than just the evaluation's findings. Process use, then, includes, cognitive, attitudinal, and behavior changes in individuals, and program or organizational changes resulting, either directly or indirectly, from engagement in the evaluation process and learning to think evaluatively … An example of or evidence for process use is when those involved in an evaluation later say something like this: 'The impact on our program came not just from the findings but also from *going*

---

6   Definitions of instrumental use vary slightly in the literature. According to Peter Dahler-Larsen (2012, pp. 20 f.), "Instrumental use refers to evaluations being directly applied in accordance with their official purpose to change, fine-tune, terminate, or maintain an activity". Sandra Nutley et al. (2007, p. 36) state that: "instrumental use refers to the direct impact of research on policy and practice decisions. It identifies the influence of a specific piece of research in making a specific decision or in defining a solution to a specific problem." A much broader definition is proposed by Christina Boswell (2009, p. 5 or pp. 30–32): "I use the term 'instrumental' to cover the various ways in which knowledge influences policy output, including 'enlightenment', 'conceptual' and 'catalytic' functions."

7   More on public sector RCTs can be found in Vedung (1995, p. 34 f.).

through the thinking process that the evaluation required" (Patton 2012, p. 140 ff.; also 1997, p. 88, and Kirkhart, 2000, p. 10).

In my interpretation, process use in Patton's sense amounts to *being affected by the actual conducting of particular evaluations* – working as a team member with all conceivable tasks that evaluators perform, or participating as a non-team member in other ways, such as being interviewed by the team members or responding to survey items distributed by them, or helping to determine and fine-tune the evaluation's key questions, or contributing to value criteria development or data analyses, or aiding in the development of recommendations or action plans. In my interpretation, Patton's process use also includes learning from interim *oral*, written, or electronically communicated reports of findings, from the effects of means on set goals but also on goals, data, descriptions, explanations, concepts, and methods. All this may affect personnel positively and increase their motivation to engage themselves more in their work (Patton, 1997).

"Intended use by intended users"; this is what Patton means by utilization (cf. Alkin, 1990; Patton, 1988, p. 228, and 2012, p. 54). "My first responsibility […] is intended use for intended users. And that's what I call primary utilization. There is also an ethic that we should disseminate to a wider audience. But typically, what unknown people do with that and how they use it is not something I take responsibility for. I think it is interesting to trace how dissemination affects people and what kind of things they pick up and what they respond to and what they don't respond to, but I don't take primary responsibility for what they do […] What I do take responsibility for is intended use for intended users" (Alkin, 1990, pp. 45–46; 19, 27, 192).

> "Evaluation use is not something to be concerned about only at the end of an evaluation; how the evaluation is to be used is a primary matter of concern from the very beginning of the evaluation and throughout every step of the evaluative process" (Patton, 1987, p. 73).

The doctrine of instrumental use of scientific evaluation findings on means to attain set goals is too strong, rigorous, and limited, according to Patton. He also criticizes the notion of conceptual or enlightenment use as too feeble, sloppy, and indirect. To shed further light on the issue, I now turn to conceptual use.

Conceptual (Enlightenment) Use

Conceptual use refers to a weaker type of utilization than direct and immediate instrumental deployment in decisions and actions (cf. Weiss, 1982, p. 292, 303). Conceptual use implies that evaluation influences on how potential users think, period. ("[C]onsciousness raising", "sensitizing", Rossi et al., 1999, pp. 432–434). No decision is made and no positive action is taken as a consequence of this change in thinking (Weiss, 1979, p. 209). Weiss writes: "Most definitions of using [evaluation] involve the direct application of […] findings to a decision. Our definition of use refers to taking study results into account" (1982, p. 98). This idea is expressed even more distinctly by Michael Hendricks: "Our evaluations are utilized when 'the findings and recommendations from our evaluation are *considered seriously* by persons in a position to act on our information if they choose to do so'" (Alkin, 1990, p. 23). Often, conceptual use is referred to as *enlightenment* (cf. Weiss, 1981, pp. 20 f.) or even *demystification* (cf. Kirkhart, 2000, p. 9; Shadish, Cook & Leviton, 1991, p. 54).

In the following, I will elaborate on the conceptual-enlightenment notion beyond the meaning infused in it by Weiss and others. I shall start with product use (use of end-findings) and make some remarks on process use later.

First, evaluation can *provide expressions, labels, concepts, and categories* for earlier unorganized experiences (cf. Dahler-Larsen, 2012, p. 133). These labels, concepts, and categories may become part of the lingua franca of lawmakers, administrators, and operators to help organize and clarify their thoughts, talk, and deliberation. Think of tags like "policy instruments", "side-effects", "determinants of policy outcomes", "management by objectives", "auditing of auditing systems", "mainstreaming of evaluation in the agency", and "counterfactual cases". But no immediate decision or action is made pertaining to the evaluated intervention.[8]

More specifically, evaluations may assist in *labeling, categorizing, and framing intervention difficulties, causes of intervention difficulties, and effects of such difficulties*. In these ways, practitioners may attend to, be warned of, or acquiesce to *intervention difficulties*. Take goal-setting for instance. Evaluations may contribute to goal-setting by helping actors to strengthen their adherence to goals or weaken their beliefs in goals that have previously been taken for granted (Weiss, 1980, pp. 302, 309 and 1982, pp. 289–290).

Second, in contrast to proponents of instrumental use, advocates of conceptual use claim that findings do not speak for themselves but are interpreted, translated, and transformed by the receiving user. The mind of the user is not a blank slate (tabula rasa), faithfully registering incoming signals. Messages are filtered, sorted, and labeled through *cognitive maps, coding schemes, perceptual grids, ideational prisms, and other mental frames*. Reception of new information is *framed* by these receiver cognitions. People see what they have ideas about and cannot see what they do not have any concept of. Recipients are not passive and accepting, but active, selective, sorting, transforming, and *framing* (cf. Boswell, 2009, p. 45).

Third, conceptual product use involves learning from evaluation-generated findings in conjunction with results from *several evaluations, e.g.,* collected into systematic summaries. Learning may also be spawned *in combination with other, non-evaluative sources of knowledge* such as academic scholarship, tried and tested

---

8   Evaluation findings can be used simply to acquire information. This function is not treated as a separate type of use, since it seems to be a necessary prelude to all types of use covered here (cf. Højlund 2014, p. 432).

experience, tacit understandings, common sense, professional wisdom, personal observations, or even insights derived from intervention users (cf. Weiss, 1979. p. 206 f.; Weiss, 1982, p. 29; Weiss & Bucuvalas, 1980, pp. 161 ff.,. 168 ff.)[9]. This implies a considerably broader, system-oriented view of use than we have dealt with earlier. In this way, enlightenment use may include incitement to decisions and actions in the longer perspective.

Conceptual Process Use

Use of evaluation process activities, as opposed to final findings, may create insights into the intervention of those concerned, resulting in enlightenment but not direct and immediate decision-making and action. Or these insights, occasionally in combination with understandings from other sources, may lead to decision and action in the longer run. Suffice it here to hint at a few evaluative process mechanisms that might produce such process use.

Local projects and programs may be part of larger multi-site and inter-governmental initiatives with multiple vertical levels of government involved. EU-directed and EU-financed programs are prime cases in point. By being involved in evaluations of these initiatives, local managers and staff may get much clearer conceptions of the larger *horizontal* (geographical) and *vertical* (administrative) landscapes of which their particular local activities are a limited part. They learn something important that they did not know before, even though it does not spur them to decision and action. Or, alternatively, it may boost their morale and influence their action in a longer perspective. This has nothing to do with the final findings of the evaluation. It is caused by understandings fashioned during the evaluation process.

In complicated and parallel chains of implementation, various personnel categories may nurture different cognitive, emotive, and volitional views. Evaluation processes may make these differences explicit, raising the consciousness of those affected. People may come to understand each others' motivations better, and may also respect these differences better. This might create shared perceptions and enlightenment but no action, or strengthen intervention activities in the longer run (cf. Forss, Rebien & Carlsson, 2002, pp. 34 f.).

Finally, the evaluation process as such may teach pertinent personnel to reflect on their work, which will trigger ensuing efforts to enhance intervention implementation quality.

---

9   Conceptual process use refers to indirect impacts on the evaluated interventions. "This impact ranges from sensitizing persons and groups to current and emerging social problems to influencing future program and policy development by contributing to the cumulative results or a series of evaluations" (Rossi et al., 1999, p. 433).

In sum, conceptual use implies taking evaluative final findings or process features into account, which may stimulate thinking but not directly and immediately transform into decisions and action. It is more comprehensive in its substantive scope (nature of problems, role of local activities in larger multisite efforts or national and international contexts, goal setting, goal adjustment, means, implementation, concepts, labels) than instrumental use. In the medium-to-long run, and under favorable circumstances, conceptual use may even result in implementation and intervention amelioration.

Legitimizing Use

In *legitimizing use*, evaluation findings are used the way a drunk uses a lamppost: for support, not for illumination. Evaluation products and processes are employed to *endorse previously established positions* in a wide sense. They may be exploited to support conclusions already reached, i.e., to bolster one's already adopted positive or negative positions on either issues or adversaries and allies. They enter the stage *afterwards* in order to make previous stances look more reasonable, respectable, and worthy of confidence than before. Positions and stances are already there and their direction does not change. What happens is that evaluation provides new justifications for old positions. Evaluations are used to exonerate (whitewash) or denunciate (blame) policies, practices, and institutions. The de facto task of evaluation is to supply argumentative *ammunition* for political and administrative discursive battles, where alliances are already formed and frontlines already exist (cf. Boswell, 2009, pp. 40 ff., 61 ff.; Albæk, 1996, pp. 15 ff.). *Persuasive*[10], *argumentative*, and *symbolic* (cf. Kirkhart, 2000, p. 9) are other terms for this use.[11]

Frequently, legitimizing *use of end-findings* is selective. Results deemed suitable to serve justifiability purposes are appropriated as additional evidence to vindicate the cause at stake, while results that are believed to be damaging are either ignored or summarily dismissed. These biased selections may be made knowingly and willfully.

Let us reflect on two scenarios. In scenario A the agency board encounters *internal criticism* of a recently inaugurated scheme of organizational change. The board is convinced that the ongoing changes are justified given the present situation. An evaluation is carried out. Its findings give rise to praise as well as criticism. To dismantle attacks of internal critics, the board uses a number of positive arguments

---

10 "Sometimes evaluation results were used to persuade people of a position already taken. At first evaluators dismissed such use as less scientifically legitimate—it seemed more like lobbying than scientific reasoning. But presenting evaluative data in policy debates is always partly an exercise in persuasion" (Shadish et al., 1993, p. 53). Also Weiss 1998, p. 24 and Rossi et al. 1999, p. 432.

11 Højlund's (2014:432) trojka (symbolic, strategic, legitimizing) is included in my legitimizing use.

from the evaluation to strengthen its already adopted position; negative arguments are referred to only in passing. This deployment of arguments from evaluations in support of previously adopted stances on issues is a type of legitimizing use (cf. Boswell, 2009, pp. 11 f.)

Now consider scenario B. To placate negative mass media coverage, an agent with no influence over the appointment of an evaluation is using some of its conclusions in support of his old stance on the program. Also in this case, the evaluation provides new arguments to defend a position already taken. The legitimizing mechanism is employed as ammunition to demonstrate commitment and weaken *external criticism* from actors in the environment (cf. Boswell, 2009, pp. 11 f., 24).

Legitimizing use is largely debunked in utilization discourse. One of its few defenders is Giandomenico Majone (cf. 1989, p. 31). "Justificatory arguments play a […] large […] role in in policy-making. To decide … is never enough in politics. Decisions must legitimized, accepted, and carried out. After the moment of choice comes the process of justification, explanation, and persuasion. Also, policymakers often act in accordance with pressures from external events or the force of personal convictions. In such cases arguments are needed *after the decision* is made to provide a conceptual basis for it, to show that it fits into the framework of existing policy, to increase assent, to discover new implications, and to anticipate or answer criticism."

Legitimizing Use of Processes

Evaluation processes are sometimes used to strengthen or weaken legitimacy. Customarily, these uses occur early in the processes; in fact, before any data and findings are produced.

According to Weiss (1998, p. 25), communication of the sheer fact that an evaluation has been initiated and is underway may help to legitimate the program and its management in the eyes of significant others. It sends the message that the program is a serious effort worth the time and resources it takes to evaluate, which may increase the program's reputation among others.

The self-same processes may also be used to undermine legitimacy. The willingness of the manager to have his program evaluated may be interpreted and deployed by others to suggest that there is something problematic about it. It may not be achieving the desired results. It needs to be subjected to scrutiny. The sheer fact of evaluating sends a message that the program still has to win its spurs. It may need to be modified (Weiss, 1998, p. 25).

Tactical Use – Excuse for Inaction

Strongly tied to evaluation as process in extant literature, *tactical utilization* asserts that decision-making cannot be performed now because an evaluation is, or will be established and carried out; decision-making should be postponed until some time in the future, when the planned or ongoing evaluation will present its findings and recommendations. Evaluation is an excuse for inaction, to fend off entreaties for initiatives and action (cf. Weiss, 1998, p. 25).

But the postponing is not only about postponing. Some hidden agenda lurks behind it. Consider the following situation. A media storm has broken out about faulty results and genuine failures of a public program. Experts and lay people hold the incumbent government responsible, demanding immediate action. Distressed, the government announces the establishment of an evaluation to carry out a serious investigation of the matter. The government and its supporters do not openly admit that the real purpose is to postpone decision-making to deflect attention from the substantive issue at hand until the turbulence has subsided. Consequently, the real driving motive is tacit and concealed from public view. What they openly announce is that no decision will be made now because an important evaluation is underway; we will have to wait until the evaluators have done their job and come up with some findings. But behind this announcement is a hidden agenda. This is *tactical process use*.

Tactical use of evaluation *findings* proceeds in the same fashion, the only difference being that now it is end-findings that are used, not procedures preceding end-findings. Decision-making cannot be performed now because the evaluation findings have been presented at an inappropriate point in time or are unclear, or weakly underpinned, or deficient in some other way. Due to these insufficiencies new additional preparations are necessary, maybe even in the form of another evaluation. Properties of evaluation findings are used as an excuse for further postponement.

Tactical use is reminiscent of legitimizing use. Even in legitimizing use the real driving motive behind a stance may be carefully disguised, cloaked, suppressed, or even denied, e.g. for political reasons. Legitimizing use, too, may involve *strategic action*. Yet, there is also a crucial difference. In tactical use, evaluation is an excuse for inaction, whereas in legitimizing use, evaluation is employed to support extant substantive positions.[12]

The idea of tactical use illustrates two vital things about evaluation usage. First, intentions may be latent, covert, or disguised as in tactical use. They may also be manifest, explicitly communicated, or otherwise made known to the world as in Patton's intended use for intended users. Second, evaluation use may differ over

---

12 Stockmann (2013, p. 76): "This kind of 'tactical' function can however hardly be reconciled with the real purpose of evaluations. It would be nearer the mark to say that it represented their pathological side."

time. One type of use may occur in the beginning and other types at the end. Tactical use may be the rationale at the beginning, yet once the findings are formulated and divulged, they may be used instrumentally, conceptually, or legitimizingly. Timing matters!

Ritual Use – routines and standard operating procedures

Like tactical use, ritual use is commonly tied to evaluation as process. Yet, there are conceivable cases of ritual use coupled to evaluative end-findings as well.

In ritual use some process element of evaluation is talked about, i.e. used, as an activity that is announced and conducted according to the *standard operating procedure* of the organization. In general, standard operating procedures are practices that an agency has in place to ensure that activities like budgeting and service delivery are carried out consistently over time. The express justification is that the evaluation is established and carried out in a *routinized fashion*. If something substantively interesting is uncovered that may be used instrumentally, conceptually, or legitimizingly, fine. Yet this is not the initial justification of the evaluation. The initial justification is *ritualistic*, i.e. the evaluation is vindicated as one of a series of acts that is always done in a particular situation and performed in the same way each time. *Symbolic* is another, less appropriate word for this fifth type of evaluation use (cf. Dahler-Larsen, 2004, p. 31; 2012, p. 144).

Ritual use of evaluation *findings* proceeds in like manner, the difference being that now it is end-findings, not procedures, that are talked about and treated according to predetermined standard operating procedures and according to established routines and practices. Evidence of ritual use of evaluation findings is represented by the following imaginary piece of talk: Now, once the evaluation has presented its findings we will, as usual, study them carefully; we have already noticed that they do not justify immediate action; therefore, we will appoint a study group to explore the matter further, and if necessary we will initiate another evaluation to supplement the findings of the current one.

Yet, ritual use is not as empty as it may sound. Although an evaluation is talked about as a rationalistic ritual, it may simultaneously serve as a (hidden) vehicle to secure legitimacy from the organization's internal members as well as relevant actors in the organization's external environment – be they political leaders, organized interests, or targets. "Organizations can enhance their legitimacy through adopting the trappings of rational decision-making styles" (Boswell, 2009, p. 13, also p. 41). Ritual argumentation and use may signal "adherence to the cultural codes of reflexive modernity" (Dahler-Larsen, 2004, p. 31), which is expected to increase internal and external legitimacy. Nowadays, everyone evaluates; therefore, we must evaluate too; otherwise we'll be regarded as backward and old-fashioned (cf. Weiss & Bucuvalas, 1980, p. 167). To ourselves and our environment we want to signal that our agency is a rational, modern, up to date, with-it, efficient organization, ready to listen and learn about effects and side-effects and inclined to take well-grounded, well-informed decisions. That's why we evaluate so much. That's why we start this particular evaluation. That's why we penetrate evaluation findings carefully and with great seriousness.

Other uses than legitimizing may be linked to ritual use as well. While ritualistic from the beginning, in its continued course it may be used tactically to postpone decision-making in the light of hidden agendas. And its findings, once dug out and refined, may be used instrumentally and conceptually. Again, use of one and the same evaluation may differ over time. Timing matters!

Constitutive (Anticipatory) Use

The sixth and last type to be treated here is *constitutive use*. The word „constitutive" carries at least two distinct dictionary meanings:

1   having power to institute, establish, or enact (Wikipedia – accessed 20140408)
2   being a part of the innermost nature of a person or thing <the proposition that liberty and justice are *constitutive* elements of an enlightened society> (http://www.merriam-webster.com/thesaurus/constitutive?show=0&t= 1396986937, accessed 20140408)

First, constitutive use refers to the power of evaluation to institute, establish, or enact a practice in the field. Second, and decisive here, evaluation performs this feat due to its innermost nature. In extant literature, this is interpreted as use before the evaluation produces any findings; in fact, before any evaluation has started its operative work. *Constitutive use* is interpreted as *process use* in an essential sense, not use of lessons from participating in an evaluation, and, of course, not use of evaluation end-findings (cf. Dahler-Larsen & Krogstrup, 2001, p. 232).

Peter Dahler-Larsen, pioneer and ardent contributor to discourses on this last subtype, discerns several variants of constitutive process use.[13] One fairly innocent variety *concerns stand-alone evaluations*. It occurs when the announcement of a decision, or an imminent decision, to establish an evaluation with a particular thrust has consequences for the intervention to be evaluated. The mere *broadcasting* of subject areas to be covered, questions to be posed, evaluative criteria and standards to be met, and designs for impact analysis to be applied by an impending evaluation may provide signals to subordinates about what their superiors expect from them and trigger them to respond by changing their behavior toward the intervention. The evaluation project has not yet produced any findings. It has not even started. Those in charge of the intervention to be evaluated anticipate what will come and adjust their intervention activities to what they believe the approaching evaluation

---

13 Cf. 2012, pp. 198–320 and 2004, pp. 31 ff.; also 2007 and 2011. Teaching to the test is an example often referred to by Dahler-Larsen.

will expect from them (cf. Weiss, 1982, p. 298). Later, when the evaluation is carried out, the result may be goal achievement. If broadcasted subject areas, criteria, and standards are targeted at the fundamental contents of the agency activities, fine. If not, the consequences may be detrimental (cf. Dahler-Larsen & Krogstrup, 2001, p. 232).

Anticipation is the driving mechanism behind constitutive use. Constitutive process utilization may be unintended and unforeseen by the commissioner/ broadcaster/principal. It may also be intended and foreseen. In the latter instance, *double use* is involved. The commissioner might be using the communication of the (near) start of an evaluation as a conscious instrument (utilization 1) to stimulate intervention implementation staff (agents) to use this message to take measures to improve intervention implementation and outcome (utilization 2) before the evaluation proper actually starts.

A second, potentially very dysfunctional and more complex kind of constitutive process use *concerns monitoring and evaluation systems.* (Leeuw & Furubo 2008, Furubo 2006, Rist & Stame 2006, Hanberger 2013). Since the beginning of the 1980s and under the aegis of management by objectives or, alternatively, performance management or results-oriented management, monitoring and evaluation systems have been instituted in many policy sectors and comprehensive programs. Some of these systems draw upon monitoring arrangements institutionalized to gather information on a regular basis on implementation, outputs, outcomes, and costs deemed interesting in the light of ongoing or upcoming governance activities. The governance activities may include programs and projects in the tens, or twenties, or even hundreds to be accompanied by an equivalent series of evaluations. In situations like these, several alternative constitutive process effects may occur.

Consider a contrived example. A national European government introduces a six-year subsidy program to improve efficiency in libraries owned and operated by municipalities. A quasi-permanent performance measurement system is instituted to monitor the program on a continuous basis. According to evaluation textbooks, efficiency should be measured in the outcome stage. An appropriate outcome of a lending library would be learning and entertainment among the borrowers from borrowed books consulted and read. Since this is difficult to capture and monetize, productivity is introduced as an easier-to-measure performance indicator of out-come efficiency. Number of books lent is chosen as a metric.

Measurement scores are published four times a year during the whole six-year period. After one year only, several libraries throughout the country adjust their activities to this lent-books indicator because it is measured and state funds are allocated according to productivity development. Library managers realize that the indicator is partly deficient, since library outputs consist of many things beyond book loans like websites, data bases, enquiries, daily newspapers, journals, exhibitions, and public lectures featuring local authors (Stroobants & Bouckaert 2014). Initially, they also understand that the value to borrowers of lent books *read* would be a much more valid indicator. But the number of books lent continues to be the only indicator. After some time a majority of the libraries adjust to this indicator to such an extent that lent books turns into the indicator of good quality. They start campaigns to encourage people to borrow more books in order to make their statistics look better. Whether borrowers actually read the books is of lesser concern. This would be *goal displacement* of a seriously negative type, because the point of a public library is not that people take out books; the goal must be that people also read the books and learn something from them or find them entertaining. Management and librarians work in accordance with the upcoming evaluation of their organization, not in accordance with good librarianship.

Constitutive use of *end-findings*, on the other hand, what would that look like? Let me construct a beneficial case. Consider a government schools inspectorate in a Nordic country, established two years ago to check whether secondary schools all over the country meet national requirements. Then, a school administration in municipality M may reason in the following manner. On the inspectorate homepage we have accessed and studied *findings* from seven final audit reports, each of them covering several schools in seven municipalities. We have noticed the weaknesses found by the inspectorate and the rectifications that some of the inspected schools are enjoined to carry out. While not audited yet, we might be in the future. In anticipation of this, let us give a person the task of registering the negative criticisms the inspectorate has lodged against some schools in these reports. Then we will examine carefully our own schools to find out if and how they fail to meet the inspectorate's requirements. On the basis of this, we will make strong efforts to improve the situation.

Should the inspectorate then come, our schools will fare very well. Local and national news media will report favorably on our schools. This will favor our municipal schools in relation to private schools. Good points from the inspection will enable us to attract more and better students and teachers. It will also make us stand out in relation to other municipalities as one with very good schools. Parents with children will move here to a greater extent than before. Our municipality will grow and flourish.

This would be constitutive use of evaluation products (end findings), supposed to create very favorable results for the concerned schools, the municipality, and the country.

Conclusion

Since there are numerous illuminating treatises on use around[14], the reader may reasonably ask: what is special about this chapter? Let me humbly state my case.

---

14 Cf. e.g. Alkin 1979, 1990, 2013; Bjørnholt & Larsen 2014; Boswell 2009; Dahler-Larsen 1998, 2001, 2004, 2012; Hanberger 2013; Højlund 2014, Kirkhart 2000; Nutley *et al.*

The fundamental taxonomy expounded by most expositors includes instrumental use as the highest use to aim for, conceptual use as something admittedly weaker and partly disappointing yet a barely acceptable use, and legitimizing use as something to be discarded as misuse or grudgingly accepted as a necessary political evil. Process use is tacked on to the other three as a fourth category on par with them.

In relation to this, a set of modifications is suggested. First, I have added tactical and ritual use. Awareness of these types, originally developed as process uses only, will provide evaluators with a broader and more profound understanding of the political and administrative contexts of evaluation. I have also added constitutive use to the other five; hopefully, constitutive use will sensitize evaluators to the role that user anticipation and strategic calculation, for very bad and for good, may play once evaluation is institutionalized into semi-permanent, ongoing systems.

Second, I have attempted to deepen and sharpen the content of the six types, most prominently, instrumental, conceptual, and constitutive use. A rather hazy concept, *instrumental use*, occurs if evaluative findings (or recommendations for action) are employed as direct input into immediate decisions regarding the evaluated intervention and its implementation. Two major types of instrumental use are discerned, linked to RCTs and non-RCTs, respectively, in order to hint at present-day dissonances in evidence-based policy thought.

Conceptual use entails evaluation-induced changes in thinking that do not lead to decisions and actions concerning the evaluated intervention. To begin with, evaluations may be used simply to acquire new knowledge. For example, by being involved in evaluations of local interventions, which are parts of extensive multi-site initiatives with multiple hierarchical inter-governmental levels involved, local staff may get clearer conceptions of the larger horizontal (multi-site) and vertical (multi-level) landscapes of which their particular narrowly localized clientele-directed activities are a limited part. They get informed about something that they did not know before, even though it does not spur them to decision and action.

In addition, evaluation may provide labels, concepts and categories for earlier unorganized experiences. At the same time, messages might be filtered, sorted, and labeled through receiver coding schemes and other cognitive frames. In the end, conceptual use may involve learning from evaluation-generated findings in conjunction with results from several evaluations, *e.g.*, collected into systematic summaries, and non-evaluative knowledge, such as academic scholarship. This implies a widening of the perspective toward a more systemic view of the evaluation base of use, as compared to focusing on the use of single evaluations. In this fashion, changes in thinking may result in decisions and actions in a longer time frame.

2007; Patton 1996, 1998, 2012; Rossi & Freeman & Lipsey 1999; Stockmann & Meyer 2013; and Weiss 1967, 1981, 1998.

Finally, I have tried to clarify *constitutive use* by liberating it from tenets better referred to as tactical and especially ritual use, arguing that it can be intended as well as unintended, and positive as well as negative.

Third, from a logical point of view, it has irritated me that traditionally, process use has been treated as an additional category in relation to instrumental, conceptual, and legitimizing use, implying that the latter three are not about process use but about product use only; yet to me it has been obvious that instrumental, conceptual, and legitimizing use might be the utilization of evaluation processes as well. In my view, it is much more productive, logically as well as substantively, to maintain that all uses may refer to both evaluation products and evaluation processes. To wit, instrumental use may be the use of evaluation products or processes, conceptual use may be the use of evaluation products or processes, and so on and so forth. Admittedly, this idea is not new (see Højlund 2014); nevertheless, it is worth systematic pursuit. Hence I have cross-tabulated the six uses with product and process. The resulting groups are: (also Figure 1 above)

1   Instrumental product and process use
2   Conceptual product and process use
3   Legitimizing product and process use
4   Tactical product and process use
5   Ritual product and process use
6   Constitutive product and process use

In order to make the six-by-two scheme work, I have developed product use and process use into two logically separate categories with sub-categories.[15] One problem is how to single out product use from process use as far as evaluation findings are concerned. The utilization of findings from the final report of an evaluation is an unmistakable instance of product use. But what about findings revealed in preliminary interim reporting while the evaluation is going on? This is a muddy issue in the literature.

My solution is the following. *Product use* refers to employment of evaluative findings and recommendations from *final reporting*. Final reporting may include written, oral, and *audio-visual* final reporting as well as similar information efforts such as special sections excerpted from final reporting and sent to particular audiences, press releases, oral briefings combined with PowerPoint slides, seminars, interviews, and articles and news in the media. *Process use*, on the other hand, is formally defined as the utilization of any evaluation activity taking place *before final reporting*. This means that the use of findings from draft final reports and

---

15 Kirkhart (2000, pp. 8 ff.) identifies them as results-based and process-based use.

interim reporting during the evaluation process, written as well as orally and au-dio-visually communicated, is assigned to process use.[16]

Furthermore, the announcement of an upcoming evaluation as well as the broadcasting of information on evaluation subject matter, the questions to be asked, and the methods to be applied may induce use. Again, this means that an evaluation may be used well before an evaluation team has been appointed and has started to work. And the potential users may not be evaluation team members and may be outside the range of stakeholders to be contacted by the team.

Also, the process of working as a team member will imply learning about the evaluand, which may create future use. Finally, not being on the team but partic-ipating in other ways, such as being interviewed by the evaluators *or responding to* survey items distributed by them, or helping to determine and fine tune the evaluation's key questions, or contributing to value criteria development or data analyses, or aiding in the development of recommendations or action plans, are other process features that may be used.

Importantly, in line with Dahler-Larsen but contrary to, for example, Marvin C. Alkin (cf. 2011, p. 207) and Melvin Mark-Gary T. Henry (cf. 2003, p. 294), I will argue that process use includes much more than use stemming from participa-tion in procedures of a singular evaluation; also distant stakeholders not involved in any ongoing evaluation activities at all may use evaluation processes such as announcements of upcoming evaluations and the existence of monitoring and evaluation systems.

In line with general scholarly discourse on use, the greater part of my essay is centered on one-off, stand-alone evaluations (level 1). Yet, use might also be re-lated to summaries of many evaluations on the same topic, sometimes called me-taevaluations and sometimes systematic reviews (level 2). In addition, use might also be discussed in connection with monitoring and evaluation systems (level 3). Indicator-based monitoring and evaluation systems produce ongoing streams of evaluation-relevant information on inputs, processes, outputs, and several con-secutive potential outcomes of interventions. On the basis of these monitoring data on costs, processes, and outputs, in combination with other data on causes of discrepancies from the expected, series of comparable process evaluations may be produced. Also, series of evaluations are supposed to be produced focusing on probable intervention effects in outcome stages.

Since evaluations on the three levels are based on information that differs in structure, scope and type of knowledge, preconditions for use will be different as well, it is argued. For instance, the sheer existence of systematic reviews or mon-itoring and evaluation systems may give rise to anticipation and actions in perti-nent programs and among relevant program staff.

---

16 Kirkhart, for instance, includes findings arising during processes in the results, i.e. in the product category (2000, p. 9 f.).

Due to the limitations of time and space, the use of findings and processes related to evaluation systems (level 3) has been touched upon in passing only (in relation to constitutive use) but not covered systematically in the chapter. The use of systematic reviews and metaevaluations (level 2) has not been dealt with at all. This indicates areas for further research and deliberations on use in the evaluation community.

Acknowledgements

This account of use draws upon my own and my associates' earlier attempts in the same genre, in particular 1995, 2001, 2009:255–283, 2011:285–299, and Rosén, Wolf-Watz & Vedung 2014 in Swedish, 1997:265 ff. in English, and 1999:229–252 in German. Valuable comments in connection with the Nordic evaluation conference in Aalborg in June 13–15 2012 have been made by Vibeke Normann Andersen, Gunnar Gjelstrup, Kurt Houlberg, Flemming Larsen, Dorte Stage Petersen; Thomas Bredgaard, Morten Balle Hansen, Poul Thøis Madsen; and Ove K. Vestman. For general inspiration I want to mention my good friends and colleagues throughout the years Peter Dahler-Larsen, Hanne Krogstrup, Rolf Sandahl, and Verner Denvall. Wolfgang Meyer and Vera Hennefeld invited me to participate in the present honorable endeavor. At the Institute for Housing and Urban Research (IBF), Uppsala University, I want to recognize the support of Ester Ehnsmyr, Christina Kjerrman-Meyer, Kerstin Larsson, Lars Lundin, Irene Molina, and Carita Ytterberg.

To all people and institutions mentioned I extend my warm thanks. Yet, nobody but I myself is responsible for any remaining errors of commission and omission.

To Reinhard Stockmann, the jubilarian, I wish to extend a special kindhearted thanks for his cordial collegiality of inviting me to write a chapter in his edited book *Evaluationsforschung* (Vedung 2000 and 2006), to serve on the editorial board of the *Zeitschrift für Evaluation*, and for participating in a debate held in Stockholm on European perspectives on evaluation in 2006 and later in London at the European Evaluation conference in 2008, coordinated by Ove K. Vestman and Gustav Petersson.

References

Albæk, Erik (1988). *Fra sandhed til information*. Copenhagen: Akademisk Forlag.

Albæk, E. (1995). Between knowledge and power: Utilization of social science in policy making. *Policy Sciences*, 28, 70–100.

Albæk, E. (1996). Why All this Evaluation: Theoretical Notes and Empirical Observations on the Functions and Growth of Evaluation, With Denmark as an Illustrative Case. *Canadian Journal of Program Evaluation*, 11 (2), 1–34.

Alkin, Marvin C. (1990). *Debates on Evaluation*. London: Sage.

Alkin, M. C. (2011). *Evaluation Essentials: From A to Z*. London: Guilford Press.

Alkin, M. C. (Hrsg.). (2013). *Evaluation Roots: A Wider Perspective on Theorists' Views and Influences*. London: Sage.

Bjørnholt, B. & Flemming, L. (2014). The Social Context of Evaluation. *Evaluation* 20 (4), 400–411.

Boswell, C. (2009). *The Political Uses of Expert Knowledge: Immigration Policy and Social Research*. Cambridge: Cambridge University Press.

Brandt, T. (2011). The Social Context of Evaluation. In R. Stockmann (Hrsg.), *A Practitioner Handbook on Evaluation* (S. 158–188). Cheltenham: Edward Elgar.

Collier, D. & Gerring, J. (Hrsg.). (2009). *Concepts and Method in Social Sciences. The Tradition of Giovanni Sartori*. London: Routledge.

Dahler-Larsen, P. (2004). *Evaluering og magt*. Århus: Aarhus universitet, Institut for statskundskab, Magtudredningen.

Dahler-Larsen, P. (2007): Constitutive Effects of Performance Indicator Systems. In S. Kushner & N. Norris (Hrsg.). *Dilemmas of Engagement. Evaluation and the New Public Management.* (S. 17–36). Amsterdam: Heinemann.

Dahler-Larsen, P. (2011). Constitutive Effects as a Social Accomplishment: A Qualitative Study of the Political in Testing. *Education Inquiry, 3 (2)*, 171–186.

Dahler-Larsen, P. (2012). *The Evaluation Society*. Stanford: Stanford University Press.

Dahler-Larsen, P. & Flemming, L. (2001). Evalueringsanvendelse: Historien om et begreb, der udvider sig. In P. Dahler-Larsen & H. K. Krogstrup (Hrsg.), *Tendenser i evaluering*, Odense: Odense Universitetsforlag.

Dahler-Larsen, P. & Krogstrup, Hanne (2001). Evalueringers konstitutive virkninger.In P. Dahler-Larsen & H. K. Krogstrup (Hrsg.), *Tendenser i evaluering* (pp. 232–245). Odense: Syddansk Universitetsforlag.

Forss, K., Rebien, C. C. & Carlsson, J. (2002). Process Use of Evaluations Types of Use that Precede Lessons Learned and Feedback. *Evaluation, 8 (1)*, 29–45.

Furubo, J.-E. (2006). Why Evaluations Sometimes Can't Be Used – and Why They Shouldn't. In R. C. Rist & N. Stame (Hrsg.), *From Studies to Streams: Managing Evaluative Systems* (S. 147–165). New Brunswick, NJ.: Transaction.

Gallie, W. B. (1956). Essentially Contested Concepts. *Proceedings of the Aristotelian Society*, 56, 167–198.

Hanberger, A. (2013). Framework for exploring the interplay of governance and evaluation. *Scandinavian Journal of Public Administration* (special issue on evaluation), *16 (3)*, 9–27.

Henry, G. T. (2000). Why Not Use? *New Directions for Evaluation*, 88, 85–98.

Henry, G. T. & Melvin, M. M. (2003). Beyond Use: Understanding Evaluation's Influence on Attitudes and Actions. *American Journal of Evaluation, 24 (3)*, 293–314.

Højlund, S. (2014). Evaluation Use in Evaluation Systems: the Case of the European Commission. *Evaluation, 20 (4)*, 428–446.

Karlsson, O. (1996). A Critical Dialogue in Evaluation: How can the Interaction Between Politics and Evaluation Be Tackled? *Evaluation, 2 (4)*, 405–416.

Karlsson, O. (1998). Socratic dialogue in the Swedish political context. *New Directions for Evaluation, 77*, 21–38.

Karlsson, O. (2001). Critical Dialogue: Its Value and Meaning. *Evaluation, 7 (2)*, 211–227.

Kirkhart, K. E. (2000). Reconceptualizing evaluation use: An integrated theory of influence. *New Directions for Evaluation*, 88, 5–23.

Leeuw, F. L. & Furubo, J.-E. (2008). Evaluation Systems: What Are They and Why Study Them? *Evaluation, 14* (2), 157–169.

Majone, G. (1989). *Evidence, Argument and Persuasion in the Policy Process.* London: Yale University Press.

Mark, M. M. & Henry, G. T. (2004). The mechanisms and outcomes of evaluation influence. *Evaluation, 10* (1), 35–57.

Naustdalslid, J. & Reitan, M. (1992). *Kunnskap og styring: Om forskningens rolle i politikk og forvaltning,* Oslo: NIBR-Rapport 1992.

Nutley, S. M, Walter, I. & Davies, H. T. O. (2007). *Using Evidence: How Research Can Inform Public Services.* Bristol: Policy Press.

Patton, M. Q. (1987). *Creative Evaluation* (2nd ed.). London: Sage.

Patton, M. Q. (1988). The Evaluator's responsibility for utilization," *Evaluation Practice, 9* (2), 5–24.

Patton, M. Q. (1997). *Utilization-focused Evaluation: The New Century Text (3rd ed.).* Thousand Oaks, CA.: Sage.

Patton, M. Q. (1998). Discovering Process Use. *Evaluation, 4* (2), 225–233.

Patton, M. Q. (2002) Interview. *The Evaluation Exchange: A Periodical on Emerging Strategies in Evaluation, 8* (1).

Patton, M Q (2012). *Essentials of Utilization-Focused Evaluation.* London: Sage.

Preskill, H. & Caracelli, V. (1997). Current and developing conceptions of use: Evaluation use TIG survey results. *American Journal of Evaluation, 18* (3), 209–225.

Preskill, H., Zuckerman B. & Matthews B. (2003). An exploratory study of process use: Findings and implications for future research. *American Journal of Evaluation, 24* (4), 423–442.

Rist, R. C. & Stame, N. (2006). *From Studies to Streams: Managing Evaluative Systems.* New Brunswick, NJ.: Transaction.

Rosén, K., Wolf-Watz, O. & Vedung, E., (2014). *Usefulness and Utilization.* Uppsala: Evert Vedung's Private Archive, mimeo.

Rossi, P. H. & Freeman, H.E. & Lipsey, M.W. (1999). *Evaluation: A Systematic Approach.* London: Sage.

Sartori, G. (1976). *Parties and Party Systems: A Framework for Analysis,* Vol I. Cambridge: Cambridge University Press.

Sartori, G. (1984). Guidelines for Concept Analysis."In G. Sartori (ed.), *Social Science Concepts: A Systematic Analysis* (S. 15–85). Beverly Hills: Sage.

Scriven, M. (2013). Conceptual Revolutions in Evaluation: Past, Present, and Future. In M. C. Alkin (Hrsg.), *Evaluation Roots: A Wider Perspective on Theorists' Views and Influences* (pp. 167–179). London: Sage.

Shadish, W. R. Jr, Cook, T.D. & Leviton, L.C. (1991). *Foundations of Program Evaluation: Theories of Practice.* London: Sage.

Stockmann, R. & Meyer, W. (2013). *Functions, Methods, and Concepts in Evaluation.* Houndmills, Hampshire: Palgrave Macmillan.

Stroobants, J. & Bouckaert, G. (2014). *Benchmarking local public libraries using nonparametric frontier methods: A case study of Flanders.* http://dx.doi.org/10.1016/j.lisr.2014.06.002 (05.12.2014).

Valovirta, V. (2002). Evaluation Utilization as Argumentation. *Evaluation, 8* (1), 60–80.

Vedung, E. (1982). *Political Reasoning.* Newbury Park: Sage.

Vedung, E. (1995). Utvärdering och de sex användningarna. In B. Rombach & K. Sahl-in-Andersson (Hrsg.), *Från sanningssökande till styrmedel: Moderna utvärderingar i offentlig sektor* (S. 25–51). Stockholm: Nerenius & Santérus.

Vedung, E. (1997). *Public Policy and Program Evaluation*. New Brunswick, New Jersey and London: Transaction Publishers.

Vedung, E. (1999). *Evaluation im öffentlichen Sektor* (Evaluation in the Public Sector). Wien, Köln, Weimar, New York: Böhlau Verlag.

Vedung, E. (2001). *Review of Tendenser i evaluering* (ed. by Dahler-Larsen, P. & Krogstrup, H.K., Odense, Odense Universitetsforlag 2001), Uppsala: Evert Vedung's archive, mimeo.

Vedung, E. (2000). Evaluation Research and Fundamental Research. In R. Stockmann (Hrsg.), *Evaluationsforschung: Grundlagen und ausgewählte Forschungsfelder* (S. 103–126). Opladen: Leske + Budrich.

Vedung, E. (2006). Evaluation Research and Fundamental Research. In R. Stockmann (Hrsg.), *Evaluationsforschung: Grundlagen und ausgewählte Forschungsfelder* (3. Aufl.) *(S. 113–136)*, Münster: Waxmann.

Vedung, E. (2009). *Utvärdering i politik och förvaltning* (Evaluation in Public Policy and Public Administration) (3rd ed.). Lund: Studentlitteratur.

Vedung, E. (2011). Spridning, användning och implementering av utvärdering. In B. Blom, S. Morén & L. Nygren (Hrsg.), *Utvärdering i socialt arbete: Utgångspunkter, modeller och användning* (S. 285–299). Stockholm: Natur & Kultur.

Vedung, E. (2015). *Implementering i politik och* förvaltning *(Implementation in politics and administration)*, Lund: Studentlitteratur, forthcoming.

Weiss, Carol Hirschon (1980). Knowledge Creep and Decision Accretion. *Knowledge: Creation, Diffusion, Utilization*, 381404.

Weiss, C. H. (1981). Measuring the Use of Evaluation. In J. A. Ciarlo (Hrsg.), *Utilizing Evaluation: Concepts and Measurement Techniques* (S. 1733). Beverly Hills: Sage.

Weiss, C. H. (1982). Policy Research in the Context of Diffuse Decision-Making. Social Science Research and Public Policy-Making. In D. B. P. Kallen, G. B. Kosse, H. C. Wagenaar, J. J. J. Kloprogge & M Vorbeck (Hrsg.), *Social Science and Policy-Making: A Reappraisal* (S. 288–314). Windsor, Berks: NFER-Nelson.

Weiss, C. H. (1998). Have We Learned Anything New About the Use of Evaluation? *American Journal of Evaluation*, 19 (1), 21–33.

Weiss, C. H. (2013). Rooting for Evaluation: Digging Into Beliefs. In M. C. Alkin (Hrsg.), *Evaluation Roots: A Wider Perspective on Theorists' Views and Influences* (S. 130–143). London: Sage.

Weiss, C. H. & Bucuvalas, M. J. (1980). *Social Science Research and Decision-Making*. New York: Columbian University Press.

Wittrock, B. (1991). Social Knowledge and Public Policy: Eight Models of Interaction. In P. Wagner (Hrsg.), *Social Sciences and Modern States: National Experiences and Theoretical Crossroads* (S. 333–353). Cambridge: Cambridge University Press.

Evaluierungssysteme in der Entwicklungszusammenarbeit[1]
Oder was Evaluation mit der Völklinger Hütte zu tun hat.

Einige Überlegungen aus Beobachtungen
Reinhard Stockmann gewidmet

Dominique de Crombrugghe

Ein stählerner Traum

Jede Leiterin/Jeder Leiter eines zentralen Evaluationsreferats in der Entwicklungszusammenarbeit (EZ) träumt davon, über die Wirkungen der Kooperationsanstrengungen seiner/ihrer Agentur klare Aussagen machen zu können. Träumt – denn in der Realität ist es mit den knappen menschlichen Ressourcen und Mitteln, die einem zum Erheben, Prüfen und Verarbeiten von Daten zur Verfügung stehen, nicht einfach, robuste Aussagen zu machen. Das Entwicklungsfeld dehnt sich weit und in viele Richtungen aus. Evaluierungen, die das Niveau der persönlichen Perzeption übersteigen, sind teuer und aufwendig. Da deshalb nur wenige Fälle tiefgehend untersucht werden können, stellt sich darüber hinaus die Frage der Repräsentativität dieser Studien. Ähnlich wie Geologinnen und Geologen ausreichend Bodenproben zur Beurteilung der Rohstoffe nehmen müssen, sind Evaluatorinnen und Evaluatoren für glaubwürdige Aussagen auf das Sammeln einer ausreichenden Menge von Material angewiesen.

Ein Weg zur Reduzierung solcher Begrenzungen besteht darin, die Akteure der EZ zu beweiskräftigen Evaluierungen unter Einsatz von unabhängigen Drittpersonen mit besonderer Evaluationsexpertise zu motivieren, die später als Bausteine für die Wirkungsmessung der EZ auf einem höher aggregierten Niveau dienen können. Dazu braucht es ein leistungsstarkes Evaluierungssystem. Das ist die Idee hinter ‚Evaluation aus einem Guss‘, ein starkes Bild, welches die Assoziation zu Eisenhüttenwerken wie dem im Saarland stehenden Weltkulturerbe der Völklinger Hütte hervorruft. Wie aus Eisen verbunden mit Chrom, Nickel und weiteren Stoffen in kleineren aber unentbehrlichen Mengen in einem mehrstufigen, miteinander verbundenen Prozess Stahl gegossen wird, so würden anhand gründlicher Evaluationen aus verschiedenen Quellen – kleinen und großen – die Wirkung von EZ-Strategien in einem verbundenen System geprüft werden können.

Das reine Zusammenführen der Inhaltsstoffe macht jedoch noch keinen Stahl – und genauso bildet das Aufschichten von Evaluierungsdiensten und -funktionen noch kein Evaluierungssystem. Die Niederlande haben sich beispielsweise schon früh mit ihren dezentralen Evaluationsstellen auseinandergesetzt und der zentrale

---

1   Mit Dank an Professor Axel Borrmann.

Evaluierungsdienst IOB – Inspectie Ontwikkelingssamenwerking en Beleidseva-
luatie – fand heraus, dass viele dezentrale Evaluationen methodologisch schwach
unterbaut und nach dem Inhalt zweifelhaft waren. Seitdem haben verschiedene
Organisationen, vor allem im Bereich der Vereinten Nationen, versucht, Evaluationssysteme aufzusetzen, die zwar vom Hauptsitz koordiniert werden, aber vor
allem dezentral arbeiten. Dies ist u. a. der Fall bei UNICEF und beim GEF – Global
Environment Facility, und neulich auch bei DfID – Department for International
Development. Die Aufgabe der zentralen Evaluierungsstelle wandelte sich dabei
von der selbständigen Produktion von Evaluierungen zur Begleitung von Evaluationen der dezentralen Stellen. Der weitere Schritt zur Aggregation von Evaluationsergebnissen wird allerdings nicht systematisch gemacht. Im Folgenden werden wir
versuchen zu zeigen, wie Evaluationssysteme aufgebaut und auf Leistungsfähigkeit
geprüft werden können, um so nah wie möglich an die Beantwortung der entscheidenden Frage heranzukommen, ob wir in der EZ das Richtige tun – und es
auch richtig tun, um die von unseren Partnern benötigten dauerhaften Wirkungen
zu erreichen.

Der Weg von der Tat zur Wirkung

Es ist noch nicht so lange her, dass man in der EZ zwischen einer Aktivität und
dem erwarteten Ergebnis kaum Unterschiede machte. Man ging davon aus, dass
sich eine gute Tat – und Aktivitäten im Rahmen der EZ wurden stets per Definition als gute Taten betrachtet – auf jeden Fall positiv auswirken würde. Die Frage
nach Resultaten und Wirkungen machte unter dieser Voraussetzung wenig Sinn,
da das Tun schlichtweg mit dem Ziel gleichgesetzt und abweichende (insbesondere negative) Effekte prinzipiell ausgeschlossen wurden. Es hat Mühe gekostet, diese
Selbstverständlichkeit infrage zu stellen und noch mehr, sie zu beseitigen. Auch
noch heute erheben Evaluationen häufiger Outputs als Outcomes. Dies obwohl das
OECD-DAC schon im Jahre 1991 Prinzipien für ergebnisorientierte Evaluationen
gefasst hatte (vgl. OECD-DAC, 1991). Auch im Ansatz der Zielorientierten Pro-
jektplanung (ZOPP) ging es insgesamt bereits darum, das Entwicklungsdenken
von Taten auf Wirkungen umzulenken.

Ich kann mich noch gut daran erinnern, als ich zum ersten Mal in ein Evalu-
ationsteam einbezogen wurde, um ein dezentrales Finanzierungssystem der europäischen Kommission zu evaluieren. Die Teamleiterin hatte mich kurz gebrieft
und gesagt: „Es ist ganz einfach: Du schaust auf die Relevanz, die Effektivität, die
Effizienz, die Nachhaltigkeit und die Wirkungen und schreibst einen Bericht darüber." Ich hatte gar nichts verstanden und habe die wenigen Dokumente, die ich
über das Thema finden konnte, herangezogen. Damals hatten wir kein Internet.
Evaluation war noch keine Wissenschaft sondern eine ziemlich intuitive Kunst, die
aus Zuhören, Neugier und einen Hang zur ‚Aha'-Haltung bestand. Evaluatorinnen
und Evaluatoren lasen damals nicht gerne, umso mehr wollten sie dafür in das

Feld hinein. Wir nahmen uns dafür viel Zeit: Für eine schlichte Projektevaluation spendierten wir leicht zwei Wochen vor Ort. Wir verfügten nicht über eindeutige Kriterien und auch nicht über Indikatoren. Es gab nur wenige Leute, die wussten, dass das DAC in Paris sich mit diesen Sachen befasste. Trotzdem konnten wir nicht nur Leistungen feststellen, sondern auch Veränderungen nachweisen. Gutachter bzw. Gutachterinnen aus dem Norden arbeiteten schon damals mit Kolleginnen und Kollegen aus dem Süden zusammen, mit denen sie häufig in Kontakt blieben und die sie mit Vergnügen bei einer nächsten Evaluation aufs Neue trafen.

Die Techniken waren ziemlich rudimentär, auch im Feld. „Magst Du wissen, wie die Leute wirklich über Euer Projekt denken? Dann komm: Wir setzen uns an den Rande der Straße und warten", sagte der lokale Gutachter – der sich nicht richtig seiner Gutachterrolle bewusst war. Vorbeikommende Leute blieben bald beim Anblicken eines Landmannes zusammen mit einem weißen Mann oder einer weißen Frau am Rande der Straße neugierig stehen und fragten: „Na, was machst Du da, am Rande der Straße mit diesem Weißen?" Der lokale Gutachter führte dann das Gespräch. Es entstand gleich am Ort eine Art Fokusgruppe mit einer zufälligen Zusammensetzung. Falls eine der beiden sitzende Personen eine Frau war, wurde diese Gruppe ganz natürlich gemischt. Die Datenerhebung geschah im lokalen Rhythmus und lieferte im Wesentlichen qualitative Informationen aus erster Hand, durchaus mit einem hohen Grad an Zuverlässigkeit. Und wir waren mit diesen Ergebnissen sehr zufrieden.

Heute wollen wir mehr. Mit Blick auf eine rigorose Wirkungsbewertung suchen wir nach einer Baseline, an der wir Fortschritte möglichst exakt messen können. Falls wir nicht fündig werden, versuchen wir eine solche zu rekonstruieren. Wir graben uns tief in die Interventionslogik ein und belassen es nicht bei einer zufälligen Fokusgruppe: ‚Theory based'-Erhebungen und -Analysen gehören heute selbstverständlich zur Toolbox der Evaluierenden. Dies allein macht aber Evaluationen noch nicht zu einem Evaluierungssystem aus einem Guss.

Evaluation als System

Das belgische System als Beispiel

Die belgische Verwaltung hat im Großen und Ganzen immer auf Evaluation verzichtet und auch heute bleibt die systematische Evaluation der Politiken eine Ausnahme. Nur wenige Behörden verfügen über eine Evaluationsstelle. In diesem Sinne ist das Evaluationsreferat der belgischen EZ – Dienst Bijzondere Evaluatie – Service de l'Evaluation spéciale – eine Besonderheit.

Der Dienst ist die Frucht der Arbeit eines Sonderausschusses der Kammer von Abgeordneten in den Jahren 1996–97, welcher sich mit Fehlern in der Verwaltung der EZ befasst hat. In den Jahren 1995–96 hatte eine Zeitung diesen eine Reihe (vgl. Belgischer Senat, 1996) gewidmet und sogenannte „weiße Elefanten" in der belgischen EZ vorgestellt, einige davon übrigens in Verknüpfung mit der deutschen EZ. Infolgedessen hatte die Kammer entschieden, einen Sonderausschuss mit der Untersuchung der bemängelten Praktiken zu beauftragen. Der Ausschuss hat sich unter anderem für die Einrichtung einer externen, unabhängigen Evaluationsstelle ausgesprochen, mit der mittlerweile etwas vergilbten Begründung, dass „keine Organisation aus sich selbst die eigenen Fehler bekennen mag" (Belgische Abgeordnetenkammer, 1997, eigene Übersetzung).

Als damals entschieden wurde, ein Evaluationssystem in der belgischen EZ einzurichten, hatten die Initiatoren zwei Inspirationsquellen zur Verfügung: die Peer Review vom DAC aus dem Jahr 2000 und das holländische Modell.

Die Peer Review des DAC befürwortete ein zweistufiges System mit einem internen und einen externen Evaluationsreferat. Das interne Referat sollte ein zweiteiliges Mandat haben: die Begleitung von Projekt- und Programmevaluationen, welche von den operationellen Diensten oder von Akteuren der EZ durchgeführt wurden, und die selbständige Durchführung von Evaluation von Projekten und Programmen. Das externe Referat sollte die allgemeine Evaluationszuständigkeit der EZ erhalten.

Das holländische Modell enthielt eine weitgehende Autonomie gegenüber der operationellen Linie, ein bedeutendes Budget, eine umfangreiche Personalausstattung und für jede einzelne Evaluation die Möglichkeit zur Kommunikation an das Parlament, wobei der Minister selbst zu den Feststellungen der Evaluationen Stellung nehmen musste. Im Jahr 2003, als das belgische System eingerichtet wurde, gab es das holländische schon seit 20 Jahren. Darum galt es als ein gutes Vorbild, obwohl es den belgischen Strukturen und Sitten vollkommen fremd war.

Der Dienst wurde prioritär auf Rechenschaftslegung ausgerichtet. Jährlich berichtet der Referatsleiter an das föderale Parlament über seine Evaluationen. Er genießt große Freiheiten, da das Ministerium ihm ein eigenes Budget, Räumlichkeiten und Personal zur Verfügung stellt. Er bestimmt frei über sein Budget – im Rahmen der Regeln über die Nutzung von Staatsfinanzen – und über seine Evaluationsplanung. Der Erlass, der dem Dienst zugrunde liegt, verweist auf die DAC-Prinzipien und -Normen in Bezug auf Evaluationen.

Erste Schritte zur Systemprüfung

Prüfung des französischen Bureau de l'évaluation

Im Jahr 2004 setzten wir unsere ersten noch unsicheren Schritte und waren mit unserer Evaluationsplanung beschäftigt, als die französischen Kolleginnen und Kollegen vom Außenamt mit einer Bitte auf uns zukamen, die sich als eine Art Systemprüfung entpuppen sollte. Wir sollten untersuchen, ob die Evaluationsplanung des Bureau de l'évaluation den von der Regierung definierten Prioritäten für die EZ entsprach. Dies war für uns eine außergewöhnliche Möglichkeit, mit unseren

Aktivitäten loszulegen und wir haben deshalb die Herausforderung angenommen. Wir haben rasch festgestellt, dass die Anfrage weiter reichte als gedacht und auch den Stellenwert und die Eingliederung des Bureau innerhalb des Ministeriums sowie zwischen den wichtigsten Akteuren der französischen EZ im Rahmen einer Neuteilung der Zuständigkeiten betraf. Zu der Zeit hatten wir noch nicht die zentralen Kriterien Glaubwürdigkeit, Unabhängigkeit und Nützlichkeit identifiziert, die später die Peer Reviews der Evaluationsfunktionen der VN-Organisationen und auch die vom BMZ – Bundesministerium für wirtschaftliche Zusammenarbeit und Entwicklung 2007 bestellte Systemprüfung bestimmten.

Wir analysierten die Einstufung des Bureau und auch seine Beziehungen zu den wichtigsten Nutzern. Den Evaluierungsrahmen hatten wir anhand von Dokumenten aufgebaut und in Gesprächen mit den Stakeholdern mit einer Frage weiterentwickelt: Erfüllt der Evaluationszyklus die Bedürfnisse seiner Nutzer. Ein wichtiger Teil der Arbeit betraf die Programmgestaltung und ihre Umsetzung. Die Qualität der Evaluierungen wurde anhand sechs aktueller Evaluationsberichte beurteilt, welche auf Grundlage einer „Enquête de rumeurs"[2] ausgewählt wurden, darunter drei als gut und drei als schwach eingeschätzte. Obwohl eher empirisch denn theoretisch fundiert, hat diese Auswahlmethode ganz gut funktioniert. Neben einer flächendeckenden Dokumentenstudie haben wir außerdem eine Vielzahl von Gesprächen geführt: mit den Auftraggebern der untersuchten Evaluationsprozessen im Ministerium, mit Verantwortlichen anderer betroffener Dienste, mit den Mitarbeiterinnen und Mitarbeitern des Bureau de l'évaluation, welche die Aufträge und die Terms of Reference geschrieben hatten, mit Gutachterinnen und Gutachtern, die die Evaluationen durchgeführt hatten, und auch telefonisch mit Partnern vor Ort.

Unsere Analyse basierte auf den DAC-Kriterien und bezog zusätzlich die Kohärenz mit ein. Sie führte zu operationellen Empfehlungen in Bezug auf den institutionellen Stellenwert des Bureau de l'évaluation und die Zusammenarbeit mit anderen Diensten im Ministerium (u. a. der Strategischen Planung, die sich in der gleichen Direktion befand). Auch wurde empfohlen, das Evaluationsprogramm stärker strategisch zu planen, und, in Bezug auf die Evaluierungen selbst, die relevante Dokumente im Voraus zu suchen, um sie den Gutachterinnen und Gutachtern rechtseitig zur Verfügung stellen zu können, die anzuwendende Methodologie zu besprechen und gezielte Kommunikationswege zu benutzen.

Wir hatten die wesentliche Bestandteile einer Peer Review zumindest berührt, und hatten wie Monsieur Jourdain[3] „Prosa gemacht ohne dessen bewusst zu sein".

---

2   „Gerüchteerhebung"
3   Molière, *Le Bourgeois Gentilhomme*, Akt II, Szene 4.

Die UNEG-DAC Peer Reviews

Ein weiterer Schritt in der Analyse der Evaluierungssysteme war die Zusammen-
arbeit zwischen den Netzwerken UNEG – United Nations Evaluation Group und
EVALNET – DAC Network on Development Evaluation im Hinblick auf Peer
Reviews der Evaluationsfunktionen von Organisationen der Vereinten Nationen
ab 2005. Der Rahmen besteht aus einem Normative Framework[4], wobei die DAC-
Prinzipien und die UNEG-Standards angewendet wurden, um die Qualität der
Evaluationsfunktionen und deren Produkte zu prüfen. Die Absicht dieses Unter-
nehmens ist es, zur Etablierung von zuverlässigen Evaluationssystemen in den
multilateralen Organisationen beizutragen, die imstande sind objektive Berichte
über die Resultate und Wirkungen dieser Organisationen zu produzieren. Der
empfindlichste Punkt dabei ist die Zuverlässigkeit: Letztendlich sollen diese Evaluationen den Mitgliedstaaten verlässliche Auskunft über die Leistung der Organisationen geben. Sie sollen auch als Bausteine für Evaluationen eingesetzt werden
können, welche bilaterale Geber über multilaterale Organisationen durchführen.

Die Peer Reviews beruhen grundsätzlich auf drei Kriterien: Unabhängigkeit,
Glaubwürdigkeit und Nützlichkeit der Evaluationsfunktionen und deren Produkten. Organisationen, die eine Peer Review wünschen, müssen bei ihren Peers einen
Antrag stellen. Diese stellen dann ein Panel mit Mitarbeiterinnen und Mitarbeitern
von Evaluationsreferaten anderer Organisationen und von bilateralen Agenturen
sowie darüber hinaus ein oder mehrere Consultants zusammen. Der Mechanismus unterscheidet sich von einer Evaluation insofern, als dem Dialog zwischen
Peers viel Gewicht gegeben wird. Es geht primär um gegenseitiges Lernen. Bislang
haben ungefähr zehn Organisationen um eine Peer Review gebeten, drei davon
verlangten eine zweite Review und etwa zehn Organisationen stehen auf die War-
teliste. Der Mechanismus hat ohne Zweifel Erfolg. Er wurde 2013 evaluiert (vgl.
Davies & Brümmer, 2013).

Dieser Evaluierungsbericht gibt einen Überblick zum Ablauf der Peer Reviews
sowie der bisher verfassten Berichte und sammelt die Einschätzungen von Peer-
Reviewerinnen und -Reviewern, von Organisationen und betroffenen Parteien
über die Qualität und den Nutzen von Peer Reviews. Der Bericht stellt fest, dass
die mit den Peer Reviews beauftragten Referatsleiterinnen und Referatsleiter der
bilateralen Agenturen diese ähnlich als Evaluationen betrieben und hierdurch Irri-
tationen bei den begutachteten Kolleginnen und Kollegen hervorriefen. Aufgrund
dieser Erkenntnis wurde in der Folge darauf geachtet, dass die Peer Reviews als
ein Austausch von Erfahrungen zwischen Gleichen durchgeführt wurden. Reviews
sind ein Prozess des ‚learning by doing‘, sowohl für Organisationen als für die
Peers.

Im Ganzen haben die Peer Reviews ihr Ziel erreicht und das Profil der Evaluationsfunktionen verbessert, die Unabhängigkeit gestärkt und zur Fassung

---

4   Für eine aktualisierte Version des Frameworks, siehe UNEG (2011).

von Evaluationspolitiken geführt. Dennoch können Evaluierende keine Aussage darüber machen, ob dank der Peer Reviews, die Menge und Variationsbreite an Evaluationen, die Geberländer bei VN-Organisationen unternehmen, kleiner geworden sind (einem zentralen Ziel der Einführung der Peer Reviews). Schließlich richtet die Studie das Licht auf die finanziellen und zeitlichen Belastungen, die Peer Reviews mit sich bringen, und leitet daraus Vorschläge für eine effizientere und besser ausgewogene Finanzierung ab.

Die Systemprüfung für das BMZ 2006–07

Die Systemprüfung, die das Evaluationsreferat des BMZ bestellt hat, ist ein Unternehmen wie man es sich nur in Deutschland vorstellen kann: Sie umfasste insgesamt 21 Organisationen, die auf die Qualität ihrer Evaluationsdienste geprüft worden sind (vgl. Borrmann & Stockmann 2009). Hierzu gab es bereits Vorläufer: die Systemprüfung von 1997–98 und ihre Revision anno 2001, die das HWWA – Hamburgisches WeltWirtschaftsArchiv geführt hatte (vgl. Borrmann et al. 1999; Borrmann, von Gleich, Holthus & Shams, 2001).

Die besondere und neue Leistung des BMZ bezüglich der Studie 2006/2007 bestand darin, eindeutige Terms of Reference für so ein Unternehmen schriftlich zu fassen und auf Seite der Auftragnehmer ein kompetentes Gutachterteam zusammenzustellen, welches alle diese Organisationen zügig prüfen konnte.

Eine interessante, von den Gutachterinnen und Gutachtern akzeptierte, Idee des BMZ war die Berufung zweier internationaler Peers, die beiden Leiter des Evaluationsreferats in der Schweiz bzw. in Belgien. Sie wurden eingeladen, während des ganzen Evaluationsprozesses einen unabhängigen Blick von außen auf den Prozess zu werfen und die Erfahrungen ihrer eigenen institutionellen und praktischen Umgebung mit einzubringen. Ihre praktischen Kenntnisse ergänzten das methodische und fachliche Wissen des akademischen Gutachterteams. Die Entscheidung des Ministeriums erwies sich als richtig aus: Die Systemprüfung ist eine Art wissenschaftliche Leistung, die während des gesamten Verfahrens ein kontinuierliches und systematisches Herangehen bedarf und mittels einer großen methodischen Variation eine Menge Daten sammelt, sie bearbeitet und daraus eine allgemeine Synthese zieht. Dazu braucht es eine erhebliche Portion an Erfahrung und Fachwissen in Sachen Evaluierung. Durch die Einbeziehung der akademischen Welt nahm das BMZ jeder Diskussion über mögliche Interessenkonflikte und Voreingenommenheiten bei individuellen Organisationen oder Evaluationen den Wind aus den Segeln. Die mit der Systemprüfung beauftragten Institute, das HWWI – Hamburgisches WeltWirtschaftsInstitut und das CEval – Centrum für Evaluation aus Saarbrücken, waren hier über jeden Zweifel erhaben.

Das Vorhaben benötigte ebenfalls zwei erfahrene Kapitäne um das ganze Team auf Kurs zu bringen und dort zu halten. Bekanntlich mögen manche Akademikerinnen und Akademiker sich nicht gerne an zu rigide Arbeitsvorgaben halten, aber die Professoren Borrmann und Stockmann hatten das Heft fest in die Hand genommen. Reinhard Stockmann konnte eine sehr ausgeprägte evaluationstheoretische Fundierung und ein entsprechend stringentes methodisches Vorgehen einbringen. Darüber hinaus konnten seine Mitarbeiterinnen und Mitarbeiter vom CEval in die Vorbereitung und Durchführung der Arbeiten eingebunden werden.

Der Auftrag war anspruchsvoll, setzte aber keine Auslandsreisen voraus. Das Ziel des Auftrages war es zu überprüfen, ob das Evaluierungssystem der deutschen EZ den an die Evaluierung gestellten Ansprüchen Rechnung trägt. Dabei sollten Empfehlungen für die künftige Weiterentwicklung des Systems erarbeitet werden. Solche Empfehlungen sind nicht ausgeblieben und sind auch umgesetzt worden. Wir kommen weiter unten auf diesen Punkt zurück.

Wie schon erwähnt bestand der Untersuchungsgegenstand aus den Evaluierungseinheiten von 21 Organisationen, staatliche, politische, kirchliche, inklusiv des BMZs selbst. Darüber hinaus gab es eine Online-Befragung von Nichtregierungsorganisationen. Die Prüfung richtete sich prioritär an die Entscheidungsträgerinnen und -träger des BMZ und der EZ-Organisationen.

Die Terms of Reference hatten sieben Untersuchungsfelder angesetzt, die jeweils in Unterfelder aufgeteilt waren:

1. Der internationale Kontext und die Debatte über Evaluation. Im Jahr 2006 hatte der Bericht des CGD – Center für Global Development „When will we ever learn" (vgl. Birdsall, Levine & Savedoff, 2006) die etablierten Evaluationsdienste aufgeschreckt und sie suchten nach Wegen, um auf diese Kritik zu antworten;
2. die Deutsche Rahmenbedingungen, mit u. a. dem Stellenwert der Evaluation in der EZ;
3. die Organisation und Struktur des Evaluierungssystem und die Frage, ob Evaluation aus einem Guss realistisch ist;
4. Unabhängigkeit;
5. Glaubwürdigkeit;
6. Nützlichkeit;
7. Vernetzung.

Die Kriterien 4, 5 und 6 findet man auch in dem Normative Framework der UN-Peer-Reviews.

Die Evaluation wurde partizipativ ausgestaltet. Sie wurde unter Leitung der beiden Teamleitern vorbereitet und mit den Organisationen abgestimmt. In der Inception-Phase wurde die Methodik den Beteiligten erläutert, u. a. mit den Untersuchungsleitfäden, den Fragebögen und den Interviewleitfäden. Bei den vielen Fragen sollte vorab geklärt werden, wo die Antworten zu finden sein könnten: in der erneuten Auswertung der vorherigen HWWA-Studien, in der Literatur, den Dokumenten der Organisationen, durch die Selbstevaluierung, in den Resultaten der Interviews.

In dieser Phase hat es eine interessante Besprechung gegeben, bei der sämtliche Evaluierende und die Peers die Leitfäden und Fragebögen durchgenommen und systematisch geprüft haben, welche Quelle die Antwort auf eine bestimmte Frage geben könnte. Dieser Ansatz hat gleich einen Überblick zur komplexen Struktur der Systemprüfung ermöglicht. In dieser Diskussion zeigte sich Reinhard Stockmann von seiner besten Seite: Nicht indoktrinierend versuchte er, argumentativ zu überzeugen und seine Kolleginnen und Kollegen für seine Meinung zu gewinnen, ohne dabei zu versäumen, deren Einwände ernst zu nehmen und zu würdigen. Dabei blieb er im Diskurs offener Fragen stets aufgeschlossen gegenüber einer hinreichend begründeten Gegenmeinung und zögerte nicht lange, dieser auch beizutreten, wenn sie überzeugend vorgetragen wurde.

Während die vorhandene Literatur und sämtliche Dokumente von den Evaluatorinnen und Evaluatoren und vom CEval-Team durchgenommen wurden, sind zeitgleich die Organisationen gebeten worden, anhand eines vorgegebenen Leitfadens eine Selbstevaluierung ihrer Evaluationseinheit durchzuführen. Diese Selbstevaluierungen wurden ausgewertet und die Ergebnisse in die Interviewleitfäden mit aufgenommen.

An diesem Punkt war das Team nahezu bereit, um mit der Interviewrunde anzufangen, dies jedoch nicht ohne ein Briefing durch die Leitung. Ich kann mich gut erinnern wie Prof. Stockmann darauf bestanden hat, dass wir bei den Interviews immer wieder auf das Vier-Augen-Prinzip beharren sollten (auf der Seite der Interviewerinnen bzw. Interviewer konnten das auch mal vier oder sogar sechs Augen werden, aber einer befragte Person wurde immer angeboten alleine gehört zu werden). Dies sollte den freien Meinungsausdruck des Informanten bzw. der Informantin gewährleisten. Die Instruktion hat sich im Laufe der Gespräche als sehr nützlich erwiesen, nämlich wenn der Chef oder die Chefin einer Mitarbeiterin oder einem Mitarbeiter ein individuelles Gespräch mit den Evaluierenden untersagen wollte. Prof. Stockmann hatte diese Möglichkeit vorausgesehen. So empfahl er uns, wenn dieser Fall eintreten sollte, als ein unveräußerliches Recht der Evaluatorin bzw. des Evaluators auf ein individuelles Interview zu bestehen – aber zugleich dem oder der Vorgesetzten ebenfalls ein Gespräch anzubieten. In solchen Fällen konnte er/sie souverän und doch mit Leichtigkeit auftreten. Ich habe mir diese selbstbewusste Haltung angeeignet und seitdem beibehalten.

Mit diesen Empfehlungen, Leitfäden und Fragenbögen wurden wir in die Welt der EZ-Organisationen bzw. deren Evaluierungsabteilungen gesandt, mal alleine, zu zweit oder, in empfindlichen Fällen wie damals die GTZ – Gesellschaft für Technische Zusammenarbeit oder dem BMZ selbst, sogar zu dritt.

Die Systemprüfung hat einige wichtige Ergebnisse erbracht. Das BMZ hatte sich bemüht die DAC-Prinzipien und -Normen als gemeinsame Referenz jeglicher Evaluierungsdienste im Rahmen der EZ zu empfehlen. Nicht zuletzt deshalb hat die Evaluationsfunktion in vielen Organisationen einen Platz bekommen, obwohl nicht immer außerhalb der operativen Linie.

Generell nimmt der Anteil unabhängiger Evaluationen zu und auf die Neutralität und Kompetenz der Gutachterinnen und Gutachter wird geachtet. Seit der letzten Systemprüfung sind tendenziell erhebliche Fortschritte gemacht worden, nämlich bezüglich der Evaluationsqualität und der Breite eingesetzter Evaluationsverfahren, auch in Bezug auf die Abstimmung und auf die eingesetzten Prinzipien und Normen, auf den Stellenwert von Evaluation, ihre Unabhängigkeit und Neutralität.

Doch auch 2007 bleibt die wichtigste Frage, die bei der DAC-Peer-Review von Deutschland gestellt wurde, noch immer aktuell: Kann ein lose koordiniertes Netzwerk der Erfolgskontrolle tatsächlich zu einem kollektiven Lernprozess auf Systemebene führen? (vgl. OECD, 2006). Auch die Nützlichkeit der Evaluationen steht weiterhin in Frage: Evaluationen dienen vor allem Lernprozessen innerhalb der Organisationen und nur wenig der Rechenschaftslegung. Auch bleibt die Partnereinbindung bis auf ein paar Ausnahmen schwach.

Weitere wichtige Kriterien für die Prüfung waren die Vernetzung und Systembildung. Die Organisationen sind im Hinblick auf Evaluation wenig miteinander verknüpft, obwohl das BMZ dazu viele Impulse gegeben hat. Aber die Grundlage für eine Evaluation aus einem Guss fehlt bisher noch: Die Landschaft zeigt einzelne Schmieden, einige davon sind übrigens sehr tüchtig, aber noch kein zusammenhängendes Hüttenwerk.

Staatliche Evaluationsinstitute und zu vermeidenden Irrwege

Die Systemprüfung hat drei mögliche Wege in die Zukunft vorgeschlagen:

- die Stärkung der Kompetenzen der BMZ-Evaluationsabteilung,
- die Gründung eines unabhängigen Evaluierungsinstituts,
- die Etablierung eines unabhängigen Beirats mit strategischen, qualitätssichernden und kontrollierenden Funktionen.

Deutschland hat den Weg des Evaluationsinstitutes eingeschlagen, ähnlich wie es einige Jahre zuvor in Schweden und später auch – aber dann mit anderen Akzenten – im Vereinten Königreich passiert ist. Die Erfahrung zeigt, dass dieser Weg nicht unbedingt einfach ist. SADEV – Swedish Agency for Development Evaluation in Schweden wurde nach vier Jahren wieder geschlossen. Die Evaluierungseinheit hatte nicht die erwartete Unterstützung der Entwicklungspolitik gebracht und die Politik war zu ungeduldig, dem Institut mehr Zeit für die eigene Entwicklung zu geben. Wahrscheinlich hat auch die mangelhafte institutionelle Vernetzung von SADEV in der schwedischen EZ eine Rolle gespielt. SADEV war noch zu personengebunden um nach einen Personenwechsel überleben zu können.

Eine ähnliche Situation ist in Deutschland bislang vermieden worden, obwohl auch in Deutschland die Meinung dominiert, dass das DEval – Deutsches Evaluierungsinstitut der Entwicklungszusammenarbeit bisher nicht die kritische Masse an Evaluationen geleistet hat und dementsprechend hinter seinem Anspruch hinterher hinkt. Noch nicht ausgemacht ist, inwieweit institutionelle Regelungen zum Hemmschuh für die Arbeitsfähigkeit des Instituts werden.

Nur das ICAI – Independent Commission for Aid Impact im Vereinigten Königreich hat sich massiv auf die Produktion von Evaluationen geworfen, zwar mit einem sehr engen Fokus auf Effizienz der mit dem Begriff „Value for Money" wiedergegeben wird. Die EZ lässt sich aber nicht so leicht auf Effizienz reduzieren. Wenn man Evaluierung aus einem Guss entwickeln will, d. h. wenn man für strategische Schlussfolgerungen auf einer höhere Ebene Evaluationen aus den niedrigeren operativen Ebenen verwenden will, wie aus Eisenbarren Edelstahl gegossen wird, so muss man sich einig werden über die Ziele des Evaluationssystems und kann es nicht einfach auf einzelne Teile reduzieren. Es gibt verschiedene Entwicklungswerte, die das Handeln in der heutigen EZ untermauern. Wenn man beim Einstieg in die EZ vor allem das Verhältnis Kosten/Ergebnis in den Blick nimmt, müsste man, wenn man konsequent vorginge, in vielen Fällen überhaupt auf Kooperationen verzichten. Gerade in den fünfzig bedürftigsten Ländern, die in Colliers *The Bottom Billion* (2007) thematisiert werden, entbehrt die Staatsgewalt oft jede Legitimität, öffentliche Dienstleistungen gibt es nicht, oder sie dienen nur dazu, den Bürgerinnen und Bürgern das Geld abzunehmen (wie es z. B. im Erziehungswesen im Kongo der Fall ist). In solchen Ländern sind erhebliche Fortschritte lediglich in einer weiten Zukunft zu erwarten. Und „Value for money" schließt solche langen Fristen aus. Entwicklungszusammenarbeit, die sich nur an dem kurzfristigen Erfolg orientiert, macht es sich zu einfach und verliert ihre wichtigsten Aufgaben aus dem Blick.

Ein kleiner Umweg über Belgien

Mit Blick auf die Ergebnisse der Systemprüfungen ist es interessant, einen Blick auf die aktuelle Entwicklung in der belgischen Kooperation zu werfen. Bis vor sechs Monaten war der Evaluationsdienst ausschließlich für die Evaluation der belgischen EZ zuständig. Seitdem hat er einen weiteren Auftrag bekommen: Er soll die internen Evaluierungssysteme der staatlichen und nicht-staatlichen Durchführungsorganisationen harmonisieren und zertifizieren. Dieser Auftrag ist zwar generell nicht einfach, in Bezug auf die staatlichen Akteure wenigstens übersichtlich: Es gibt in Belgien nur zwei davon, der eine ist für die Technische Zusammenarbeit (TZ) und der andere für die Finanzielle Zusammenarbeit (FZ) zuständig. Die Organisation für TZ hat schon Erfahrung mit Evaluation. Nur soll sie fortan ihrem Evaluationsdienst mehr Autonomie gewähren. Es wird eine direkte Kommunikationsschiene zum Vorstand eingerichtet. Die für die FZ zuständige Entwicklungsbank, eine kleine Schwester der DEG – Deutsche Investitions- und Entwicklungsgesellschaft, hat dagegen überhaupt keine Erfahrung mit Evaluation. Bislang übernahmen die ex-ante-Investitionsverfahren (Due Diligence) diese Rolle. Die Prüfung der Entwicklungsergebnisse der Geldanlagen ist dagegen sehr begrenzt. Für diese Organisation bedeutet die Einführung einer Evaluationsstelle, zuständig für echte mid-term-, terminal und ex-post-Evaluierungen, eine kleine Revolution.

Bei den nicht-staatlichen Strukturen wird die Sache komplizierter. Diese Organisationen sind in der Größe sehr verschieden und daher mit sehr unterschiedlichen Kapazitäten ausgestattet. Sie lassen sich nicht einfach auf einen gemeinsamen Nenner bringen. Wie auch in der deutschen EZ geschehen, werden wir einen gemeinsamen Rahmen vorschlagen, der auf DAC-Prinzipien und Standards verweist und als größtmögliche Gemeinsamkeit der Evaluationssysteme zwischen den Organisationen gelten wird. Ähnlich wie in Deutschland, werden wir einmal im Jahr Leitungstreffen der Evaluationsabteilungen organisieren, um die Fortschritte und die Schwierigkeiten der einzelnen Organisationen besprechen zu können und neue Erkenntnisse auszutauschen. Kleinere Organisationen, die sich selbst keine eigene Evaluierungsabteilung leisten können, sollen ihre Ressourcen bündeln und ihre Evaluationen einer Drittorganisation anvertrauen.

Auch wir hätten gerne Evaluierung aus einem Guss gemacht. Aber wir bauen noch an unserem Hüttenwerk. Wie in der Hütte wollen wir regelmäßig Meta-Evaluationen machen und die Qualität der Prozesse und Produkte der dezentralen Evaluationen stichprobenweise prüfen. Wenn dieses System mal steht, wird es vielen beruflichen Gutachterinnen und Gutachtern Arbeit verschaffen und hoffentlich härtere Ergebnisse als in unseren heutigen Schmieden liefern.

Was erwarten wir heute von der Evaluation in der EZ?

Wir brauchen in der Evaluation von EZ sowohl ein ‚out of the box thinking‘ als auch ein Lernen aus laufenden oder abgelaufenen Vorhaben. Wir verfügen dazu über Instrumente, die wir bis vor Kurzem noch nicht hatten.

1. Die weit verbreitete Anwendung der DAC-Prinzipien und -Standards (und ebenfalls der UNEG- und der nationalen Evaluationsstandards) sollte uns mehr und mehr dazu führen, Evaluationen als ‚common goods‘ zu betrachten, die nicht nur den Auftraggebern sondern auch der ganzen Evaluationsgemeinschaft dienen können.
2. Die Systematic Reviews, obwohl sie bislang hauptsächlich Gesundheitsfragen (reproduktive Gesundheit und HIV-AIDS) und den Zugang zu Krediten thematisieren, bilden eine wichtige neue Informationsquelle. Wirkungsevaluierungen mit dem Ziel, feststellbare Veränderungen mit einer bestimmten Intervention kausal zu verbinden, werden zunehmend von Universitäten, professionellen Instituten und von kompetenten Netzwerken wie 3ie – International Initiative for Impact Evaluation durchgeführt. Der Bestand (Repository) von

ungefähr 2.500 geprüften Wirkungsevaluierungen bei 3ie, bildet eine viel größere Informationsgrundlage als ein nationales Evaluationsreferat je aufbauen
könnte. Selbst mit der Beschränkung, dass diese Datenbank nur auf Englisch
geschriebene Studien oder Evaluationen erfasst, bildet sie einen fantastischen
Wissensbestand, insbesondere auf den Gebieten des Gesundheitswesens, des
Mikrokredites und in geringerem Maße des Bildungswesens.

3. Zumindest auf diesen Gebieten sollten Evaluationsreferate keine Evaluationen
   mehr durchführen, ohne zunächst zu suchen, ob es nicht bereits Antworten auf
   einige der Evaluationsfragen gibt. Allerdings können diese Vorleistungen uns
   nicht davon freistellen, insbesondere strategische und politische Evaluationen
   in Auftrag zu geben, auch nicht auf den Gebieten des Gesundheits- und des
   Kreditwesens.

So ziemlich alles, was in den letzten Jahren in der EZ versucht worden ist, wurde
auch schon mal auf Erfolge und Misserfolge hin evaluiert. Eine wichtige Rolle für
Evaluationsreferate ist es, dieses Wissen aufzubereiten und an die richtigen Stellen
zu vermitteln, ein bisschen so wie Juristinnen und Juristen, die bisherige Recht-
sprechung in der Rechtsberatung anwenden. Evaluationsberichte zuerst auf Qualität und danach auf Inhalt zu screenen bedeutet aber einen erheblichen Aufwand
und es ist gar nicht sicher, dass eine zentrale Evaluationsstelle eine solche Leistung
auf Dauer gewährleisten kann. Wenn man einen weiteren Schritt in Richtung einer Evaluation aus einem Guss machen will, gibt es kaum einen anderen Weg als
wissenschaftliche Zentren in die Sammlung, Sortierung und Prüfung der Berichte
mit einzubinden.

Zwei weitere Herausforderungen kommen auf die Evaluierungssysteme der EZ
zu. Die eine hat mit den inhaltlichen Veränderungen der EZ zu tun, die bereits
begonnen haben: Die traditionelle EZ im sozialen Sektor verliert proportional an
Gewicht. Stattdessen wendet sich die EZ mehr der Wirtschaftsentwicklung und
dem Klimaschutz zu. Bezüglich der Wirtschaftsentwicklung hat z. B. die deutsche EZ erstmals gemeinsam mit dem Außenamt ein Programm zur Förderung
der wirtschaftlichen Zusammenarbeit im Bereich der erneuerbaren Energien im
nördlichen Lateinamerika aufgelegt (KOPLAN), für welches das CEval ein geeignetes Monitoring und Evaluationssystem entwickelt. Obwohl es gerade im Bereich
der Wirtschaftsentwicklung viele bewährte Indikatoren und eine Vielzahl von
Daten gibt, ist die Eingrenzung eines solch heterogenen Wirtschaftssektors und
die Verfolgung von Entwicklungen in einer Reihe sehr unterschiedlicher Länder
eine besondere Herausforderung. Ein solches Vorhaben mit Pionierstatus wird
naturgemäß von Skeptikerinnen und Skeptikern besonders kritisch begleitet und
erfordert deshalb von der Evaluation besondere Sorgfalt.

Klima, Klimaänderungen und die Wirkung von Attenuations- und Adaptati-
onsmaßnahmen sind generell sehr schwer und nur mit hohem Aufwand zu erfassen. Wie soll man den Klimafond und seine Wirkungen in Zukunft evaluieren? Die
Hauptfrage hierbei betrifft die Kausalverbindung zwischen den festgestellten Ent-

wicklungen und den durchgeführten Interventionen. Wir stehen vor Gleichungen mit vielen Unbekannten. Methodologisch könnte man, wie es auch bei den Evaluationen von Budget Support gemacht worden ist, stufenweise arbeiten: Die erste Stufe wäre zu prüfen, ob die evaluierte Intervention Maßnahmen im Bereich Klima unterstützt; die zweite Stufe besteht dann darin, mit angemessenen Methoden Änderungen im Bereich Attenuation und Adaptation festzustellen und möglichst exakt zu messen; die dritte Stufe wäre dann ein Versuch, die Kausalität zwischen den Änderungen und der Maßnahme nachzuweisen. Allerdings verfügen wir für solche Herausforderungen über neue Instrumente wie Geo-referencing und dynamische Karten, die es ermöglichen, Änderungen der physischen Situation vor Ort zu erfassen und zu interpretieren.

Als Folge dieser beiden Herausforderungen ergeben sich für die Evaluation zusätzliche Aufgaben: Das Evaluandum wird nicht nur komplexer als zuvor, die Evaluation soll auch besser als bisher die Komplexität von Entwicklungsmaßnahmen wiedergeben. Gerade jetzt, wo wir beginnen, Theory Based Evaluations als Standards anzuwenden und versuchen, die mehr oder weniger explizit gemachte Logik von Interventionen detailliert zu rekonstruieren, wo wir die sogenannte ‚black box‘ versuchen offen zu legen, wo wir geeignete Methoden entwickeln um Wirkungen nicht nur zu fassen sondern auch exakter zu messen, wird in den Evaluationskreisen die lineare Logik, die dem ganzen Ansatz zugrunde liegt, grundsätzlich in Frage gestellt. Und das mit gutem Recht, denn gesellschaftliche Änderungen, die die EZ anstrebt, sind komplex und selten auf einzelne Maßnahme alleine zurückzuführen. In den letzten Jahren haben wir unsere Evaluierungteams primär aus Sektorexpertinnen und -experten, Volkswirtinnen bzw. Volkswirten sowie professionellen Gutachterinnen und Gutachtern zusammengestellt. Mehr und mehr drängt sich nun die Anwesenheit von Expertinnen und Experten aus den Bereichen Soziologie, Anthropologie oder Geschichte auf, die sowohl die Intervention als die Evaluation selbst in ihren – meistens komplexen – Zusammenhang stellen können.

Vielleicht müssen wir auf die Erkenntnis von Eric Monnnier[5] zurückgreifen, dass „der Evaluationsbeauftragte kein herkömmlicher Evaluator – im Sinne von Gutachter und Programmwertprüfer – mehr sein kann. Heute muss er Mäeutiker, Methodologe und Vermittler sein. Mäeutiker, weil er die Fragen der Akteure verdeutlichen und ihnen helfen soll, die sozialen Verbindungen und Werte zu sehen sowie brauchbare Kriterien für ihre Bewertung zu bestimmen. Methodologe, weil seine Intervention den Akteuren möglichst valide Informationen liefern sollen. Der Evaluator muss häufig für die externe Glaubwürdigkeit eines Vorhabens gegenüber der Öffentlichkeit bürgen. Schließlich ist er auch noch Vermittler, denn er steigt in den politischen Vorgang mit ein. Er lässt sich darauf ein, Kompromisse über die Evaluationsziele und über die wichtigsten Daten, die er einsammeln soll, zu schließen. Darüber hinaus soll er Schlussfolgerungen ziehen und in verständliche Worte fassen

---

5   Frei übersetzt nach Monnier E. L'évaluation de l'action des pouvoirs publics : du projet au bilan, Economica, Paris, 1987.

sowie Vorschläge erarbeiten, die eine breite Zustimmung finden und die Fortsetzung der Aktivitäten bestimmen können. Der Evaluator ist ein Akteur der in diesen drei Bestandteilen einer Evaluation interveniert." (zitiert in Demarteau, 2007).

Reinhard Stockmann würde sich in dieser dreiteiligen Funktion wiederfinden: Als Mäeutiker beherrscht er die Kunst der Fragestellung, wobei er geduldig in stets engeren Kreisen um ein Problem herumgeht bis er dessen harten Kern erreicht; als Methodologe kann er sich auf seine klare Struktur, seine große Stringenz und Prägnanz sowie seine hohe Anschaulichkeit berufen; als Vermittler kann er auseinandergehende Meinungen mit seiner Spontaneität und Witz sowie mit der Lockerheit seiner freien Rede zusammenführen. Die Evaluation der EZ wird auch in Zukunft mehr Menschen wie ihn benötigen.

Literatur

Belgischer Senat 1–186/3. (1996). Verfügbar unter: http://www.senate.be/www/?MIval=/publications/viewPub.html&COLL=S&LEG=1&NR=186&VOLGNR=3&LANG=nl [10.01.2015].

Belgische Abgeordnetenkammer. (1997). Suivi des problèmes de l'Administration Générale de la Coopération au Development. Verfügbar unter: http://www.lachambre.be/FLWB/PDF/49/1123/49K1123001.pdf [08.01.2015].

Borrmann, A. & Stockmann, R. (2009). Evaluation in der deutschen Entwicklungszusammenarbeit. Band 1: Systemanalyse. Münster/New York: Waxmann.

Borrmann, A. et al. (1999). Erfolgskontrolle in der deutschen Entwicklungszusammenarbeit. Studie im Auftrag des Bundesministeriums für Wirtschaftliche Zusammenarbeit und Entwicklung. Baden-Baden: NOMOS-Verlagsgesellschaft.

Borrmann, A., von Gleich, A., Holthus, M. & Shams, R. (2001). Reform der Erfolgskontrolle in der deutschen Entwicklungszusammenarbeit – Eine Zwischenbilanz. Studie im Auftrag des Bundesministeriums für Wirtschaftliche Zusammenarbeit und Entwicklung. Baden-Baden: NOMOS-Verlagsgesellschaft.

Collier, P. (2007). *The Bottom Billion. Why the Poorest Countries are Failing and What Can Be Done About It*. Oxford: Oxford University Press.

Davies, I. & Brümmer, J. (2013). Lessons-Learned Study of Peer Reviews of UNEG Evaluation Functions, Final report. Verfügbar unter: http://www.uneval.org/document/detail/1379 [08.01.2015].

Demarteau, M. (2007). L'évaluation, toute une histoire. *La santé de l'homme*, 390, 26–30.

OECD. (2006). DAC Peer Review Germany. Verfügbar unter: http://www.oecd.org/development/peer-reviews/36058447.pdf [07.01.2015].

OECD-DAC. (1991). Principles for the Evaluation of Development Assistance. Paris. Verfügbar unter: http://www.oecd.org/development/evaluation/2755284.pdf [10.01.2015].

Savedoff, W., Levine, R. & Birdsall, N. (2006). When Will We Ever Learn? Improving Lives Through Impact Evaluation. Center for Global Development. Verfügbar unter: http://www.cgdev.org/files/7973_file_WillWeEverLearn.pdf [10.01.2015].

UNEG. (2011). UNEG Framework for Professional Peer Reviews of the Evaluation Function of UN Organizations. UNEG/REF(2011)1. Verfügbar unter: http://www.uneval.org/document/detail/945 [07.01.2015].

Evaluierungen – so what?

Voraussetzungen für die Nützlichkeit von Evaluierungen in der Entwicklungszusammenarbeit

Stefanie Krapp

Evaluation is fallible
Evaluation is but one source of evidence
Evidence is but one input into policy
Policy is but one influence on practice
Practice is but one influence on outcomes[1]

1. Einführung

In der Entwicklungszusammenarbeit (EZ) wurden in den letzten Jahren zunehmend Evaluierungsanstrengungen unternommen, um ihre Wirksamkeit zu steigern. Fraglich ist allerdings, ob Evaluierungen tatsächlich diesem Ziel dienlich sind. Werden zu viel Zeit und Mühen aufgewendet, Evaluierungsberichte zu produzieren, die wenig zur Programmeffektivität beitragen? Werden nutzlose und z.T. auch irreführende Daten produziert, weil der Nachweis von Wirkungen schwierig ist? Können Evaluierungen gut genug erklären, warum Dinge funktionieren oder nicht, erfolgreich sind oder scheitern? Werden Evaluierungsergebnisse nicht ausreichend zur Verbesserung von Programmen und für programmatische Änderungen genutzt? Oder sind die Geber selbst nicht effektiv genug in der Nutzung von Evaluierungsergebnissen für wichtige Entscheidungen?

Evaluierung ist ein Werkzeug, um Lernen zu inspirieren, zur Rechenschaftslegung und informierte Entscheidungen zu fällen. Oft werden jedoch Entscheidungen getroffen, ohne die Konsequenzen zu kennen. Wenn aber Entscheidungen nicht auf Evidenzen basieren, trägt Evaluierung nicht zu organisationaler Nachhaltigkeit und zur Verbesserung der Entwicklungseffektivität der Institutionen bei und letzten Endes nicht dazu, die EZ selbst effektiver zu machen, um die Lebensbedingungen der Menschen zu verbessern.

In diesem Artikel wird argumentiert, dass die Nutzung von Evaluierungsergebnissen fundamental ist, um Verbesserungen in der EZ herbeizuführen. Der Wert der Arbeit von Evaluierenden – Erfolg oder Scheitern ihrer Evaluierungsanstrengungen – kann dadurch bewertet werden, ob und wie eine Evaluierung genutzt wird. Um jedoch den Wandel, der als ein Ergebnis von Evaluierungsnutzung eintritt, zu beschreiben, ist das Konzept des Einflusses von Evaluierungen

---

1 Unbekannte Quelle, zitiert aus Weiss, Murphy-Graham & Birkeland, 2005.

besser geeignet als das der Nutzung. Genutzt werden können Evaluierungen von verschiedenen Personen zu verschiedenen Zwecken. Beispielsweise können Vertreterinnen und Vertreter der Zivilgesellschaft Evaluierungen nutzen, um mit der Regierung in den Diskurs zu treten, welche Bereiche in der Gesellschaft prioritär gefördert werden sollen, weil sie besonders prekär sind. Managerinnen und Manager von EZ-Programmen können Evaluierungen nutzen, um ihr Programm wirkungsorientierter auszurichten, Führungskräfte in EZ-Organisationen können Evaluierungen als Basis für Strategieanpassungen nutzen. Entscheidend ist letzten Endes, welche Verbesserungen sich tatsächlich für die Menschen in den jeweils unterschiedlichen Kontexten aus der Nutzung von Evaluierungen ergeben.

Damit Evaluierungen genutzt werden und Einfluss haben können, sind verschiedene Voraussetzungen notwendig, von denen einige im Folgenden ausgeführt werden. Dazu gehört zunächst, dass ausreichend valide Evidenzen zur Verfügung stehen, die entweder zugänglich sind und über den Einzelfall hinausgehen oder über die Durchführung von Evaluierungen generiert werden. Dafür müssen zum einen organisationale Voraussetzungen wie infrastrukturelle Maßnahmen, die Integration von Evaluierung in die Organisationskultur und die Konzeption von Evaluierung als ein organisationales Lernsystem geschaffen und zum anderen Kapazitäten entwickelt werden, Evaluierungen durchzuführen oder zu beauftragen, deren Qualität zu bewerten und die Ergebnisse interpretieren und schließlich nutzen zu können.

Im folgenden Kapitel wird zunächst das konzeptionelle Verständnis von Evaluierungsnutzung und -einfluss dargelegt, gefolgt von einer Auseinandersetzung mit notwendigen organisationalen Voraussetzungen für die Entfaltung der Nützlichkeit von Evaluierungen.

Den Ausführungen liegen die folgenden Hypothesen zugrunde: Wenn Entscheidungsträgerinnen und -träger erkennen, dass sie Politikprozesse zu ihrem Vorteil beeinflussen können, indem sie Evaluierungen nutzen, dann werden sie Evaluierungen nachfragen. Erwächst die Nachfrage nach Evaluierungen aus dem Kontext, in dem sie operiert, gibt es *Ownership* für die Evaluierung, ein kritischer Faktor für die Nutzung von Evaluierungen. Der mögliche Einfluss von Evaluierungen ist jedoch nicht nur bestimmt von der unmittelbaren Erkenntnis, Änderungen erwirken zu wollen, sondern durch die Natur des politischen Systems, die formalisierten Entscheidungsstrukturen, die Interessen der Stakeholder sowie andere Formen formellen und informellen Einflusses auf die Entscheidungsbildung. Wenn Managerinnen bzw. Manager und Durchführende von Evaluierungen die Kapazität, das politische Verständnis und die finanziellen Mittel haben, dann bedienen sie die Nachfrage. Glaubwürdige Daten zu liefern bedeutet jedoch nicht automatisch, dass diese für den politischen Kontext relevant sind. Das Angebot an Evaluierungen basiert auf der Existenz eines Rahmenwerks sowie von Institutionen und Ressourcen für Evaluierungen. Diejenigen, die Evaluierungen liefern, müssen den legalen, Politik-, Institutionen- und strategischen Rahmen verstehen,

in den das Angebot eingebunden ist, ebenso wie das Auftrags- und Disseminie-
rungssystem von Evaluierungen.

2.   Von der Nutzung zum Einfluss von Evaluierungen

Die Nutzung von Evaluierungen ist eine der meist untersuchten Bereiche von
Evaluierung. Als ‚Nutzung' wird der Effekt verstanden, den die Evaluierung auf
den Evaluierungsgegenstand hat und auf die, die mit diesem verbunden sind
(vgl. Christie, 2007). Begriffe wie konzeptuelle, instrumentelle und symbolische
Nutzung helfen, diese zentrale Dimension von Evaluierung zu beschreiben: Eine
direkte Aktion als Folge einer Evaluierung (instrumentelle Nutzung) oder etwas,
das man neu über ein Programm, seine Teilnehmerinnen und Teilnehmer, seine
Aktivitäten oder Wirkungen gelernt hat (konzeptuelle Nutzung). Die Handlung
oder das Lernen kann als Folge von Evaluierungsergebnissen erfolgen oder als
Folge von Teilnahme an Evaluierungsabläufen (Prozessnutzung). In einigen Fällen bezieht sich das Konzept der Nutzung auf Evaluierung als rationale Basis für
Handlung (oder Nichthandlung) oder um existierende Positionen zu verteidigen
(symbolische Nutzung). Nutzung kann geplant sein: „intended use by intended
users", wie bei der „Utilization Focused Evaluation" von Patton (1997) oder es kann
auftreten, wenn eine Evaluierung implementiert wird oder Ergebnisse generiert
werden (vgl. Henry & Mark, 2003). D.h. der Einfluss und intendierte Nutzen können ebenso vom Evaluierungsprozess ausgehen, unabhängig von den Ergebnissen
der Evaluierung. Prozessnutzung und -einfluss treten durch Partizipation oder Beteiligung an Evaluierung auf oder Nähe zu ihr oder durch die Beziehung zwischen
Evaluierenden und Stakeholdern (vgl. Cousins, Goh, Elliott & Bourgeois, 2014).

In welchem Ausmaß begreifen die Entscheidungsträgerinnen und -träger der
Programme und innerhalb der Organisation die Evaluierungsprozesse und -ergeb-
nisse? Geplante, bewusste Nutzung von Evaluierungsergebnissen würde instrumentelle Nutzung als Entscheidungsunterstützung einschließen, ob auf dem Level
der Programmdisposition (beenden, fortsetzen oder erweitern) oder Programm-
revision für dessen Verbesserung. Konzeptuelle Nutzung wird durch Lernen und
Entdecken reflektiert, assoziiert mit dem Programm selbst oder die Effekte, die es
hat. Symbolische oder absichtsvolle Nutzung, wie die Beteuerung des Wertes des
Programms, erfolgt in Übereinstimmung mit den Organisationsmandaten oder
denen des Geldgebers. Die Nutzung der Ergebnisse kann Einfluss auf organisationales oder Programmdenken und Entscheidungsfindung nehmen (vgl. Cousins et
al., 2014).

Im Rahmen der Entwicklung von Evaluierungstheorien fanden die meisten
Diskussionen zu den Konsequenzen oder Wirkungen von Evaluierung unter dem
Konstrukt der Nutzung statt, als fundamentales Ziel von Evaluierung (vgl. hierzu
u. a. Stockmann 2006). Das Konzept der Nutzung spielt auch eine wichtige Rolle
in der Evaluierungspraxis. Beispielsweise aktivieren Evaluierende den Begriff in

Konversationen oder Verhandlungen mit dem Auftraggeber oder den Stakeholdern. Nutzung ist eine positive und generell nicht bedrohliche Möglichkeit zu vermitteln, dass eine Evaluierung auf Politiken, Praktiken und Programme einwirken könnte und sollte. Es ist der praktische Grund, Evaluierungen durchzuführen. Darüber hinaus gibt es spezifischere konzeptuelle Rahmen, die versuchen, die verschiedenen möglichen Wirkungen von Evaluierung über die Arten ihrer Nutzung zu erfassen (z.B. Caracelli, 2000; Patton, 1997). Dies betont die o.g. Formen der Nutzung wie instrumentelle, konzeptuelle, symbolische und Prozessnutzung.

Kirkhart (2000) und andere (vgl. z.B. Henry, 2000; Henry & Mark, 2003; Weiss, Murphy-Graham & Birkeland, 2005) argumentieren jedoch, dass die Beschreibung des Wandels, der als ein Ergebnis von Evaluierungsnutzung eintritt, limitiert bleibe und stattdessen besser von Evaluierungseinfluss zu sprechen sei. Der Begriff Evaluierungseinfluss geht nach Kirkhart über den Begriff der Nutzung hinaus: „The term *influence* (the capacity or power of persons or things to produce effects on others by intangible or indirect means) is broader than use, creating a framework with which to examine effects that are multidirectional, incremental, unintentional, and instrumental" (Kirkhart, 2000, S. 7; Hervorhebung im Original).

Das Nutzungskonzept bedeutet Absichtlichkeit und Bewusstsein, Evaluierungseinfluss kann aber auch indirekt sein und zu einem späteren Zeitpunkt eintreten, vermittelt durch komplexe Prozesswege und Interimswirkungen. Diese indirekten, zeitverzögerten Effekte von Evaluierung müssen nicht immer per se durch Wissen stimuliert sein und fallen somit nicht notwendigerweise in die Kategorie der Wissensnutzung. So kann beispielsweise eine Evaluierung Veränderungen bewirken, weil die Teilnehmenden an der Evaluierung oder deren Adressatinnen und Adressaten die Erfahrungen und Lesson learnt in anderen Kontexten/an anderen Orten einfließen lassen (vgl. Henry & Mark, 2003).

Verglichen mit der Nutzung von Evaluierung ist die empirische Literatur zu Evaluierungseinfluss rar. Relativ wenig ist bekannt, wie Evaluierung die Haltung und Handlungen von Entscheidungsträgerinnen und -trägern beeinflussen kann, so dass aufgrund von Evaluierungsergebnissen Änderungen des Programms, der Policy oder schließlich der Lebensbedingungen erfolgen (vgl. Christie, 2007). Mark (2004) argumentiert, dass obwohl der Bedarf an empirisch abgeleiteter Evaluierungspraxis seit fast 40 Jahren geäußert wird, Evaluierungen expertenbasiert und nicht evidenzbasiert praktiziert werden. Es gibt keine Evidenzbasis zu den Konsequenzen von Evaluierungen und zur Beziehung zwischen Evaluierung und sozialer Verbesserung. Wir wissen also wenig darüber, welche Effekte welche Evaluierungspraxis hat, z.B. „How do we know which types of evaluation are more likely to make what kinds of contributions?" (Mark, 2004, S. 1).

Mehr Aufmerksamkeit auf Evaluierungseinfluss zu lenken, kann konzeptuelles und empirisches Arbeiten zu Evaluierungswirkungen stärken und damit zu mehr empirischer Evidenz darüber führen, welche Arten von Evaluierung unter welchen Bedingungen welche spezifischen Wirkungen produzieren. Dies würde rein ideologische Debatten über Evaluierungsansätze verringern und das Augenmerk auf die Effektivität von Evaluierungen richten (vgl. Henry & Mark, 2003; Christie, 2007). Indem Veränderungsprozesse in kausalen Pfaden abgebildet werden, können Arbeitshypothesen über die Wirkungen von Evaluierungen besser formuliert werden. Dies dient zwei wichtigen Zwecken: (1) Orientierung für die Forschung zum Einfluss von Evaluierungen und (2) Überlegung, wie der Einfluss einer spezifischen Evaluierung maximiert werden kann. Ein stärkerer Fokus auf Veränderungsprozesse könnte die Lücke in der Programmtheorie von Evaluierung schließen und die Entwicklung von Theorien des Evaluierungseinflusses weiter befördern (vgl. Christie, 2007).

3.   Es muss etwas geben, das genutzt werden kann

In der vergangenen Dekade war in der internationalen EZ eine intensive Auseinandersetzung mit der Frage zu verzeichnen, wie diese evidenzinformierter gestaltet werden kann. Dies hat sich in einer gestiegenen Nachfrage und wachsenden Anzahl an rigorosen Evidenzen zu erfolgreichen Interventionen manifestiert. So war die internationale und auch deutsche Evaluierungsdebatte in den vergangenen Jahren stark von dem Thema der Wirkungsevaluierung und der Frage geprägt, wie und unter welchen Umständen Wirkungen erfasst und nachgewiesen werden können.

Auf der Angebotsseite hat es verstärkte Anstrengungen gegeben, Evidenzen zu generieren, um Politiken zu informieren (vgl. White & Waddington, 2012). Eine Reihe von Organisationen und Initiativen sind mit der Erstellung von systematischen Reviews und der Durchführung von Wirkungsevaluierungen von hoher Qualität befasst, um die Effektivität von Interventionen zu bewerten: u.a. Abdul Latif Jameel Poverty Action Lab (J-PAL), Development Impact Evaluation (DIME), World Bank Strategic Impact Evaluation Fund, International Initiative for Impact Evaluation (3ie), Campbell Collaboration, Cochrane Collaboration, Alliance for Health Policy and Systems Research, EPPI Centre. Bisher gibt es mindestens 850 Wirkungsevaluierungen und 300 systematische Reviews mit Fokus auf Niedrig- und Mitteleinkommensländer[2].

Die gestiegene Produktion von Evidenzen birgt jedoch auch Herausforderungen. Wie kann die Qualität der jeweiligen Studien und Evaluierungen gesichert werden? Wie können sich Entscheidungsträgerinnen und -träger einen Überblick zu existierenden Evidenzen in einem bestimmten Feld verschaffen, wenn sich diese in verschiedenen Datenbanken, Journals, Webseiten und grauer Literatur verbergen? Wie kann sichergestellt werden, dass Evaluierungs- und Forschungsergebnisse in einem Format zur Verfügung stehen, das auch für nicht-technische

---

2   Vgl. 3ie-Website ‚Find Evidence‘ unter http://www.3ieimpact.org/en/evidence/ [10.01.2015].

Zielgruppen nützlich und zugänglich ist? Und wie kann am besten dafür Sorge getragen werden, dass limitierte Ressourcen effizient genutzt und wichtige Evidenzlücken priorisiert werden?

Eine neue Innovation, die darauf abzielt, Evaluierungsergebnisse zugänglich zu machen und sicherzustellen, dass neue Forschung durch vorliegende Evidenzen informiert ist, sind sogenannte ‚Evidenzlückenlandkarten' (‚*Evidence Gap Maps'*). Hierzu werden Ergebnisse von abgeschlossenen und laufenden systematischen Reviews und Primärstudien in einem Sektor oder Subsektor, wie z. B. Müttergesundheit, HIV/AIDS oder Landwirtschaft, zusammengetragen, aufbereitet und zur Verfügung gestellt (vgl. Snilstveit, Vojtkova, Bhavsar & Gaarder, 2013).

Die 3ie-Evidenzlückenlandkarten verfolgen zwei wesentliche Ziele (vgl. Snilstveit et al., 2013): (1) Informierte Unterstützung evidenzbasierter Entscheidungen in der internationalen Entwicklungspolitik, indem der Zugang zu Forschungs- und Evaluierungsergebnissen ermöglicht wird, um Entscheidungsträgerinnen und -träger sowie Praktikerinnen und Praktiker dazu zu befähigen, Evidenzen zu einem Thema schnell zu finden und deren Qualität bewerten zu können. (2) Verbesserung des Potenzials für Evidenzsynthesen, indem Lücken in der zugänglichen Evidenz identifiziert werden und somit indiziert wird, wo zukünftige Forschung ansetzen sollte.

Entscheidungen für die Politik und Praxis zu treffen kann umso besser erfolgen, je extensiver die jeweilige Evidenzbasis zur Effektivität verschiedener Interventionen in einem bestimmten Sektor oder thematischen Gebiet ist. Indem systematische Reviews verschiedener Interventionen zusammengebracht werden, können Nutzer die komparative Effektivität der Interventionen schnell und effizient bewerten. Die Evidenzlückenlandkarten beantworten jedoch keine spezifische Forschungsfrage, sondern geben einen breiten Überblick über die existierenden Evidenzen. Außerdem sind sie beschränkt auf Studien, die die Effektivität von Interventionen bewerten. Aufgrund ihrer breiten Ausrichtung liefern Evidenzlückenlandkarten auch keine Details über den jeweiligen Kontexthintergrund, ebenso synthetisieren sie nicht die Ergebnisse der systematischen Reviews und Wirkungsevaluierungen. Schließlich sind Evidenzlückenlandkarten nicht darauf ausgerichtet, Empfehlungen oder Richtlinien für Politiken und die Praxis zu geben, vielmehr sind sie eine Quelle für die Politikentwicklung und die Erarbeitung von Richtlinien für die Praxis (vgl. Snilstveit et al., 2013).

Trotz eines Anstiegs in der Finanzierung von Evaluierungen und Forschung zur Effektivität von Interventionen in den letzten Jahren gibt es nur wenige Ressourcen, um wichtige Evidenzlücken zu schließen. Wenn Studien isoliert oder ohne ausreichende Aufmerksamkeit auf existierende Forschungsagenden durchgeführt werden, kann es zu einer fragmentierten Evidenzbasis ohne Relevanz kommen (vgl. Loannidis, 2006). Lückenlandkarten können ein nützliches Werkzeug sein, einen strategischen Ansatz zu entwickeln, um die Evidenzbasis in einem bestimmten Sektor zu generieren und sicherzustellen, dass Ressourcen effizient ausgegeben werden. Sie helfen, Bereiche von hoher Politikrelevanz ohne ausreichende Evidenz zu identifizieren, um entsprechende Forschungsprioritäten abzuleiten. Außerdem können Lückenlandkarten genutzt werden, um Interventionen mit Potenzial für die Replikation in verschiedenen Kontexten zu identifizieren und somit die Reliabilität der Schlussfolgerungen zur Effektivität von Interventionen anzureichern (vgl. Snilstveit et al., 2013).

Eine Landkarte von Wirkungsevaluierungen mit einer Landkarte systematischer Reviews zu verbinden, macht Evidenzlücken in mehrerer Hinsicht deutlich (vgl. Snilstveit et al., 2013): Erstens, sie beleuchtet ‚absolute Lücken‘ wo es nur wenige oder gar keine Studien gibt und Primärstudien angestrebt werden sollten. Diese Lücken zu identifizieren, kann von besonderer Relevanz für Geldgeber von Wirkungsevaluierungen sein, die ihre Finanzierung auf wichtige Evidenzlücken ausrichten wollen. Es kann ebenso nützlich für Forscherinnen bzw. Forscher sein, um auf Bereiche zu fokussieren, für die ihre Arbeit einen besonderen Wert haben kann.

Zweitens, viele systematische Reviews liefern keine politikrelevanten Ergebnisse aufgrund fehlender Primärevidenz. Über Evidenzlückenlandkarten können Bereiche mit ausreichender Primärevidenz für systematische Reviews identifiziert und Primärstudien priorisiert werden.

Drittens, die Prüfung von Ergebnissen in systematischen Reviews in der Lückenlandkarte deckt auf, wo Reviews aufgrund von unzureichender Qualität der Evidenzen nicht in der Lage waren, übergeordnete Schlussfolgerungen zur Effektivität von Interventionen zu ziehen, so dass der Bedarf an zusätzlichen Primärstudien deutlich wird. Ebenso können neue Evidenzen ein Update von Reviews rechtfertigen.

Viertens, eine weitere Möglichkeit die Lückenlandkartenmethodologie zu nutzen ist, eine Landkarte existierender Evidenzen über eine Landkarte laufender oder geplanter Projekte in einem Sektor oder Subsektor zu legen. Eine Inventarisierung solcher Projekte würde helfen zu bestimmen, welche Themen tatsächlich aktuell erforscht werden sollten (vgl. Tanner et al., 2013).

Lückenlandkarten erlauben es, Evaluierungsergebnisse effizient zu finden und empirisch fundierte Bewertungen darüber abzuleiten, inwiefern sie sich auf die Evidenz für Entscheidungen verlassen können und welche Lücken in der Evidenzbasis existieren. Durand, Decker und Kirkman (2014) kritisieren, dass der Großteil der Evaluierungsdebatte und -literatur sich mit der Frage ‚Warum hat etwas funktioniert oder warum hat es nicht funktioniert?‘ beschäftigt. Wie das Verständnis des Konzepts von *evaluative thinking* nahelegt, können Evaluierung als Instrument und Evaluierungsmethoden aber weitaus vielfältiger eingesetzt werden. Sie plädieren dafür, dass solche Evaluierungsmethoden genutzt, weiterentwickelt und vermehrt eingesetzt werden, die sich zu Beginn eines Programms mit der Prognose von Programmrisiken und -fehlern beschäftigen und fragen, wie wahrscheinlich es ist, dass bestimmte Fehler und Probleme auftreten und dass Evaluierung stärker mit den Phasen des Programmzyklus verlinkt wird (sogenannte *predictive process evaluation methodologies*). So haben inzwischen viele Geldgeber, Durchführungsorganisationen und Regierungen in Niedrig- und Mitteleinkommensländern die Nutzung von Evidenzen in ihrer Programmplanung verankert. Das Department for International Development (DfID) in Großbritannien beispielsweise verlangt, dass in allen Programmangeboten Evidenzen bei der Problembeschreibung und im Programmdesign dargelegt werden. Einige Länder Lateinamerikas wie Mexiko, Kolumbien und Chile haben Evaluierungen auf Regierungsebene institutionalisiert und die Nutzung von Evaluierungsergebnissen in den nationalen Programmplanungszyklus integriert.

Neben Patton (2010), der mit seinem Konzept der *Developmental Evaluation* bereits einen innovativen Ansatz entwickelt hat, der primär darauf abzielt, in enger Zusammenarbeit von Programmdurchführenden und Evaluierenden Vorhaben in unbekannten, ungewissen und dynamischen Kontexten zu konzipieren und umzusetzen, haben Scheirer und Schwandt (2012) sich stärker damit auseinandergesetzt, welche Rolle Evaluierung und daraus generierte Informationen im Verlauf eines Programms einnehmen können. Sie argumentieren, dass „Evaluation can become an integrated managerial function in which data are continuously collected and used for decision making and program improvement" (2012, S. 264). In diesem Zusammenhang wurde ein *Life Cycle Evaluation Framework* (LCEF) entwickelt, der einen ersten Überblick verschafft, welcher Evaluierungstyp in der Programmentwicklung, -umsetzung und -replikation von Relevanz sein kann.

Evaluierungen werden eher genutzt, wenn Nutzungen antizipiert und von der ersten Stufe der Evaluierung an geplant wurden, oder noch besser, von der ersten Planungsstufe dessen, was evaluiert werden soll. Wenn Evaluierungen zu Beginn einer Intervention/eines Programms designt werden, können sie die Theory of Change verbessern, Lernfragen setzen, die Strategie der Stakeholdereinbindung bereichern und kontinuierliches Monitoring befördern. Die Nutzung der Evaluierung zu planen impliziert, die verschiedenen Adressaten der Evaluierungsergebnisse zu berücksichtigen. Ein entscheidender Faktor dabei ist die Verlinkung mit organisationalen Entscheidungsfindungsprozessen und die Terminierung. Dabei muss klar gemacht werden, warum die Evaluierung durchgeführt und wer sie nutzen wird, wie die Einbindung von welchen Schlüsselbeteiligten im Prozess erfolgt und welche Designs und Methoden ausgewählt werden, um diesen Zweck zu erfüllen (vgl. Bonbright, 2012).

4.   Organisationale Bedingungen für den Einfluss von Evaluierungen

Welche Beschränkungen stehen der Nutzung von Evaluierungen in einer Organisation entgegen? Eine der größten Hürden ist die Diskrepanz zwischen dem gewünschten Verhalten, valide Ergebnisse zu nutzen, um die Leistung zu verbessern, und die Belohnungssysteme, die dieses Verhalten unterstützen (oder verhindern). Die Herausforderung liegt darin, Abschreckungsmaßnahmen zu eliminieren und

Belohnungen für die Übernahme von Evaluierungsergebnissen zu kreieren. Ohne das Belohnungssystem zu überdenken, die das Verhalten der Mitarbeiterinnen und Mitarbeiter leitet, bleibt Evaluierung wahrscheinlich eine marginale Aktivität anstelle eines Schlüsselantreibers für Entscheidungsbildung. Evaluierungsergebnisse werden nicht genutzt bevor nicht die Organisationskultur entsprechend reformiert ist (vgl. Bonbright, 2012).

Des Weiteren ist oft der Wert von Evaluierungen nicht offenkundig, während die Kosten als signifikant gesehen werden. In vielen Organisationen fehlen das Wissen, die entsprechenden Systeme und Praktiken, wie Evaluierungen durchgeführt werden, geschweige denn wie die Ergebnisse zu nutzen sind. Die Angst vor ‚schlechten Ergebnissen‘ trägt zu einer ablehnenden Haltung gegenüber Evaluierungen bei. D.h. Ergebnisse, die zeigen, dass die Arbeit einer Organisation keine Wirkungen hervorbringt, implizieren die Befürchtung, dass solche Evaluierungsergebnisse zu reduzierter Finanzierung führen (vgl. Bonbright, 2012). Werden diese Hindernisse thematisiert, sprechen viele vom Gebot, eine Lernkultur zu kreieren, in der Scheitern als Lernchance verstanden wird. Verschiedene lernfreundliche Praktiken und Verpflichtungen werden empfohlen und die Merkmale einer Organisationskultur basierend auf Lernen und kontinuierlicher Verbesserung werden hervorgehoben.

Torres und Preskill (2001) definieren organisationales Lernen als einen Prozess kontinuierlichen Wachstums und Verbesserung durch die Nutzung von Evaluierungen, die in die Organisationskultur, -systeme, -struktur und -führung eingebettet sind, was zur Angleichung von Werten, Einstellungen und Wahrnehmungen führt. Wenn Evaluierung nicht an die Mission der Organisation geknüpft ist und nicht zum fundamentalen Verständnis der Personen und Angelegenheiten beiträgt, denen die Organisation dient, sondern stattdessen durch den Druck der Rechenschaftslegung oder konfligierender Stakeholderbedarfe durchgeführt wird, dann versagt Evaluierung. Deshalb ist es wichtig, die Entwicklung einer Lernkultur zu unterstützen. Wenn sich eine Lernkultur entwickelt und organisationales Lernen erfolgt, wird eine gesteigerte Effektivität von Evaluierung möglich (vgl. Hoole & Patterson, 2008).

Eine Organisation, die Evaluierung als Teil ihrer Lernkultur betrachtet, implementiert eine Evaluierungskultur, die Selbstreflexion und Selbstprüfung fördert: Sie sucht bewusst Evidenzen zu dem, was erreicht wurde, nutzt Ergebnisse um das zu unterstützen was sie tut oder was verbessert werden soll, schätzt Offenheit, Herausforderung und genuinen Dialog. Sie engagiert sich in evidenzbasiertem Lernen, indem Zeit zur Verfügung gestellt wird, um in einer strukturierten Art und Weise aus Fehlern und schlechter Leistung zu lernen. Sie ermutigt Wissensteilung, Experimentieren und Wandel (vgl. Mayne, 2008; Cousins, Goh, Clark & Lee, 2004).

Viele Organisationen haben verschiedene Ergebnissysteme implementiert: Planungssysteme, Programmframeworks, Monitoringsysteme, Evaluierungen, Berichtssysteme. Dies sollte jedoch nicht mit Evaluierungskultur verwechselt werden. Tatsächlich können sie zu beschwerlichen Systemen werden, die dem Management in keiner Weise helfen. Eine Evaluierungskultur würde dagegen folgende Aspekte aufweisen: strukturierte und kontinuierliche Lernevents unter der Nutzung von zur Verfügung stehenden Daten und Informationen, um die Zukunftsrichtung zu diskutieren; Führungskräfte, die regelmäßig die Wichtigkeit von zuverlässigen Ergebnissen für gutes Management betonen und die nach den Ergebnissen bei Programmtreffen fragen; Organisationseinheiten, die verantwortlich dafür sind, was sie lernen; Entscheidungen, die auf Basis von Informationen getroffen werden; Herausstellen von guten Managementergebnissen; Evaluierungsergebnisse werden in der gesamten Organisation geteilt; Fehler werden toleriert und als Lernchance und zur Verbesserung gesehen; Managerinnen und Manager, die in der Lage sind, ihre Aktivitäten anzupassen, um zu reflektieren, was gelernt wird.

Während Organisationen zwar meist die Wichtigkeit einer Evaluierungskultur erkennen, wird oft wenig getan, diese zu entwickeln und zu erhalten. Anstrengungen werden typischerweise zum Aufbau von Mess- und Berichtssystemen und, üblicherweise einmalig, zur Stärkung der Evaluierungskapazitäten der Mitarbeiterinnen und Mitarbeiter unternommen. Aber ohne eine kompatible Evaluierungskultur führt der Aufbau von Kapazitäten und Systemen nicht zu einer effektiven Evaluierung oder einem erfolgreichen Ergebnismanagement. Eine Evaluierungskultur befördert die regelmäßige Nutzung von Evidenzen, um das Management zu informieren. Durch gute Absichten wird eine Evaluierungskultur in einer Organisation nicht entwickelt. Es bedarf absichtsvoller Anstrengungen durch die Organisation und insbesondere seiner Führungskräfte, solch eine Kultur zu ermutigen, zu implementieren und zu unterstützen (vgl. Mayne, 2008).

D.h. Führung spielt auf allen Ebenen eine essenzielle Rolle, eine Lernkultur zu fördern und die durch Evaluierung gewonnenen Informationen für Programmverbesserung effektiv zu nutzen. Die Verpflichtung der organisationalen Führung ist notwendig, um die reduzierte Rolle von Evaluierung für Berichterstattung und zur Rechenschaftslegung zu einem wahren Prozess kontinuierlichen organisationalen Lernens zu transformieren. Diese Transformation bedarf Führungsbereitschaft, einer evaluativen Lernkultur und der Entwicklung einer entsprechenden Infrastruktur (vgl. Hoole & Patterson, 2008). Die Unterstützung von Seiten der Führung ist das *sine qua non* für organisationalen Wandel und ist deshalb wichtig, um effektive Evaluierungsnutzung zu ermöglichen. Umgekehrt, wenn Evaluierungsnutzung üblicher wird, wird das Verständnis von guter Organisationsführung notwendigerweise effektive Unterstützung für Evaluierung und seine Nutzung einschließen. In der Zukunft wird dann niemand als gute Führungskraft beschrieben, wenn er bzw. sie kein Wegbereiter für und ein systematischer Nutzer bzw. eine systematische Nutzerin von Evaluierungsergebnissen ist (vgl. Bonbright, 2012).

Interessanterweise hat die Nutzung von Evaluierung bisher keine ausreichende Bedeutung in Theorie, Forschung und Praxis organisationaler Evaluierungskapazitäten erlangt. Die meisten Arbeiten sind auf die Evaluierungsbereitstellung ausgerichtet, also die Kapazitäten, Evaluierungen durchzuführen, und wenig Aufmerksamkeit liegt auf der Nachfrageseite, also die Kapazität, die Evaluierungen zu nutzen (vgl. Cousins et al., 2014).

Die Nachfrage nach Evaluierungen erwächst nicht als ein Ergebnis von Werbung dafür oder aus Zufall. Entscheidungsträgerinnen und -träger in Organisationen müssen den Mehrwert von Evaluierungen selbst erfahren, bevor sie sie als Hebelwirkung für Wandel auffassen. Durch direkte Erfahrung oder enge Nähe zu Evaluierung können Nicht-Evaluierende neue Konzeptualisierungswege lernen. Sie lernen evaluativ zu denken (vgl. Cousins et al., 2014). Beispielsweise arbeiten Evaluierende nach dem Ansatz von Pattons Developmental Evaluation (2010) sehr eng mit Entscheidungsträgerinnen und -trägern in den Organisationen zusammen, um Komplexität zu steuern und Innovation zu befördern. Evaluierung ist in diesem systemischen Kontext mit organisationaler Nutzung von systematischer Untersuchung und Evidenz verbunden.

Wie oben beschrieben besteht eine große Herausforderung darin, Evaluierung in die Organisationskultur zu integrieren (vgl. Cousins et al., 2004) und die Konzeption von Evaluierung als ein organisationales Lernsystem zu verstehen. Dies hat Konsequenzen für organisationale Evaluierungskapazitäten: Mit einem Fokus auf die Integration in die organisationale Lernkultur und Evaluierung als ein organisationales Lernsystem beziehen sich organisationale Evaluierungskapazitäten auch auf organisationale Lernkapazitäten (vgl. Cousins et al., 2014). Stakeholder und institutionelle Geldgeber wie Stiftungen und Regierungsorganisationen müssen Evaluierungskapazitäten aufbauen, um organisationales Lernen zu fördern (vgl. Hoole, 2007).

In einer Organisation wird somit ‚Evaluation Capacity Building (ECB)‘ zu einem Schlüsselfaktor für die Beförderung der Nutzung von Evaluierungen. „Evaluation capacity building (ECB) is an intentional process to increase individual motivation, knowledge, and skills, and to enhance a group or organization's ability to conduct or use evaluation" (Labin, Duffy, Meyers, Wandersman & Lesesne, 2012, S. 310). Dabei geht es zum einen um die technischen Kapazitäten zur Bereitstellung von Evaluierungsergebnissen und zum anderen um Kapazitäten im System, diese nachzufragen und für die Entscheidungsfindung zu nutzen.

Die Stärkung von Kapazitäten, Evaluierungen nachzufragen und zu nutzen setzt die Klärung spezifischer Fragen voraus, u. a.: Was treibt die Evaluierungsinitiative an? Wo und wie werden die Ergebnisse genutzt (Planung, Management, Budgetierung, Berichterstattung)? Wird Training und Orientierung zu Evaluierung für nicht-technisches Personal angeboten? Sind die Rollen und Verantwortlichkeiten für die Nutzung definiert? Gibt es adäquate Rechenschaftslegung und Anreize (‚carrots & sticks‘) innerhalb der Organisation, um die Nutzung zu gewährleisten? Werden prioritäre Bereiche für Evaluierung und deren Nutzung identifiziert? (vgl. Bourgeois, Lamarche, Toews & Whynot, 2012).

Kapazitäten zur Nutzung von Evaluierungen beziehen sich auf Evaluierungsfähigkeit und Lernnutzen. Erstes impliziert eine Ergebnismanagementorientierung, die Führungskräfte für die gesamte Organisation vorantreiben und zu einer Priorität machen, indem sie Zeit und Ressourcen zur Verfügung stellen. Die Mitglieder der Organisation teilen klare Ideen über den Organisationszweck und -ziele durch formale und informale Mechanismen; für alle Programme werden Wirkungslogiken entwickelt; Programmmanagerinnen und -manager übernehmen die Leitung für die Entwicklung und Implementierung von Strategien für die Leistungsmessung; und Evaluierende liefern technische Expertise, wenn diese gebraucht wird.

Lernnutzen deutet auf Verhaltens- oder kognitive Veränderungen bei Stakeholdern hin. Mitglieder der Organisation wenden *evaluative thinking* auch bei anderen organisationalen Angelegenheiten an (Hinterfragen von Annahmen, systematische Untersuchungen, etc.), um Lösungen für organisationale Probleme zu identifizieren. Formale oder informale Prozesse sind installiert, um Lessons learnt während einer Evaluierung zu teilen.

Es ist wichtig, dass sich nicht nur wenige Spezialistinnen und Spezialisten mit Evaluierung in einer Organisation auskennen, da sonst die Gefahr der Expertenmacht der Evaluierenden die Bereitschaft zur Unterstützung, Durchführung und Nutzung von Evaluierungen unterminiert. Evaluierende stehen dann in Konkurrenz zu den Personen, die das zu evaluierende Programm leiten, den Sektorexpertinnen und -experten. Eine Evaluierung impliziert immer auch die Ableitung von Schlussfolgerungen, was funktioniert und was nicht, was gut ist und was nicht. Damit liegt viel Verantwortung auf den Evaluierenden, gute Evidenz zu generieren, so dass keine Fehler gemacht oder falsche Bewertungen gegeben werden.

Dementsprechend sind Fähigkeiten, Wissen und Werkzeuge notwendig, um die Evaluierungsprofession adäquat auszuüben. Dies sollte so objektiv und unparteiisch wie möglich unter der Anwendung von Methoden erfolgen, die so angemessen wie möglich sind. Nicht zu unterschätzen ist die Fähigkeit der Kommunikation mit den an der Evaluierung Beteiligten bzw. von ihr Betroffenen. Wie werden Nachrichten überbracht? Wenn Evaluierende das was sie vorfinden, als nicht angemessen bewerten, wie wird dies vermittelt? Mit Respekt in einem konstruktiven und ethischen Sinne, weil die Verantwortlichen und Durchführenden viel Anstrengung unternommen haben in dem, was sie erreicht haben. Aus ihrer Perspektive haben sie das Beste getan. Gute Evaluierende setzen ihre technische Expertise, ihre analytischen Fähigkeiten und ihre sozialen Kompetenzen nicht über ihre Expertenmacht ein, sondern durch Überzeugung. Es ist allerdings eine machtvolle Position, Menschen zu überzeugen. Wichtig ist, dass dies nicht über die Position als Evaluatorin oder Evaluator erfolgt, sondern mit Evidenzen, dass es bessere Wege gibt, Dinge zu tun (vgl. Heider, 2012).

Entscheidend ist, aus dem negativen Kreis von Verteidigung in einen positiven Lernzyklus zu kommen. Letzten Endes soll mit Evaluierung Wandel beeinflusst werden für ein besseres Leben der Menschen.

5.   Zusammenfassung und Ausblick

In der Literatur wurde und wird zum Teil immer noch sehr stark auf die Nutzung von Evaluierung abgestellt. Allerdings ist das Konzept hinsichtlich der zugrunde-liegenden Prozesse, die Effekte von Evaluierungen auf Einstellungen und Handlungen herbeiführen können, limitiert. Damit fehlt nach wie vor ein wesentlicher Teil der Theory of Change für Evaluierung selbst. Die Verlagerung von einer Theorie der Evaluierungsnutzung zu einer Theorie des Evaluierungseinflusses kann helfen, diese Lücke zu schließen. Dabei wird der Fokus auf die Wirkungen der Nutzung gerichtet, die sich in Einstellungs- und Verhaltensänderungen, Verpflichtungen, prozessualem Wandel oder Änderungen des Politikinhalts zeigen.

Um eine evidenzinformierte Politik zu befördern, müssen ausreichende glaub-würdige Evidenzen insbesondere zur Effektivität der Maßnahmen und Politiken vorliegen, die zugänglich sind. Der Prozess der evidenzinformierten Politik setzt transparente Prozesse voraus, um Evidenzen zu generieren und zu nutzen, die dem Bedarf der jeweiligen Politiken und Interventionen dienlich bzw. in diese eingebettet sind. Dafür sind verschiedene organisationale Grundlagen essenziell, wie die Integration von Evaluierungen in das jeweilige Lern- und Wissensmanage-mentsystem, die Entwicklung einer Evaluierungskultur, die Implementation der notwendigen Infrastruktur (u. a. Monitoring- und Evaluierungssystem, Evaluie-rungseinheit, -policy, -budget) und v.a. die Entwicklung von Kapazitäten, Evaluie-rungen durchzuführen oder zu managen.

Im Sinne eines Ausblicks müssen die Perspektive und die Bedingungen in den Partnerländern stärker in den Blick rücken, wenn es um die Nützlichkeit von Eva-luierungen im Rahmen der internationalen EZ geht. An dieser Stelle sei lediglich darauf verwiesen, dass sich im Rahmen der Debatte um die Steigerung der Wirk-samkeit der EZ[3] die Internationale Gemeinschaft zu neuen Prinzipien der Zusam-menarbeit verpflichtete. Der Aufbau von Evaluierungskapazitäten in den Partner-ländern steht in engem Zusammenhang mit einigen dieser Prinzipien: Das Prinzip *Ownership* (Eigenverantwortung) besagt u. a., dass Entwicklungsländer ihre Stra-tegien zur Armutsbekämpfung selbst aufstellen. Nationale Evaluierungskapazitä-ten können dazu beitragen, diese politischen Entscheidungen evidenzbasierter zu gestalten. Für das Prinzip *Focus on Results* (Ergebnisorientierung) ist es notwendig zu evaluieren, was wie wirkt. Das Prinzip des *Alignments* (Partnerausrichtung) impliziert unter anderem, dass Geberländer die lokalen Monitoring- und Evaluie-rungssysteme nutzen, dafür müssen diese Systeme gestärkt werden. Auch die Idee der *Mutual Accountability* (gegenseitige Rechenschaftslegung) setzt voraus, dass beide – Geber- und Partnerländer – evaluieren. Für diese in der internationalen

---

3   Diese Debatte fand in erster Linie im Rahmen der High Level Fora on Aid Effectiveness statt. Aus diesen sind die folgenden Erklärungen hervorgegangen: Paris Declaration (2005), Accra Agenda for Action (2008) und Busan Partnership for Effective Develop-ment Co-Operation (2011).

Debatte festgelegten Prinzipien zur Steigerung der Wirksamkeit der EZ, zu denen sich auch Deutschland verpflichtet hat, ist es notwendig, durch Evaluation Capacity Development (ECD) (als Erweiterung des oben dargelegten Evaluation Capacity Building, ECB, in Organisationen) strukturelle und personelle Voraussetzungen in den Partnerländern zu schaffen.

Nicht zuletzt hat die Generalversammlung der Vereinten Nationen (UN) am 19. Dezember 2014 zum ersten Mal in ihrer Geschichte eine Resolution zur Unterstützung von Evaluierung verabschiedet. Die Resolution mit dem Titel „Capacity Building for the Evaluation of Development Activities at the Country Level" erkennt das Jahr 2015 als das Internationale Jahr der Evaluierung an und erwartet von jedem Mitgliedsstaat: (1) seine Kapazitäten für die Durchführung von Evaluierungen in Übereinstimmung mit seinen nationalen Politiken und Prioritäten zu stärken und (2) im Jahr 2016 an die UN zu berichten, welche Fortschritte dabei gemacht wurden. Dieser zweite Schritt ist besonders wichtig, denn er bietet eine sichtbare Belohnung für Länder in der ganzen Welt, ihre Evaluierungskapazitäten in den kommenden zwei Jahren zu verbessern. Entscheidend wird jedoch sein, ob es auch gelingt, diese Fortschritte entsprechend zu dokumentieren und die Wirkungen, die sich daraus ergeben, zu messen und somit mehr zum Einfluss von Evaluierungen zu erfahren.

Literatur

Bonbright, D. (2012). Use of Impact Evaluation Results. *Impact Evaluation Notes*, No. 4, Interaction und the Rockefeller Foundation.

Bourgeois, I., Lamarche, M. K., Toews, E. & Whynot, J. (2012). Measuring Organizational Evaluation Capacity. Vortrag auf der Jahrestagung der Canadian Evaluation Society, Halifax, CA.

Caracelli, V. J. (2000). Evaluation Use at the Threshold of the Twenty-first Century. In V. Caracelli & H. Preskill (Hrsg.), *The Expanding Scope of Evaluation Use. New Directions for Evaluation,* 88 (S. 99–111).

Caracelli, V. & Preskill, H. (2000). The Expanding Scope of Evaluation Use. *New Directions for Evaluation,* 88 (S. 1–4).

Christie, C. A. (2007). Reported Influence of Evaluation Data on Decision Makers' Actions. An Empirical Examination. *American Journal of Evaluation, 28* (1), 8–25.

Cousins, B., Goh, S., Clark, S. & Lee, L. (2004). Integrating evaluation inquiry into the organizational culture: A review and synthesis of the knowledge base. *Canadian Journal of Program Evaluation, 19* (2), 99–141.

Cousins, J. B., Goh, S. C., Elliott, C. & Bourgeois, I. (2014). Framing the capacity to do and use evaluation. In J.B. Cousins & I. Bourgeois (Hrsg.), *Organizational Capacity to Do and Use Evaluation. New Directions for Evaluation,* 141 (S. 7–23).

Durand, R., Decker, P. & Kirkman, D. (2014). Evaluation Methodologies for Estimating the Likelihood of Program Implementation Failure. *American Journal of Evaluation, 35* (3), 404–418.

Heider, C. (2012), Rede im Rahmen des IPDET-Kurses, Ottawa.

Henry, G. T. (2000). Why not use? In V. Caracelli & H. Preskill (Hrsg.), *The Expanding Scope of Evaluation Use. New Directions for Evaluation*, 88 (S. 85–98).

Henry, G. T. & Mark, M. (2003). Beyond Use: Understanding Evaluation's Influence on Attitudes and Actions. *American Journal of Evaluation*, 24 (3), 293–314.

Hoole, E. (2007). Evaluation Capacity Building and the Role of Funders. Vortrag auf der Jahrestagung der Amerikanischen Evaluierungsgesellschaft, Portland, OR.

Hoole, E. & Patterson, T.E. (2008). Voices from the Field: Evaluation as Part of a Learning Culture. In J. G. Carman & K. A. Fredericks (Hrsg.), *Nonprofits and Evaluation. New Directions for Evaluation*, 119 (S. 93–113).

Kirkhart, K. (2000). Reconceptualizing Evaluation Use: An Integrated Theory of Influence. In V. Caracelli & H. Preskill (Hrsg.), *The Expanding Scope of Evaluation Use. New Directions for Evaluation*, 88 (S. 5–24).

Labin, S. N., Duffy, J. L., Meyers, D. C., Wandersman, A. & Lesesne, C. A. (2012). A Research Synthesis of the Evaluation Capacity Building Literature. *American Journal of Evaluation*, 33 (3), 307–338.

Loannidis, J. P. A. (2006). Evolution and Translation of Research Findings: From Bench to Where? *PLOS Clinical Trials*, 1 (7), 36.

Mark, M. M. (2004). Building a Better Evidence-Base for Evaluation Theory: Examining Questions of Feasibility and Utility and Specifying „How to". Vortrag auf der Jahrestagung der Amerikanischen Evaluierungsgesellschaft, Atlanta, GA.

Mayne, J. (2008). Building an Evaluative Culture for Effective Evaluation and Results Management. Institutional Learning and Change (ILAC) Initiative, Rome, Italy, Arbeitspapier 8.

Patton, M. (1997). *Utilization Focused Evaluation. The New Century Text* (3rd ed.). London: Sage Publications.

Patton, M. (2010). *Developmental Evaluation. Applying Complexity Concepts to Enhance Innovation and Use*. New York: Guilford Press.

Scheirer, A. & Schwandt, T. (2012). Planning Evaluation through the Program Life Cycle. *American Journal of Evaluation*, 33, 1–32.

Snilstveit, B., Vojtkova, M., Bhavsar, A. & Gaarder, M. (2013). Evidence Gap Maps. A Tool for Promoting Evidence-Informed Policy and Prioritizing Future Research. The World Bank, Independent Evaluation Group, Policy Research Working Paper, 6725.

Stockmann, R. (2006). *Evaluation und Qualitätsentwicklung. Eine Grundlage für wirkungsorientiertes Qualitätsmanagement*. Münster, New York, München, Berlin: Waxmann.

Tanner, J. et al. (2013). Delivering the Millennium Development Goals to Reduce Maternal and Child Mortality: A Systematic Review of Impact Evaluation Evidence., Washington D.C.: Independent Evaluation Group (IEG), World Bank.

Torres, R. T. & Preskill, H. (2001). Evaluation and Organizational Learning: Past, Present, and Future. *American Journal of Evaluation*, 22 (3), 387–395.

Weiss, C., Murphy-Graham, E. & Birkeland, S. (2005). An Alternate Route to Policy Influence: How Evaluations Affect D.A.R.E. *American Journal of Evaluation*, 26 (1), 12–30.

White, H. & Waddington, H., (2012). Why do we care about evidence synthesis? An introduction to the special issue. *Journal of Development Effectiveness*, 4 (3), 359–387.

Policy-Analyse, Evaluation und Politikberatung im Kontext von Integrationspolitik[1]

Dieter Filsinger

1. Einleitung

Deutschland blickt auf mehr als 50 Jahre Zu- und Einwanderung nach dem Zweiten Weltkrieg zurück. Aber erst um die Jahrtausendwende ist im politischen System, im Bund und in den Ländern, ein Prozess der Anerkennung der Bundesrepublik als Einwanderungsgesellschaft erkennbar. In diesem Zusammenhang wird Integration (von Migrantinnen und Migranten) nun als politische Gestaltungsaufgabe wahrgenommen. Wissenschaftliche Beobachterinnen und Beobachter sprechen von einem Perspektiv- bzw. Paradigmenwechsel.

In der Folge wurden beachtliche Initiativen ergriffen, die über symbolische Politik (wie beispielsweise ‚Integrationsgipfel‘) hinausreichen. Zu nennen sind insbesondere gesetzliche Neuregelungen (z. B. Staatsangehörigkeitsgesetz), der Aufbau von Integrationsmonitorings, der Nationale Integrationsplan (NIP), der Nationale Aktionsplan Integration (NAP-I), das Nationale Integrationsprogramm des Bundesamts für Migration und Flüchtlinge (BAMF) und eine Vielzahl von (Modell-) Programmen. Herausgebildet hat sich ein ‚neues‘ Politikfeld, die Integrationspolitik, wobei noch empirisch zu klären ist, inwieweit von einem eigenständigen, eindeutig abgrenzbaren Politikfeld gesprochen werden kann.

Das Interesse dieser Abhandlung gilt der Frage, welche Beiträge die Policy-Analyse[2] und die (Politik-)Evaluationsforschung zur Beobachtung und Analyse des Politikfeldes, zur Bewertung der Integrationspolitik und zu Gestaltungsperspektiven bisher geleistet hat, welche Desiderate und welche Herausforderungen und Perspektiven zur wissenschaftlichen Begleitung von Politik erkennbar sind. Wissenschaftliche Begleitung wird dabei breit gefasst. Sie reicht von der distanzierten wissenschaftlichen Analyse bis hin zur Politikberatung. Zur Beobachtung und Analyse des in Rede stehenden Politikfeldes erscheint die Policy-Analyse geradezu prädestiert, gleiches gilt für (Politik-)Evaluation, die empirische Analysen mit Bewertungen verknüpft. Demgegenüber kann argumentiert werden, dass die auf Fragen der Migration und Integration spezialisierte Migrationsforschung in erster Linie aufgerufen ist, Auskünfte über Entstehung, Struktur und Entwicklung

---

1 Der Beitrag knüpft an eine jüngst vorgelegte Expertise zum Thema ‚Monitoring und Evaluation‘ an (vgl. Filsinger, 2014b). Für Hinweise zur Policy-Analyse danke ich Holger Bähr und Maximilian Filsinger.
2 In der einschlägigen Literatur werden die Begriffe ‚Policy-Analyse‘ und ‚Politikfeldanalyse‘ häufig synonym gebraucht.

des Politikfeldes zu geben. Die hier in Anschlag gebrachten wissenschaftlichen Domänen sind, zumal in einer Anwendungsperspektive, allerdings nicht eindeutig abgrenzbar und können keinen privilegierten Zugang zum Forschungsfeld beanspruchen. Mit Blick auf die Fragestellung des Beitrags erscheint es deshalb begründet, die hier interessierenden Beiträge der Migrationsforschung als Policy-Analysen im weiten Sinn zu verstehen. Insofern sich insbesondere die soziologische Migrationsforschung mit der inhaltlichen Analyse von Politiken im Gegenstandsbereich von Migration und Integration befasst, bedient sie sich nämlich im Kern der Policy-Analyse.

In einem ersten Schritt wird in die Policy-Analyse und die Evaluationsforschung mit dem Ziel eingeführt, deren Gegenstände, Konzepte und Methoden sowie ihre Leistungspotenziale zu verdeutlichen. Gezeigt werden Gemeinsamkeiten und Unterschiede. Da beide wissenschaftliche Domänen als angewandte Sozialwissenschaften zu verstehen sind, werden auch die wissenschaftliche Politikberatung und damit das Verhältnis von Wissenschaft und Politik in die Erörterung einbezogen. Vor diesem Hintergrund werden im zweiten Schritt zunächst die Beiträge der Migrationsforschung, der Policy-Analyse und der Politikberatung im Kontext des politischen Prozesses rekonstruiert und bewertet. Anschließend wird die Bedeutung von Evaluationsforschung in der Integrationspolitik untersucht, die als Programmevaluation verstärkt nachgefragt ist, aber auch Desiderate in der Politikevaluation erkennen lässt. Der abschließende dritte Schritt reflektiert die erheblichen Veränderungen im Feld von Migration und Integration und bestimmt Herausforderungen und Perspektiven für die wissenschaftliche Begleitung von Politik. Argumentiert wird für eine integrierte Politikbeobachtung und -evaluation.

2. Wissenschaftliche Begleitung von Politik

2.1 Policy-Analyse

Die Policy-Analyse stellt ein Teilgebiet der universitären Politik- und Verwaltungswissenschaft dar, in deren Zentrum „Fragen nach der Entstehung, der Form und den Folgen staatlichen Handelns" stehen (Knill & Tosun, 2015, S. 9). In diesem Zusammenhang ist sie mit der wissenschaftlichen Untersuchung von Politikfeldern (wie etwa der Innen-, der Arbeitsmarkt- oder der Familienpolitik) befasst. Politik kann hinsichtlich dreier Dimensionen analysiert werden: Mit dem Begriff der *Polity* werden Institutionen thematisiert, mit dem Begriff der *Policy* die Politikinhalte und mit dem Begriff der *Politics* der politische Prozess. Die Policy-Analyse befasst sich primär mit der inhaltlichen Dimension von Politik, wobei Wechselwirkungen zwischen den drei Dimensionen bestehen (vgl. Blum & Schubert, 2011; Knill & Tosun, 2015). Von einem Politikfeld kann gesprochen werden, wenn sich organisierte Akteure mit bestimmten gemeinsamen Themen (Gegenständen) befassen und durch Interaktion eine spezifische Struktur und einen Policy-Output hervorbringen (vgl. Bähr, 2010; Blum & Schubert, 2011).

In Policy-Analysen kommen verschiedene Aufmerksamkeitsrichtungen zur Geltung, wie etwa auf die Entstehungs- und Kontextbedingungen der zu bearbeitenden Problemstellungen, Politik-und Interventionstypen sowie Strategien und Instrumente, die Interaktion politischer Akteure einschließlich ihrer Diskurse, Institutionen, Organisationen oder die Verwendung von Wissen im Politikprozess. Politikfeldanalysen fragen nach Gründen und Handlungsabsichten einschließlich ihrer normativen Gehalte, nach den Handlungspraxen und Interaktionsmustern, nach Stabilität und Wandel und nicht zuletzt nach den Wirkungen von Politiken (vgl. Blum & Schubert, 2011; Knill & Tosun, 2015; Sabatier & Weible, 2014).

Franz-Xaver Kaufmann (2002) schlägt für die Politikfeldanalyse drei zentrale Schritte vor:

> „1. Eine Explikation des zu beeinflussenden Problemzusammenhangs unter Einschluss seiner normativen (legitimatorischen) Prämissen, des vorhandenen (multidisziplinären!) Wissens über den Problemzusammenhang, die in ihm wirksamen Interessen und seine Beeinflussbarkeit – also eine Rekonstruktion des zu lösenden Problems im Horizont praktischer Orientierungen.
> 2. Die Analyse der organisierten Handlungszusammenhänge der Problembearbeitung, ihrer Programm-, Kontroll-, Kommunikations- und Personalstruktur sowie die Beziehungen zwischen den an der Problembearbeitung beteiligten Organisationen.
> 3. Die Untersuchung der Effekte unterschiedlicher Stufen der Problembearbeitung und ihrer Konsistenz unter Bezugnahme auf die Explikation des Problemzusammenhangs" (Kaufmann, 2002, S. 67).

Es existieren eine Vielzahl von theoretischen Ansätzen, Modellen und Analyserahmen (für einen Überblick vgl. Blum & Schubert, 2011; Knill & Tosun, 2015). Die auf der Makro-Ebene angesiedelte vergleichende Staatstätigkeitsforschung mit unterschiedlichen Schulen will Unterschiede und Gemeinsamkeiten in verschiedenen Politikfeldern und im Ländervergleich erklären. Mehr auf der Meso-Ebene verortet ist der von Renate Mayntz und Fritz W. Scharpf (1995) begründete „Akteurzentrierte Institutionalismus", der insbesondere in den 1980er und 1990er Jahren einen bemerkenswerten Einfluss ausübte. In dieser theoretischen Perspektive ist es das Gefüge aus Akteurskonstellationen, Institutionen und Steuerungsinstrumenten, aus dem sich bestimmte politische Entscheidungen ergeben (vgl. Blum & Schubert, 2011, S. 47). In diesem Zusammenhang kommt auf der Akteursebene Policy-Netzwerken aus individuellen und kollektiven Akteuren eine herausragende Bedeutung zu, wobei der Akteursbegriff weitgefasst ist und somit auch nichtstaatliche Akteure einbezieht (vgl. Schneider & Janning, 2006). Die „Mikro-Policy-Analyse" (vgl. Nullmeier, Pritzlaff & Wiesner, 2003) ist an „den Eingespieltheiten, den elementaren Routinen und Strategien, die das Innenleben eines Politikfeldes prägen", interessiert und präferiert einen eher qualitativ-methodischen Zugang

(S. 9). Ein Theorien- und Methodenpluralismus ist kennzeichnend für das in Rede stehende Feld, wobei insbesondere die Einschätzung der Relevanz von Akteuren und Institutionen und unterschiedliche wissenschaftstheoretische Auffassungen Differenzlinien bilden (vgl. Knill & Tosun, 2015).

Elementarer Bestandteil von Konzepten der Policy-Analyse ist die Vorstellung eines *„Policy-Zyklus"*. Unterschieden werden fünf Phasen des Politikprozesses: (1) Problemdefinition; (2) Agenda-Setting; (3) Politikformulierung; (4) Implementation; (5) Evaluation (vgl. Kevenhörster, 2006, S. 22 ff.; Knill & Tosun, 2015, S. 16–18).

Kevenhörster (2006, S. 23) erblickt bezogen auf die Problemdefinition in der Politikimplementation und in der Politikevaluation generell Forschungsdefizite. Im Hinblick auf den „Policy-Zyklus" erscheint die Vorstellung einer sequenziellen Entwicklung von Politiken bzw. von linearen Verläufen in empirischer Perspektive problematisch. Vielmehr sind etwa Überschneidungen und Sprünge in Rechnung zu stellen. Aber das Modell ist von heuristischem Wert und erlaubt somit die Strukturierung des Forschungsprozesses (vgl. Blum & Schubert, 2011, S. 133 ff.; Knill &Tosun, 2015, S. 18 f.).

2.2   Evaluationsforschung

Evaluation ist in ihrem heutigen Format ein wissenschaftliches Feld und eine professionalisierte Tätigkeit, die zum einen interdisziplinär und zum anderen generalistisch ausgerichtet ist, d.h. in allen sozialen Feldern zum Einsatz kommen kann. Im universitären bzw. fachhochschulischen Kontext ist sie ein Fachgebiet, das vornehmlich in erziehungswissenschaftlichen, soziologischen, psychologischen und sozialpädagogischen Fachbereichen bzw. Studiengängen – häufig integriert in die forschungsmethodische Ausbildung – verankert ist. Evaluation ist in einer allgemeinen Bestimmung als „ein Instrument zur empirischen Generierung von Wissen […] zu verstehen, das mit einer Bewertung verknüpft wird, um zielgerichtete Entscheidungen zu treffen." (Stockmann & Meyer, 2010, S. 64). Bei der wissenschaftsbasierten Evaluation geht es folglich um die theoretisch und methodisch reflektierte Beschreibung, Analyse und Bewertung von Evaluationsgegenständen auf der Grundlage intersubjektiver Geltungsansprüche. Evaluation dient freilich nicht nur der Gewinnung wissenschaftlich fundierten Wissens. Vielmehr soll dieses Wissen einen intendierten Nutzen in außerwissenschaftlichen Praxiszusammenhängen stiften. Insofern ist Evaluation als eine wissenschaftliche Dienstleistung zu verstehen, „die namentlich öffentlich verantwortete und/oder finanzierte ‚Gegenstände' […] in verschiedensten Themenfeldern systematisch, transparent und datengestützt beschreibt und ausgewogen bewertet, so dass Beteiligte & Betroffene (Auftraggebende und andere Stakeholder) die erzeugten Ergebnisse für vorgesehene Zwecke […] nutzen können" (Widmer, Beywl & Fabian, 2009, S. 16).

Es existieren ein Vielzahl von Theorien, Modellen und Ansätzen zur Konzeptualisierung von Evaluation und zu deren Systematisierung (vgl. Meyer & Stockmann, 2010, S. 191–158; Widmer 2008, S. 270–272; Widmer & de Rocchi, 2012, S. 51–93; schon früher vgl. Beywl 1988/1999). Meyer & Stockmann (2010) beobachten insbesondere bei jüngeren Autorinnen und Autoren Versuche, durch integrierte Konzepte nicht nur Brücken zwischen konträren wissenschaftstheoretischen Denkrichtungen, disziplinären Traditionen und methodischen Grundsatzpositionen zu schlagen, sondern auch zwischen unterschiedlichen partizipatorischen Ansprüchen, Verwertungsansprüchen und Nutzungsmöglichkeiten. Gemeinsamkeiten erkennen sie im pluralen Methodeneinsatz, in der Orientierung an Programmtheorien und in der notwendigen Einbindung von Stakeholdern im Ablauf von Evaluationen. Die Diskussionen gehen mehr in Richtung von Fragen „wieviel Wissenschaft möglich und notwendig ist, wie sehr Politik Einfluss erhalten darf und vor allem für wen und in welchem Umfang Evaluation Leistungen erbringen muss" (ebd., S. 157).

Kennzeichnend für das Feld ist ein breiter Gegenstandsbereich. *Evaluationsgegenstände* reichen von der Maßnahmen-, Projekt- und Programmevaluation über die Evaluation von Organisationen bis hin zur Evaluation von Gesetzen, Verordnungen und ganzen Politiken. Diese Gegenstände verlangen eine je spezifische Bezugnahme auf sozialwissenschaftliche bzw. disziplin- und feldspezifische Theorien und methodische Ausgestaltung.

Von zentraler Bedeutung ist die *Funktionsbestimmung* von Evaluationen. Stockmann & Meyer (2010) unterscheiden die Funktionen Aufklärung, Lernen, Kontrolle und Legitimation. Die von Widmer (2008, S. 271) in Anschlag gebrachten Funktionen der Rechenschaftslegung, Schaffung von Transparenz und Verantwortlichkeit (‚accountability') sind darin aufgehoben. Ausdrücklich herauszustellen sind die Funktionen der Vermittlung und Steuerung, wobei nur fallspezifisch und retrospektiv zu erkennen ist, welche Funktion(en) sich empirisch als dominant erweist/erweisen.

Je nach Funktion bietet sich eine *summative* Evaluation (bilanzierende, ergebnis-/wirkungsorientierte Evaluation) oder eine Prozess rekonstruierende und mitgestaltende, steuernde Evaluation (*formative* Evaluation)[3] oder eine Kombination von beiden an (vgl. Stockmann & Meyer, 2010, S. 16), wobei sich summative Evaluation eher an externe Adressatinnen und Adressaten richten, wohingegen formative Evaluation primär einen internen Nutzen stiften können (vgl. Widmer 2008, S. 271). Die Funktion bzw. die Erwartungen an die Evaluation geben Hinweise, in welcher *zeitlichen Perspektive* Evaluation zu konzipieren ist: Als ‚ex-ante-' (prospektive Evaluation), als ‚on-going-' (begleitende) oder als ‚ex-post-' (retrospektive) Evaluation. Überdies ist zwischen interner und externer Evaluation sowie Fremd- und Selbstevaluation zu unterscheiden, wobei auch hier Kombinationen

---

3   Formative Evaluationen werden zuweilen auch als wissenschaftliche Begleitung konzipiert.

möglich sind. Mittlerweile kann von einem Konsens dahin gehend ausgegangen werden, dass Evaluationen sowohl quantitativer als auch qualitativer Methoden, d.h. eines angemessenen Methodenmixes (z.B. Mixed-Methods-Studies) bedürfen (vgl. Stockmann & Meyer, 2010).

Im Kern geht es in Evaluationen um die empirisch fundierte Beschreibung, Analyse und Bewertung von *Wirkungen*, also um Fragen der Zielerreichung, der Effektivität und Effizienz, der Nachhaltigkeit und gesellschaftlichen Relevanz von Politiken, Programmen, Projekten und Maßnahmen, wobei diese eine Analyse des ‚Kontextes‘ (z.B. bildungspolitische Rahmenbedingungen, organisationale Bedingungen, aber auch relevante Ereignisse), eine Bezugnahme auf den ‚*Input*‘ (Ziele/ Konzeption, Strukturen, Ressourcen) und die Einbeziehung der *Organisation* erfordert. Die empirischen Analysen können sich auf den ‚*Output*‘ (Leistungen), auf den ‚*Outcome*‘ (intendierte Resultate für die Adressatinnen und Adressaten) und/oder auf die gesamtgesellschaftlichen Auswirkungen (‚Impact‘)[4] beziehen. Unbeabsichtigte Folgen sind mit einbezogen (zur Wirkungsevaluation vgl. Beywl & Nistroj, 2009; Stockmann & Meyer, 2010).

Eine *wirkungsorientierte Evaluation* im strengen Sinn ist ausgesprochen anspruchs- und damit voraussetzungsvoll. Diese beschränkt sich nicht nur auf die Untersuchung der Zielerreichung oder der direkten (kurzfristigen) Effekte einer Intervention auf die Zielgruppe, sondern es geht vor allem um mittel- und langfristige Wirkungen, insbesondere auch im Hinblick auf übergeordnete Zielsetzungen.

In einer wirkungsorientierten Evaluation steht im Kern zur Debatte, ob bzw. inwieweit die empirisch beobachteten Ergebnisse einer Intervention kausal auf diese zurückzuführen sind. Das ‚ideale‘ Design muss deshalb zumindest (quasi-) experimentell angelegt sein und auf einem theoretisch begründeten Wirkungsmodell (Wirkungshypothesen) auf Grundlage einer Programmtheorie beruhen. Wirkungsdimensionen und Wirkungsfelder sind zu spezifizieren (vgl. Lüders & Haubrich, 2006; Haubrich, 2009; Stockmann & Meyer, 2010). In Betracht gezogen werden kann auch die Prüfung des Beitrags einer Intervention zum Erfolg durch „kritische Evidenzanalysen" (vgl. Caspari, 2008).

Prozessanalysen sind insbesondere produktiv, um Verläufe und Probleme im Zuge einer Intervention erheben und das Programm im Verlauf ggf. modifizieren zu können. Durch solche Analysen eröffnen sich ebenfalls (erweiterte) Möglichkeiten für die Politik- und Programmsteuerung. *Qualitative, interpretative Evaluationen* (vgl. Flick, 2006), realisiert in Form von Fallstudien, sind vor allem geeignet, um Politiken, Programme und Projekte zu rekonstruieren. Bei interpretativen bzw. rekonstruktiven Verfahren geht es nicht um die empirische Überprüfung

---

4   Die Begriffe werden in der einschlägigen Fachdiskussion nicht einheitlich verwendet. So wird beispielsweise für – anders als an der hier vorgenommenen Bestimmung – der Begriff ‚Impact‘ auch für die intendierten Resultate für die Adressaten von Politiken und Programmen und der Begriff ‚Outcome‘ für die gesamten Wirkungen von Interventionen gewählt (vgl. etwa Klöti, 2003).

(Messung) von Wirkungshypothesen, sondern um das diskursive, intersubjektive Nachvollziehen eines Programms bzw. einer Maßnahme. Bekannt geworden sind beispielsweise sogenannte Wirksamkeitsdialoge. Solche Verfahren haben den Vorteil einer relativ hohen Akzeptanz der Evaluationsergebnisse (vgl. etwa Beywl, 2012).

2.3   Gemeinsamkeiten und Unterschiede

Historisch betrachtet haben Policy-Analyse und Evaluationsforschung einen Bedeutungsgewinn im Zusammenhang mit der Reformphase in den 1960er und 1970er Jahren erfahren, die auch in den Hochschulen mit großen Hoffnungen mit Blick auf die Gestaltbarkeit der Gesellschaft durch wissenschaftliche Expertise und wissenschaftliches Engagement in der gesellschaftlichen Praxis verbunden war. Die Politikfeldanalyse als Teildisziplin der Politikwissenschaft trat in weiten Teilen mit dem Anspruch einer Beratungswissenschaft an (vgl. Héritier, 1993). Die Nachfrage nach Evaluation und wissenschaftlicher Politikberatung war beträchtlich (vgl. Stockmann, 2000; Metzler, 2014). Seit den 1970er Jahren sind wissenschaftliche Begleitforschung und Evaluation im Kontext von Politikgestaltung eingeführt, insbesondere im Zusammenhang mit Modellversuchen in verschiedenen Politikfeldern (vgl. Kaufmann, 1979; Hellstern & Wollmann, 1983). Allerdings konnten sich diese Instrumente zur Politikgestaltung zunächst nicht in der Breite durchsetzen. Erst in den 1990er Jahren ist ein erneuter Bedeutungsgewinn zu verzeichnen (vgl. Stockmann, 2000). Mittlerweile ist Evaluation auf allen Ebenen der Politik breit verankert (vgl. Widmer, Beywl & Fabian, 2009). Es werden nicht mehr nur Modellversuche evaluiert, sondern auch die Folgen von Gesetzen, ganze Politikfelder und Ressortpolitiken einschließlich der Ressortforschungsinstitute (vgl. Roßmann & Simon, 2013).

Die Evaluation von Wirksamkeit und Nachhaltigkeit von Politiken ist also elementarer Bestandteil der Politikgestaltung, wobei die Evaluation von Arbeitsmarktpolitik sowie von Entwicklungspolitik (Entwicklungszusammenarbeit) besonders weit entwickelt ist. Im Feld der Entwicklungszusammenarbeit werden nicht nur Projekte und Programme systematisch evaluiert, sondern ganze Förder- und Evaluationssysteme (vgl. Borrmann & Stockmann, 2009). Besonders zu erwähnen sind ferner die vom Bundestag in Auftrag gegebenen Evaluationen der gesamten Hartz-Gesetzgebung (vgl. Wagner, 2009) und die jüngst vorgelegte Gesamtanalyse der ehe- und familienpolitischen Leistungen des Bundesministeriums für Familie, Senioren, Frauen und Jugend – BMFSJ, die 2006 erstmals in Auftrag gegeben wurde (vgl. BMFSFJ, 2013).

In systematischer Hinsicht besteht die Gemeinsamkeit darin, dass Evaluation als Teil des politischen Prozesses zu verstehen ist und Politik als Gegenstand der (Politik-)Evaluation konstituiert ist. Beide ‚Disziplinen‘ betreiben im Kern anwendungsorientierte Forschung und befassen sich mit Problemlösungen und Steuerungsfragen. Allerdings mit dem entscheidenden Unterschied, dass die Policy-Analyse als wissenschaftliche, auf Grundlagenforschung abzielende Teildisziplin prinzipiell handlungsentlastet ist, also nur aufgrund freiwilligen Engagements in Praxiskontexte involviert ist (z. B. in Form von wissenschaftlicher Politikberatung; beratende Policy-Analyse). Evaluation ist dagegen per definitionem vorrangig auf außerwissenschaftliche Zwecke ausgerichtet, hat in der Regel Auftraggeber und muss sich mit deren Erwartungen und Interessen und jener der Stakeholder auseinandersetzen und diese beteiligen, wobei die Kooperation und Partizipation je nach Evaluationsansatz eine unterschiedliche Reichweite aufweisen. Das Spannungsfeld zwischen (empirischer) Analyse und Beratung (beispielsweise in der formativen Evaluation), zwischen Wissen und Wertentscheidungen ist deshalb im Feld der Evaluation besonders ausgeprägt (vgl. Bohnsack, 2006; Kromrey, 2008).

Große Gemeinsamkeiten sind im Feld der Politikevaluation zu erkennen. In der Policy-Analyse ist Evaluation eine Phase im politischen Prozess, d.h. im ‚Policy-Zyklus'. In der Evaluationsforschung ist Policy ein möglicher Gegenstandsbereich (vgl. Bussmann, Klöti & Knoepfel, 1997; Vedung, 1999; Widmer, Beywl & Fabian, 2009). In Anlehnung an Stockmann & Meyer (2010) „bezieht sich Policy-Evaluation auf einen Prozess, mit dem Wissen über eine staatliche Maßnahme generiert wird, das zu einer Bewertung derselben verwendet wird" (Knill & Tosun, 2015, S. 138). Diese Bewertung kann sich auf die Konzeption, die Umsetzung und Wirksamkeit beziehen, wobei Wirkungsanalysen eine hohe Bedeutung zukommt. Insofern ist die Verknüpfung von Bewertung und politischen Entscheidungen ein zentrales Kennzeichen von Policy-Evaluationen, womit die Frage nach den Bewertungskriterien aufgeworfen ist, die als Teil des Evaluationsprozesses zu verstehen ist. Sowohl aus der Perspektive der Policy-Analyse als auch der der Evaluationsforschung erscheint es angezeigt, Evaluation sowohl als einen politisch-administrativen als auch als einen wissenschaftlichen Prozess mit unterschiedlichen Logiken von politischer und wissenschaftlicher Evaluation zu begreifen (vgl. Stockmann & Meyer, 2010, S. 55 ff.; Knill & Tosun, 2015, S. 138 f.). Letztere zielt im Kern auf die Grundlegung einer *evidenzbasierten Politik* (vgl. Rawson, 2002).

Eine weitere erhebliche Gemeinsamkeit ist hinsichtlich der Analyse von Ergebnissen bzw. Wirkungen mit der Unterscheidung von Outputs, Outcomes und Impacts deutlich erkennbar. Im Kontext der Policy-Analyse und unter Bezugnahme auf den ‚Policy-Zyklus' bezeichnen *Outputs* die Ergebnisse des politischen Entscheidungsprozesses am Ende der Politikformulierungsphase in Form von Vorgaben (vgl. Knill & Tosun, 2015, S. 19). Die *Outcomes* beziehen sich auf Effekte bei den Politikadressatinnen und -adressaten und die Untersuchung von *Impacts* auf den Wirkungsgrad bzw. auf die weiter gefassten Auswirkungen einer Politik (ebd., S. 20). Im Anschluss an Kevenhörster (2006) sind insbesondere die Folgen für die eigentlichen Zielgruppen politischer Programme zu untersuchen, aber darüber hinaus auch „die Auswirkungen auf andere Gruppen und Teile von Organisationen (‚spill-over-Effects') und Auswirkungen auf die unmittelbaren gesellschaftlichen Handlungsbedingungen – auch in Zukunft" ebenso in den Blick zu nehmen wie

„die Kosten des Ressourceneinsatzes für das jeweilige Programm und indirekte Kosten in Form nicht mehr in Betracht kommender politischer Opportunitäten (Opportunitätskosten)" (ebd., S. 22).

Sowohl in der Policy-Analyse als auch in der Evaluationsforschung ist ein Methodenpluralismus zu beobachten, der sich beispielsweise in der Verknüpfung von qualitativen (Einzel-)Fallstudien und quantifizierenden Analysen zeigt. Die hohe Komplexität des politischen Feldes verlangt überdies einen differenzierten Umgang mit dem Kausalitätskonzept (vgl. Sänger, 2008).

Mikro-Policy-Analysen (vgl. Nullmeier, Pritzlaff & Wiesner, 2003) folgen ähnlichen Untersuchungsperspektiven wie Prozessanalysen, die im Falle der Evaluation allerdings zumeist zur Verbesserung der Programmdurchführung dienen (formative Evaluation) (vgl. dazu die Perspektiven und Methoden der qualitativen Politikanalyse; vgl. Blatter, Janning & Wagemann, 2007).

Die in der Evaluationsforschung in Anschlag gebrachten Funktionen von Evaluation dürften für die Policy-Analyse bezogen auf Aufklärung und Lernen ebenfalls zutreffen, da sie ihre Analysen öffentlich zugänglich macht. Im Falle politikberatenden Engagements trifft dies auch auf die Dimension der Steuerung und der Legitimation zu. „Policy-Lernen" ist überdies ein expliziter Gegenstand in der Forschung über politische Veränderungen (vgl. Blum & Schubert, 2011; Sabatier & Weible, 2014).

2.4   Politikberatung

Politik als soziale Praxis ist gekennzeichnet durch einen permanenten Entscheidungszwang unter der Bedingung von Unsicherheit, die im Zusammenhang mit einer zumeist schwachen empirischen Basis zu analysieren ist. Aus dieser Konstellation resultiert ein Beratungsbedarf.

Eine verbindliche Definition von wissenschaftlicher Politikberatung ist nicht erkennbar. Jedoch dürfte die Vorstellung eines Transfers wissenschaftlicher Erkenntnisse in die politische Praxis zunächst konsensfähig sein, vermutlich auch die Idee einer Vermittlung zwischen Wissenschaft, Politik und Öffentlichkeit (vgl. Habermas, 1968).

Als Institutionen, die implizit oder explizit Beratungsleistungen vorhalten bzw. anbieten, sind zunächst die Politikwissenschaft (beratende Policy-Analyse), die professionalisierte Politikberatung und nicht zuletzt die Evaluationsforschung zu nennen. Adressaten sind Politikerinnen und Politiker, Regierungs- und Fachbeamtinnen und -beamte, aber auch das Führungspersonal von Nichtregierungsorganisationen. In einem weiten Verständnis können unter Politikberatung alle problemorientierten Analysen und Empfehlungen verstanden werden, die an politische, administrative und zivilgesellschaftliche Organisationen adressiert sind, wobei diese Ausdruck einer selbst gestellten oder institutionell und damit dauerhaft zugewiesenen Aufgabe sein können. Hierzu zählen sowohl Fachpublikationen, aber vor allem Expertisen und Gutachten. In diesem Zusammenhang sind insbesondere die politischen Stiftungen, aber auch andere Stiftungen als zivilgesellschaftliche Akteure zu nennen. In einem engeren Verständnis sind die Institutionen der Ressortforschung und Kommissionen zu nennen, die ausdrücklich einen Beratungsauftrag haben. Hier zählen insbesondere die von der Bundesregierung berufenen Sachverständigenkommissionen beispielsweise zur Erstellung von Bildungs-, Kinder- und Jugend- oder Familienberichten, von denen neben problemorientierten Analysen explizit Empfehlungen erwartet werden. Der Beratungsauftrag ist meist allgemein gehalten und die Ergebnisse sind öffentlich zugänglich. Hinzu kommen Beiräte, deren Tätigkeit sich aber in der Regel nicht öffentlich vollzieht. Eine weitere Variante ist in der professionalisierten Politikberatung als bezahlte Dienstleistung zu erkennen, die auftragsbezogen und mehr oder minder eng auf die Interessen der Auftraggeber ausgerichtet ist (vgl. Deutsche Gesellschaft für Politikberatung e. V., 2010).

In theoretischer Perspektive ist in erster Linie das Verhältnis von Wissenschaft und Politik von Interesse. Wissenschaft und Politik folgen unterschiedlichen Handlungslogiken. Insbesondere wissenschaftliche Politikberatung in Form einer beratenden Policy-Analyse oder als Bestandteil einer Evaluation ist in ein Spannungsverhältnis verstrickt: „Der Verpflichtung auf Wahrheit und systematischen Zweifel aufseiten der Wissenschaft – mit Legitimation durch Peer-Kontrolle –, steht das Streben der Politik nach strategischer Gewissheit und nach Gestaltung, häufig kurzfristiger, am Wahlterminkalender orientierter Gestaltung sowie nach Machterhalt oder Machterwerb gegenüber" (Legitimation durch Wahlen) (Schmidt, 2010, S. 607). In der einschlägigen Literatur werden die Interaktionen zwischen Wissenschaft und Praxis unterschiedlich modelliert (vgl. Leschke & Pries, 2005; Hustedt, Veit & Fleischer, 2010).

Im *technokratischen* Modell werden Wissenschaft und Politik getrennt. Politikgestaltung folgt in dieser Perspektive somit zwangsläufig einer wissenschaftlich-technischen Rationalität. Die Trennung zwischen Wissenschaft und Politik gilt auch für das *dezisionistische* Modell, das im Anschluss an Max Weber zwischen Werten und Wissen unterscheidet. Nur die Politik kann wertbasierte Entscheidungen treffen und darüber befinden, welches Wissen sie aufnimmt. Die Wissenschaft hat sich Werturteilen zu enthalten. In einer vermittelnden Position versteht sich das von Habermas in Anschlag gebrachte *pragmatische Modell* der Politikberatung. Dieses nimmt Abstand von einer strikten Trennung und stellt den Kommunikationsprozess (Diskurs) zwischen Wissenschaft und Politik in das Zentrum, im Rahmen dessen auch Wertentscheidungen kritisch thematisiert werden können. Weingart (2006) stellt in einer *rekursiven Perspektive* die wechselseitige Abhängigkeit von Wissenschaft und Politik heraus und analysiert die ‚Verwissenschaftlichung der Politik' sowie die ‚Politisierung der Wissenschaft' als wechselseitigen Prozess.

Das Konzept der strikten Trennung von einer auf Werturteilsfreiheit verpflichteten Wissenschaft und der zielsetzenden und wertbasiert entscheidenden Politik wird von vielen Wissenschaftlerinnen und Wissenschaftlern nachdrücklich vertreten (vgl. Knill & Tosun, 2015), jedoch scheint die pragmatische Perspektive an Bedeutung gewonnen zu haben, insbesondere bei solchen Wissenschaftlerinnen und Wissenschaftlern, die in Politikberatungsprozesse involviert sind (vgl. etwa Rürup, 2010). Hinsichtlich der Relevanz und Wirkungen von Politikberatung unterscheidet Schmidt (2010, S. 607) verschiedene Sichtweisen. In optimistischer Sichtweise liefert sie „bessere Daten für eine bessere Politik", wenn bestimmte Voraussetzungen gegeben sind, wie etwa die Unabhängigkeit der Beraterinnen und Berater, präzises Mandat, hohe fachliche Kompetenz, wissenschaftliche Arbeitsweise, Publikationen der Ratschläge, und erlaubt kooperative Beziehungen zwischen Beratungsakteuren und Adressaten. Eher skeptische Sichtweisen geben zu bedenken, dass die Beratung partikularistische Interessen befördert. Eine Mittlerposition nehmen Sichtweisen ein, die die besondere Stärke der Politikberatung in der „Horizonterweiterung, in der Illusionen- und Legendenzerstörung sowie in der Archivierung und dem Wiederabruf von älteren, gegenwartsrelevanten Wissensbeständen" erblicken (ebd., S. 607).

In diesem Abschnitt wurden unterschiedliche Zugänge und Konzepte zur wissenschaftlichen Analyse und Begleitung von Politik skizziert und damit gleichzeitig das Verhältnis von (angewandter) Wissenschaft und politischer Praxis verhandelt. Diese Rahmung erlaubt es nun, den Umgang von Wissenschaft und Politik mit Migration und Integration systematisch zu untersuchen.

3. Integrationspolitik als Gegenstand von Policy-Analyse, Evaluation und wissenschaftlicher Politikberatung

3.1. Policy-Analyse und wissenschaftliche Politikberatung

Die Arbeitsmigration nach Deutschland ab Mitte der 1950er Jahre, die aus arbeitsmarktpolitischen Gründen initiiert und somit ausdrücklich gewollt war, ist zunächst vorwiegend von der Sozialen Arbeit, im Zuge des Familiennachzugs auch von der Pädagogik als Herausforderung begriffen worden (vgl. Hamburger, 2012). In den 1970er Jahren beginnt sich eine vorwiegend soziologisch orientierte Migrations- und Integrationsforschung zu etablieren (vgl. Heckmann 2013; 2015), konzentriert auf die empirische Erforschung der Lebensbedingungen der zu- bzw. eingewanderten Bevölkerung im Kontext sozialer Ungleichheit und der Bedingungen sozialer Integration (vgl. Bommes, 2011). In dieser Zeit erscheinen zu diesem Gegenstandsbereich die ersten grundlegenden theoretischen und empirischen Analysen (vgl. Hoffman-Nowotny, 1973; Esser, 1980; Heckmann, 1981; Hoffmann-Nowotny & Hondrich, 1982). 1985 wird die Sektion ‚Migration und ethnische Minderheiten' im Rahmen der Deutschen Gesellschaft für Soziologie (DGS) gegründet. Erste Policy-Analysen widmeten sich in historischer Perspektive der Zuwanderung und Ausländerbeschäftigung in Deutschland (vgl. Dohse,

1985; 1986) und setzten sich dabei mit der politisch dominierenden Vorstellung auseinander, die sie im Kern als Ausländerbeschäftigungspolitik ohne Einwanderungsperspektive und später als Abwehr von Zuwanderung rekonstruierten (vgl. Hamburger, 1983; Thränhardt, 1985; Meier-Braun, 1988). Insofern verwundert es nicht, dass in diesem Zeitraum die Eingliederung der zugewanderten Bevölkerung nicht als politische Gestaltungsaufgabe begriffen wurde. Für das kommunale Feld legten Filsinger, Hamburger & Neubert (1983) eine erste evaluativ angelegte Policy-Analyse vor. Erst im Jahr 1979 veröffentlichte der damalige Ausländerbeauftragte der Bundesregierung ein erstes Integrationskonzept, das jedoch zunächst weitgehend folgenlos blieb, ein Sachverhalt, der auf „versäumte Chancen" in den 1980er Jahren hinweist (vgl. Bade & Hiesserich, 2007).

Die interdisziplinär ausgerichtete Migrations- und Integrationsforschung hat in den 1980er und 1990er Jahren umfangreiche empirische Analysen vorgelegt: zur Struktur und Dynamik der Zu- bzw. Einwanderung, zu den Lebensbedingungen der migrantischen Bevölkerung, unter Policy-Gesichtspunkten zu den Phasen der Ausländerpolitik mit den dazugehörigen Deutungsmustern. Hinzu kamen theoretische Beiträge zur Kritik des dominanten Politikkonzepts und zur Auseinandersetzung mit aufkommenden alternativen Konzepten (z. B. multikulturelle Gesellschaft) (für einen Überblick vgl. Santel & Schock, 2000; Filsinger, 2008; für das kommunale Feld vgl. Filsinger 2009). Bezogen auf den Policy-Zyklus betreffen ihre Beiträge insbesondere die Problemdefinition, das Agenda-Setting und die Politikformulierung, einschließlich der angefallenen Diskurse, etwas eingeschränkter die Implementation und Evaluation von Politik. Schließlich hat sie sich immer wieder mit eigenen praxisorientierten Vorschlägen zum politischen Umgang mit Migration und Integration engagiert.

Besonders herauszustellen ist die umfangreiche Bestandsaufnahme von Bade (1994a), die für den deutschen Fall die paradoxe Situation „Einwanderungssituation ohne Einwanderungsland" analysierte (S. 10). In diesem Band werden historische Analysen, empirische Situationsanalysen und Perspektiven für den künftigen Umgang mit dem Problemfeld Migration und Integration miteinander verknüpft. Im gleichen Jahr erscheint das „Manifest der 60" (vgl. Bade, 1994b), das auf Grundlage empirischer Analysen einen Politikwechsel anmahnte (von der Ausländer- zur Einwanderungspolitik; Gleichstellungs- und Antidiskriminierungspolitik). Claus Leggewie (1994) argumentierte in diesem Band bereits damals für die Institutionalisierung von Einwanderung durch ein Einwanderungsgesetz (S. 219) und für eine Institutionalisierung des in Rede stehen Politikfeldes durch die Einrichtung eines ‚Bundesministeriums für Migration, Integration und multikulturelle Angelegenheiten' mit weitreichenden Kompetenzen, die bisher in anderen Ministerien verankert waren (S. 220). Nicht zuletzt mit diesem Manifest wurden Grundlagen für einen Politikwechsel gelegt, der freilich erst in den 2000er Jahren in Ansätzen Gestalt annehmen sollte. Im Jahr 1998 schlossen sich die verschiedenen Disziplinen angehörigen Verfasserinnen und Verfasser des Manifestes zum ‚Rat für Migration' mit dem Ziel einer „kritischen Politikbegleitung" zusammen (vgl. Rat für Migration, 2014).

Der in Rede stehende Politikwechsel zeigt sich darin, dass mittlerweile politisch anerkannt ist, dass Einwanderung stattgefunden hat und Migration und Integration als zentrale politische Gestaltungsaufgaben gelten. In diesem Zusammenhang hat sich im letzten Jahrzehnt Integrationspolitik als ein relativ eigenständiges Politikfeld herausgebildet, das genau genommen als Migrations- und Integrationspolitik zu bezeichnen ist.[5] Die Politik scheint „nunmehr auf Planung und Steuerung zu setzen" (Bommes, 2011, S. 115). Zwar gibt es auf Bundesebene (noch) kein eigenes Ministerium, das sich schwerpunktmäßig mit Integrationsfragen befasst, aber eine eigene Organisationseinheit im Bundeskanzleramt (Beauftragte für Migration, Integration und Flüchtlinge im Range einer Staatsministerin).[6] Darüber hinaus sind verschiedene Ministerien (insbesondere das Innenministerium und das Ministerium für Arbeit und Sozialordnung) für Integrationsfragen zuständig und zu nennen ist ferner das Bundesamt für Migration und Flüchtlinge (BAMF). Die Akteurskonstellation ist zu erweitern um den Sachverständigenrat deutscher Stiftungen für Integration und Migration (SVR), politische und andere Stiftungen, freie Träger und Migrantenorganisationen. Nicht zu vernachlässigen ist schließlich die Vielzahl an (Praxis-)Forschungsinstituten, die sich zum Teil ausschließlich mit Fragen der Migration und Integration befassen, ein Sachverhalt der im Kontext des Politikwechsels zu interpretieren ist, aber auch auf einen weiteren Bedarf an grundlagen- und anwendungsorientierter Forschung in der Migrationsgesellschaft verweist.

Ein Politikfeld eigener Art stellt die Migrations- und Integrationspolitik insofern dar, als es seine Problemstellungen nur im Sinne einer *Querschnittspolitik* angemessen bearbeiten kann. Im Kern betrifft sie die Innenpolitik, Bildungspolitik, Arbeitsmarkt- und Beschäftigungspolitik, Familien- und Jugendpolitik und andere Politikfelder. Damit sind verschiedene Fragen aufgeworfen: die empirische Frage nach der Struktur dieses Politikfeldes und den Bedingungen der Steuerbarkeit von Migration und Integration sowie die politische Frage nach einer kohärenten Migrations- und Integrationspolitik. Im letzten Jahrzehnt standen folglich Aspekte einer angemessen Konzeptionierung einer Migrations- und Integrationspolitik des Bundes und der Länder, insbesondere der politischen Steuerung von Integrationsprozessen und der Wirkungen von Integrationspolitiken auch in international vergleichender Perspektive im Vordergrund (vgl. Baringhorst, Hunger & Schön-

---

5   Schulte (2012) betrachtet Integrationspolitik ebenso wie die Zu- bzw. Einwanderungspolitik als Teil des umfassenderen Politikfeldes der Migrationspolitik (S. 290).

6   Baden-Württemberg hat mit der Wahl einer grün-roten Landesregierung ein eigenes Integrationsministerium geschaffen. Einige weitere Bundesländer haben mittlerweile Ministerien eingerichtet, die das Politikfeld Integration ausdrücklich herausstellen, aber mit anderen zentralen Politikfeldern verknüpfen (z.B. ,Ministerium für Arbeit, Integration und Soziales' in Nordrhein-Westfalen).

wälder, 2006; Schulte, 2011a; Schulte 2011b; Schulte 2012; für die Länderebene und das kommunale Feld vgl. Filsinger, 2009; Gesemann & Roth, 2009; Gesemann & Roth, 2014). Darüber hinaus sind jüngste Beiträge in politikberatender Perspektive (vgl. Friedrich-Ebert-Stiftung, 2013; Kösemen, 2014; Thränhardt, 2014) zu nennen.

Das Interesse der Policy-Analyse am in Rede stehenden Problemfeld ist seit den 1990er Jahren gewachsen (vgl. Baringhorst, Hunger & Schönwälder, 2006). 1994 wurde ein Arbeitskreis Migrationspolitik in der Deutschen Vereinigung für Politische Wissenschaft gegründet. Die einschlägigen Lehrbücher beziehen allerdings dieses Politikfeld bislang nicht ein (vgl. Schubert & Bandelow, 2014). Eine systematische Rekonstruktion und Analyse des Politikfeldes steht daher noch aus, wobei diesbezüglich aber ein gesteigertes Interesse deutlich erkennbar ist. Eine neuere Forschungsbestandsaufnahme (vgl. Busemeyer et al., 2013) hat das Politikfeld ‚Wohlfahrtsstaat und Migration‘ eigens aufgenommen (vgl. auch Mau, 2014) und die Deutsche Vereinigung für Politische Wissenschaft hat 2014 eine Jahrestagung mit Panels zur ‚Entstehung und Dynamik von Politikfeldern‘ veranstaltet, im Rahmen derer auch die Migrations- und Integrationspolitik verhandelt wurde. Die Migrationspolitik wird in der Konzeptualisierung dieser Panels als im Umbruch befindlich und gekennzeichnet durch eine ‚rasante Dynamik der Veränderung‘ analysiert. Und es wird darauf hingewiesen, dass eine Analyse dieser Politik nicht nur im Kontext des EU-Mehrebenensystems zu leisten ist, sondern auch migrantische Selbstorganisation als politische Akteure in den Blick zu nehmen hat (vgl. DVPW, 2013). Anzuführen sind ferner eine Reihe von empirischen Arbeiten, die in jüngster Zeit erschienen sind: So etwa die Studie von Schneider (2010) zum Regieren in der deutschen Migrationspolitik, die den Schwerpunkt auf den Prozess des Agenda-Settings legt und in diesem Zusammenhang die Bedeutung von Politikberatung analysiert. Wendekamm (2015) untersucht in einer machttheoretischen Perspektive die Verzahnung der Politikfelder Innere Sicherheit und Migrationspolitik und geht dabei der Frage nach, inwieweit es einen Zusammenhang zwischen einer durch Medien miterzeugten Bedrohungswahrnehmung durch Migrantinnen und Migranten und der Gesetzgebung zur Inneren Sicherheit gibt. Ohlert (2015) rekonstruiert die integrationspolitischen Positionen der Parteien im Bundestag seit den 1950er Jahren und analysiert detailliert die Integrationsleitbilder der in der 17. Legislaturperiode im Bundestag vertretenen Parteien im Spannungsfeld von Multikulturalismus und Leitkultur. Im Rahmen einer qualitativen Fallstudie untersucht Scholz (2012) den Einfluss politischer Ideen auf die Migrations- und Integrationspolitiken und die Rolle von Einwanderungskultur in der Entstehung neuer politischer Steuerungskonzepte.

Die wissenschaftliche Politikberatung hat im letzten Jahrzehnt einen erheblichen Bedeutungsgewinn erfahren. In diesem Zusammenhang sind insbesondere große Stiftungen zu nennen, die im Jahr 2010 den politikunabhängigen Sachverständigenrat deutscher Stiftungen für Migration und Integration (SVR) gegründet haben, der aus dem ‚Rat für Migration‘ hervorgegangen ist und seit seiner Gründung jährlich einen eigenen, durch empirische Analysen gestützten Bericht mit

Bewertungen und Empfehlungen öffentlich vorlegt (vgl. zuletzt SVR, 2014). Die Beiträge des SVR zur Integrationsberichterstattung mit einem eigenen Integrationsbarometer sind eigens herauszustellen. Der Rat leistet erhebliche Beiträge zur wissenschaftlichen Politikbegleitung; er wendet sich allerdings nicht nur an die Politik, sondern auch an die Öffentlichkeit. Seine Leistungen werden von der (Fach-)Politik ausdrücklich gewürdigt (vgl. SVR, 2012). Mittlerweile hat er eine eigene Forschungsabteilung eingerichtet, die auch im Feld der Evaluation tätig werden will. Damit ist ein Prozess der Institutionalisierung von Policy-Analyse in einem weiten Sinn, (Politik-)Evaluation und wissenschaftlicher Politikberatung im Verbund erkennbar.

Die Bertelsmann Stiftung meldet sich regelmäßig mit Studien, Analysen und politischen Empfehlungen zu Wort. Der ‚Rat für Migration', der seine Aufgabe in einer „wissenschaftlich fundierten kritischen Politikbegleitung" sieht und einen „kritischen und konstruktiven Dialog mit Politik und Öffentlichkeit" sucht (Rat für Migration, 2014) ist bereits mit dem ‚Manifest der 60: Deutschland und die Einwanderung' hervorgetreten (vgl. Bade, 1994b). Seit 2000 hat er regelmäßig einen ‚Migrationsreport' vorgelegt, zuletzt im Jahr 2010 (Rat für Migration, 2010) Im Zusammenhang mit der Bundestagswahl 2013 ist er erneut initiativ geworden. In einem offenen Brief an die Bunderegierung und die Bundestagsparteien drängt er auf eine „Neuordnung der Migrations- und Integrationsbelange auf der Bundesebene" durch ein querschnittlich ausgerichtetes ‚Bundesministerium für Arbeit, Soziales, Migration und Integration' und mahnt ein ‚Bundesmigrations- und Integrationsgesetz' an. In diesen Maßnahmen erkennt der Rat einen entscheidenden Beitrag „zu einem Wandel von der herkömmlichen und durch die Entfaltung der Einwanderungsgesellschaft überholten ‚Integrationspolitik' für Migranten zu einer teilhabeorientierten Gesellschaftspolitik für alle (vgl. Rat für Migration 2013, S. 3). Im Kern wird damit festgestellt, dass der Politikwechsel nicht zu Ende gedacht ist, d. h. den Erfordernissen eines Einwanderungslandes und einer Migrationsgesellschaft bisher nicht hinreichend gerecht wird.

Die Sozialwissenschaften haben seit den 1970er Jahren erhebliche theoretische und empirische Beiträge zum Problemfeld Migration und Integration geleistet und einen breiten, gesicherten Wissenstand hervorgebracht. Migrations- und Integrationsforscherinnen und -forscher sind aber nicht (nur) distanzierte Wissenschaftlerinnen und Wissenschaftler, sondern sie spielten eine nicht zu unterschätzende Rolle bei der Konzeptualisierung von Migrations- und Integrationspolitiken, sei es durch Analysen, aber auch direkt oder beratend (Bommes 2011, S. 17). Allerdings zeigt eine europäisch-vergleichende Analyse, dass „wissenschaftliche Erkenntnisse in den frühen Phasen der Politikentwicklung (in Deutschland) fast gar keine Rolle spielten" (Entzinger, 2013, S. 9). In neueren Debatten wird allerdings eine stärkere Reflexion des Verhältnisses von Wissenschaft und Politik und zum Teil mehr Distanz zur politischen Produktion des Problemfeldes im Sinne einer „Kritik der Migrationspolitik" (vgl. Rat für Migration, 2014) angemahnt.

3.2   Monitoring und Evaluation

Monitoring bezeichnet die systematische, indikatorengestützte Beobachtung, Beschreibung, Dokumentation und Analyse von sozialen Sachverhalten in einer längsschnittlichen Perspektive (vgl. Meyer, 2004; Stockmann, 2007). Monitorings sind als Bestandteil von Evaluationssystemen zu betrachten, können aber systematische, interventionsbezogene Evaluationsstudien nicht ersetzen (vgl. Kissling-Näf & Knoepfel, 1997). Die vom Sachverständigenrat für Zuwanderung und Integration im Jahr 2004 empfohlene Integrationsberichterstattung (Integrationsmonitoring, Integrationspanel) und Evaluation von Integrationspolitiken und Integrationsprogrammen ist mittlerweile eingeführt. 2011 wurde der zweite Bundesintegrationsindikatorenbericht von der Bundesregierung vorgelegt (vgl. Beauftragte, 2011). Die Bundesländer haben sich auf ein gemeinsames Indikatorenset verständigt; erste Monitoring-Berichte liegen vor und Nordrhein-Westfalen kommt hier eine Vorreiterrolle zu. Auf der kommunalen Ebene sind diese schon länger eingeführt (vgl. Filsinger, 2008; Filsinger, 2014a; 2014b).

Mit diesen Monitorings ist ein wichtiger Schritt zur Dauerbeobachtung des Integrationsgeschehens geleistet. Kritische Einwände (z. B. die Beobachtung entlang der Differenz zwischen Personen mit und ohne Migrationshintergrund und vorrangig aus der Perspektive der Einwanderungsgesellschaft) begründen allerdings einen Bedarf an Modifikation und Weiterentwicklung, der auch aufgegriffen wird (vgl. Filsinger, 2014a).

Der allgemeine Bedeutungsgewinn von Evaluation hat sich auch in dem in Rede stehenden Politikfeld niedergeschlagen. Auftraggeber für Evaluationen sind die mit Integrationsfragen besonders befassten Ministerien, wie das Bundesministerium des Innern (BMI), das Bundesministerium für Arbeit und Soziales (BMAS), das BMFSFJ, das Ministerium für Bildung und Forschung (BMBF) sowie das Ministerium für Verkehr, Bau und Stadtentwicklung (BMVBS, heute BMUB), die auch über eigene Ressortforschungsinstitute verfügen. Darüber hinaus sind Stiftungen zu nennen, die umfangreich Integrationsprogramme fördern und Evaluationen in Auftrag geben (vgl. Filsinger, 2014b).

Programmevaluationen als dominanter Typus

Ein zentrales Politikinstrument des Bundes sind zeitlich befristete (Modell-) Programme. Mit Hilfe dieser Programme kann der Bund Innovationen vor Ort anregen und fördern. Die Prinzipien des Föderalismus erlauben dem Bund keine Regelförderung von Einrichtungen im Bildungs- und Sozialwesen. Allerdings gehören Modellprogramme mittlerweile zur sozialen Infrastruktur in Städten und Gemeinden. Finanziert werden die Programme aus dem Bundeshaushalt und mit Mitteln des Europäischen Sozialfonds (ESF), zuweilen auch durch (ergänzende)

Mittel von Stiftungen.[7] Die teilnehmenden Akteure und Projekte werden nach einem Bewerbungsverfahren ausgewählt. Bei dieser Auswahl spielt auch die angemessene Repräsentanz von Bundesländern und Regionen eine wichtige Rolle.

(Programm-)Evaluationen gehören zum Standard von Bundesmodellprogrammen. Zumeist sind sie in Form einer Begleitforschung konzipiert, die wissenschaftliche Evaluationsanalysen mit Entwicklungsberatung verknüpfen. Es handelt sich überwiegend um multizentrische Programme (vgl. Haubrich, 2009), die lokal unter Berücksichtigung der Verhältnisse vor Ort durchgeführt werden und deshalb auch die Mitwirkungs- und Kooperationsbereitschaft der Länder und Kommunen sowie der Akteure vor Ort im Auge behalten müssen (vgl. Kaufmann, 2002, S. 67 ff.). Die wissenschaftliche Begleitung (Evaluation) soll im Programmverlauf Steuerungsunterstützung leisten.

In der Evaluationspolitik des Bundes dominieren *Programmevaluationen*, in die prominente und unabhängige Evaluationsinstitute einbezogen sind (für einen Überblick vgl. Filsinger, 2014b). Bemerkenswert ist, dass die Evaluationen jüngeren Datums mit *Monitoring-System*en arbeiten, die es dem Auftraggeber ermöglichen, steuernd in den Programmverlauf einzugreifen und die Programmfortsetzung zu modifizieren. Für die Evaluation der Integrationskurse wurde erstmals ein *Integrationspanel* aufgelegt, das es erlaubt, Aussagen über längerfristige Wirkungen und Nachhaltigkeit im Blick auf die strukturelle Integration der Programmteilnehmenden zu treffen (vgl. Schuller, Lochner & Rother, 2011).

Mittlerweile sind die Programme des Bundes und ihre Evaluationen in dem hier betrachteten Feld längerfristig angelegt, so etwa das Programm ‚Toleranz und Vielfalt‘ oder das Programm ‚Integration durch Qualifizierung – IQ‘, an dem die Bundesministerien für Arbeit und Soziales, für Bildung und Forschung sowie die Bundesagentur für Arbeit beteiligt sind. Darüber hinaus ist bemerkenswert, dass das Bundesamt für Migration und Flüchtlinge (BAMF) einen Arbeitsbereich Evaluation eingerichtet und Empfehlungen für Evaluationen erarbeitet hat, die in der Evaluation von BAMF-geförderten Maßnahmen Anwendung finden sollen (vgl. BAMF, 2010).

Die Produktivität von Programmevaluationen erscheint unstrittig, selbst wenn die Praxis-Akteure zuweilen an der Relevanz der Ergebnisse für politische Entscheidungen zweifeln (vgl. dazu Roth, 2012; Schweitzer, 2012a; 2012b; relativierend vgl. Beywl, 2012). So hat beispielsweise die Kürzung der Mittel für das Programm ‚Soziale Stadt‘, die mitten in den Beratungen über die Konkretisierung des Nationalen Aktionsplans Integration bekannt wurde, deutlich irritiert, nachdem dieses Programm positiv evaluiert worden ist und für die Integrationsarbeit als höchst relevant beurteilt wird (vgl. BBSR, 2005; Walther & Güntner, 2007).

---

7 So beispielsweise durch die Schader-Stiftung (vgl. etwa Schader-Stiftung, 2013). Das Bundesministerium des Inneren und die Bertelsmann Stiftung haben gemeinsam den Wettbewerb ‚Erfolgreiche Integration ist kein Zufall‘ durchgeführt (vgl. Bertelsmann Stiftung & Bundesministerium des Inneren, 2005).

Zumindest die längerfristig angelegten Programme eröffnen erweiterte Perspektiven für Wirkungsanalysen, die sich auf Wirkungen bei den Programmadres-
satinnen und -adressaten beziehen (Outcomes), also auf die Frage, ob und inwieweit das Programm einen Beitrag zur strukturellen Integration geleistet hat. Die
Akzentsetzung neuer Programme auf *Struktur- und Netzwerkbildung* und deren
Evaluation erscheint perspektivenreich (vgl. Filsinger, 2014b).

Freilich werden von lokalen Programmakteuren auch die Kontrollfunktion von
Evaluationen und der (überzogene) Aufwand herausgestellt. Damit ist ein noch
zu bearbeitendes Untersuchungsfeld für Evaluationen angesprochen, nämlich die
Evaluation und Reflexion der Wirkungen von Evaluationen, einschließlich der
nicht-intendierten Folgen. Die erwartete Erhöhung der politischen Steuerungskompetenz steht in einem Spannungsfeld zu den Perspektiven der lokalen Pro-
grammakteure und denen der Adressatinnen und Adressaten, das bei Evaluationen im Auge zu behalten ist (vgl. Kaufmann, 2002, S. 65 f.).

Entwicklungen auf der Länderebene

Auf der Landesebene sind Modellprogramme ebenfalls eingeführt, wobei es erheb-
liche Unterschiede zwischen den Bundesländern hinsichtlich der Reichweite und
Ausstattung der Programme gibt (vgl. Filsinger, 2014b). Wissenschaftliche Beglei-
tung und Evaluation werden auch hier als Bestandteil der Programme verstanden.
Im Vordergrund steht allerdings zumeist eine wissenschaftliche Begleitung, die die
Erfahrungen in der Programmumsetzung systematisch erhebt, bündelt und für
die Weiterentwicklung fruchtbar macht. Der Outcome für die Adressatinnen und
Adressaten oder der Impact der Programme wird häufig nur am Rande verfolgt.
Dagegen spielt die Beobachtung der Entwicklung einer integrationspolitischen Infrastruktur einschließlich Vernetzungsstrukturen mittlerweile eine herausragende
Rolle, was letztlich den Schwerpunkt von neueren Programmen reflektiert, die
weniger einzelne Projekte und Maßnahmen in den Mittelpunkt stellen, sondern
auf die Entwicklung geeigneter Strukturen abzielen (vgl. Filsinger, 2014b). Auf der
kommunalen Ebene sind insbesondere vor dem Hintergrund zumeist knapper
Ressourcen externe Evaluationen noch sehr bescheiden vergeben worden.

In die Programmevaluationen ist eine Vielzahl von Evaluationsinstituten einbezogen, die unterschiedliche Evaluationsansätze vertreten. Prozess- und Wirkungsanalysen gehören ebenso zum Grundbestand dieser Ansätze wie die Verknüpfung
von Survey- und Fallstudien. Insgesamt sind eine Differenzierung der Konzepte
und eine Professionalisierung der Evaluation zu beobachten, die auch ihre eigene
Rolle und die Wirkungen von Evaluation selbst reflektiert. Die Politik kann folglich auf hochwertige fachliche, externe Expertise zurückgreifen. Allerdings sind
die wissenschaftlichen Beiträge der Evaluationsforschung zur Integrationspolitik
bisher nur bescheiden (vgl. Kalmann, Metje, Rolfes & Kohlmeyer, 2011).

Ein neuer Akteur: Forschung und Evaluation im Bundesamt
für Migration und Flüchtlinge (BAMF)

Seit Mitte der 2000er Jahre spielt das BAMF im Evaluationsbereich eine bedeutende Rolle. Das Bundesamt hat nämlich eine erhebliche Aufgabenerweiterung erfahren (vgl. Schimany & Loeffelholz, 2013). So ist das BAMF mit der Ausarbeitung eines Nationalen Integrationsprogramms beauftragt worden. Im Rahmen dieser Entwicklungsarbeiten ist eigens eine Arbeitsgruppe Evaluation eingesetzt worden, die zum einen Evaluationsstudien dokumentiert und diskutiert und zum anderen Standards und Empfehlungen für Evaluation ausgearbeitet hat (vgl. Bundesregierung, 2008; BAMF, 2010). Ferner führt das Amt eigene Evaluationen und Migrationsbegleitforschung durch. „Ziel der Begleitforschung ist die Gewinnung analytischer Aussagen für die Steuerung der Zuwanderung […]. In Anlehnung an die Kernaufgaben des Bundesamtes werden durch die Forschungsgruppe das Migrationsgeschehen nach und von Deutschland betrachtet, die vielfältigen Auswirkungen von Migrationsprozessen analysiert und Erkenntnisse für die Migrationssteuerung, vor allem mit Blick auf den Arbeitsmarkt, gewonnen" (Schimany & Loeffelholz, 2013, S. 8 f.).

Das BAMF führt eigene Untersuchungen, zumeist im Auftrag der Bundesregierung (BMI, Integrationsbeauftragte, BMFSFJ) durch (z. B. eine Paneluntersuchung zu den Integrationskursen; vgl. Schuller, Lochner & Rother, 2011), gibt aber auch Untersuchungen in Auftrag. Hervorzuheben ist der Migrationsbericht, der im Auftrag der Bundesregierung jährlich erstellt wird (für einen aktuellen Überblick über die Projekte vgl. Gütlhuber & Schimany, 2013, S. 24 ff.).

Desiderate

Allerdings sind Desiderate in der Evaluation der Integrationspolitik des Bundes und der Länder unverkennbar. Zunächst fehlt es bisher an einer systematischen Evaluation der verschiedenen Handlungsprogramme und deren Programmevaluationen. Vor dem Hintergrund der recht disparaten Programmlandschaft, der Evaluationsansätze und Datensätze stellen *Meta-Evaluationen* eine besondere Herausforderung dar. Allerdings könnten zunächst *systematische Reviews* wichtige Erkenntnisse erbringen. Die sehr ausführliche Berichterstattung über die Programmevaluationen bietet hierfür gute Voraussetzungen. Die strukturellen und methodischen Herausforderungen für solche Untersuchungen sind erheblich; aber schließlich werden erhebliche Mittel in diese Programme investiert, so dass die Frage nach deren Wirkungen und Nutzen nicht unangemessen ist.

Die Bundesregierung stellt heraus, dass sie der Evaluation der Integrationspolitik einen hohen Stellenwert beimisst (vgl. Bunderegierung, 2008; BAMF, 2010). Vor diesem Hintergrund fällt allerdings auf, dass eine *Selbstanwendung* noch weitgehend aussteht. So fehlt es bisher noch an einer Evaluation der Integrationspolitik des Bundes in einer ressortübergreifenden Perspektive (einschließlich der politischen Kommunikation), an einer Evaluation der speziell für Integrationsfragen zuständigen Behörden (Integrationsbeauftragte; BAMF) sowie an einer Gesamtanalyse der integrationspolitischen Leistungen des Bundes. Vereinzelte Forschungen des BAMF können als Ansätze in diese Richtung gewertet werden. Noch unterbelichtet sind allerdings die Wirkungen der Bundespolitik auf die Landes- und die kommunale Ebene, wie sie etwa in der neueren Studie zum Stand der kommunalen Integrationspolitiken angesprochen sind (vgl. DESI, 2012). Kritisch zu bewerten ist, dass bisher keine systematische externe Evaluation des Nationalen Integrationsplans (NIP) und insbesondere des Nationalen Aktionsplans Integration (NAP-I) stattfindet.

Zusammenfassend ist festzuhalten, dass eine umfassende Politikevaluation, insbesondere der Integrationspolitik des Bundes, bisher noch aussteht, wenngleich diese Politik durch Analysen aus Wissenschaft und Politikberatung kritisch begleitet worden ist (vgl. etwa SVR, 2012). Die Evaluation der Integrationspolitik des Bundes und der Länder stellt folglich noch eine *Entwicklungsaufgabe* dar, wobei der Bund beispielhaft etwa in Fragen (der Evaluation) der interkulturellen Öffnung Vorbild sein könnte. Eine solche (Politik-)Evaluation stellt freilich eine große politische, organisationale und evaluationsmethodische Herausforderung dar. Die externe und professionelle Evaluation des Nationalen Integrationsplans und des Nationalen Aktionsplans Integration (vgl. Bundesregierung, 2011) könnte ein erster Schritt sein.

4.   Herausforderungen und Perspektiven

Zur Migrations- und Integrationspolitik liegen mittlerweile umfangreiche Analysen vor. Diese betreffen vor allem die Rekonstruktion des politischen Umgangs mit Migration und Integration bis zur Jahrtausendwende. Diese lässt sich nämlich in weiten Teilen als eine Politik auf der Basis unangemessener Situationsdefinitionen lesen (,kein Einwanderungsland'), mit erheblichen Folgen (vgl. Bade & Hiesserich, 2007; Filsinger, 2009; Roth, 2013; Kösemen, 2014), die bis heute abzuarbeiten sind. Sie verweist damit auf die Notwendigkeit einer sorgfältigen empirischen Analyse von Situations- und Problemdefinitionen, des Agenda-Setting und der Politikformulierung. Nun diagnostizieren wissenschaftliche Politikbeobachterinnen und -beobachter im letzten Jahrzehnt eine neue Phase im Umgang mit Migration und Integration. Als Indikatoren für einen Wandel in der Migrations- und Integrationspolitik des Bundes werden insbesondere die schrittweise Anerkennung der Faktizität einer Einwanderungsgesellschaft, das modifizierte Staatsangehörigkeitsrecht, das Zuwanderungsgesetz und der Nationale Integrationsplan angeführt. Die Rede ist von einem Perspektiv- bzw. Paradigmenwechsel (vgl. Baringhorst, 2013; dazu kritisch Bommes, 2011). Die jüngst vorgetragenen Forderungen nach einem (erneuten) Politikwechsel (vgl. Friedrich-Ebert-Stiftung, 2013; Rat für Migration, 2013) legen eine genauere empirische Analyse der Frage nahe, inwieweit bzw. mit welcher Reichweite im vergangenen Jahrzehnt ein Policy-Wandel stattgefunden hat, der nicht nur Steuerungstypen und Instrumente betrifft, sondern als Policy-Wandel dritter Ordnung (Paradigmenwechsel) (vgl. Knill & Tosun, 2015) bezeichnet werden kann (vgl. Kösemen, 2014). Von Interesse erscheint überdies, wie der Wandel erklärt werden kann (vgl. Sabatier & Weible, 2014). In diesem Zusammenhang erscheint eine Rekonstruktion der Struktur und Dynamik des in Rede stehenden Politikfeldes geboten, die die Migrations- und Integrationspolitik im Mehrebenensystem (EU, Bund, Länder, Kommunen) (vgl. Benz, 2004) und die relevanten Akteure, insbesondere auch Migrantenorganisationen und zivilgesellschaftliche Akteure, Perspektiven, Vernetzungen und ihre Relevanz im politischen Prozess untersucht (vgl. Heckmann, 2015, S. 245–258). Da Migration und Integration alle Lebensbereiche und somit andere Politikfelder betrifft, müssen die Überschneidungen und Vernetzungen mit diesen systematisch einbezogen werden. Hierzu gehört neben den bereits benannten auch die Entwicklungspolitik (vgl. Angenendt, 2014). Internationale Vergleiche sind selbstverständlich unverzichtbar (vgl. Thränhardt, 2014). Diese erweiterte Perspektive erlaubt es, in der Rede von einer Querschnittspolitik zwischen einer allgemeinen Integrations- bzw. Teilhabepolitik und einer speziellen Integrationspolitik (für Migrantinnen und Migranten) zu unterscheiden (vgl. Heckmann, 2015) und die Bedingungen für eine kohärente Migrations- und Integrationspolitik (vgl. Friedrich-Ebert-Stiftung, 2013) bzw. eine allgemeine Teilhabepolitik (vgl. Pries, 2014) genauer bestimmen zu können.

Gegenwärtig wird insbesondere von Stiftungen (vgl. Friedrich-Ebert-Stiftung, 2013; Bertelsmann Stiftung, 2014), aber auch in der wissenschaftlichen Community der Migrations- und Integrationsforschung (vgl. Rat für Migration, 2013; 2014) ein (erneuter) Perspektivenwechsel bzw. eine Reform der Migrations- und Integrationspolitik angemahnt, deren Voraussetzungen und Erfolgsaussichten noch genauer zu analysieren sind. Die Forderungen gehen von einer transparenten Einwanderungssteuerung über die Entwicklung einer Willkommens- und Anerkennungskultur bis hin zu einer konsequenten Beteiligungs- und Inklusionspolitik, die auch eine angemessene Governance (z. B. ein Bundesministerium für Arbeit, Soziales, Migration und Integration) erfordert. Die Vorschläge basieren auf Situations- und Problemanalysen, die die ‚postmigrantische' Einwanderungsgesellschaft, den demographischen Wandel und den damit zusammenhängenden Fachkräftebedarf, transnationale Verflechtungen, die EU-Binnenwanderungen sowie die Kontinuität von Zuwanderung ebenso reflektieren wie die Herausforderungen einer durch kulturelle und religiöse Vielfalt (Diversität) gekennzeichneten Migrationsgesellschaft. Im politischen Raum sind diese aufgenommen worden, werden jedoch kontrovers verhandelt (z. B. in der Frage eines neuen Zuwanderungsgesetzes). In diesem Zusammenhang bedarf es einer sorgfältigen Beobachtung und Analyse der zentralen Akteure, ihrer Interessen und Perspektiven, und von Akteurkonstellationen, vor allem aber auch der Argumentationsmuster in der Krisen- und Reformkommunikation (vgl. Schneider & Janning, 2006). Auf diese Weise lassen sich Chancen und Reichweite der Implementation einer Reformagenda ausloten.

Vor dem Hintergrund der neueren Entwicklungen und von Migration als ‚Normalfall' erscheint eine systematische und umfassende Beobachtung und Evaluation der Migrations- und Integrationspolitik unverzichtbar, die insbesondere die Evaluation betreffend über das bisher erreichte Niveau hinausreicht. Hierzu sollten die Potenziale von Policy-Analysen stärker genutzt werden. Durch eine stärkere Verknüpfung von Migrationsforschung, Policy-Analyse und Evaluationsforschung eröffnen sich auch mehr Chancen für eine wissenschaftsbasierte und problemorientierte Politikberatung, die die Governance von Migration und Integration zentral im Blick hat. Beobachtung (Monitoring) und Evaluation sind Aufgaben, die einerseits intern, d.h. in der politischen Administration, anfallen und zu bewerkstelligen sind. Andererseits bedarf es einer unabhängigen wissenschaftlichen Politikbeobachtung und Evaluation durch wissenschaftliche Institutionen bzw. entsprechend ausgewiesene Evaluationsinstitute.

Für eine empirische Politikbeobachtung sind alle Typen von Interventionen (rechtliche, ökonomische, sozialökologische und pädagogische Interventionen) (vgl. Kaufmann, 2002) sowie alle Phasen des politischen Prozesses (vgl. Kevenhörster, 2006; Knill & Tosun, 2012) von Interesse. Die Evaluation von einzelnen Programmen ist zwar uneingeschränkt mitzudenken, greift aber zu kurz. Vielmehr bedarf es einer Monitoring- und Evaluationsarchitektur, die eine fortlaufende Beobachtung und Bewertung der Politikgestaltung und deren Umsetzung auf verschiedenen Ebenen einschließlich von Kommunikations- und Verhandlungsprozessen zwischen politischen, administrativen und zivilgesellschaftlichen Akteuren sowie die Rückkopplung und Kommunikation der Analysen ermöglicht. Das Spektrum der Beobachtungs- und Evaluationsgegenstände reicht von der Governance über Gesetze und Verordnungen, über die öffentlich-politische Kommunikation bis hin zu Programmen und Organisationen und Diensten. Die bereits eingeführten Integrationsmonitorings sind als Teil einer umfassenden Beobachtungs- und Evaluationsarchitektur zu betrachten.

Elementarer Bestandteil einer Politikevaluation sind Wirkungsanalysen. Die bereits an anderer Stelle dargelegten Dimensionen sind um die *symbolischen Wirkungen* politischer Programme zu erweitern (vgl. Kevenhörster, 2006, S. 22).

Die Bedeutung von Institutionen und Organisationen in der (Politik-)Evaluation ist in der einschlägigen Literatur differenziert herausgearbeitet worden (vgl. Bähr, 2010; Stockmann, 2007; Stockmann & Meyer, 2010; Knill &Tosun, 2015). „Institutionen legen Eigenschaften von Entscheidungsprozessen fest, die ihrerseits die Bandbreite verfügbarer politischer Problemlösungen erweitern oder begrenzen. Diese Bandbreite beeinflusst die Auswahl von Entscheidungsalternativen und diese wiederum die Qualität der Politikergebnisse" (Kevenhörster, 2006, S. 23). Dieser Sachverhalt legt es nahe, künftig der Evaluation von Organisationen bzw. institutionellen Arrangements einschließlich Inter-Organisations- und Netzwerkanalysen mehr Gewicht beizumessen (vgl. auch Kaufmann, 2002, S. 63 f.; Schneider &

Janning, 2006). In den referierten Programmevaluationen wird diese Dimension zumeist berücksichtigt, da in den Netzwerken unterschiedliche Organisationen kooperieren (müssen). Was bisher noch fehlt ist eine Evaluation der zentralen migrations- und integrationspolitischen Akteure und Institutionen. Dazu zählen die verschiedenen Ministerien, die an der Querschnittspolitik beteiligt sind. Ein erster Schritt in Richtung einer institutionellen Politikevaluation, die auch Governance-Fragen zentral im Blick hat (vgl. Friedrich-Ebert-Stiftung, 2013; Thränhardt, 2014), könnte die Evaluation des Amts der Integrationsbeauftragten und des BAMF sein. Die Länder wären entsprechend einzubeziehen.

5.   Fazit

Migrationsforschung, Policy-Analyse, Evaluationsforschung und wissenschaftliche Politikberatung beanspruchen auf je eigene Weise, einen Beitrag zu einer rationalen Politikgestaltung zu leisten. Die Migrationsforschung verfügt über einen breiten und fundierten Wissensbestand; Policy-Analysen gewinnen an Bedeutung, die Institutionalisierung von Evaluation in dem in Rede stehenden Feld ist fortgeschritten. Deren Wirkungen bzw. Wirkungsmöglichkeiten sind eigens zu untersuchen. Für das hier in Anschlag gebrachte Projekt einer *integrierten Politikbeobachtung und -evaluation* (vgl. Kissling-Näf & Knöpfel, 1997, S. 147 ff.), das in diesem Beitrag nicht ausbuchstabiert werden konnte, bietet sich eine engere Kooperation an. Allerdings sind die Chancen, Grenzen und (möglichen) Erträge der verschiedenen Zugänge zur wissenschaftlichen Begleitung von Politik (noch) genauer empirisch zu erforschen (vgl. Beck & Bonß, 1989; Roßmann & Simon, 2013; Filsinger, 2014b).

In diesem Zusammenhang ist insbesondere im Hinblick auf Erwartungen an eine wirkungsorientierte Steuerung bzw. eine evidenzbasierte Politikgestaltung die Einsicht herauszustellen, dass der Steuerung von Politik, Gesellschaft und Organisationen durch Ungewissheiten, Dilemmata und Eigendynamiken Grenzen gesetzt sind (vgl. Bommes, 2011; Willke, 1997; 2014). Ferner ist das Spannungsfeld zwischen (empirischer) Analyse und Beratung, zwischen Wissen und Wertentscheidungen im Auge zu behalten. Schließlich ist es aber im öffentlichen Interesse, wenn sich die (anwendungsorientierten) Sozialwissenschaften in kritischer und (selbst-)reflexiver Weise für eine effektivere und gerechtere Migrations- und Integrationspolitik engagieren, wie immer die Bewertungskriterien jeweils bestimmt werden.

Literatur

Angenendt, S. (2014). *Entwicklungsorientierte Migrationspolitik. Handlungsmöglichkeiten für die deutsche Politik*. WISO-direkt. Bonn: Friedrich-Ebert-Stiftung.

Bade, K. J. (1994a). *Ausländer, Aussiedler, Asyl. Eine Bestandsaufnahme*. München. Ch. Beck.

Bade, K. J. (Hrsg.). (1994b). *Das Manifest der 60. Deutschland und die Einwanderung*. München: C.H. Beck.

Bade, K. J. & Hiesserich, H.-G. (Hrsg.). (2007). *Nachholende Integrationspolitik und Gestaltungsperspektiven der Integrationspraxis*. Göttingen: V&R unipress.

Bähr, H. (2010). *The Politics of Means and Ends: Policy Instruments in the European Union*. Farnham: Ashgate Publishing.

BAMF – Bundesamt für Migration und Flüchtlinge. (2010). *Bundesweites Integrationsprogramm. Angebote der Integrationsförderung – Empfehlungen ihrer Weiterentwicklung*. Nürnberg.

Baringhorst, S. (2013). Paradigmenwechsel in der deutschen Migrations- und Integrationspolitik. In Bundesamt für Migration und Flüchtlinge, P. Schimany & H.D. Löffelholz (Hrsg.), *Beiträge zur Migrations- und Integrationsforschung* (S. 44–63). Nürnberg: BAMF.

Baringhorst, S., Hunger, U. & Schönwälder, K. (Hrsg.). (2006). *Politische Steuerung von Integrationsprozessen. Intentionen und Wirkungen*. Wiesbaden: VS Verlag für Sozialwissenschaften.

BBSR – Bundesinstitut für Bau- Stadt und Raumforschung. (2005). Die soziale Stadt – Ein Programm wird evaluiert. *Informationen zur Raumentwicklung*, Heft 2/3. Bonn.

Beauftragte der Bundesregierung für Migration, Flüchtlinge und Integration. (2011). Integration in Deutschland. Zweiter Integrationsindikatorenbericht. Institut für Sozialforschung und Gesellschaftspolitik und Wissenschaftszentrum Berlin für Sozialforschung, Berlin.

Beck, U. & Bonß, W. (Hrsg.). (1989). *Weder Sozialtechnologie noch Aufklärung? Analysen zur Verwendung sozialwissenschaftlichen Wissens*. Frankfurt a. M.: Suhrkamp.

Benz, A. (2004). *Governance – Regieren in komplexen Regelsystemen*. Einführung. Wiesbaden: VS Verlag für Sozialwissenschaften.

Bertelsmann Stiftung. (Hrsg.). (2014). *ReformKompass Migration. Einwanderungssteuerung, Willkommenskultur und Beteiligung*. Gütersloh.

Bertelsmann Stiftung & Bundesministerium des Inneren. (Hrsg.). (2005). Erfolgreiche Integration ist kein Zufall. Strategien kommunaler Integrationspolitik. Gütersloh.

Beywl, W. (1988/1999). *Zur Weiterentwicklung der Evaluationsmethodologie. Grundlegung, Konzeption und Anwendung eines Modells der responsiven Evaluation*. Frankfurt a. M.: Peter Lang.

Beywl, W. (2012). Evaluation ist systematische Kritik. *Sozial Extra*, 9–10, 15–17.

Beywl, W. & Nistroj, M. (2009). *Das A-B-C der wirkungsorientierten Evaluation*. Glossar Deutsch/Englisch der wirkungsorientierten Evaluation. Köln.

Blatter, J., Janning, F. & Wagemann, C. (2007). *Qualitative Politikanalyse. Eine Einführung in Forschungsansätze und Methoden*. Wiesbaden: VS Verlag für Sozialwissenschaften.

Blum, S. & Schubert, K. (2011). *Politikfeldanalyse*. Wiesbaden: VS Verlag für Sozialwissenschaften

BMFSFJ – Bundesministerium für Familie, Senioren, Frauen und Jugend. (2013). *Politischer Bericht zur Gesamtevaluation der ehe- und familienbezogenen Leistungen*. Berlin.

Bohnsack, R. (2006). Qualitative Evaluation und Handlungspraxis – Grundlagen dokumentarischer Evaluationsforschung. In U. Flick (Hrsg.), *Qualitative Evaluationsforschung* (S. 135–158). Reinbek bei Hamburg: Rowohlt Sachbuch.

Bommes, M. (2011). Migration und Migrationsforschung in der modernen Gesellschaft. Eine Aufsatzsammlung. *IMIS-Beiträge*, Heft 38, 15–152.

Borrmann, A. & Stockmann, R. (Hrsg.). (2009). *Evaluation der Entwicklungszusammenarbeit*. Band 1: Systemanalyse; Band 2: Fallstudien. Münster u.a.: Waxmann.

Bundesregierung. (2008). *Nationaler Integrationsplan – Erster Fortschrittsbericht*. Berlin.

Bundesregierung. (2011). *Nationaler Aktionsplan Integration. Zusammenhalt stärken – Teilhabe verwirklichen*. Berlin.

Busemeyer, M. R., Ebbinghaus, B., Leibfried, S., Mayer-Ahuja, N., Obinger, H. & Pfau-Effinger, B. (Hrsg.). (2013). *Wohlfahrtspolitik im 21. Jahrhundert. Neue Wege der Forschung*. Frankfurt a. M., New York: Campus Verlag.

Bussmann, W., Klöti, U. & Knoepfel, P. (Hrsg.). (1997). *Einführung in die Politikevaluation*. Basel, Frankfurt a. M.: Helbing & Lichtenhahn.

Caspari, A. (2008). (Rigorous) Impact Evaluation – Eine nicht nur für die Entwicklungszusammenarbeit relevante internationale Diskussion. *Zeitschrift für Evaluation, 7* (1), 137–142.

Deutsche Gesellschaft für Politikberatung (de'ge'pol). (2010). *Was ist Politikberatung?* Berlin: de'ge'pol.

DESI – Institut für Demokratische Entwicklung und Sozialforschung. (2012). *Stand der kommunalen Integrationspolitik in Deutschland*. Berlin.

Dohse, K. (1985). *Ausländische Arbeiter und bürgerlicher Statt: Genese und Funktion von staatlicher Ausländerpolitik und Ausländerrecht. Vom Kaiserreich bis zur Bunderepublik Deutschland*. Berlin: Express-Edition.

Dohse, K. (1986). *Die Einwandererfrage: Aufsätze zur „Ausländerproblematik"*. Schriften des Wissenschaftszentrums Berlin. Berlin.

DVPW – Deutsche Vereinigung für Politikwissenschaft (2013). CfP: Sektionstagung 2014 – Entstehung und Dynamik von Politikfeldern. Verfügbar unter: www.dvpw.de/gliederung/sektionen/spv/details.html [13.02.2015].

Entzinger, H. (2013). Grenzen, Migration und Politik. Wie Gesellschaften, Regierungen und Wissenschaft mit Integration umgehen. *WZB Mitteilungen (Wissenschaftszentrum für Sozialforschung Berlin)*, Heft 142, 6–9.

Esser, H. (1980). *Aspekte der Wanderungssoziologie. Assimilation und Integration von Wanderern, ethnischen Gruppen und Minderheiten. Eine handlungstheoretische Analyse*. Darmstadt, Neuwied: Luchterhand.

Filsinger, D. (2008). *Bedingungen erfolgreicher Integration. Integrationsmonitoring und Evaluation*. WISO-Diskurs der Friedrich-Ebert-Stiftung, Bonn.

Filsinger, D. (2009). Entwicklung, Konzepte und Strategien der kommunalen Integrationspolitik. In F. Gesemann & R. Roth (Hrsg.), *Lokale Integrationspolitik in der Einwanderungsgesellschaft – Migration und Integration als Herausforderung von Kommunen* (S. 279–296). Wiesbaden: VS Verlag für Sozialwissenschaften.

Filsinger, D. (2014a). Integrationsberichte als Sozialberichterstattung – Konzepte, Methoden, Reflexionen. In H. Willems (Hrsg.), *Konzepte und Methoden der Jugendberichter-*

stattung – Herausforderungen und Perspektiven (S. 115–136). Wiesbaden: VS Verlag für Sozialwissenschaften.

Filsinger, D. (2014b). *Monitoring und Evaluation. Perspektiven für die Integrationspolitik von Bund und Ländern*. WISO-Diskurs, Bonn.

Filsinger, D., Hamburger, F. & Neubert, D. (1983). Die Verwaltung der Ausländer. Eine Fallstudie zur Realität der kommunalen Ausländerarbeit. In F. Hamburger, M. E. Karsten, H.U. Otto & K. Richter (Hrsg.), *Sozialarbeit und Ausländerpolitik* (S. 44–61). Neuwied, Darmstadt: Luchterhand.

Flick, U. (Hrsg.). (2006). *Qualitative Evaluationsforschung. Konzepte, Methoden und Umsetzungen*. Reinbek bei Hamburg: Rowohlts Enzyklopädie.

Friedrich-Ebert-Stiftung. (2013). *Perspektivenwechsel in der Einwanderungsgesellschaft. Grundlagen für eine neue Migrations- und Integrationspolitik*. WISO-Diskurs, Bonn.

Gesemann, F. & Roth, R. (Hrsg.). (2009). *Lokale Integrationspolitik in der Einwanderungsgesellschaft. Migration und Integration als Herausforderung von Kommunen*. Wiesbaden: VS Verlag für Sozialwissenschaften.

Gesemann, F. & Roth, R. (2014). *Integration ist (auch) Ländersache! Schritte zur politischen Inklusion von Migrantinnen und Migranten in den Bundesländern*. Berlin: Friedrich-Ebert-Stiftung Forum Berlin.

Gütlhuber, T. & Schimany, P. (2013). Die Forschungsgruppe im Bundesamt für Migration und Flüchtlinge. In P. Schimany & H. D. von Loeffelholz (Hrsg.), *Beiträge zur Migrations- und Integrationsforschung* (S. 19–32). Nürnberg: Bundesamt für Migration und Flüchtlinge.

Habermas, J. (1968). *Technik und Wissenschaft als Ideologie*. Frankfurt a. M.: Suhrkamp Verlag.

Hamburger, F. (1983). Erziehung in der Einwanderungsgesellschaft. *Zeitschrift für Pädagogik, 18*. Beiheft, 273–282.

Hamburger, F. (2012²). *Abschied von der interkulturellen Pädagogik. Plädoyer für einen Wandel sozialpädagogischer Konzepte*. Weinheim und Basel: Beltz Juventa.

Haubrich, K. (2009). *Sozialpolitische Innovation ermöglichen. Die Entwicklung der rekonstruktiven Programmtheorie-Evaluation am Beispiel der Modellförderung in der Kinder- und Jugendhilfe*. Münster u.a.: Waxmann.

Heckmann, F. (1981). *Die Bundesrepublik – ein Einwanderungsland? Zur Soziologie der Gastarbeiterbevölkerung als Einwanderungsminorität*. Stuttgart: Klett Cotta.

Heckmann, F. (2013). Zur Entstehung und Bedeutung der Migrations- und Integrationsforschung in Deutschland. In P. Schimany & H.D. von Loeffelholz (Hrsg.), *Beiträge zur Migrations- und Integrationsforschung* (S. 33–43). Nürnberg: Bundesamt für Migration und Flüchtlinge.

Heckmann, F. (2015*). Integration von Migranten. Einwanderung und neue Nationenbildung*. Wiesbaden: Springer VS

Hellstern, G.-M. & Wollmann, H. (Hrsg.). (1983). *Experimentelle Politik – Reformstrohfeuer oder Lernstrategie*. Opladen: Westdeutscher Verlag.

Héritier, A. (1993). Policy-Analyse. Kritik und Neuorientierung. *Politische Vierteljahresschrift, 24*, Sonderheft 24.

Hoffmann-Nowotny, H.J. (1973). *Soziologie des Fremdarbeiterproblems*. Stuttgart: Enke.

Hoffmann-Nowotny, H.J. & Hondrich, K.O. (Hrsg.). (1982). *Ausländer in der Bundesrepublik Deutschland und in der Schweiz*. Frankfurt a. M., New York: Campus.

Hustedt, T., Veit, S. & Fleischer, J. (2010). Wissen ist Macht? Wissenschaftliche Politikberatung. *Aus Politik und Zeitgeschichte, 19*, S. 15–21.

Kalmann, M., Metje, U. M., Rolfes, M. & Kohlmeyer, K. (2011). Evaluation von Integrationspolitik. *Zeitschrift für Evaluation, 10* (2), 337–346.

Kaufmann, F.-X. (Hrsg.). (1979). *Bürgernahe Sozialpolitik. Planung, Organisation und Vermittlung sozialer Leistungen auf örtlicher Ebene.* Frankfurt a. M., New York: Campus Verlag.

Kaufmann, F.-X. (2002). *Sozialpolitik und Sozialstaat. Soziologische Analysen.* Opladen: Leske + Budrich Verlag.

Kevenhörster, P. (2006). *Politikwissenschaft, Band 2: Ergebnisse und Wirkungen von Politik.* Wiesbaden: VS Verlag für Sozialwissenschaften.

Kissling-Näf, I. & Knoepfel, P. (1997). Evaluation und Monitoring. In W. Bussmann, U. Klöti & P. Knoepfel (Hrsg.), *Einführung in die Politikevaluation* (S. 147–172). Basel, Frankfurt a. M.: Helbing & Lichtenhahn.

Klöti, U. (2003). Policy-Analyse. *Vereinigung Schweizerischer Hochschuldozenten VSH-Bulletin, 29* (4), 22–25.

Knill, C. & Tosun, J. (2015). *Einführung in die Policy-Analyse.* Opladen: Barbara Budrich.

Kösemen, O. (2014). Die Umsetzung von Reformen im Politikfeld Migration – Eine Skizze für Deutschland. In Bertelsmann Stiftung (Hrsg.), *ReformKompass Migration. Einwanderungssteuerung, Willlkommenskultur und Beteiligung* (S. 7–35). Gütersloh.

Kromrey, H. (2008). Wissenschaftstheoretische Anforderungen an empirische Forschung und die Problematik ihrer Beachtung in der Evaluation. Oder: Wie sich die Evaluationsforschung um das Evaluieren drückt. In K.-S. Rehberg (Hrsg.), *Die Natur der Gesellschaft. Verhandlungen des 33. Kongresses der Deutschen Gesellschaft für Soziologie in Kassel 2006* (S. 1923–1932). Frankfurt a. M., New York: Campus Verlag.

Leggewie, C. (1994). Das Ende der Lebenslügen: Plädoyer für eine neue Einwanderungspolitik. In K.J. Bade (Hrsg.), *Manifest der 60. Deutschland und die Einwanderung* (S. 213–225). München: C.H. Beck.

Leschke, M. & Pries, I. (2005). *Wissenschaftliche Politikberatung: Theorie, Konzepte, Institutionen.* Stuttgart: Lucius & Lucius.

Lüders, C. & Haubrich, K. (2006). Wirkungsevaluation in der Kinder- und Jugendhilfe. In Deutsches Jugendinstitut (Hrsg.), *Wirkungsevaluation in der Kinder- und Jugendhilfe*: Einblicke in die Evaluationspraxis (S. 5–24). München: DJI.

Mau, S. (2014). Migration und Wohlfahrtsstaat: Kontroversen um Inklusion und Exklusion. In P. Mausch, W. Spellbrink, U. Becker & S. Leibfried (Hrsg.), *Grundlagen und Herausforderungen des Sozialstaats. Denkschrift 60 Jahre Bundessozialgericht*, Band 1 (S. 651–666). Berlin: Erich Schmidt Verlag.

Mayntz, R. & Scharpf, F. W. (1995). *Gesellschaftliche Selbstregelung und politische Steuerung.* Frankfurt a. M., New York: Campus Verlag.

Meyer, W. (2004²). *Indikatorenentwicklung.* CEval Arbeitspapier 10. Saarbrücken.

Metzler, G. (2014). Von der Gelehrtenrepublik zur Expertokratie? Wissenschaftliche Politikberatung im Feld der Sozialpolitik. In P. Mausch, W. Spellbrink, U. Becker & S. Leibfried (Hrsg.), *Grundlagen und Herausforderungen des Sozialstaats. Denkschrift 60 Jahre Bundessozialgericht*, Band 1 (S. 203–220). Berlin: Erich Schmidt Verlag.

Meier-Braun, K.H. (1988). *Integration und Rückkehr? Zur Ausländerpolitik des Bundes und der Länder, insbesondere Baden-Württembergs.* Mainz, München: Grünewald.

Nullmeier, F., Pritzlaff, T. & Wiesner, A. (2003). *Mikro-Policy-Analyse. Ethnographische Politikforschung am Beispiel Hochschulpolitik.* Frankfurt a. M./New York: Campus.

Ohlert, M. (2015). *Zwischen „Multikulturalismus" und „Leitkultur". Integrationsleitbild und -politik der im 17. Deutschen Bundestag vertretenen Parteien.* Wiesbaden: Springer VS.

Pries, L. (2014). Integration als Eröffnung von Teilhabechancen. In Rat für Migration (Hrsg.), *Migrations- und Integrationspolitik heute. Dokumentation der Tagung am 22.11.2013* (S. 46–60). Berlin: www.rat-fuer-migration.de.

Rat für Migration; Krüger-Potratz, M. & Schiffauer, W. (Hrsg.). (2010), *Migrationsreport 2010. Fakten, Analysen, Perspektiven.* Frankfurt a. M., New York: Campus.

Rat für Migration. (2013). *Für eine Neuordnung der Migrations- und Integrationsbelange auf der Bundesebene.* Berlin: www.rat-fuer-migration.de.

Rat für Migration. (2014). *Migrations- und Integrationspolitik heute.* Dokumentation der Tagung am 22. 11.2013 in Berlin. Berlin: www.rat-fuer-migration.de.

Rawson, R. (2002). Evidence-based Policy: In Search of a Method. *Evaluation, 8* (2), S. 157–181.

Roßmann, S. & Simon, D. (2013). Wandel durch Evaluation. Ehemals skeptische Ministerien sehen Bewertung der Ressortforschung heute positiv. *WZB Mitteilungen (Wissenschaftszentrum für Sozialforschung Berlin),* Heft 142, 33–35.

Roth, R. (2012). Sind kritische Evaluationen möglich? Skeptische Anmerkungen aus der Evaluationspraxis. *Sozial Extra,* 7–8, 16–19.

Roth, R. (2013). *Willkommens- und Anerkennungskultur in Deutschland – Herausforderungen und Lösungsansätze.* Gütersloh.

Rürup, B. (2010). *Wissenschaftliche Politikberatung zwischen theoriegeleiteter Strategieentwicklung und pragmatischen Entscheidungen.* Ludwigs-Maximilians-Universität München, Center für Advanced Studies. CASLMU eSeries, Nummer 2.

Sabatier, P. A. & Weible, C. M (Hrsg.). (2014). *Theories of the Policy Process* (3. Aufl.). Boulder: Westview Press.

Sänger, F. (2008). *Qualitative Comparative Analysis (QCA) und Realistic Evaluation. Theoretische Parallelen und praktische Anwendung aus der Politikevaluation.* Vortrag im Rahmen des Fachgesprächs „Programmtheorien" in Evaluationen, 02.12.2008, Deutsches Jugendinstitut, München.

Santel, B. & Schock, H. (2000). *Einwanderung im Spiegel sozialwissenschaftlicher Forschung.* Wiesbaden: Springer.

Schader-Stiftung. (Hrsg.). (2013). *Potenzialbericht. Erste Ergebnisse der Erhebung vor Ort. Forschungs-Praxis-Projekt: Integrationspotenziale ländlicher Regionen im Strukturwandel.* Darmstadt.

Schimany, P. & Loeffelholz, H. D. von (2013). Einführung – 60 Jahre Bundesamt. Von der Asylbehörde zum Kompetenzzentrum. In P. Schimany & H. D. von Loeffelholz (Hrsg.), *Beiträge zur Migrations- und Integrationsforschung* (S. 7–17). Nürnberg: Bundesamt für Migration und Flüchtlinge.

Schmidt, M. (2010). Politikberatung. In M. Schmidt (Hrsg.), *Wörterbuch der Politik* (3.Aufl.) (S. 606–607). Stuttgart: Alfred Kröner Verlag.

Schneider, J. (2010). *Modernes Regieren und Konsens. Kommissionen und Beratungsregime in der deutschen Migrationspolitik.* Wiesbaden: VS Verlag für Sozialwissenschaften.

Schneider, V. & Janning, F. (2006). *Politikfeldanalyse: Akteure, Diskurse und Netzwerke,* Wiesbaden: VS Verlag für Sozialwissenschaften.

Scholz, A. (2012). *Migrationspolitik zwischen moralischem Anspruch und strategischem Kalkül. Der Einfluss politischer Ideen in Deutschland und Frankreich.* Wiesbaden: Springer VS.

Schubert, K. & Bandelow, N.C (2014). *Lehrbuch der Politikfeldanalyse.* München: de Gruyter.

Schuller, K., Lochner, S. & Rother, N. (2011). *Das Integrationspanel. Ergebnisse einer Längsschnittstudie zur Wirksamkeit und Nachhaltigkeit von Integrationskursen.* Forschungsbericht 11. Bundesamt für Migration und Flüchtlinge. Nürnberg.

Schulte, A. (2011a). Integration als politische Herausforderung in der Einwanderungsgesellschaft. In T. Kunz & R. Puhl (Hrsg.), *Arbeitsfeld Interkulturalität* (S. 58–73). München, Weinheim: Beltz Juventa.

Schulte, A. (2011b). Integrationspolitik in der Bundesrepublik Deutschland. Von politischer Opportunität und institutionalisierter Ungleichbehandlung zur menschenrechtsbasierten Politik? *dms – der moderne staat – Zeitschrift für Public Policy, Recht und Management, 1,* 29–60.

Schulte, A. (2012). Politische Steuerung von Integrationsprozessen und Menschenrechte in der Einwanderungsgesellschaft. *Zeitschrift für Arbeitsrecht, 8,* 289–297.

Schweitzer, H. (2012a). Durch periodisches Wiegen wird die Sau nicht fetter. Der „Nationale Aktionsplan Integration" der Bundesregierung – ein geeignetes Instrument zur Evaluation von Integrationsprozessen?. *Sozial Extra, 7–8,* 27–30.

Schweitzer, H. (2012b). Symbolische Politik. Zum problematischen Umgang mit der Evaluation sozial-, bildungs- und integrationspolitischer Maßnahmen und Programme. *Sozial Extra, 7–8,* 15.

Stockmann, R. (Hrsg.). (2000). *Evaluationsforschung. Grundlagen und ausgewählte Forschungsfelder.* Opladen: Leske u. Budrich.

Stockmann, R. (2006). *Evaluation und Qualitätsentwicklung. Eine Grundlage für wirkungsorientiertes Qualitätsmanagement.* Münster u.a.: Waxmann.

Stockmann, R. (Hrsg.). (2007). *Handbuch zur Evaluation.* Münster u.a.: Waxmann.

Stockmann, R. & Meyer, W. (2010). *Evaluation: eine Einführung.* Opladen: Barbara Budrich.

SVR – Sachverständigenrat deutscher Stiftungen für Integration und Migration. (Hrsg.). (2012). *Migration, Integration, Politik und wissenschaftliche Politikberatung in Deutschland.* Symposium anlässlich des Abschieds von Prof. Dr. Klaus Bade. Berlin.

SVR – Sachverständigenrat deutscher Stiftungen für Integration und Migration. (2014). *Deutschlands Wandel zum modernen Einwanderungsland* – Jahresgutachten 2014 mit Integrationsbarometer. Berlin.

Thränhardt, D. (Hrsg.). (1985). *Ethnische Minderheiten in der Bunderepublik Deutschland und in den Niederlanden. Eine vergleichende Bestandsaufnahme.* Düsseldorf: Landeszentrale für politische Bildung.

Thränhardt, D. (2014). Governance von Migration und Integration – internationale Erfahrungen und Empfehlungen für Deutschland. In Bertelsmann Stiftung (Hrsg.), *ReformKompass Migration. Einwanderungssteuerung, Willlkommenskultur und Beteiligung* (S. 48–60). Gütersloh.

Vedung, E. (1999). *Evaluation im öffentlichen Sektor.* Wien: Böhlau.

Wagner, G. (2009). Evaluation der Arbeitsmarktpolitik in Deutschland. In T. Widmer, W. Beywl & C. Fabian (Hrsg.), *Evaluation. Ein systematisches Handbuch* (S. 117–128). Wiesbaden: VS Verlag für Sozialwissenschaften.

Walther, U.-J. & Güntner, S. (2007). Soziale Stadtpolitik in Deutschland: das Programm Soziale Stadt. In D. Baum (Hrsg.), *Die Stadt in der Sozialen Arbeit. Ein Handbuch für soziale und planende Berufe* (S. 389–400). Wiesbaden: VS Verlag für Sozialwissenschaften.

Weingart, P. (2006). Erst denken, dann handeln? Wissenschaftliche Politikberatung aus
der Perspektive der Wissens(chaft)soziologie. In S. Falk, A. Römmele, D. Rehfeld &
M. Thunert (Hrsg.), *Handbuch Politikberatung* (S. 35–44). Wiesbaden: VS Verlag für
Sozialwissenschaften.

Wendekamm, M. (2015). *Die Wahrnehmung von Migration als Bedrohung. Zur Verzahnung
der Politikfelder Innere Sicherheit und Migrationspolitik*. Wiesbaden: Springer VS.

Widmer, T. (2008). Evaluationsansätze und ihre Effekte: Erfahrungen aus verschiedenen
Politikfeldern. In H. Matthies & D. Simon (Hrsg.), *Wissenschaft und Beobachtung. Effekte und Defekte von Evaluationen* (S. 267–287). Wiesbaden: VS Verlag für Sozialwissenschaften.

Widmer, T., Beywl, W. & Fabian, C. (Hrsg.). (2009). *Evaluation. Ein systematisches Handbuch*, Wiesbaden: VS Verlag für Sozialwissenschaften.

Widmer, T. & de Rocchi, T. (2012). *Evaluation. Grundlagen, Ansätze und Anwendungen*.
Zürich: Rüegger.

Willke, H. (1997). *Supervision des Staates*. Frankfurt a. M.: Suhrkamp.

Willke (2014). *Demokratie in Zeiten der Konfusion*. Frankfurt a. M.: Suhrkamp.

IV
Evaluation als Erfolg?
Nachhaltige Wirkungen

Der Beitrag Reinhard Stockmanns zur Evaluationsforschung – Eine (Zwischen-)Bilanz

Stefan Silvestrini

1. Einleitung

Der Begriff der Evaluations*forschung* ist in der Neuzeit der Sozialwissenschaften sicherlich eine der am häufigsten und kontroversesten diskutierten Bezeichnungen eines Arbeitsfeldes, mit dem sich ein nicht zu vernachlässigender und dazu noch stetig steigender Anteil von beispielsweise Sozial-, Politik- oder Erziehungswissenschaftlerinnen und -wissenschaftlern beschäftigt. Wenngleich nur wenige Autorinnen und Autoren seine Existenzberechtigung – insbesondere aufgrund unzureichender forschungs*praktischer* Voraussetzungen (vgl. z. B. Kromrey, 2001 oder Emrich in diesem Buch) – grundsätzlich in Zweifel ziehen, beklagt doch ein Teil (vgl. u. a. Brandon & Sing, 2009; Stufflebeam & Shinkfield, 2007) mitunter zu Recht einen Mangel an Wissenschaftlichkeit und Grundlagenforschung in diesem Arbeitsfeld.

Ohne den Autorinnen und Autoren grundsätzlich hinsichtlich ihrer Einschätzung des Bedarfs an der stetigen Weiterentwicklung der theoretischen und methodischen Grundlagen widersprechen zu wollen, ist jedoch ebenfalls festzustellen, dass gerade in den letzten beiden Dekaden in der Evaluationsforschung deutliche Fortschritte zu verzeichnen waren. Dies gilt insbesondere für den europäischen Anteil an der Weiterentwicklung dieses Felds der angewandten Sozialwissenschaft. War die Literatur in diesem Bereich bis etwa zur Jahrtausendwende noch überwiegend durch anglo-amerikanische Autorinnen und Autoren (z. B. Alkin, Patton, Rossi, Scriven, Stufflebeam) geprägt, steigt zumindest in der jüngeren Vergangenheit der Anteil der wissenschaftlichen Beiträge beispielsweise aus Deutschland, Spanien oder den Niederlanden (vgl. dazu die Übersicht von Gaus, Müller & Konradt, 2014 mit der von Diaz-Puente, Cazorla & Dorrego, 2007). Unter Anbetracht des Entwicklungsvorsprungs der Evaluationsforschung jenseits des Atlantiks (vgl. dazu Stockmann & Meyer, 2010, S. 23 ff. sowie Stockmann, 2006a, S. 13 ff.) ist diese langjährige und nach wie vor teilweise bestehende anglo-amerikanische Dominanz auch wenig verwunderlich.

Dieser in seinen Anfängen vor allem politisch induzierte Vorsprung (vgl. dazu Mertens, 2006, S. 44 ff.) spiegelt sich entsprechend auch in den Entstehungsgeschichten der jeweiligen Evaluationskulturen wider. Diese Entwicklungslinien zeigen sich wiederum u. a. anhand der Gründung von Evaluationsgesellschaften und Publikationsorganen: Während die Canadian Evaluation Society (CES) und die American Evaluation Association (AEA) bereits 1981 bzw. 1986 gegründet wurden, entstanden vergleichbare Verbände in Europa größtenteils erst ab den späten

1990ern (z. B. Schweizerische Evaluationsgesellschaft – SEVAL: 1996, Gesellschaft für Evaluation – DeGEval: 1997, Associazione Italiana di Valutatione: 1997, Societe Francaise de l'Evaluation: 1999) bzw. in den 2000er Jahren (z. B. Vide [Holländische Evaluierungsgesellschaft]: 2002, Dansk Evaluerings Selskab: 2008, Norsk Evaluerings Forening: 2009). Wurde der Großteil der US-amerikanischen Zeitschriften, die sich primär mit dem Thema Evaluation befassen, in den 1970ern und 80ern ins Leben gerufen (z. B. Studies in Educational Evaluation: 1975, Evaluation Review [bis 1979: Evaluation Quarterly]: 1977, Evaluation and Program Planning: 1978, Evaluation and the Health Professions: 1978, Educational Evaluation and Policy Analysis: 1979, The American Journal of Evaluation [bis 1998: Evaluation Practice]: 1980), kamen in Europa entsprechende Journale erst mehrere Jahre später auf den Markt (z. B. Evaluation – The International Journal of Theory, Research and Practice: 1995, Rassegna Italiana di Valutazione: 1995, Journal for Research and Technology Policy Evaluation: 1996, Zeitschrift für Evaluation: 2002 [vgl. dazu auch den Beitrag von Gaus dazu in diesem Buch]).

Wenn auch nicht zuletzt aufgrund von Sprachbarrieren das Entstehen von geeigneten Foren und die Zunahme von Publikationsmöglichkeiten nicht unmittelbar in einer gesteigerten internationalen Rezeption europäischer Evaluationsforschung resultiert, so weist die Entwicklung zweifelsohne auf den steigenden Bedarf und entsprechenden Stellenwert dieses Forschungsfeldes in Europa hin. Und wenngleich ebenso darauf hinzuweisen ist, dass diese quantitative Steigerung der Vernetzung und Produktivität europäischer Evaluationsforschung nicht zwangsläufig auch mit einer qualitativen Steigerung der Forschungsleistungen einhergehen muss, so kann zumindest am Beispiel Deutschlands unter besonderer Berücksichtigung der Arbeiten des Jubilars Reinhard Stockmann im Folgenden ein überaus positives Bild gezeichnet werden.

Die Frage, der demnach in diesem Text nachgegangen werden soll, bezieht sich auf den spezifischen Beitrag Stockmanns zur Evaluationsforschung in Deutschland und darüber hinaus. Um diese Frage beantworten zu können, ist zunächst zu klären, was überhaupt unter Evaluationsforschung zu verstehen ist und welche Arbeitsfelder sich hieraus ergeben.

Im Folgenden werden sodann die Forschungsleistungen Stockmanns in diesen einzelnen Gebieten exemplarisch dargestellt und ihr Beitrag zur internationalen Diskussion erörtert. Abschließend werden – quasi als Grenzposten und Motivation für weitere Forschungsarbeiten (jedoch nicht nur für Stockmann selbst) – die aus Sicht des Autors bestehenden Desiderate der Evaluationsforschung aufgezeigt.

2.   Evaluationsforschung – der Versuch einer Definition

Bevor also der Beitrag Stockmanns zur Evaluationsforschung gewürdigt werden kann, ist zunächst zu klären, was überhaupt Evaluationsforschung ist und wodurch sie sich beispielsweise gegenüber sozial-, politik- oder wirtschaftswissenschaft-

licher Forschung, deren Instrumente und Methoden sich Evaluationen hauptsächlich bedienen, abgrenzt. Um eine geeignete Definition für das Kompositum
‚Evaluations-forschung‘ zu finden, gilt es dementsprechend herauszufinden: ‚Was
ist Evaluation?‘, und ‚Was ist Forschung?‘ und – da es mehrere Arten der Forschung
gibt – ‚Welche Art der Forschung ist Evaluationsforschung?‘.

Zur Beantwortung der ersten Frage bietet es sich natürlich an, auf eine mittlerweile einschlägige, vom Jubilar selbst erstellte Definition von Evaluation zurück-
zugreifen. Demnach steht Evaluation „nicht nur für spezifisches Handeln, das die
Bewertung von empirisch gewonnenen Informationen zum Ziel hat, auf deren
Basis rationale Entscheidungen getroffen werden können, sondern auch für das
Ergebnis dieses Prozesses. Wissenschaftlich durchgeführte Evaluationen zeichnen
sich dadurch aus, dass sie

a) auf einen klar definierten Gegenstand bezogen sind;
b) dass für die Informationsgewinnung objektivierende empirische Datenerhe-
    bungsmethoden eingesetzt werden und dass
c) die Bewertung anhand präzise festgelegter und offengelegter Kriterien,
d) mit Hilfe systematisch vergleichender Verfahren vorgenommen wird. Die Eva-
    luation wird
e) in der Regel von dafür besonders befähigten Personen (Evaluatoren) durchge-
    führt, um
f) auf den Evaluationsgegenstand bezogene Entscheidungen zu treffen.“ (Stock-
    mann, 2011, S. 1)

Gemäß dieser Definition von Evaluation kann Evaluationsforschung, im Sinne
der Forschung über Evaluation, verstanden werden als Forschung über (a) den
Gegenstandsbereich von Evaluationen, (b) für Evaluationen geeignete empirische
Datenerhebungsmethoden, (c) entsprechend geeignete Bewertungskriterien und
(d) Evaluationsdesigns sowie über (e) die für die Durchführung von Evaluationen
erforderliche Qualifikationen und schließlich über (f) den Nutzen und die Nutzung von Evaluationsergebnissen. Ferner richtet sich Evaluationsforschung auf das
‚spezifische Handeln‘, das eine Bewertung der gewonnenen Daten zum Ziel hat,
also auf die Evaluationspraxis. Damit sind also insgesamt sieben Forschungsfelder
ausgemacht, in denen Evaluationsforschung betrieben werden kann.

Nachdem der Gegenstandsbereich von Evaluationsforschung eingegrenzt
wurde, ist als nächstes zu klären, was in diesen Feldern unter Forschung zu verstehen ist. Ausgangspunkt hierbei soll abermals eine zweckdienliche Definition
des Forschungsbegriffs sein. Eine der bekanntesten Definitionen ist sicherlich die
von Karl Popper, für den die „Tätigkeit des wissenschaftliche Forschers [darin]
besteht […], Sätze oder Systeme von Sätzen aufzustellen und systematisch zu
überprüfen; in den empirischen Wissenschaften sind es insbesondere Hypothesen, Theoriesysteme, die aufgestellt und an der Erfahrung durch Beobachtung und
Experiment überprüft werden.“ (Popper, 1935, S. 1) Wenngleich diese Definition

verständlich und allgemein akzeptiert ist, ist sie jedoch zur näheren Bestimmung von Forschungsbeiträgen wenig geeignet, da sie – außer der Anzahl und Gültigkeit der von einem Forschenden aufgestellten Sätze bzw. Systeme von Sätzen – keine Auskunft darüber gibt, woran dieser Beitrag gemessen werden kann. Zudem bildet sie nicht die mittlerweile übliche Differenzierung zwischen Grundlagen-, translationaler und Anwendungsforschung ab, die wiederum das Spektrum möglicher Forschungsbeiträge deutlich erweitert.

Eine diesbezüglich zeitgemäße Definition liefert der Bundesverband für Bildung, Wissenschaft und Forschung e. V. (BBFW), der Forschung versteht als „die Suche nach neuen Erkenntnissen – im Gegensatz zum zufälligen Entdecken – sowie deren systematische Dokumentation und Veröffentlichung. Letztere erfolgt überwiegend als Wissenschaftliche Arbeit in relevanten Fachzeitschriften und/ oder bei Tagungen. Forschung und Forschungsprojekte werden sowohl im wissenschaftlichen als auch im industriellen Rahmen betrieben. […]".[1] Damit wird zum einen direkt auf die Verbreitung von Forschungsergebnissen Bezug genommen, die ein wesentlicher Bestandteil heutiger Forschungsarbeit ist. Zum anderen verweist die Definition auf den sowohl akademischen als auch praktischen Kontextbezug von Forschung, d. h. dass forscherische Erkenntnisse nicht nur rein wissenschaftlicher Tätigkeit entspringen, sondern auch Ergebnis allgemein wirtschaftlichen Handelns sein können.

Weiterhin unterscheidet der BBWF zwischen „*Grundlagenforschung*, die bislang unbekannte Objekte, Mechanismen und Funktionen […] aufklärt […]" und entsprechend der „Erweiterung der wissenschaftlichen Kenntnisse" dient, *translationaler* Forschung, die zu verstehen ist als als „weiterführende, gezielte Grundlagenforschung an der Schnittstelle zur angewandten Forschung, die auf selbst gewonnenen wissenschaftlichen Erkenntnissen aufbaut und auf konkrete Anwendungsziele oder/und einen zu entwickelnden wirtschaftlichen, gesellschaftlichen oder kulturellen Nutzen ausgerichtet ist […]" sowie „*angewandte* Forschung (auch Zweckforschung), die ein bestimmtes, oft technisches Problem lösen will." (Hervorhebungen durch den Zitierenden). Schließlich beschreibt der BBWF den Zusammenhang zwischen Grundlagenforschung und angewandter Forschung als Austausch durch die Lieferung von Wissen (Grundlagen zu Anwendung) sowie von Impulsen für weitere Forschung (Anwendung zu Grundlagen).

Verknüpft man nun diese Definition von Forschung mit der Definition von Evaluation, so erhält man, wie die folgende tabellarische Darstellung illustriert, ein differenziertes Raster, das die Arbeitsfelder in denen Evaluationsforschung stattfinden kann, umfasst:

---

1   Vgl. Website des BBFW: http://www.bbwf.de/ct-menu-item-31/was-ist-forschung.html (18.01.2015).

Tabelle 1: Arbeitsfelder der Evaluationsforschung

Forschungsfeld	Grundlagen-forschung	Translationale Forschung	Angewandte Forschung
Gegenstandsbereich von Evaluationen			
Datenerhebungsmethoden			
Bewertungskriterien			
Evaluationsdesigns		**?**	
Qualifikationen			
Nutzen und Nutzung von Evaluationsergebnissen			
Evaluationspraxis			

Im Folgenden gilt es, anhand dieser Forschungsfelder die Beiträge Stockmanns zu verorten und darzustellen, wodurch sie sich hinsichtlich ihrer Qualität und Innovationskraft auszeichnen.

3. Der Beitrag Stockmanns zur Evaluationsforschung in Deutschland

Also: Was sind denn nun die spezifischen Beiträge Stockmanns zur Evaluationsforschung? Wo liegen seine Schwerpunkte? Wodurch zeichnet sich seine Arbeit aus? – Man könnte es sich einfach machen und die wesentlichen aggregierten Kennzahlen aufführen, die man in seinen biografischen Angaben findet: Mehr als 30 Buchpublikationen, weit über 100 Zeitschriftenartikel und Buchbeiträge, unzählige Forschungsberichte, unveröffentlichte Gutachten und Arbeitspapiere sowie Vorträge, Tagungsleitungen, konzipierte und umgesetzte Weiterbildungs- und Beratungsmaßnahmen sowie Evaluationsstudien, betreute Qualifizierungsarbeiten und, und, und … Wenngleich die schiere Menge seiner Forschungsarbeiten bereits beeindrucken mag, sagt sie alleine kaum etwas über das eigentliche Wirken Stockmanns im Bereich der Evaluationsforschung aus. Wie lassen sich also seine zentralen Beiträge angemessener bestimmen?

Gehen wir systematisch vor und betrachten die im vorangegangenen Abschnitt identifizierten Forschungsfelder der Reihe nach, beginnend mit seinem Beitrag zur Erweiterung des *Gegenstandsbereichs von Evaluationen*. Hierbei fallen einem unweigerlich die zahlreichen Arbeiten Stockmanns im Bereich der Entwicklungszusammenarbeit im Allgemeinen (vgl. u.a. Stockmann, 2010, 1996, 1992; Stockmann & Borrmann, 2009)[2] und der Berufsbildungszusammenarbeit im Be-

---

2 Aufgrund der großen Anzahl von Veröffentlichungen Stockmanns in den jeweiligen Arbeitsgebieten wird hier und im Folgenden nur eine Auswahl der wichtigsten Buch-

sonderen (Stockmann, 1996, 1992; Stockmann & Kohlmann, 1998; Stockmann & Leicht, 1997; Stockmann & Silvestrini, 2013; Stockmann, Meyer, Krapp & Koehne, 2000) ein. Ausgehend von seiner Habilitationsschrift „Die Wirksamkeit der Entwicklungshilfe" (vgl. Stockmann, 1996) und den entsprechenden Vorarbeiten (vgl. z. B. Stockmann, 1992) hat er ein theoretisch und methodisch fundiertes Konzept ausgearbeitet, das nach wie vor in zahlreichen Evaluationen Anwendung findet und stetig weiterentwickelt wird (vgl. dazu u. a. Possinger & von Jan, 2014; Silvestrini, 2011; Reade, 2008; Caspari, 2004). Dass dieses Konzept und die durch dessen Anwendung gewonnenen Erkenntnisse auch rezipiert werden, belegen dabei nicht zuletzt die zahlreichen Verweise beispielsweise in Positionspapieren des Bundesministeriums für Wirtschaftliche Zusammenarbeit und Entwicklung (BMZ) (vgl. z. B. BMZ, 2012) oder in Veröffentlichungen der Durchführungsorganisationen der deutschen Entwicklungszusammenarbeit (vgl. z. B. GIZ, 2014; GIZ & KfW, 2012; VENRO, 2014, 2010).

Seine Arbeiten gehen jedoch über die Erschließung eines Anwendungsbereichs von Evaluation hinaus, da sie des Weiteren die Entwicklung von zunächst bereichsspezifischen, jedoch grundsätzlich auch auf andere Bereiche übertragbaren Datenerhebungsmethoden, Bewertungskriterien sowie eines Evaluationsdesigns umfassen. Insofern kann sein Beitrag in diesem Politikfeld sowohl als translational im Sinne der Weiterentwicklung und Erprobung von sozialwissenschaftlichen methodischen Grundlagen im Evaluationskontext – d. h. die Entwicklung eines geeigneten Designs – als auch anwendungsbezogen verstanden werden, da seine Arbeit auch die mittels der Anwendung dieser Konzeption gewonnen Ergebnisse beinhaltet. Konsequenterweise erprobte Stockmann gemeinsam mit seinen Mitarbeiterinnen und Mitarbeitern in den folgenden Jahren diese Konzeption auch in anderen Anwendungsfeldern wie beispielsweise in der Umweltberatung und der Umweltkommunikation (vgl. Stockmann, Meyer, Gaus, Kohlmann & Urban, 2001; Jacoby, Schneider, Meyer & Stockmann, 2001) und in jüngerer Vergangenheit im Bereich Kultur und Kulturpolitik (vgl. Hennefeld & Stockmann, 2013).

Hinsichtlich der Erweiterung des Gegenstandsbereichs von Evaluation kann man Stockmann also einen bedeutsamen Beitrag zur translationalen und angewandten Forschung unterstellen, der sich zudem fortlaufend erweitert.

Im direkten Zusammenhang mit der Erweiterung des Gegenstandsbereichs der Evaluationen stehen Stockmanns Beiträge zu *Datenerhebungsmethoden* und *Bewertungskriterien*. So hat er für letztere im Rahmen seiner o. g. Habilitationsschrift ein umfassendes Raster zur Bewertung von entwicklungspolitischen Projekten und Programmen ausgearbeitet, das ebenfalls nach wie vor Bestand hat und in weiteren Arbeitsbereichen in angepasster Form Anwendung findet. Die

---

publikationen als Referenzen genannt. Neuauflagen, übersetzte Veröffentlichungen, Herausgeberschaften, Buchbeiträge, Zeitschriftenartikel, Forschungsberichte und Arbeitspapiere werden hingegen, ungeachtet ihrer Relevanz (auch aus Gründen der Lesbarkeit), nicht im Einzelnen aufgeführt.

Nutzung von lebensverlaufs-, organisations- und innovationstheoretischen Modellen als theoretischem Rahmen zur Entwicklung dieses Rasters kann insofern als Grundlagenforschung angesehen werden, als es über die bis dato nicht systematisch aufgearbeiteten inhärenten Mechanismen und Funktionen von entwicklungspolitischen Programmen aufklärt und damit deren systematische Analyse erlaubt. Einige seiner zahlreichen Arbeiten im Rahmen der Auftragsforschung am Centrum für Evaluation (CEval) sind wiederum als Beiträge zur Weiterentwicklung des Instrumentariums zur Datenerhebung zu werten, da er hierfür u. a. zuvor im Evaluationskontext so noch nicht eingesetzte Erhebungsverfahren, wie beispielsweise Expertenpanels zur Messung systemischer Wirkungen im Rahmen von Ex-ante-Evaluationen (z. B. im Bereich der Wirtschaftssystementwicklung) oder Wirkungsmonitoring-Systemen (z. B. in den Bereichen Abfallwirtschaft oder Erneuerbare Energien), genutzt und entsprechend angepasst hat. Diese Arbeiten sind der angewandten Forschung zuzurechnen, da sie zur Lösung des Problems der Messbarkeit spezifischer, beispielsweise systemischer Wirkungen beitragen. Wenngleich die Studien selbst, da deren Publikation den jeweiligen Auftraggebern obliegt, zumeist nicht öffentlich verfügbar sind, so werden die dabei gewonnenen methodischen und forschungspraktischen Erkenntnisse regelmäßig von Stockmann und seinen Mitarbeiterinnen und Mitarbeitern für Beiträge in Fachbüchern (vgl. z. B. Stockmann & Meyer, 2010; Stockmann, 2007) und -zeitschriften (vgl. z. B. Gaus, Müller & Rech, 2014; Müller & Konradt, 2013) sowie wissenschaftlichen Vorträgen genutzt.

Hinsichtlich des Beitrags Stockmanns zur Evaluationsforschung im Bereich der *Weiterentwicklung von Evaluationsdesigns* sind zum einen wiederum seine o. g. grundlegenden Arbeiten im Bereich der Evaluation von Projekten und Programmen der Entwicklungszusammenarbeit zu nennen. Zum anderen sind auf die am CEval erbrachten Forschungsleistungen zur Entwicklung eines praxistauglichen Ansatzes zur Wirkungsevaluation hinzuweisen, der im Rahmen zahlreicher Evaluationsstudien, insbesondere seit 2005 in Kooperation mit der Deutschen Gesellschaft für Technische Zusammenarbeit (GTZ) und ab 2011 mit ihrer Nachfolgeorganisation, der Deutschen Gesellschaft für Internationale Zusammenarbeit (GIZ), mehrfach erfolgreich erprobt wurde. Die Ergebnisse dieser Arbeiten sind u. a. in Zeitschriftenartikeln und Arbeitspapieren (vgl. z. B. Possinger & von Jan, 2014; Reade, 2008; Silvestrini & Reade, 2008) dokumentiert und werden derzeit in einer Dissertation von einer Doktorandin Stockmanns systematisch aufbereitet. Des Weiteren werden am CEval unter seiner Leitung kontinuierlich Erfahrungen aus der Anwendung verschiedener (z. B. experimenteller, quasi-experimenteller, ex-post-facto, Panel-) Designs gesammelt, ausgewertet und damit für zukünftige Forschungsvorhaben optimiert. Auch die Ergebnisse dieser Anwendungsforschung werden, wie beispielsweise in dem in Kürze erscheinenden, zusammen mit der Universidad de Costa Rica (UCR) herausgegebenen spanischsprachigen Sammelband zu ausgewählten Fallbeispielen aus der Evaluationspraxis, von Zeit zu Zeit veröffentlicht.

Ein weiterer zweifelsohne wichtiger Forschungsbereich Stockmanns ist die *Qualifizierung von Evaluationsfachkräften*. An erster Stelle ist dabei der von ihm maßgeblich entwickelte und gemeinsam mit Dieter Filsinger ins Leben gerufene Masterstudiengang ,Master of Evaluation' zu nennen, der seit 2004 gemeinsam von der Universität des Saarlandes und der Hochschule für Technik und Wirtschaft des Saarlandes (HTW Saar) erfolgreich umgesetzt wird (vgl. dazu den Beitrag von Rech und Schopper in diesem Buch). Die Ausarbeitung eines umfassenden Curriculums und didaktischen Konzepts zur Vermittlung von evaluationsrelevantem Fach- und Methodenwissen stellt gleichsam die Schnittstelle von Forschung und Lehre dar, durch die die jahrzehntelange Erfahrung von Stockmann und seinem Team zukünftigen Generationen von Evaluatorinnen und Evaluatoren zugänglich gemacht wird. Der stetige Anstieg der Bewerberzahlen und die berufliche Weiterentwicklung der Absolventinnen und Absolventen sind eindrucksvolle Belege für den Erfolg dieses zumindest in Deutschland zurzeit einzigartigen Ausbildungskonzepts.

Der Erfolg des Masterstudiengangs war letztendlich auch Anlass, dieses Konzept auf internationaler Ebene in entsprechend regional angepasster Form weiter zu verbreiten. Wie in dem Beitrag von Rech und Schopper in dieser Festschrift ausführlich dargestellt, mündeten die diesbezüglichen Bemühungen u. a. in zwei aktuell laufende Kooperationen, nämlich in die seit 2008 mit der UCR bestehende und vom Deutschen Akademischen Austauschdienst (DAAD) geförderte Hochschulkooperation zur Weiterentwicklung und Internationalisierung eines bestehenden Evaluationsmasterstudiengangs in Costa Rica sowie in die im vergangenen Jahr mit der Uganda Technology and Management University (UTAMU) initiierte Zusammenarbeit zur Einführung eines vergleichbaren Masterprogramms im Blended-Learning-Format in Uganda (gemeinsam mit der GIZ im Rahmen der Evaluation-Capacity-Development-Initiative des BMZ). Aufgrund des Interesses weiterer akademischer Ausbildungseinrichtungen in anderen Ländern und des nach wie vor großen Engagements Stockmanns ist bereits heute absehbar, dass in naher Zukunft weitere Kooperationen folgen werden.

Aber auch außerhalb des akademischen Rahmens leistet Stockmann einen Beitrag zur Qualifizierung des Evaluationsnachwuchses. So war er maßgeblich beteiligt an der Entwicklung des von 2003 bis 2014 in Zusammenarbeit mit der AGEG Consultants e. G. umgesetzten Fortbildungsprogramms für Evaluation in der Entwicklungszusammenarbeit (FEEZ). Das modular aufgebaute Programm richtete sich insbesondere an Evaluationspraktikerinnen und -praktiker sowie Auftraggeberinnen und Auftraggeber von Evaluationen und vermittelte sowohl methodische Grundlagen und Praxiswissen als auch Informationen über Spezialthemen wie beispielsweise wirkungsorientiertes Monitoring. Aktuell wird am CEval an der Weiterentwicklung dieses Programms hinsichtlich dessen Öffnung für weitere Nutzergruppen außerhalb der Entwicklungszusammenarbeit gearbeitet.

Wenngleich diese vielfältigen Beiträge Stockmanns im Bereich der Qualifizierung für Evaluation sicherlich primär der Lehre zuzuordnen sind, ist zu berücksichtigen, dass hierfür erhebliche Entwicklungsarbeit geleistet worden ist (und nach wie vor geleistet wird). Diese Art der Forschung kann wiederum einerseits der Grundlagenforschung, im Sinne der Erweiterung des Wissens darüber, welche Qualifikationen für die professionelle Planung und Umsetzung von Evaluationen erforderlich sind, zugerechnet werden. Andererseits stellt sie translationale Forschung dar, im Sinne der Vermittlung dieses erforderlichen Wissens mit dem Ziel der Anwendung bzw. Nutzung im Rahmen von Evaluationen.

Der Beitrag Stockmanns zur Qualifizierung im Bereich der Evaluation wird schließlich abgerundet durch seine zahlreichen Lehrbücher (vgl. z. B. Stockmann, 2007, 2006, 2006b; Stockmann & Meyer, 2013, 2010)[3], Arbeitspapiere (vgl. z. B. Stockmann, 2008, 2004, 2002, 2002a) und Methodenbeiträge in Fachbüchern und -zeitschriften (vgl. z. B. Stockmann, 2013, 2013a, 2007a, 2006c, 2004a, 2004b, 2000, 1998, 1995, 1992a; Stockmann & Kevenhörster, 2001; Stockmann & Kreuter, 1996; Stockmann & Meyer, 2013a, 2010, 2005). Die thematische Bandbreite seiner Veröffentlichungen reicht dabei von Beiträgen zu den theoretischen und methodischen Grundlagen der Evaluationsforschung, über deren konzeptionelle Umsetzung in verschiedenen Anwendungsfeldern bis hin zu praktischen Handreichungen und Ratgebern, beispielsweise zum Evaluationsmanagement oder zur Datenerhebung und -analyse. Insofern dienen seine Beiträge selbst wiederum als Grundlage für weiterführende vor allem translationale und angewandte Forschung, deren Ergebnisse selbst bereits in zahlreichen wissenschaftlichen Publikationen dokumentiert sind (vgl. z. B. Gaus, Müller & Rech, 2014; Müller & Konradt, 2013; Gaus & Müller, 2013; Silvestrini, 2011; Brandt, 2009; Caspari, 2004).

Ebenfalls gut dokumentiert durch eine Reihe von Veröffentlichungen sind Stockmanns Beiträge zur *Nutzung und zum Nutzen von Evaluation* sowie zur *Evaluationspraxis* (vgl. z. B. Stockmann, 2010, 2008, 2007, 2006a, 2000; Stockmann & Borrmann, 2009, 2009a; Stockmann, Nuscheler & Menzel, 2010). Hier liegt der Schwerpunkt wiederum in seinem angestammten Arbeitsgebiet, der Entwicklungszusammenarbeit. Hinsichtlich des *Nutzungsaspekts* ist insbesondere die wegweisende Studie zur „Evaluation in der deutschen Entwicklungszusammenarbeit" hervorzuheben, deren Ergebnisse in dem gleichnamigen, mittlerweile als Standardwerk der deutschen EZ- und Evaluationsliteratur zählenden Buch (vgl. Stockmann & Borrmann, 2009) veröffentlicht sind. In der Systemstudie analysiert Stockmann, gemeinsam mit Kolleginnen und Kollegen des CEval und dem Hamburgischen WeltWirtschaftsInstituts (HWWI) sowie weiteren Expertinnen und Experten umfassend und eindrucksvoll den damaligen Zustand der Evaluationssysteme deutscher Organisationen der Entwicklungszusammenarbeit. Die Studie fokussiert dabei nicht nur die systemischen und institutionellen Rahmenbedingungen, in denen die Systeme operieren. Sie enthält darüber hinaus empirisch fundierte Schlussfolgerungen zur Qualität der jeweiligen Evaluationssysteme und

---

3 Auch hier werden aufgrund der großen Anzahl von Fachpublikationen nur einzelne Beiträge Stockmanns exemplarisch aufgeführt.

entsprechend daraus abgeleitete Empfehlungen zur Steigerung ihrer Nützlichkeit und Nutzung. Die jüngsten institutionellen Veränderungen in diesem Politikfeld legen es zumindest (sehr) nahe, dass auch dieser Beitrag eine beachtliche Rezeption erfahren hat. Es ist jedenfalls kaum von der Hand zu weisen, dass die Existenz eines Deutschen Evaluierungsinstituts der Entwicklungszusammenarbeit (DEval) eng mit dem Wirken Stockmanns in Zusammenhang steht – auf jeden Fall hat er die Notwendigkeit einer derartigen Institution schon vor mehr als 20 Jahren erkannt (vgl. Stockmann, 1996a; Stockmann & Gaebe, 1993).

Als ein zentraler Beitrag zur *Evaluationspraxis* kann neben den bereits genannten praktischen Handreichungen und Ratgebern schließlich das mittlerweile auch im Englischen und Spanischen verfügbare „Handbuch zur Evaluation" (2007) gelten. In diesem Buch, das zum Zeitpunkt seiner Erstveröffentlichung das erste umfängliche Werk seiner Art in deutscher Sprache war, geben Stockmann und sein Team zahlreiche methodische Hinweise und praktische Tipps zur Konzeption und Umsetzung von Evaluationen. Wie bereits im Bereich der Qualifizierung dargestellt, sind auch diese beiden exemplarisch ausgewählten Publikationen zur Nutzung und praktischen Umsetzung von Evaluationen wiederum Produkte intensiver Forschungsarbeit, die sich quer über die ausgeführte Klassifikation der Forschungsarten erstreckt: von der Grundlagenforschung (Beispiel Systemstudie: d. h. die Entwicklung eines Untersuchungsansatzes zur Bewertung von Evaluationssystemen) über translationale Forschung (d. h. um die Nützlichkeit dieses Evaluationssystems zu steigern) bis hin zur angewandten Forschung (d. h. und damit das Problem der unzureichenden Wirkungserfassung in der deutschen Entwicklungszusammenarbeit und Lösungswege aufzeigt).

Bei der Würdigung des Gesamtbeitrags Stockmanns zur Evaluationsforschung sind neben seinen eigenen direkten Beiträgen weiterhin auch die durch ihn evozierten Beträge anderer Forscherinnen und Forscher zu berücksichtigen. Ausgehend von und aufbauend auf seinen eigenen Forschungsarbeiten ist, wie bereits dargestellt, eine Reihe weiterer Publikationen hervorgegangen, deren vollständige Darstellung sicherlich den Rahmen dieses Kapitels sprengen würde (Literaturbeispiele s. o.). Die regelmäßigen fachlichen Anfragen (nicht nur) von Nachwuchsforscherinnen und -forschern deuten weiterhin darauf hin, dass sein Einfluss nicht nur auf die direkt mit ihm Zusammenarbeitenden beschränkt bleibt, sondern auch eine Vielzahl weiterer Evaluatorinnen und Evaluatoren erreicht.

Abschließend ist zu betonen, dass die Darstellung des Beitrags Stockmanns zur Evaluationsforschung natürlich im Rahmen eines wenige Seiten umfassenden Buchbeitrags nur in sehr verkürzter Form und daher kaum angemessen dargestellt werden kann. Tatsächlich umfasst sein Œuvre weit mehr als die wenigen vorgenannten Studien und Veröffentlichungen. Zudem spiegelt die Darstellung nur einen Bruchteil seines Wirkens wider, da dies weit über die Evaluations*forschung* hinausgeht und beispielsweise auch sein Engagement im Bereich der nationalen und internationalen Vernetzung der deutschen Evaluationscommunity oder ganz allgemein die Förderung des öffentlichen Diskurses über Evaluation außerhalb von Fachkreisen umfasst. Als Beispiele hierfür können u. a. sein langjähriges Engagement als Sprecher des Arbeitskreises Entwicklungspolitik der DeGEval – Gesellschaft für Evaluation, seine Tagungs- und Seminarleitungen (z. B. Future of Evaluation, 2012; Summer School: Hochschulevaluation, 2004; Umweltberatung und Nachhaltigkeit, 2000; vgl. hierzu auch den Beitrag von Hennefeld in diesem Band) sowie seine unzähligen Beiträge auf nationalen und internationalen Fachkongressen, wie beispielsweise der DeGEval, der Deutschen Gesellschaft für Soziologie (DGS), der European Evaluation Society (EES), der Schweizerischen Evaluationsgesellschaft (SEVAL) oder der Lateinamerikanischen Evaluationsgesellschaft (ReLAC) genannt werden.

Nichtsdestotrotz, abschließend ein Fazit zu den ‚Baustellen‘ in der Evaluationsforschung zu deren Entstehen Stockmann seinen Beitrag geleistet hat, deren Fertigstellung jedoch noch zum Teil erheblichen Forschungsaufwandes bedarf.

4. Fazit … further research required?

Ausgehend von dieser Skizze einiger maßgeblicher Beiträge Stockmanns zur Evaluationsforschung könnte man die berechtigte Frage stellen: „Wenn der Stockmann doch schon alles erforscht hat, was bleibt dann noch zu tun?" Nun, ganz so einfach ist es – für nachkommende Forschergenerationen, glücklicherweise – nicht.

Bekanntermaßen hinterlassen produktive Forscherinnen und Forscher mehr Raum für weiterführende Forschungsarbeiten als sie vorgefunden haben. Diesbezüglich macht auch Stockmann keine Ausnahme. Angefangen beim *Gegenstandsbereich von Evaluation* kann festgehalten werden, dass die Zahl der Politikfelder, in denen Evaluationen als Lern- und Steuerungsinstrument systematisch genutzt werden, zwar stetig steigt, dennoch existieren unzählige Bereiche (z. B. Soziale Dienstleistungen, Forschungstransfer, Kultur, Finanzsystementwicklung), in denen zweifelsohne noch erheblicher Nachholbedarf besteht. Dabei muss nicht bei null angefangen werden. Vielmehr kann auf den in der Entwicklungszusammenarbeit, aber auch beispielsweise im Bildungs- oder Umweltbereich gemachten Erfahrungen der letzten 25 Jahre aufgebaut werden. Wenngleich Bestrebungen, Evaluation flächendeckend zu etablieren, bereits erkennbar sind (vgl. hierzu u. a. die diesbezüglichen Aktivitäten der EU[4] sowie für eine aktuelle Bestandsaufnahme: Stockmann & Meyer, 2015), bleibt hierzu noch viel zu tun.

Auch hinsichtlich *Evaluationsdesigns* ist angesichts der nach wie vor methodischen – z. T. aber auch emotional geführten – Diskussionen (vgl. u. a. Stame, 2010; VENRO, 2010; White, 2009) insbesondere zum Thema Wirkungsevaluation im Bereich der Entwicklungszusammenarbeit offensichtlich, dass unsere Profession

---

4 Vgl. „Europäische Kommission –Vorausplanung der Evaluierungen seit 2014": http://ec.europa.eu/smart-regulation/evaluation/docs/evaluation_forward_plan_2014_de.pdf (18.01.2015).

bestenfalls in den Kinderschuhen steckt. Ungeachtet der Tatsache, dass Stockmann als Verfechter eines elaborierten Multi-Methoden-Ansatzes praktikable Vorschläge für eine sinnvolle Kombination qualitativer und quantitativer Untersuchungsansätze gemacht hat (vgl. dazu auch seine 10 Thesen zur Evaluation der Wirksamkeit der Entwicklungszusammenarbeit; Stockmann, 2010), bedarf es sicherlich weiterer Anstrengungen die Debatte auf das nächsthöhere Niveau zu bringen, bei der es dann nicht mehr um das Für und Wider unterschiedlicher Ansätze, sondern um deren sinnvolle, an den jeweiligen Untersuchungsgegenstand angepasste Kombination geht.

Mit dem Bedarf der Weiterentwicklung elaborierter Evaluationsdesigns geht auch die Nachfrage an angepassten *Datenerhebungsmethoden* und *Bewertungskriterien* einher. Zwar steigt die Zahl an Methodenhandbüchern, Nachschlagewerken, Checklisten, Handreichungen etc. gefühlt exponentiell an, dennoch, und das zeigen nicht zuletzt die Jahr für Jahr am CEval eingehenden zahlreichen Anfragen, ist der Bedarf an kontextspezifischen Hilfestellungen ungebrochen. Es scheint, als seien Projektkonzeptionen zu speziell, zu unterschiedlich die jeweils intendierten Wirkungen, als dass sie mit dem vorhandenen, vermeintlich standardisierten Instrumentarium erfasst werden könnten. Wobei man mit dieser Diskussion bei den erforderlichen *Qualifikationen* angelangt ist. Oftmals ist das Problem nämlich nicht der Mangel an geeigneten Designs, Erhebungsinstrumenten und Auswertungsverfahren an sich, das ihre problemadäquate Anwendung im spezifischen Fall verhindert, sondern vielmehr das aufgrund unzureichendem Methodenwissen mangelnde Transfervermögen der jeweiligen Anwenderinnen und Anwender. Wenngleich Stockmann und mit ihm viele seiner Kolleginnen und Kollegen in Deutschland und beispielsweise in den Niederlanden, Großbritannien oder in Frankreich (für eine Übersicht über Evaluationsstudiengänge in Europa vgl. Friedrich, 2012) mit ihrem Engagement wertvolle Beiträge zur Qualifizierung im Bereich der Evaluation leisten, sind dies global betrachtet (bislang) nur punktuelle Bestrebungen hierfür Abhilfe zu schaffen. Die Praxis zeigt, dass die Absolventenzahlen noch nicht ausreichen um den weltweiten Bedarf an Evaluationsfachkräften zu befriedigen. Tatsächlich wäre hierfür ein internationales ‚roll out' – bezogen auf die Entwicklungszusammenarbeit, insbesondere auch in den Partnerländern des Südens – evaluationsfachlicher Aus- und Weiterbildungsprogramme erforderlich. Längerfristig betrachtet führt letztendlich nichts an einer Integration von evaluationsspezifischen Inhalten in den bestehenden Lehrkanon beispielsweise der Sozial-, Wirtschafts- oder Politikwissenschaften vorbei. Auch hier sind also Nachahmer (aber nicht Nach*macher*) gesucht.

Die obigen Ausführungen hinsichtlich des Gegenstandsbereichs von Evaluation gelten spiegelbildlich für den *Nutzen und die Nutzung von Evaluationsergebnissen* sowie die *Evaluationspraxis*. Wo keine Evaluationen durchgeführt werden, können auch keine Evaluationsergebnisse erzeugt und genutzt werden. Entsprechend gilt es auch hier große Forschungslücken zu schließen, angefangen bei Bestandsaufnahmen der bestehenden Evaluationssysteme in anderen Politikfeldern als der

Entwicklungszusammenarbeit, über Dokumentationen zur Verwertung von Evaluationsergebnissen bis hin zu Meta-Analysen zur Aggregation dieser Ergebnisse und schließlich zur Bewertung der Qualität von Evaluationsstudien. Entsprechend auch hier der Aufruf: Freiwillige vor!

Was ist also das Fazit? Klar ist, dass Stockmann die Evaluationslandschaft in Deutschland und darüber hinaus geprägt hat wie kaum ein anderer. Es ist im Wesentlichen seinem Engagement zu verdanken, dass die Entwicklungszusammenarbeit eine Vorreiterrolle im Bereich der Evaluation eingenommen hat, dass es systematische Aus- und Weiterbildungsmaßnahmen für Evaluatorinnen und Evaluatoren gibt, dass der Methodendiskurs sich nicht mehr ausschließlich um die Frage ‚quali‘ oder ‚quanti‘ dreht … und dennoch ist festzuhalten: Wir stehen – trotz oder gerade wegen Reinhard Stockmann? – am Anfang!

Literatur

BMZ. (2012). Berufliche Bildung in der Entwicklungszusammenarbeit. Bonn: Bundesministerium für wirtschaftliche Zusammenarbeit und Entwicklung (BMZ).

Brandon, P. R. & Sing, J. M. (2009). The Strength of the Methodological Warrants for the Findings of Research on Program Evaluation Use. *American Journal of Evaluation, 30* (2), 123–157.

Brandt, T. (2009). *Evaluation in Deutschland. Professionalisierungsstand und -perspektiven.* Bd. 7 der Reihe „Sozialwissenschaftliche Evaluationsforschung". Münster: Waxmann.

Caspari, A. (2004). *Evaluation der Nachhaltigkeit von Entwicklungszusammenarbeit.* Bd. 3 der Reihe „Sozialwissenschaftliche Evaluationsforschung". Wiesbaden: VS Verlag für Sozialwissenschaften.

Diaz-Puente, J. M., Cazorla, A. & Dorrego, A. (2007). Crossing National, Continental and Linguistic Boundaries. Toward a Worldwide Evaluation Research Community in Journals of Evaluation. *American Journal of Evaluation, 28* (4), 399–415.

Gaus, H. & Müller, C. E. (2013). Wirkungsevaluation von Veranstaltungen zur themenspezifischen Sensibilisierung. In V. Hennefeld & R. Stockmann (Hrsg.), *Evaluation in Kultur und Kulturpolitik: Eine Bestandsaufnahme* (S. 193–219). Münster: Waxmann.

Gaus, H., Müller, C. E. & Konradt, I. (2014). Publikationen in referierten allgemeinen Evaluationszeitschriften im internationalen Vergleich – Ergebnisse einer explorativen Studie. Präsentation auf der gemeinsamen Jahrestagung der DeGEval und der SEVAL, Zürich, 11.09.2014.

Gaus, H., Müller, C. E. & Rech, J. (2014). The Counterfactual Self-Estimation of Program Participants: Impact Assessment without Control Groups and Pretests. *American Journal of Evaluation, 35* (1), 8–25.

Friedrich, V. (2012). European university-based study programmes in evaluation. Sixteen profiles. Bern: University of Bern, Centre for University Continuing Education.

GIZ. (2014). Indikatoren – Eine Arbeitshilfe. Bonn und Eschborn: Deutsche Gesellschaft für Internationale Zusammenarbeit (GIZ) GmbH.

GIZ & KfW. (2012). Wirkungsanalyse und Wirkungsmessung in Gesundheitsvorhaben der deutschen Entwicklungszusammenarbeit. Verbesserungsbedarf vor dem Hintergrund internationaler Erfahrungen und Entwicklungen. Bonn und Eschborn: Deutsche Gesellschaft für Internationale Zusammenarbeit (GIZ) GmbH.

Hennefeld, V. & Stockmann, R. (2013). *Evaluation in Kultur und Kulturpolitik. Eine Bestandsaufnahme.* Bd. 11 der Reihe „Sozialwissenschaftliche Evaluationsforschung". Münster: Waxmann.

Jacoby, K.-P., Schneider, V., Meyer, W. & Stockmann, R. (2005). *Umweltkommunikation im Handwerk.* Bd. 4 der Reihe „Sozialwissenschaftliche Evaluationsforschung". Münster: Waxmann.

Kromrey, H. (2001). Evaluation – ein vielschichtiges Konzept. Begriff und Methodik von Evaluierung und Evaluationsforschung. Empfehlungen für die Praxis. *Sozialwissenschaften und Berufspraxis, 24* (2), 105–132.

Mertens, D. M. (2006). Institutionalizing Evaluation in the United States of America. In R. Stockmann (Hrsg.), *Evaluationsforschung – Grundlagen und ausgewählte Forschungsfelder* (3. Aufl.) (S. 44–60). Münster: Waxmann.

Müller, C. E. & Konradt, I. (2013). In der Regel kein Zufall: Der Randomization Test als Alternative zum klassischen Signifikanztest in der experimentellen Wirkungsevaluation. *Zeitschrift für Evaluation, 12* (2), 273–296.

Popper, K. (1935). *Logik der Forschung. Zur Erkenntnistheorie der modernen Naturwissenschaft.* Wien: Springer.

Possinger, S. & von Jan, S. (2014). Alltagstaugliche Wirkungsevaluierungen in der Entwicklungszusammenarbeit. *Zeitschrift für Evaluation, 14* (2), 287–304.

Reade, N. (2008). Konzept für alltagstaugliche Wirkungsevaluierungen in Anlehnung an Rigorous Impact Evaluations. CEval-Arbeitspaper Nr. 14. Saarbrücken: Centrum für Evaluation.

Silvestrini, S. (2011). *Ex-ante-Evaluation. Ein Planungsansatz für die Entwicklungszusammenarbeit.* Bd. 10 der Reihe „Sozialwissenschaftliche Evaluationsforschung". Münster: Waxmann.

Silvestrini, S. & Reade, N. (2008). CEval-Ansatz zur Wirkungsevaluation/Stockmann'scher Ansatz. CEval-Arbeitspapier Nr. 11. Saarbrücken: Centrum für Evaluation.

Stame, N. (2010). What Doesn't Work? Three Failures, Many Answers. *Evaluation, 16* (4), 371–387.

Stockmann, R. (1992). *Die Nachhaltigkeit von Entwicklungsprojekten. Eine Methode zur Evaluierung am Beispiel von Berufsbildungsprojekten.* Opladen: Westdeutscher Verlag.

Stockmann, R. (1992a). Ein Analyse- und Erhebungsinstrumentarium zur Erfassung der Nachhaltigkeit von Entwicklungsprojekten. In C. Reichert, E. K. Scheuch & H. D. Seibel (Hrsg.), *Empirische Sozialforschung über Entwicklungsländer – Methodenprobleme und Praxisbezug* (S. 343–367). Saarbrücken u. a.: Breitenbach.

Stockmann, R. (1995). Ein methodisches Konzept zur Evaluierung der Wirksamkeit von Entwicklungsprojekten. In W. Heitmann & W.-D. Greinert (Hrsg.), *Analyseinstrumente in der Berufsbildungszusammenarbeit* (S. 217–240). Berlin: Overall.

Stockmann, R. (1996). *Die Wirksamkeit der Entwicklungshilfe.* (Habilitationsschrift). Opladen: Westdeutscher Verlag.

Stockmann, R. (1996a). Defizite in der Wirkungsbeobachtung. Ein unabhängiges Evaluationsinstitut könnte Abhilfe schaffen. *Entwicklung und Zusammenarbeit, 37* (8), 206–209.

Stockmann, R. (1998). Viel Kritik – aber wenig profundes Wissen: Der Mangel an Erkenntnissen über die Wirksamkeit der Entwicklungszusammenarbeit und wie er behoben werden könnte. In S. Brüne (Hrsg.), *Erfolgskontrolle in der entwicklungspolitischen Zusammenarbeit* (S. 88–123). Hamburg: Schriften des Deutschen Übersee-Instituts.

Stockmann, R. (2000). Wirkungsevaluation in der Entwicklungspolitik. *Vierteljahrshefte zur Wirtschaftsforschung, 69* (3), 438–452.

Stockmann, R. (2002). Qualitätsmanagement und Evaluation – Konkurrierende oder sich ergänzende Konzepte? CEval-Arbeitspapier Nr. 3. Saarbrücken: Centrum für Evaluation.

Stockmann, R. (2002a). Evaluation als integriertes Lehr- und Forschungsprogramm. CEval-Arbeitspapier Nr. 1. Saarbrücken: Centrum für Evaluation.

Stockmann, R. (2004). Was ist eine gute Evaluation? Einführung zu Funktionen und Methoden von Evaluationsverfahren. CEval-Arbeitspapier Nr. 9. Saarbrücken: Centrum für Evaluation.

Stockmann, R. (2004a). Wirkungsorientierte Programmevaluation: Konzepte und Methoden für die Evaluation von E-Learning. In D. M. Meister, S.-O. Tergan & P. Zentel (Hrsg.), *Evaluation von E-Learning. Zielrichtungen, methodologische Aspekte, Zukunftsperspektiven* (S. 23–43). Münster: Waxmann.

Stockmann, R. (2004b). Was ist eine gute Evaluation? Einführung zu Funktionen und Methoden von Evaluationsverfahren. In K. Ermert (Hrsg.), *Evaluation in der Kulturförderung. Über Grundlagen kulturpolitischer Entscheidungen. Wolfenbütteler Akademie-Texte 18.* Wolfenbüttel: Bundesakademie für kulturelle Bildung.

Stockmann, R. (Hrsg.). (2006). *Evaluationsforschung – Grundlagen und ausgewählte Forschungsfelder* (3. Aufl.). Münster: Waxmann.

Stockmann, R. (2006a). Evaluation in Deutschland. In R. Stockmann (Hrsg.), *Evaluationsforschung – Grundlagen und ausgewählte Forschungsfelder* (3. Aufl.) (S. 13–43). Münster: Waxmann.

Stockmann, R. (2006b). *Evaluation und Qualitätsentwicklung.* Bd. 5 der Reihe „Sozialwissenschaftliche Evaluationsforschung". Münster: Waxmann.

Stockmann, R. (2006c). Qualitätsmanagement und Evaluation im Vergleich. In W. Böttcher, H. G. Holtappels & M. Brohm (Hrsg.), *Evaluation im Bildungswesen. Eine Einführung in Grundlagen und Praxisbeispiele* (S. 23–38). Weinheim, München: Juventa.

Stockmann, R. (2007). *Handbuch zur Evaluation. Eine praktische Handlungsanleitung.* Bd. 6 der Reihe „Sozialwissenschaftliche Evaluationsforschung". Münster: Waxmann.

Stockmann, R. (2007a). Einführung in die Evaluation. In R. Stockmann (Hrsg.), *Handbuch zur Evaluation. Eine praktische Handlungsanleitung* (S. 24–70). Münster: Waxmann.

Stockmann, R. (2008). Zur gesellschaftlichen Bedeutung von Evaluation. CEval-Arbeitspapier Nr. 15. Saarbrücken: Centrum für Evaluation.

Stockmann, R. (2010). 10 Thesen zur Wirksamkeit der Entwicklungszusammenarbeit. CEval-Arbeitspapier Nr. 18. Saarbrücken: Centrum für Evaluation.

Stockmann, R. (2011). Evaluation – Eine Begriffsdefinition. Saarbrücken: Centrum für Evaluation.

Stockmann, R. (2013). Zur Methodik von Evaluationen in der Kultur und Kulturpolitik. In V. Hennefeld & R. Stockmann (Hrsg.), *Evaluation in Kultur und Kulturpolitik* (S. 53–85). Münster: Waxmann.

Stockmann, R. (2013a): Science-Based Evaluation. In R. Stockmann & W. Meyer (Hrsg.), *Functions, Methods and Concepts in Evaluation Research* (S. 54–107). Basingstoke, New York: Palgrave Macmillan.

Stockmann, R. & Borrmann, A. (2009, 2009a). *Evaluation in der deutschen Entwicklungszusammenarbeit. Bd. 1 Systemanalyse, Bd. 2 Fallstudien. Studie im Auftrag des Bundes-*

ministeriums für wirtschaftliche Zusammenarbeit und Entwicklung – BMZ. Bd. 8 der Reihe „Sozialwissenschaftliche Evaluationsforschung". Münster: Waxmann.

Stockmann, R. & Gaebe, W. (1993). Hilft die Entwicklungshilfe langfristig? Bestandsaufnahme zur Nachhaltigkeit von Entwickungsprojekten. Opladen: Westdeutscher Verlag.

Stockmann, R. & Kevenhörster, H. (2001). Wissenschaftlicher Rigorismus oder praxisorientierter Pragmatismus? Zum Verhältnis zwischen Entwicklungspolitik und Wissenschaft. *Entwicklung und Zusammenarbeit, 42* (4), o. S. Bonn: E + Z.

Stockmann, R. & Kohlmann, U. (1998). *Transferierbarkeit des Dualen Systems. Eine Evaluation dualer Ausbildungsprojekte in Entwicklungsländern*. Berlin: Overall.

Stockmann, R. & Kreuter, F. (1996). Anwendungsprobleme empirischer Erhebungsmethoden in Entwicklungsländern. In W.-D. Greinert, W. Heitmann & R. Stockmann (Hrsg.), *Ansätze betriebsbezogener Ausbildungsmodelle. Beispiele aus dem islamisch-arabischen Kulturkreis* (S. 330–348). Berlin: Overall.

Stockmann, R. & Leicht, R. (1997). *Implementationsbedingungen eines kooperativen Ausbildungssystems in Ägypten*. Berlin: Overall.

Stockmann, R. & Meyer, W. (2005). Evaluation von Nachhaltigkeitskommunikation. In G. Michelsen & J. Godemann (Hrsg.), *Handbuch Nachhaltigkeitskommunikation. Grundlagen und Praxis* (S. 351–362). München: oekom.

Stockmann, R. & Meyer, W. (2010). *Evaluation. Eine Einführung*. Opladen: UTB.

Stockmann, R. & Meyer, W. (2013). *Functions, Methods and Concepts in Evaluation Research*. Basingstoke, New York: Palgrave Macmillan.

Stockmann, R. & Meyer, W. (2013a). Evaluation Approaches and their Fundamental Theoretical Principles. In R. Stockmann & W. Meyer (Hrsg.), *Functions, Methods and Concepts in Evaluation Research* (S. 108–174). Basingstoke, New York: Palgrave Macmillan.

Stockmann, R. & Meyer, W. (2015). *The Future of Evaluation. Global Trends – New Challenges – Shared Perspectives*. Basingstoke, New York: Palgrave Macmillan.

Stockmann, R., Meyer, W., Gaus, H., Kohlmann, U. & Urban, J. (2001). *Nachhaltige Umweltberatung*. Bd. 2 der Reihe „Sozialwissenschaftliche Evaluationsforschung". Opladen: Leske + Budrich.

Stockmann, R., Meyer, W., Krapp, S. & Koehne, G. (2000). *Wirksamkeit deutscher Berufsbildungszusammenarbeit. Ein Vergleich zwischen staatlichen und nicht-staatlichen Programmen in China*. Wiesbaden: Westdeutscher Verlag.

Stockmann, R., Nuscheler, F. & Menzel, U. (2010). *Entwicklungspolitik: Theorien – Probleme – Strategien*. München: Oldenbourg.

Stockmann, R. & Silvestrini, S. (2013). *Metaevaluierung Berufsbildung. Ziele, Wirkungen und Erfolgsfaktoren der deutschen Berufsbildungszusammenarbeit*. Bd. 12 der Reihe „Sozialwissenschaftliche Evaluationsforschung". Münster: Waxmann.

Stufflebeam, D. L. & Shinkfield, A. J. (2007). *Evaluation Theory, Models, & Applications*. San Francisco: Jossey-Bass.

VENRO. (2010). Qualität statt Beweis. VENRO Positionspapier 2/2010 zur Wirkungsbeobachtung. Berlin: Verband Entwicklungspolitik Deutscher Nichtregierungsorganisationen.

VENRO. (2014). Wirkungserfassung in der entwicklungspolitischen Inlandsarbeit. Berlin: Verband Entwicklungspolitik Deutscher Nichtregierungsorganisationen e. V.White, H. (2009). Some Reflections on Current Debates in Impact Evaluation. 3ie Working Paper No. 1. New Delhi: International Initiative for Impact Evaluation.

Das Centrum für Evaluation (CEval) – Rückblick und Ausblick

Vera Hennefeld

Reinhard Stockmann gilt in Deutschland als einer der Pioniere der Evaluationsforschung. Dies ist nicht nur auf seine Lehraktivitäten und einschlägigen Publikationen zurückzuführen, die gemeinhin zentrale Indikatoren für die Besetzung eines wissenschaftlichen Themenfeldes sind. Stockmanns Engagement in und für die Evaluationsforschung ist auch institutionell in Form des Centrums für Evaluation (CEval) sichtbar. Seit seiner Gründung im Jahr 2002 hat sich das Institut inhaltlich sowie strukturell stetig weiterentwickelt. Anlässlich des Jubiläums ‚60 Jahre Reinhard Stockmann‘ widmet sich dieser Beitrag der Entwicklung des CEval als Institut, als Zentrum für vielfältige Aktivitäten zur Förderung und Professionalisierung der Evaluationsforschung und -praxis[1] und wagt einen Ausblick.

1.   13 Jahre CEval – eine Chronologie

Ende der 1980er Jahre setzte in Deutschland die Diskussion über den Nutzen und die Wirksamkeit mit öffentlichen Mitteln finanzierter Maßnahmen ein. Bis dahin wurden in verschiedenen Politikfeldern eher punktuell Evaluierungen realisiert, die als Beginn einer zunehmend öffentlich geführten Debatte gesehen werden können, die in den Folgejahren verschiedene Aktivitäten zur Professionalisierung und Institutionalisierung von Evaluation nach sich zog.

Ausgangspunkt für die Beschäftigung Reinhard Stockmanns mit dem Themenfeld Evaluation war eine Evaluationsstudie zur ‚Nachhaltigkeit von Entwicklungsprojekten‘, die im Jahr 1988 startete. Zuvor war er für ein Jahr als Referent im Bundesministerium für wirtschaftliche Zusammenarbeit (BMZ) beschäftigt. Dabei fiel ihm auf, dass es im BMZ kaum Wissen darüber gab, was mit Projekten geschah, deren Förderung abgeschlossen war. Mit dem Slogan ‚Hilfe zur Selbsthilfe‘ wurde zwar suggeriert, dass einzelne Projekte oder Programme hierzu den Anstoß geben – inwiefern dies aber den Tatsachen entsprach blieb weitestgehend im Dunkeln. In der Folge widmete sich Stockmann der Frage der Nachhaltigkeit deutscher Entwicklungspolitik und -zusammenarbeit. Unterstützt wurde dies durch Prof. Dr. Walter Müller, an dessen Lehrstuhl für Methoden der empirischen Sozialforschung und angewandte Soziologie an der Universität Mannheim seine 1995 abgeschlossene Habilitationsschrift *Die Wirksamkeit der Entwicklungshilfe*

---

1   Viele der in diesem Beitrag zusammengestellten Fakten sind in den seit 2002 regelmäßig erscheinenden Jahresberichten des CEval ausführlich dokumentiert (vgl. www.ceval.de).

entstand (vgl. Stockmann, 1996). Im Jahr 1997 wurde Reinhard Stockmann von der Universität des Saarlandes auf die Professur für Soziologie berufen. Dort setzte er seine theoretische und methodische Forschung im Bereich Evaluation fort und konnte schon bald auf eine Vielzahl an Evaluationsprojekten und Forschungsaufträgen verweisen.

In den 1990er Jahren setzten in Deutschland verstärkte Professionalisierungsbemühungen ein, da die Nachfrage nach Evaluationen ständig stieg und dieser Nachfrage ein wenig professionalisiertes und stark zersplittertes Fach gegenüberstand. Wichtiger Ausgangspunkt für die Institutionalisierung und Professionalisierung von Evaluation in Deutschland war die im Jahr 1997 ins Leben gerufene Gesellschaft für Evaluation (DeGEval), an deren Gründung Reinhard Stockmann beteiligt war.

So können zwei wesentliche Gegebenheiten als Anstoß für die Gründung eines Centrums für Evaluation identifiziert werden: die Vielzahl an Projekten, die durch einen Lehrstuhl kaum bewältigt werden konnte, sowie die Notwendigkeit, die Evaluationsforschung weiter zu professionalisieren. Zentral für das Gelingen des Vorhabens waren aber erfolgreiche Gespräche und Verhandlungen Stockmanns mit verschiedenen Akteuren: Der damalige saarländische Ministerpräsident Peter Müller sprach sich für die Gründung aus und setzte sich persönlich dafür ein; der zuständige Kultusminister Jürgen Schreier gewährte die finanzielle Grundsicherung durch das Land; die damalige Präsidentin der Universität Frau Prof. Dr. Margret Wintermantel unterstützte die Gründung und die Universität stellte die Räumlichkeiten sowie einen Eigenanteil zur Verfügung. Von besonderer Bedeutung war ein umfangreicher Evaluationsauftrag der Deutschen Bundesstiftung Umwelt (DBU), der seitens des Landes als weitere Förderung anerkannt wurde und daher als wichtige Starthilfe zu sehen ist. So startete das CEval im Jahr 2002 als Arbeitsstelle am Lehrstuhl für Soziologie mit sechs Mitarbeiterinnen und Mitarbeitern, die eng mit zwei weiteren Lehrstuhlmitarbeiterinnen und -mitarbeitern zusammenarbeiteten.

Mit Blick auf die Professionalisierungsbestrebungen der Disziplin Evaluation ist die ebenfalls im Jahr 2002 gegründete Zeitschrift für Evaluation (ZfEv) hervorzuheben. Die Gründung der Zeitschrift erfolgte auf Reinhard Stockmanns Initiative, er ist geschäftsführender Herausgeber und die Redaktion hat ihren Sitz an seinem Lehrstuhl für Soziologie. Damit ist die ZfEv eng mit dem CEval verbunden und ein strategisch wichtiger Arbeitsbereich des Centrums. Der Zeitschrift ist in dieser Festschrift daher ein eigener Beitrag gewidmet, in dem der aktuelle Redakteur, Hansjörg Gaus, ihre Entwicklung aufarbeitet.

Das herausragende Ereignis am CEval im Jahr 2003 war die feierliche Eröffnung des Instituts mit mehr als 200 Gästen. Unter ihnen fanden sich namhafte Vertreterinnen und Vertreter der Evaluationscommunity, von Landes- und Bundesministerien sowie von zahlreichen öffentlichen und privaten Institutionen. In ihren Grußworten hoben Jürgen Schreier und Prof. Dr. Margret Wintermantel die gesellschaftliche und hochschulpolitische Bedeutung der Einrichtung eines solchen Instituts zur Entwicklung einer Kultur der Qualitätsentwicklung und -sicherung hervor. Der frühere stellvertretende Generalsekretär der DBU, Dr. Willi Real, betonte in seinen Grußworten den Modellcharakter des CEval und zeigte sich erfreut über die Gründung dieser „seit langem überfälligen Einrichtung". Als Keynote-Speaker konnte Prof. Dr. Klaus Töpfer, ehemaliger Bundesumweltminister und damaliger Exekutivdirektor des Umweltprogramms der Vereinten Nationen (UNEP), gewonnen werden. Er verdeutlichte in seinem Vortrag die Bedeutung von Evaluation, indem er den Bedarf an fundierten Evaluationen für die Fortentwicklung eines Aktionsprogramms wie UNEP aufzeigte. Prof. Dr. Helmut Kromrey vom Lehrstuhl für Soziologie und empirische Sozialforschung an der FU Berlin fungierte als Festredner. Sowohl Töpfer als auch Kromrey betonten die gesellschaftliche Bedeutung und Notwendigkeit eines solchen Instituts wie des CEval.

2003 war für das CEval auch in geschäftlicher Hinsicht ein erfolgreiches Jahr: Im ersten regulären Geschäftsjahr gelang es dem Institut, elf neue Evaluations- und Forschungsprojekte einzuwerben. Dies war nicht nur im Hinblick auf die Gewinnung neuer Auftraggeber wichtig, sondern auch aufgrund der Vereinbarung mit dem Land. Denn Ziel war es, dass das CEval im fünften Jahr seines Bestehens zwei Drittel seines Haushaltes selbst finanziert – dieses Ziel wurde in Anlehnung an die Finanzierung der Institute der Fraunhofer-Gesellschaft formuliert. Bereits im Gründungsjahr lag der Eigenfinanzierungsanteil bei 72%, 2003 konnte dieser auf 77% gesteigert werden. Die verschiedenen Projekte und Aktivitäten konzentrierten sich auf folgende Arbeitsbereiche: Entwicklungszusammenarbeit, Umweltforschung und Umweltkommunikation sowie Bildung und Arbeitsmarkt.

Während sich das CEval in den ersten beiden Jahren sehr expansiv entwickelte, stand das Jahr 2004 im Zeichen der Konsolidierung. Die Qualitätsentwicklung und -sicherung hatten im Arbeitsprogramm des Instituts klar Vorrang. Mit Blick auf die Konsolidierung des bereits Erreichten war aber die Einwerbung neuer Drittmittelprojekte weiterhin bedeutsam: Die im Vergleich zu den Vorjahren etwas moderatere Steigerung des Selbstfinanzierungsanteils von 77% auf 80% ist Ausdruck dieser Konsolidierungsstrategie.

Auch das Jahr 2005 sollte eigentlich noch im Zeichen der Konsolidierung stehen. Die Zahlen sprechen aber eine andere Sprache: Der Eigenfinanzierungsanteil des CEval wurde auf 87% gesteigert, was einem Betrag von knapp 650.000€ an eingeworbenen Drittmitteln entsprach. Daher wurde auch der Personalstand auf 14 wissenschaftliche Mitarbeiterinnen und Mitarbeiter erhöht, die von zehn wissenschaftlichen Hilfskräften und einer Verwaltungskraft unterstützt wurden. Diese weitere Expansion war darauf zurückzuführen, dass das CEval zunehmend von (potenziellen) Auftraggebern angesprochen wurde, also nicht mehr nur durch Eigeninitiative neue Aufträge einwarb – ein Zeichen dafür, dass sich das Institut in der Evaluationslandschaft etabliert und einen hohen Bekanntheitsgrad erreicht hatte. Ab 2005 konnte auch ein wachsendes Interesse an Evaluationen im Kultursektor festgestellt werden – bis dato kein Arbeitsfeld des CEval: Seitens des

Auswärtigen Amtes, der Kulturstiftung des Bundes, des Goethe-Instituts und im Rahmen verschiedener Workshops wurde das Thema Evaluation im Kulturbereich aufgegriffen und das CEval wurde zu Stellungsnahmen, Vorträgen und Beratungen eingeladen.

Wichtigstes Ereignis für das CEval im Jahr 2006 war die externe Evaluation des Instituts durch eine unabhängige Gutachterkommission. Im Rahmen dieser Evaluation würdigten die Gutachterinnen und Gutachter die strategische und inhaltliche Ausrichtung des CEval: Die Verknüpfung von theoretischer und methodischer Grundlagenarbeit, die Aus- und Fortbildungsangebote, die auftragsbezogene Forschung und Beratung sowie die Aktivitäten zum fachlichen Informationsaustausch als Arbeitsschwerpunkte sowie die Konzentration auf die Arbeitsbereiche Entwicklungszusammenarbeit, Bildung, Arbeitsmarkt und Umwelt wurden als zukunftsträchtig und ausbaufähig beurteilt.[2] Als Alleinstellungsmerkmal identifizierten die Gutachter „die enge Verzahnung von praktischer Evaluationstätigkeit und wissenschaftlicher Fortentwicklung der Evaluationsforschung". Die regionale Vernetzung sowie die Aktivitäten auf nationaler wie internationaler Ebene wurden als wichtige Grundlage für die Stabilisierung angesehen. Des Weiteren wurde dem Institut bescheinigt, dass es in personeller Hinsicht über umfassende Evaluationskompetenz verfügt und seine Produktivität wurde anhand klassischer Forschungsleistungsindikatoren, wie Quantität und Qualität der Publikationen sowie eingeworbenen Drittmitteln, sehr positiv beurteilt. In dem Gutachten wurden jedoch auch Optimierungspotenziale aufgezeigt, die sich insbesondere auf die administrative Abwicklung von Aufträgen über die Verwaltung der Universität sowie die begrenzten Möglichkeiten zur mittel- bis langfristigen Bindung von erfahrenem Personal beziehen. Kritisch werden also vor allem jene Rahmenbedingungen bewertet, die sich aus der Anbindung des CEval an die Universität ergeben. In inhaltlicher Hinsicht empfahlen die Gutachterinnen und Gutachter auch eine Intensivierung der Aktivitäten im Feld der (auswärtigen) Kulturpolitik. Dieser Empfehlung folgte das CEval, indem die Arbeitsbereiche neu zugeschnitten wurden und nun insgesamt drei Bereichsleiterinnen und Bereichsleiter im Sinne einer mittleren Führungsebene für diese verantwortlich waren: (1) Entwicklungszusammenarbeit, (2) Bildung und Kultur sowie (3) Umwelt und Arbeitsmarkt. Ziel dieser Neustrukturierung war es, durch Spezialisierung die einzelnen Bereiche zu stärken und zu professionalisieren sowie durch die damit einhergehende personelle Verstärkung die Qualitätssicherung und -entwicklung zu intensivieren und die Aktivitäten in den einzelnen Feldern auch quantitativ auszubauen.

In Folge der Ergebnisse und Empfehlungen der externen Evaluation konnte im Jahr 2007 eine wichtige Grundlage zur Verstetigung und Konsolidierung des CEval geschaffen werden: In den Verhandlungen über den universitären Globalhaushalt

---

2   Der seitens des CEval im Vorfeld der externen Evaluation verfasste interne Evaluationsbericht sowie das Gutachten der externen Gutachterkommission stehen auf der Internetseite des CEval zum Download zur Verfügung (www.ceval.de).

einigten sich das saarländische Ministerium für Bildung, Kultur und Wissenschaft und die Universität auf die Weiterführung der Grundförderung des CEval. So wurde vereinbart, dass das CEval dauerhaft mit zwei Mitarbeiterstellen gefördert werden soll. Mit Blick auf die wissenschaftliche Ausrichtung war diese Grund-förderung von zentraler Bedeutung: Zusammen mit den beiden Lehrstuhlstellen konnten so die drei Pfeiler CEval, Masterstudiengang Evaluation und Redaktion der Zeitschrift für Evaluation und damit der Saarbrücker Evaluationsschwerpunkt gesichert werden. Nur durch diese besondere Konstellation war und ist die enge Verknüpfung zwischen wissenschaftlicher Grundlagen- und Auftragsforschung möglich, von der letztlich auch die im Rahmen des Masterstudiengangs angebote-ne Ausbildung sowie alle weiteren Bildungsangebote des CEval profitieren.

Mit Blick auf die Durchführung von drittmittelfinanzierten Projekten war das CEval im Jahr 2008 sehr erfolgreich: Alleine in diesem Jahr wurden 15 Eva-luationsprojekte abgeschlossen und neun weitere begonnen. Hinzu kamen die Durchführung von elf Weiterbildungs- und Beratungsprojekten sowie eine Reihe von Grundlagenforschungsprojekten. Damit wurde im Jahr 2008 am CEval die höchste Anzahl an Einzelvorhaben seit seiner Gründung realisiert. Dies spiegelte sich in einem Umsatzplus von 14% im Vergleich zum Vorjahr wider, das sich über die verschiedenen Arbeitsschwerpunkte des CEval verteilte – ein Beleg dafür, dass die inhaltliche Schwerpunktsetzung des CEval eine adäquate Strategie zur Positio-nierung an einem sich sehr dynamisch entwickelnden Markt war.

Im Jahr 2009 setzte sich die erfolgreiche wissenschaftliche wie wirtschaftliche Entwicklung des Instituts fort: Mit der Veröffentlichung von vier Büchern, dar-unter eine Dissertation, und fast 30 Buch- und Zeitschriftenartikeln fanden die Verarbeitung der im Rahmen von Drittmittelprojekten erworbenen Evaluations-expertise sowie der Erkenntnisse der Grundlagenforschung ihren Niederschlag. Diese Zahlen verdeutlichen die gelungene Verzahnung von Grundlagen- und anspruchsvoller Auftragsforschung am CEval. Zwar ist die wissenschaftliche Ver-wertung von Auftragsstudien in der Praxis nicht immer einfach, aber in vielen Fällen eben doch möglich. Von besonderer Bedeutung ist dabei immer auch die Rekrutierung von adäquat ausgebildeten Mitarbeiterinnen und Mitarbeitern. Nach seiner Einführung im Jahr 2003 konnte das Institut in den Folgejahren zunehmend auf Studierende und Absolventinnen und Absolventen des Masterstudiengangs Evaluation zurückgreifen.

2010 war für das CEval in organisatorischer Hinsicht ein Jahr wichtiger Wei-chenstellungen: Durch die Anbindung des CEval an die Universität waren von Anfang an – trotz aller Vorteile und günstiger Voraussetzungen – für die Durch-führung von Drittmittelaufträgen immer auch schwierige Rahmenbedingungen gegeben, da eine Universität nicht primär auf die Erfordernisse der Durchführung von Aufträgen ausgerichtet ist. Reinhard Stockmann, der eigentlich nie Unterneh-mer, sondern immer nur Professor sein wollte, freundete sich im Laufe der Jahre daher zunehmend mit der Idee einer universitären Ausgründung an. So kündigte

er im Vorwort des CEval-Jahresberichts 2010 bereits an, dass eine privatwirtschaftliche Ausgründung des CEval vorbereitet werde.

Zehn Jahre CEval hieß es im Vorwort zum Jahresbericht 2011. Dieses Ereignis nahm Reinhard Stockmann zum Anlass, die ersten Jahre des CEval Revue
passieren zu lassen und wichtige Etappen zu reflektieren, die sich auch in dieser
Chronik wiederfinden. Richtet man den Blick nach innen auf das CEval selbst,
ist ein stetiges Wachstum des Instituts festzustellen, das mit einer systematischen
Qualitätsentwicklung sowie einer ständigen Erweiterung seiner Aktivitäts- und
Geschäftsfelder einherging – wichtiger Indikator für den wirtschaftlichen Erfolg
des Instituts ist der Eigenfinanzierungsanteil, der im Jahr 2011 bei rund 90% lag.
Aber auch der Blick nach außen, in die Evaluationscommunity, ist aufschlussreich:
Reinhard Stockmann sowie viele CEval-Mitarbeiterinnen und -Mitarbeiter waren
in vielfältiger Hinsicht an der Professionalisierung und Etablierung von Evaluation
beteiligt. Deren aktives Engagement in der DeGEval, die Vielzahl an Publikationen
(bis zum Jahr 2011 wurden alleine 28 Bücher und 217 Zeitschriftenaufsätze und
Buchbeiträge verfasst) und Vorträgen sowie das sich stets erweiternde nationale
und internationale Netzwerk von Kooperationspartnern und Auftraggebern geben
einen Hinweis auf die Impulse des Instituts für die deutsche und internationale
Evaluationscommunity. Reinhard Stockmann war hierbei der ständige Motor, der
unermüdlich neue Ideen kreierte und Anstöße gab und das CEval so auf seinem
Aktivitäts-Kurs hielt.

So stellte er fest, dass das CEval auch zehn Jahre nach seiner Gründung durch
seine Kombination von Theorie- und Methodenentwicklung, Forschung sowie
Aus-und Weiterbildung in Deutschland einmalig ist. Zwar erfuhr in dieser Zeit
der deutsche Evaluationsmarkt eine sehr dynamische Entwicklung und es gab
eine Vielzahl neuer Akteure aus Wissenschaft und Privatwirtschaft – eine mit
dem CEval vergleichbare Institution, die ein ähnlich breites Tätigkeitsspektrum
aufweist, gibt es in der deutschen Evaluationslandschaft aber immer noch nicht.
Für Reinhard Stockmann war es dabei immer ein besonderes Anliegen, dem Aus-
bildungsauftrag der Universität auch im CEval gerecht zu werden: In das CEval
wurden und werden stetig neue Mitarbeiterinnen und Mitarbeiter integriert, die
die Möglichkeit haben, unter fachkundiger Anleitung Evaluationserfahrungen zu
sammeln und ihr fachliches Wissen zu erweitern. Die Tatsache, dass in diesem
Zeitraum alleine acht Promotionen entstanden sind, belegt den Erfolg dieses
Modells. Die Förderung vielversprechender junger Talente erlebt Reinhard Stockmann auf persönlicher Ebene als sehr bereichernd und ist für ihn eine wichtige
Motivationsquelle. Unabhängig von dieser sehr persönlichen Sichtweise ist aber
auch objektiv festzustellen, dass das CEval im Laufe der Jahre eine Vielzahl dritt-
mittelfinanzierter Teilzeit- und Vollzeitstellen für wissenschaftliches Personal an
der Universität des Saarlandes geschaffen hat. Innerhalb der Universität nimmt es
damit eine herausragende Stellung ein (gemessen an den eingeworbenen Drittmitteln pro Professur) und auch bei anderen Arbeitgebern der Evaluationscommunity

sind CEval-Mitarbeiterinnen und -Mitarbeiter sehr gefragt – teils durchaus zum Leidwesen des CEval.

2011 wurde – wie zuvor angekündigt – von Reinhard Stockmann und Stefan Silvestrini die CEval GmbH gegründet. Mit der CEval GmbH wurde primär auf die langfristige Sicherung der Beschäftigungsmöglichkeiten für Senior-Wissenschaftlerinnen und -Wissenschaftler abgezielt, die durch das Hochschulrahmengesetz an der Universität beschränkt sind. Des Weiteren galt es, dem CEval unabhängig von den Entwicklungen der Universität eine dauerhafte Perspektive zu eröffnen.

Im Jahr 2012 feierte das CEval sein zehnjähriges Bestehen mit der internationalen Tagung ‚The Future of Evaluation in Modern Societies‘. Zu dieser hochrangig besetzten, zweitägigen Konferenz konnten mehr als 200 Gäste in Saarbrücken begrüßt werden – unter ihnen viele Weggefährten des CEval sowie zahlreiche Vertreterinnen und Vertreter aus Politik und Wissenschaft. Im Rahmen der Veranstaltung wurde aus der Perspektive des Landes und der Universität die Bedeutung des CEval umfassend gewürdigt: Das Institut wurde als herausragende wissenschaftliche Einrichtung in der saarländischen Institutionenlandschaft anerkannt, das bedeutend zur Reputation der Universität beiträgt. Aus wissenschaftlicher Perspektive betonte Laudator Prof. Dr. Dieter Filsinger den Beitrag des CEval zur Verwissenschaftlichung des Feldes der angewandten Forschung und zu seiner Professionalisierung.

Heute gibt es also in formaler Hinsicht ein CEval in zwei Rechtsformen: das universitäre und das privatwirtschaftliche CEval, die in der Praxis inhaltlich wie personell eng miteinander verknüpft sind. Die GmbH hat Räumlichkeiten der Universität angemietet, wodurch im Arbeitsalltag der enge, persönliche Austausch zwischen den Mitarbeiterinnen und Mitarbeitern beider Institutionen gewährleistet ist, der über entsprechende Verträge projektspezifisch auch formal geregelt ist.

Nach den Jahren des Aufbaus des universitären CEval und der CEval GmbH wurde 2013 ein weiteres internes ‚Professionalisierungsprojekt‘ in Angriff genommen: Das Corporate Design des CEval wurde modernisiert und damit einhergehend wurden die Selbstdarstellung, der Jahresbericht und die Internetseite ebenfalls neu strukturiert, überarbeitet und aktualisiert. Anhand des aktuellen Organigramms lassen sich die zentralen Säulen und Schwerpunkte des heutigen CEval gut ablesen: In thematischer Hinsicht konnten sich seit der Gründung im Jahr 2002 die vier Arbeitsbereiche *Arbeitsmarkt und Umwelt*, *Bildung und Kultur*, *Entwicklungszusammenarbeit* sowie *Gesundheit und Sozialwesen* etablieren. Die traditionell angestammten Arbeitsbereiche werden also bis heute fortgeführt und wurden um weitere Themenbereiche erweitert. In struktureller Hinsicht können vier zentrale Säulen unterschieden werden: unter dem Dach der Universität des Saarlandes angegliedert an den Lehrstuhl für Soziologie die Redaktion der Zeitschrift für Evaluation, der Masterstudiengang Evaluation und das universitäre CEval sowie die privatwirtschaftliche CEval GmbH.

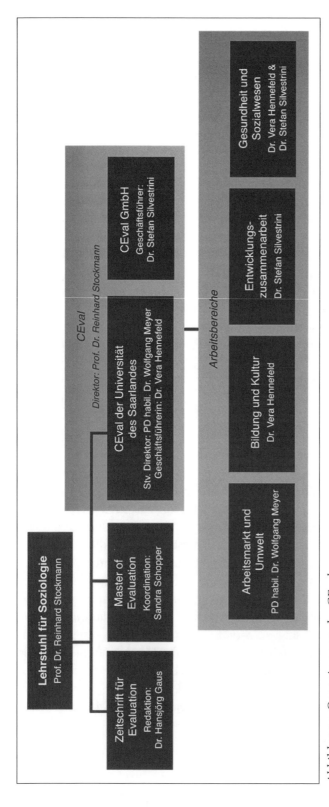

Abbildung 1: Organigramm des CEval

Obwohl mit diesem *Parforceritt durch die Geschichte des CEval* leider nicht alle Entwicklungen und Erfolge in der ihnen gebührenden Tiefe abgehandelt werden können, wird deutlich, dass in 13 Jahren CEval eine Vielzahl an Ideen geboren, angestoßen und oftmals auch erfolgreich umgesetzt werden konnte. Obwohl das eine oder andere Vorhaben in seiner Realisierung sehr mühsam war, während andere reibungslos umgesetzt werden konnten, bleibt in einer Gesamtschau festzuhalten, dass die Entwicklung des Instituts vergleichsweise geradlinig und ohne größere Umwege verlief. Dies ist maßgeblich der Verdienst Reinhard Stockmanns, der die – wie die Erfahrung zeigt – richtigen Ideen entwickelt, unbeirrt verfolgt und erfolgversprechende Strategien kreativ und mit großem persönlichem Engagement auslotet.

2.   Forschung, Beratung, Bildung – das Herzstück des CEval

Die Chronik des CEval als Institut kann nicht ohne Rückgriff auf die dort stattfindenden Aktivitäten beschrieben werden – dies wurde im vorangegangen Abschnitt deutlich. Denn die Entwicklung des CEval ist untrennbar verbunden mit seiner Grundlagenforschung, seinen Evaluationsprojekten sowie Beratungs- und Aus- und Weiterbildungsangeboten, die oftmals Impulsgeber für neue Ideen, Vorhaben und Aktivitäten waren – in diesem Sinne können sie als *Herzstück des CEval* gesehen werden. Während sich der erste Abschnitt dieses Beitrags primär auf die Beschreibung der organisatorischen Entwicklung des CEval konzentrierte, widmet sich der nachfolgende Teil wichtigen CEval-Projekten und -Aktivitäten. Auch diese Darstellung konzentriert sich notwendigerweise auf besonders herausragende und richtungsweisende Vorhaben.

Grundlagenforschung und Evaluationsprojekte

Anlass für die Gründung des CEval im Jahr 2002 war unter anderem die Tatsache, dass am Lehrstuhl für Soziologie eine Vielzahl an Drittmittelprojekten eingeworben wurde. Diese wurden am CEval nicht nur im Sinne von Aufträgen formal abgearbeitet – vielmehr war es immer Reinhard Stockmanns Bestreben, wissenschaftlich anspruchsvolle Studien einzuwerben, die im Sinne von Grundlagenforschung einen Beitrag zur Weiterentwicklung der Evaluationstheorie, -methodik und -praxis leisten können (vgl. hierzu auch ausführlich den Beitrag von Silvestrini in diesem Band).

Ausgangspunkt für die theoretische und methodische Grundlagenarbeit am CEval war die von Reinhard Stockmann in seiner Habilitation entwickelte Konzeption zur Evaluation von Projekten und Programmen der Entwicklungszusammenarbeit – in der Folge als *CEval-Evaluationsansatz* etabliert. Dieser CEval-Ansatz wurde erstmals ab 1997 in dem Projekt ‚Evaluation des Orientierungsberatungs-

programms der Deutschen Bundesstiftung Umwelt in den neuen Bundesländern'
auf ein anderes Politikfeld, den Umweltbereich, übertragen (vgl. Stockmann,
Meyer, Gaus, Kohlmann & Urbahn, 2001). Mit Erfolg, wie Folgeprojekte z. B. im
Auftrag des Umweltbundesamtes (Evaluation der Umweltberatungsprojekte des
Bundesumweltministeriums) und der DBU (Evaluation von Projekten der Umweltkommunikation im Handwerk[3]; vgl. Jacoby, Schneider, Meyer & Stockmann,
2005) zeigen.

In den Folgejahren wurde der CEval-Ansatz auch um *inhaltliche Komponenten
erweitert*: So wurde beispielsweise die Ergänzung des Ansatzes um ein Verfahren
zur Netzwerkanalyse notwendig, weil zu Beginn der 2000er Jahre mit öffentlichen
Mitteln zunehmend Netzwerke gefördert wurden. Seitens der Europäischen Union
war ein Trend weg von der Förderung einzelner Träger hin zu Netzwerken zu beobachten, der sich auch auf nationaler Ebene niederschlug. Anlass für das CEval,
diese Neuerung konzeptionell in seinen Evaluationsansatz zu integrieren, war das
seitens des Bundesinstituts für Berufsbildung beauftragte Projekt ‚Evaluation des
KIBB: Kommunikations- und Informationssystem Berufliche Bildung'[4]. Eine weitere wichtige Erweiterung des CEval-Ansatzes war die von Alexandra Caspari im
Rahmen ihrer mit dem Dr. Eduard Martin-Preis der Universität des Saarlandes
ausgezeichneten Dissertation *Evaluation der Nachhaltigkeit von Entwicklungszusammenarbeit* entwickelte Nachhaltigkeitskonzeption. Die mit dem Nachwuchs-
preis der DeGEval ausgezeichnete Dissertation *Ex-ante-Evaluation. Ein Planungsansatz für die Entwicklungszusammenarbeit* von Stefan Silvestrini basiert in weiten
Teilen auf dem CEval-Ansatz und erweitert diesen um ein theoretisches und methodisches Instrumentarium für Ex-ante-Evaluationen.

Bereits zu Beginn der 2000er Jahre wurde das CEval zunehmend mit Projekten
zur Entwicklung und Implementation von *Monitoring- und Evaluationssystemen*
beauftragt. Hierbei zeigte sich, dass die theoretischen und methodischen Grund-
annahmen des CEval-Ansatzes auch für diese Art von Projekten fruchtbar sind.
Die ersten Monitoring- und Evaluationssysteme wurden international für Projekte
und Programme in Ägypten, Mexiko, Vietnam und Costa Rica staatlicher Geberorganisationen der Entwicklungszusammenarbeit aufgebaut. Es folgten vergleichbare Aufträge von Nichtregierungsorganisationen sowie aus der Privatwirtschaft.

Das CEval hat überdies eine Reihe von Studien und Projekten durchgeführt,
die in *strategischer und (evaluations-)politischer* Hinsicht bedeutsam waren: Als
wegweisend kann sicher die erste seitens des DAAD beauftragte Programmbe-
reichsevaluation ‚Stipendien für Ausländer' bezeichnet werden (vgl. Stockmann &
Krapp, 2005). Die eigens hierfür entwickelte wirkungs- und systemisch orientierte

---

3   Es war auch dieses Projekt, das seitens des Saarlandes als weitere Förderung anerkannt
    wurde und das daher wesentlicher Grundstein für die Einrichtung des CEval war.
4   Vgl. hierzu auch die aus späteren Projekten entstandenen Publikationen zur Netzwerk-
    forschung: Albrecht, Elbe, Elbe & Meyer, 2014; Albrecht & Meyer, 2012; Meyer & Rech,
    2009; Meyer & Elbe, 2007; Meyer, 2006.

Evaluationskonzeption wurde im Rahmen der Studie erfolgreich angewendet und beinhaltet viele Elemente, die sich in den nachfolgenden Ausschreibungen des DAAD als Vorgabe zur Durchführung von anderen Programmbereichsevaluationen wiederfinden.

Seit 2005 kooperierte das CEval mit der GTZ/GIZ innerhalb von Rahmenverträgen zur Durchführung von Schluss- und Ex-post-Evaluationen von Programmen und Projekten der Technischen Zusammenarbeit. Jährlich realisierte das CEval mehrere Studien, in denen zunehmend die Wirkungsfrage in den Vordergrund gestellt wurde. Daher erhielt das CEval ab 2008 den Auftrag, ein Konzept für alltagstaugliche Wirkungsevaluationen zu entwickeln, das in der Folge in mehreren Pilotwirkungsevaluierungen auf seine Praxistauglichkeit geprüft wurde.

In den unterschiedlichen Arbeitsfeldern des CEval wurden viele weitere wegweisende Studien mit anspruchsvollen methodischen Ansätzen zur Wirkungsevaluation konzipiert und durchgeführt. Zu nennen sind hier exemplarisch die Projektfortschrittskontrolle ‚Starke Verbraucher für ein gutes Klima‘ im Auftrag des Verbraucherzentrale Bundesverbands (vgl. Gaus & Müller, 2011, 2011a, 2012, 2013), die Wirkungsstudie ‚Armutsminderung im Ländlichen Raum durch Fairtrade‘ im Auftrag von TransFair Germany und der Max Havelaar-Stiftung/Schweiz (vgl. Klier & Possinger, 2012) sowie das Projekt ‚Praxis-Impact II: Weiterentwicklung und Erprobung eines Konzeptes zur Dokumentation und Evaluierung von Leistungen der Agrarforschung für Praxis und Gesellschaft‘ im Auftrag des Bundesprogramms Ökologischer Landbau und andere Formen nachhaltiger Landwirtschaft (BÖLN) und der Bundesanstalt für Landwirtschaft und Ernährung (BLE) (vgl. Wolf, Szerencsits, Gaus, Müller & Heß, 2014).

Neben dem in zahlreichen Projekten zur Geltung kommenden methodischen Anspruch, wurde am CEval eine Vielzahl von Aufträgen mit erheblicher *politischer bzw. systemischer Relevanz* umgesetzt, wie anhand nachfolgender Beispiele illustriert wird.

Im Jahr 2007 startete die in Kooperation mit dem Hamburgischen WeltWirtschaftsInstitut (HWWI) durchgeführte und durch das BMZ beauftragte ‚Systemprüfung der Evaluation in der deutschen Entwicklungszusammenarbeit‘ (vgl. Stockmann & Borrmann, 2009, 2009a). Ziel der Evaluation war es, die Evaluationssysteme des BMZ und der staatlichen und nicht-staatlichen Institutionen der Entwicklungszusammenarbeit im Hinblick auf ihre Organisation, Konzeption, Methoden und Verfahren sowie Umfang und Struktur zu bewerten und Ansatzpunkte zur Fortentwicklung des Gesamtsystems zu entwickeln. Ein Blick auf die heutigen Evaluationssysteme der damals untersuchten Organisationen zeigt, dass durch die Studie vielfältige Veränderungs- und Verbesserungsprozesse angeregt wurden.

In den Jahren 2008/2009 realisierte das CEval die ‚Begleitende Untersuchung der Einführung gemeinsamer Programmvorschläge und gemeinsamer Berichterstattung in der deutschen Entwicklungszusammenarbeit‘. Hintergrund hierfür war die ‚Paris Declaration‘ und die dadurch gestiegenen Anforderungen an die

deutsche EZ, die dazu führten, dass seit Mitte 2007 vom BMZ eine neue Verfahrensweise zur gemeinsamen Erstellung von Programmvorschlägen und Berichten
eingeführt wurde. Zielsetzung dieses neuen Verfahrens ist es, die Wirksamkeit der
deutschen Entwicklungszusammenarbeit durch die Verbesserung der politischen
Steuerungsmöglichkeiten des BMZ zu erhöhen und so einen wesentlichen Beitrag
zur Erreichung der Millennium Development Goals zu leisten. Ziel der Studie
war es entsprechend, den Aufwand und Ertrag des Einsatzes gemeinsamer Programmvorschläge und Berichterstattung zu analysieren sowie beabsichtigte und
unbeabsichtigte Wirkungen zu ermitteln. In diesem Sinne war dieser Auftrag ein
wichtiges Projekt zur Mitgestaltung der Organisation und künftigen Ausrichtung
der deutschen Entwicklungszusammenarbeit.

In ähnlicher Weise war der Auftrag des Goethe-Instituts (GI) zur ‚Evaluation
der Initiative Kultur und Entwicklung' bedeutsam: Aus internationaler Perspektive
gehören die Entwicklungs- und Außenkulturpolitik eines Landes meist untrennbar zusammen; die deutsche Politikorganisation mit ihrer inhaltlichen Trennung
und getrennten Zuständigkeit – das BMZ für die Entwicklungspolitik und das
Auswärtige Amt für die Auswärtige Kultur- und Bildungspolitik – bildet hier eine
Ausnahme. Dennoch wird auch in Deutschland zunehmend diskutiert, welchen
Mehrwert die Verknüpfung von Entwicklungs- und Außenkulturpolitik in der
internationalen Zusammenarbeit erbringt. Vor diesem Hintergrund hat das GI
die Initiative Kultur und Entwicklung ins Leben gerufen, um die Synergieeffekte
zwischen beiden Aktivitätsbereichen für seine Arbeit nutzbar zu machen. Aufgabe
der Evaluation war es unter anderem, Empfehlungen zur künftigen Einbindung
dieses Geschäftsfelds in die Strukturen des GI auszusprechen.

Diese notwendigerweise sehr selektive Auflistung wichtiger Projekte des CEval
schließt mit einem Vorhaben, in das Reinhard Stockmann aufgrund seiner langjährigen Aktivitäten zur Förderung der Evaluation in Costa Rica besonders intensiv
eingebunden war: die wissenschaftliche Begleitung des GIZ-Vorhabens ‚Stärkung
von Evaluierungskapazitäten in Zentralamerika' (FOCEVAL). FOCEVAL zielte
auf die Entwicklung von Evaluationsstrukturen in der costa-ricanischen Regierung und in zivilgesellschaftlichen Organisationen des Landes. Im Rahmen dieses,
sich aus verschiedenen Komponenten zusammensetzenden Projektes realisierten
CEval-Mitarbeiterinnen und -Mitarbeiter Fortbildungsprogramme für Entscheidungsträgerinnen und -träger aus Zentralamerika, Planungsworkshops und methodische Beratungen sowie ein Train-the-Trainer-Programm. Die Bedeutung
dieses Vorhabens für Costa Rica manifestiert sich unter anderem in einer Einladung Reinhard Stockmanns zu einer Sitzung des costa-ricanischen Parlaments
anlässlich der Beratung eines nationalen Evaluationsgesetzes. Dort referierte er
zum Thema ‚The Role of Evaluation in Society and Politics'.

Aus- und Weiterbildungsangebote und Beratung

Anhand der vorstehenden Beispiele wurde deutlich, dass sich viele CEval-Projekte durch Bildungs- und Beratungselemente auszeichnen. Im Portfolio des CEval ist die Aus- und Weiterbildung aber auch eine eigenständige Säule, weshalb diese hier separat skizziert wird:

Im Jahr 2003 startete die Entwicklung des Studiengangs ‚Master of Evaluation‘. Dieser erstmals im Wintersemester 2004/05 angebotene Studiengang war damals nicht nur inhaltlich ein Novum in der deutschen Bildungslandschaft, sondern auch strukturell: Die Entwicklung und Implementation des Studiengangs erfolgte als Kooperationsprojekt zwischen der Universität des Saarlandes, der Hochschule für Technik und Wirtschaft des Saarlandes sowie der Katholischen Hochschule für Soziale Arbeit des Saarlandes. Eine solche Zusammenarbeit zwischen einer Universität und zwei Fachhochschulen war zu diesem Zeitpunkt in der deutschen Hochschullandschaft noch sehr ungewöhnlich – heute werden Kooperationen dieser Art zunehmend gefordert und gefördert. Nach Überwindung anfänglicher, kleinerer Schwierigkeiten gelang es, dieses sich finanziell selbst tragende Bildungsangebot zu etablieren, so dass im Jahr 2014 bereits das zehnjährige Jubiläum anstand, das im Jahr 2015 mit einer zweitägigen Tagung gebührend gefeiert werden soll (eine ausführliche Darstellung des Studiengangs findet sich in dem Beitrag von Rech und Schopper in diesem Band). Durch den Einsatz von Projektmitarbeiterinnen und -mitarbeitern in der Lehre profitieren die Studierenden des Studiengangs von der Evaluationsexpertise des CEval und umgekehrt sind die Studierenden eine wertvolle Quelle zur Rekrutierung des dringend benötigten wissenschaftlichen Nachwuchses des CEval. Insofern ist die Verknüpfung von Studiengang und CEval eine für beide Seiten fruchtbare Liaison.

Ebenfalls im Jahr 2003 bot das CEval in Zusammenarbeit mit AGEG Consultants eG erstmals ein breites Fortbildungsangebot für den Bereich Entwicklungszusammenarbeit (FEEZ) an. Auch dieses eine Pionierleistung, da es sich dabei um das erste systematische Fortbildungsangebot zur Evaluation in der Entwicklungszusammenarbeit in Deutschland handelte, das in sieben aufeinander aufbauenden Modulen alle Schritte von der Planung über die Durchführung von Evaluationen bis hin zum Reporting umfasste (vgl. hierzu auch Silvestrini in diesem Band).

Neben diesen systematischen auf Deutschland gerichteten Aus- und Fortbildungsangeboten führen CEval-Mitarbeiterinnen und -Mitarbeiter national und international vielfältige Trainings und Beratungen zu evaluationsspezifischen Themen durch. Diese werden entweder als Auftragsarbeit gemäß den inhaltlichen Wünschen der Auftraggeber konzipiert und richten sich im Sinne von individuellen Coachings sowohl an Einzelpersonen als auch an Gruppen, oder sie sind eingebettet in Initiativen wie z. B. Evaluation Capacity Development oder Easy Eco.

Das CEval unterhält ferner verschiedene Kooperationen, in denen die Beratung in evaluationsspezifischen Fragen eine große Rolle spielt: Im Jahr 2006 wurde die Kooperation mit der Universidad de Costa Rica durch die Unterzeichnung eines

Kooperationsabkommens zur Weiterentwicklung des dort angesiedelten Masterstudiengangs Evaluation gestärkt. Finanziell unterstützt wurde diese Kooperation
durch verschiedene DAAD-Förderprogramme, die einen regen Austausch von
Studierenden und Lehrenden beider Länder ermöglichen (siehe hierzu im Detail
der Beitrag von Rech und Schopper in diesem Band). Eine bereits seit 2006 an-
dauernde Kooperation mit der State University – Higher School of Economics in
Moskau wurde im Jahr 2007 mit einem Kooperationsabkommen mit dem dort angesiedelten Centrum für Programm- und Policy-Evaluation (CPPE) formalisiert.
In diesem Rahmen verbrachte ein russischer Evaluationsforscher einen mehrmonatigen Gastaufenthalt am CEval. Die jüngste Hochschulkooperation des CEval
resultiert aus einem Projekt mit dem BMZ und der GIZ, in dessen Rahmen ein
Blended-Learning-Masterstudiengang in englischer Sprache entwickelt und getes-
tet wird. Partner in diesem Vorhaben ist die Uganda Technology and Management
University (UTAMU) (vgl. Rech und Schopper in diesem Band).

Die internationale Vernetzung des CEval findet ihren Niederschlag überdies
in vielfältigen (eher informellen) Kooperationsbeziehungen, in deren Rahmen in
den vergangenen Jahren eine Reihe von Gastwissenschaftlerinnen und -wissen-
schaftlern u. a. aus China, Ägypten, Russland, Spanien, Canada und Costa Rica zu
mehrwöchigen bis mehrmonatigen Arbeitsaufenthalten am CEval waren.

Anhand dieser Beispiele aus den Feldern Forschung, Beratung und Bildung
wird deutlich, dass die Entwicklung des CEval eng verknüpft ist mit den Möglichkeiten, die sich aus der erfolgreichen Einwerbung von Drittmittelprojekten
ergeben. Als wissenschaftliches Institut, das den Zugang zu seinem Forschungsge-
genstand oftmals nur im Rahmen von Aufträgen erhält, ist es besonders wichtig,
seine Auftraggeber immer wieder von dem Mehrwert der Erprobung innovativer
Ansätze zu überzeugen. Nicht alle Initiativen und Projekte können und müssen
diesem Anspruch genügen, aber die vergangenen Jahre zeigen, dass Auftraggeber
guten und überzeugend vorgetragenen Ideen durchaus offen gegenüberstehen und
so eine gewinnbringende Verzahnung von Grundlagen- und Auftragsforschung
realisiert werden kann.

3.   Förderung des fachlichen Informationsaustausches

Als universitäres Institut ist die Förderung des fachlichen Informationsaustau-
sches eine wichtige Komponente im Arbeitsprogramm des CEval. Dieser erfolgt
auf verschiedenen Ebenen, z. B. im Rahmen von Tagungen, durch Engagement in
der Gesellschaft für Evaluation (DeGEval) und der European Evaluation Society
(EES) sowie natürlich Publikationen.

Seit seiner Gründung war das CEval Gastgeber und Ausrichter für viele kleinere
Workshops und Tagungen sowie große nationale und internationale Konferenzen,
von denen nachfolgend schlaglichtartig einige näher beschrieben werden.

Bei der Eröffnungsfeier im Jahr 2003 stand die Gründung des CEval im Mittelpunkt. Referentinnen und Referenten aus Politik, Wissenschaft und der Evaluationscommunity beleuchteten in ihren Vorträgen aus je verschiedenen Perspektiven das Centrum und sein Arbeitsprogramm, seine gesellschaftliche sowie wissenschaftliche Bedeutung und Funktion. Zu dieser Feier konnten in Saarbrücken mehr als 200 Gäste aus unterschiedlichen Kontexten begrüßt werden, die zu einem lebendigen fachlichen und informellen Austausch beitrugen.

Im Folgejahr wurde mit der Tagung ‚Evaluation im Saarland' bewusst der Fokus auf die Evaluationsaktivitäten innerhalb des Saarlandes gelegt. An der gemeinsam mit der Kooperationsstelle Wissenschaft und Arbeitswelt der Universität des Saarlandes ausgerichteten Tagung nahmen etwa 100 regionale Gäste aus Wissenschaft, Wirtschaft und Politik teil. Ziel war es, den verschiedenen Akteuren eine Informations- und Austauschplattform zur Vorstellung ihrer Evaluations- und Qualitätsmanagementaktivitäten zu geben und ihre Vernetzung untereinander zu fördern. In Workshops, Podiumsdiskussionen und informellen Gesprächen nutzten die Teilnehmerinnen und Teilnehmer rege diese Möglichkeit zum Austausch und Netzwerken.

Im Jahr 2005 lud das CEval zum Bundesinstitut für Berufsbildung nach Bonn zur Tagung ‚Evaluation – ein Instrument zur Steuerung und Qualitätssicherung von Programmen und Projekten unter besonderer Berücksichtigung der Nachhaltigkeit'. Ziel dieser durch die DBU finanziell unterstützten Tagung war es, einen Impuls zur Optimierung des Projektmanagements bei Projektträgern und Förderinstitutionen des Handwerks zu geben und damit einen Beitrag zur Qualitätssicherung von Fördermaßnahmen in diesem Sektor zu leisten. Im Vordergrund stand daher der Austausch der etwa 50 Teilnehmerinnen und Teilnehmer über praxisorientierte Instrumente, der über Plenumsvorträge, eine Experten- sowie eine Diskussionsrunde strukturiert wurde.

Die erste große internationale Tagung des CEval wurde 2006 im Kontext des Projektes ‚Easy Eco' realisiert. Diese im Rahmen des Marie Curie-Forschungsprogramms der EU geförderte Konferenz- und Tagungsserie stellte ‚Evaluation of Sustainability' in den Mittelpunkt. Zur Konferenz ‚Improving the Quality of Sustainable Development Projects' kamen etwa 150 Teilnehmerinnen und Teilnehmer aus aller Welt. Ziel der Tagung war es, Nachwuchswissenschaftlerinnen und -wissenschaftler insbesondere in den neuen Mitgliedstaaten der Europäischen Union mit dem Forschungsstand zum Thema ‚Evaluation nachhaltiger Entwicklung' vertraut zu machen, den interdisziplinären Austausch zu intensivieren und neue Verbindungen zwischen Expertinnen und Experten in Theorie und Praxis herzustellen. An insgesamt vier Konferenztagen wurden in Plenarsessions 14 Keynote Speeches sowie 68 Vorträge in parallelen Sessions realisiert.

Im Jahr 2011 lud das CEval in Kooperation mit dem BMZ und dem Verband Entwicklungspolitik deutscher Nichtregierungsorganisationen e. V. (VENRO) zu einem ‚Dialogtag Wirkungen' in die saarländische Landesvertretung in Berlin. Etwa 120 Teilnehmerinnen und Teilnehmer nutzten die Gelegenheit zu einem offenen Austausch über Steuerungsverbesserungen mit Hilfe von Wirkungsinformationen in der Entwicklungszusammenarbeit. Hierzu wurden eine Reihe von Grundsatzstatements und Vorträgen zu Wirkungsmonitoring und -evaluation geboten sowie ein Panel, auf dem Vertreterinnen und Vertreter der staatlichen und nicht-staatlichen Entwicklungszusammenarbeit sowie aus der Wissenschaft zu verschiedenen Ansätzen diskutierten.

Anlässlich des zehnjährigen CEval-Jubiläums wurde im Jahr 2012 an der Universität des Saarlandes die zweitägige internationale Konferenz ‚The Future of Evaluation in Modern Societies' mit über 200 Gästen aus 22 Ländern ausgerichtet. Die Veranstaltung stand unter dem Zeichen der neuen und immer stärker global ausgerichteten Herausforderungen, vor denen die Evaluationsforschung angesichts der zunehmenden Komplexität und Globalität international vernetzter Steuerungsmechanismen steht. Dabei wurde die Frage gestellt, wie Evaluationen in unterschiedlichen Kontexten derzeit mit diesen Herausforderungen umgehen und welche Entwicklungstrends erkennbar sind. Die anwesenden Expertinnen und Experten aus Wissenschaft, Politik und Verwaltung tauschten sich über zentrale Aspekte dieser Themenfelder aus.

Im Juni 2015 wird die nächste große Tagung anlässlich des Jubiläums zehn Jahre Masterstudiengang Evaluation stattfinden. Unter dem Titel ‚Zukunft von Aus- und Weiterbildung in der Evaluation' sind mit der Aus- und Weiterbildung in der Evaluation befasste Akteure und an dem Thema Interessierte für zwei Tage nach Saarbrücken eingeladen. Im Fokus der Veranstaltung stehen die Herausforderungen der Zukunft an die Evaluationsaus- und -weiterbildung. Aus den Perspektiven von Angebot und Nachfrage werden im Rahmen von Fachvorträgen und Podiumsdiskussionen die unterschiedlichen Einschätzungen, Bedarfsprognosen und Qualifikationsanforderungen diskutiert.

Anhand dieser Auswahl von seitens des CEval initiierten und realisierten Tagungen und Konferenzen wird deutlich, dass das CEval den fachlichen Informationsaustausch fördert und unterstützt, indem aktuelle Entwicklungen und Diskussionen des Feldes aufgegriffen und dezidiert zum Thema eigener Veranstaltungen gemacht werden. Ziel ist es jeweils, alle für ein Thema relevanten Akteure national wie international einzubinden, in Kontakt zu bringen und Raum für eine anspruchsvolle inhaltliche Auseinandersetzung zu bieten.

Mit Blick auf die Förderung des fachlichen Informationsaustauschs ist auch das Engagement Reinhard Stockmanns und des CEval-Teams in den beiden Fachgesellschaften DeGEval – Gesellschaft für Evaluation und EES – European Evaluation Society hervorzuheben: So waren Reinhard Stockmann und Wolfgang Meyer Gründungsmitglieder der DeGEval und in den Folgejahren brachten sie und verschiedene CEval-Mitarbeiterinnen und -Mitarbeiter sich sehr aktiv in Entwicklung und Gestaltung der DeGEval ein. Zu nennen sind hier insbesondere die Mitarbeit im Vorstand sowie in Gremien zur Vergabe des Nachwuchs- und Medienpreises, die Leitung von Arbeitskreisen und Ad-hoc-Gruppen (Entwicklungspolitik, Umwelt, Kultur und Kulturpolitik, Ethik) und die Mitarbeit in weiteren

Arbeitskreisen (wie z. B. Aus- und Weiterbildung, Methoden). Darüber hinaus war das CEval mehrmals Gastgeber für die Frühjahrstagungen von Arbeitskreisen und CEval-Mitarbeiterinnen und -Mitarbeiter engagieren sich regelmäßig mit Vorträgen in Jahres- und Frühjahrstagungen. Darüber hinaus sind die in zweijährigem Turnus stattfindenden Tagungen der EES wichtige Plattformen für den fachlichen Informationsaustausch und die europäische Vernetzung. Auch in diese Tagungen bringen sich CEval-Mitarbeiterinnen und -Mitarbeiter durch das Ausrichten ganzer Sessions sowie durch Einzelvorträge und die Teilnahme an Panels ein. In internationaler Perspektive sind des Weiteren Fachtagungen außereuropäischer Evaluationsgesellschaften zu nennen, insbesondere in Lateinamerika, an denen sich CEval-Mitarbeiterinnen und -Mitarbeiter mit Beiträgen beteiligen.

Wichtiges Instrument im Rahmen des fachlichen und wissenschaftlichen Diskurses sind Publikationen. Reinhard Stockmann hat in seiner umfassenden Publikationstätigkeit[5] viele Vorhaben zusammen mit Mitarbeiterinnen und Mitarbeitern des CEval realisiert, wie z. B. das *Handbuch zur Evaluation*. In diesem Sinne ist er steter Impulsgeber und Förderer seines Teams, so dass das CEval insgesamt auf eine beachtliche Publikationsbilanz verweisen kann, die in den jährlich erscheinenden CEval-Jahresberichten dokumentiert ist.

Von besonderer Bedeutung ist die von Reinhard Stockmann seit 2000 herausgegebene und inzwischen im Waxmann Verlag beheimatete Reihe ‚Sozialwissenschaftliche Evaluationsforschung‘, die mit den zwei jüngsten, im Jahr 2013 veröffentlichten Bänden inzwischen zwölf Bände zählt. In dieser Reihe erschienen wichtige Grundlagenwerke wie *Evaluationsforschung: Ausgewählte Forschungsfelder* (Band 1), *Evaluation und Qualitätsentwicklung: Eine Grundlage für wirkungsorientiertes Qualitätsmanagement* (Band 5) oder *Evaluation in der deutschen Entwicklungszusammenarbeit* (Band 8) (vgl. Stockmann, 2000, 2006, 2006a, 2009, 2009a). In diesem Zusammenhang ist auch das im Jahr 2010 im Verlag Barbara Budrich erschienene UTB-Buch *Evaluation – eine Einführung* als weiteres wichtiges Grundlagenwerk zur Evaluation zu nennen. In dem Lehrbuch werden die theoretischen und methodischen Grundlagen der Evaluationsforschung, die gesellschaftliche Bedeutung und Nutzung von Evaluation und das daraus resultierende Spannungsfeld zwischen Wissenschaft und Praxis beleuchtet. Ein Indiz für den Erfolg dieser Publikation ist die im Jahr 2014 erschienene zweite, überarbeitete Auflage.

Zwar steht das Thema Evaluation für Reinhard Stockmann im Mittelpunkt seines Schaffens. Evaluation findet aber immer auch in einem Politikfeld statt – und hier gilt Stockmanns größtes Interesse der Entwicklungszusammenarbeit. Insofern war es wohl nur eine Frage der Zeit, bis er dieses in einem Grundlagenwerk ins Zentrum stellte: Zusammen mit Ulrich Menzel und Franz Nuscheler veröffentlichte er in 2010 im Oldenbourg Verlag das Buch *Entwicklungspolitik* (vgl. Stockmann, Nuscheler & Menzel, 2010). In drei aufeinander aufbauenden Teilen werden die

---

5   Einige Publikationen wurden auch ins Englische, Spanische und Chinesische übersetzt.

Theorien und Paradigmen entwicklungstheoretischer Ideengeschichte und ihre Grundprobleme, die entwicklungspolitischen Strategien sowie die Instrumente zur Überwindung der Entwicklungsprobleme beleuchtet. Voraussichtlich im Jahr 2015 wird auch von diesem Lehrbuch die zweite, überarbeitete und aktualisierte Auflage erscheinen.

Abschließend sei in diesem Kontext erneut auf die Zeitschrift für Evaluation verwiesen, die im deutschsprachigen Raum mit ihren referierten Fachbeiträgen und Praxisberichten sowie der eigens den DeGEval-Aktivitäten gewidmeten Rubrik DeGEval ...Info ein bedeutsames Austauschforum ist (vgl. Gaus in diesem Band).

Anhand dieser Ausführungen wurde deutlich, dass das CEval-Team in vielfältiger Weise den wissenschaftlichen und praxisorientierten Diskurs der deutschen und internationalen Evaluationscommunity befördert. CEval-Mitarbeiterinnen und -Mitarbeiter bringen sich so mit ihren Evaluationserfahrungen und -kompetenzen in die Weiterentwicklung der Evaluationsforschung und -praxis ein und haben zugleich die Möglichkeit, ihre Arbeiten und Themen in breiteren Kreisen der Community zur Diskussion zu stellen.

4.   Ausblick: Wie geht es weiter?

Mit der Gründung der CEval GmbH hat Reinhard Stockmann zusammen mit Stefan Silvestrini, dem Geschäftsführer der CEval GmbH, neben dem universitären CEval ein zweites, von der universitären Entwicklung unabhängiges Standbein geschaffen: Der CEval GmbH ist es gelungen, neue wichtige Kooperationspartner zu gewinnen, seine Auftraggeber zu diversifizieren und zu internationalisieren sowie sich am Markt zu etablieren. Vor diesem Hintergrund kann die CEval GmbH zuversichtlich in die Zukunft blicken.

Allerdings gibt es auch Aktivitäten, für die eine GmbH nicht den geeigneten organisatorischen Rahmen bieten kann. Dies betrifft insbesondere die Zukunft des Masterstudiengangs Evaluation, die Hochschulkooperationen (vgl. den Beitrag von Rech & Schopper in diesem Band) sowie die Förderung des fachlichen Informationsaustauschs z.B. durch die Veranstaltung von Fachtagungen und die Realisierung von Publikationen – einem der Herzensanliegen von Reinhard Stockmann. Insofern ist der Fokus im Rahmen eines Ausblicks auch immer auf das universitäre CEval zu richten.

Die aktuelle Situation des universitären CEval ist vor dem Hintergrund der Debatten um die sogenannte ‚Schuldenbremse‘ – ein Schlagwort, unter dem gegenwärtig alle Einsparungen und finanziellen Einschnitte der saarländischen Landesregierung beschönigend zusammengefasst werden – zu sehen: Status Quo ist, dass Reinhards Stockmanns Lehrstuhl für Soziologie aktuell nicht zur Wiederbesetzung vorgesehen ist, die Zukunft des CEval aber in einer Beschlussvorlage des saarländischen Landtages durchaus verheißungsvoll beschrieben wird: „Die empirische Methodenkompetenz des bisherigen soziologischen Lehrstuhls wollen wir ebenso wie das CEVAL erhalten. […] Eine Nachbesetzung des soziologischen Lehrstuhls, der Erhalt des Masterstudiengangs Evaluation und der Erhalt des CEVAL an der UdS sind jedoch nur möglich, wenn dies ab 2020 den Universitätshaushalt mit Blick auf spezifische Einnahmen und Ausgaben nicht mehr belastet. Dies soll kurzfristig geprüft werden." (Landtag des Saarlandes, 2014, S. 6). Nur: Was bedeutet dies? Die Landesregierung hat sich in diesem Papier für eine Formulierung entschieden, die vielfältige Interpretationen insbesondere der ‚spezifischen Einnahmen und Ausgaben' sowie des Ausdrucks ‚nicht mehr belastet' offen lässt. Aktuell ist noch nicht geklärt, wie diese Passage seitens der Universität des Saarlandes konkretisiert wird und daher ist die Zukunft des CEval an der Universität des Saarlandes weiterhin offen – oder, um es positiv zu formulieren: Es bleibt spannend!

Eine positive Formulierung ist auch durchaus angebracht, denn: Wer Reinhard Stockmann kennt weiß, dass er jederzeit für eine Überraschung gut ist und dass ihm die dauerhafte Einbindung der Evaluation an der Universität am Herzen liegt. Nur seinem Eifer ist es zu verdanken, dass heute das Saarland zum Zentrum der Evaluation in Deutschland geworden ist. Er hat dabei vielen Widerständen und Widrigkeiten getrotzt und wie kein anderer zur akademischen Verankerung der Evaluation beigetragen. Daher ist ihm zuzutrauen, dass er auch die gegenwärtig recht angespannte Situation als Ausgangspunkt für die Entwicklung neuer fruchtbarer und erfolgreicher Ideen und Ansätze nutzt.

Wir sind gespannt, Reinhard!

Literatur

Albrecht, M., Elbe, J., Elbe, S. & Meyer, W. (2014). Analyzing and Evaluating Regional Governance Networks: Three Challenges for Application. *Evaluation, 20* (1), 58–74.

Albrecht, M. & Meyer, W. (2012). Grenz-überschreitende Arbeitsmarktpolitik: Institutionen und institutionelle Steuerung des Arbeitsmarktes in der Großregion SaarLorLux-Rheinland-Pfalz-Wallonien. In J. Meyer & L. Rampeltshammer (Hrsg.), *Grenzüberschreitendes Arbeiten in der Großregion SaarLorLux* (S. 79–151). Saarbrücken: universaar.

Gaus, H. & Müller, C. E. (2011). Evaluating Free-Choice Climate Education Interventions Applying Propensity Score Matching. *Evaluation Review, 35* (6), 673–722.

Gaus, H. & Müller, C. E. (2011a). Mikroökonometrische Evaluation eines Angebots zur Verbraucherberatung unter Anwendung von Propensity Score Matching. *Zeitschrift für Evaluation, 10* (2), 249–266.

Gaus, H. & Müller, C. E. (2012). Eventaufklärung zum Klima schonenden Mobilitätsverhalten. In C. Zanger (Hrsg.), *Erfolg mit nachhaltigen Eventkonzepten* (S. 181–200). Wiesbaden: Gabler.

Gaus, H. & Müller, C. E. (2013). Das Internet als Instrument zur Klimaschutzaufklärung von Verbrauchern: Eine empirische Untersuchung zu Wirkung und Wirkungsweise eines Informationsportals. *Umweltpsychologie, 17* (1), 36–59.

Jacoby, K.-P., Schneider, V., Meyer, W. & Stockmann, R. (2005). *Umweltkommunikation im Handwerk.* Bd. 4 der Reihe „Sozialwissenschaftliche Evaluationsforschung". Münster: Waxmann.

Klier, S. & Possinger, S. (2012). *Fairtrade Impact Study – Final Report. Assessing the Impact of Fairtrade on Poverty Reduction through Rural Development.* Studie im Auftrag von TransFair Deutschland und Max Havelaar-Stiftung Schweiz. Verfügbar unter: https://www.fairtrade-deutschland.de/fileadmin/user_upload/ueber_fairtrade/fairtrade_wirkt/2012_12_12_Final_Report_Fairtrade-Impact-Study.pdf [19.02.2015].

Landtag des Saarlandes. (2014). *Antrag der CDU Landtagsfraktion, der SPD-Landtagsfraktion betr.: Für ein zukunftsfestes Hochschulsystem: Eckpunkte für eine Hochschulentwicklungsplanung im Saarland.* Drucksache 15/997.

Meyer, W. (2006). Evaluation von Netzwerksteuerung. *Zeitschrift für Evaluation, 5* (2), 317–332.

Meyer, W. & Elbe, S. (2007). Evaluation of Local Network Governance in Germany. In C. George & C. Kirkpatrick (Hrsg.), *Impact Assessment and Sustainable Development. European Practice and Experience* (S. 45–64). Cheltenham: Edward Elgar.

Meyer, W. & Rech, J. (2009). Handlungsempfehlungen für die Zukunft der Interregion. In L. Rampeltshammer & H. P. Kurtz (Hrsg.), *Europakompetenz entwickeln – Interregionskompetenz stärken für die Hochschule und die Arbeitswelt* (S. 205–212). Saarbrücken: Alma Mater.

Stockmann, R. (1996). *Die Wirksamkeit der Entwicklungshilfe.* (Habilitationsschrift). Opladen: Westdeutscher Verlag.

Stockmann, R. (Hrsg.). (2000). *Evaluationsforschung. Grundlagen und ausgewählte Forschungsfelder.* Bd. 1 der Reihe „Sozialwissenschaftliche Evaluationsforschung". Opladen: Leske + Budrich.

Stockmann, R. (Hrsg.). (2006). *Evaluationsforschung. Grundlagen und ausgewählte Forschungsfelder* (3. Aufl.). Bd. 1 der Reihe „Sozialwissenschaftliche Evaluationsforschung". Münster: Waxmann.

Stockmann, R. (2006a). *Evaluation und Qualitätsentwicklung.* Bd. 5 der Reihe „Sozialwissenschaftliche Evaluationsforschung". Münster: Waxmann.

Stockmann, R. & Borrmann, A. (2009, 2009a). *Evaluation in der deutschen Entwicklungszusammenarbeit. Bd. 1 Systemanalyse, Bd. 2 Fallstudien.* Studie im Auftrag des Bundesministeriums für wirtschaftliche Zusammenarbeit und Entwicklung – BMZ. Bd. 8 der Reihe „Sozialwissenschaftliche Evaluationsforschung". Münster: Waxmann.

Stockmann, R. & Krapp, S. (2005). *Evaluation des DAAD-Programmbereichs I „Stipendien für Ausländer".* Bd. 58 der Reihe „Dokumentation und Materialien". Bonn: DAAD.

Stockmann, R., Meyer, W., Gaus, H., Kohlmann, U. & Urbahn, J. (2001). *Nachhaltige Umweltberatung.* Bd. 2 der Reihe „Sozialwissenschaftliche Evaluationsforschung". Opladen: Leske + Budrich.

Stockmann, R., Nuscheler, F. & Menzel, U. (2010). *Entwicklungspolitik: Theorien – Probleme – Strategien.* München: Oldenbourg.

Wolf, B., Szerencsits, M., Gaus, H., Müller, C. E. & Heß, J. (2014). Developing a Documentation System for Evaluating the Societal Impact of Science. *Procedia Computer Science, 33,* 289–296.

Autorinnen und Autoren

Böttcher, Wolfgang, Dr. rer. pol. habil., Soziologe, Professor für Erziehungswissenschaft mit den Schwerpunkten Qualitätsentwicklung und Evaluation in Einrichtungen des Bildungs- und Sozialwesens an der Westfälischen Wilhelms-Universität Münster, Vorsitzender der DeGEval – Gesellschaft für Evaluation, Ehemaliger Ko-Sprecher der Sektion Empirische Bildungsforschung der DGfE, Arbeitsschwerpunkte: Bildungs- und Sozialmanagement, Bildungssoziologie, Mikroökonomie des Bildungs- und Sozialwesens, Wirkungsforschung

Caspari, Alexandra, Dr., Soziologin, Professorin für Evaluationsforschung, Methoden der empirischen Sozialforschung und Statistik an der Frankfurt University of Applied Sciences; Arbeits- und Forschungsschwerpunkt Evaluationsmethoden; Mitherausgeberin der Zeitschrift für Evaluation – ZfEv; ehemaliges Vorstandsmitglied der DeGEval – Gesellschaft für Evaluation; seit vielen Jahren unabhängige Evaluations- und Methodenberaterin der GIZ.

de Crombrugghe de Looringhe, Dominique, Evaluationsexperte der Belgischen Entwicklungszusammenarbeit, Leiter der zentralen Evaluationseinheit der Belgischen Entwicklungszusammenarbeit. Nahm 2007 in dieser Position als Peer an der Systemprüfung der Evaluationsfunktionen der Regierungs- und Nichtregierungsorganisationen in der Deutschen Entwicklungszusammenarbeit teil, beauftragt vom Bundesministerium für Entwicklungszusammenarbeit und ausgeführt von HWWI und CEval.

Emrich, Eike, Dr., Soziologe, Sportwissenschaftler und Volkswirt, Professor für Sportökonomie und Sportsoziologie an der Universität des Saarlandes. Studium Promotion an der Universität des Saarlandes und 1994/95 Habilitation an der Johannes Gutenberg-Universität Mainz. Hauptforschungsgebiete: Sportökonomik, Sportsoziologie sowie Evaluationsforschung, darin zahlreiche Veröffentlichungen. Mitherausgeber bzw. associate editor verschiedener nationaler und internationaler Zeitschriften sowie Mitglied in mehreren wissenschaftlichen Beratungsgremien.

Filsinger, Dieter, Dr., Soziologe, Dekan der Fakultät für Sozialwissenschaften an der Hochschule für Technik und Wirtschaft (HTW) in Saarbrücken; Professor für Sozialarbeit und Evaluation; Manager des Studienprogramms Master of Evaluation; Forschungsschwerpunkte: Qualitative Methoden, Evaluationsexperte im Bereich der Sozialen Arbeit.

Gaus, Hansjörg, Dr., Diplom-Kaufmann, Senior Researcher am Centrum für Evaluation (CEval), Redakteur der Zeitschrift für Evaluation, Lehrbeauftragter für Konsumentenverhalten an der Technischen Universität Chemnitz. Durchführung von Projekten der angewandten Forschung sowie von Evaluationen in den Bereichen Umwelt, Konsum, Management von KMU, Forschung und Bildung.

Hennefeld, Vera, Dr., Soziologin, Geschäftsführerin des Centrums für Evaluation (CEval) und Koordinatorin des Arbeitsbereichs Bildung und Kultur, Dozentin im Masterstudiengang Evaluation der Universität des Saarlandes; Gründungsmitglied sowie Sprecherin des Arbeitskreises Evaluation von Kultur und Kulturpolitik der Gesellschaft für Evaluation (DeGEval e.V.); Arbeits-, Publikations- und Forschungsschwerpunkte: Evaluationsforschung, Methoden der empirischen Sozialforschung, Bildungssoziologie, Bildungspolitik sowie (Auswärtige) Kulturpolitik.

Hense, Jan, Dr., Psychologe, Professor für Hochschuldidaktik und Evaluation am Fachbereich Psychologie der Justus-Liebig-Universität Gießen; Sprecher des Arbeitskreises Aus- und Weiterbildung in der Evaluation in der Gesellschaft für Evaluation (DeGEval e.V.). Arbeitsschwerpunkte in Forschung und Praxis: Gestaltung und Evaluation von Lehr- und Lernprozessen an der Hochschule; Forschung über Evaluation; Lehrveranstaltungsevaluation.

Krapp, Stefanie, Dr., Soziologin, Abteilungsleiterin am Deutschen Evaluierungsinstitut der Entwicklungszusammenarbeit; langjährige Erfahrungen in der Entwicklung und Implementierung von M&E-Systemen, Planung, Steuerung und Durchführung von Evaluierungen, Entwicklung von Trainingskonzepten und Durchführung von Trainings in M&E; Evaluierungsexpertin mit Fokus auf Bildung, Berufliche Bildung und Wirtschafts- und Beschäftigungsförderung in der Entwicklungszusammenarbeit, Evaluation Capacity Development.

Leeuw, Frans L., Dr., Soziologe, Direktor des Forschungs-, Statistik- und Dokumentationszentrum (WODC) am Justizministerium der Niederlande in Den Haag, Professor für Recht, Öffentliche Politik und Sozialforschung an der Universität Maastricht; ehemaliger Präsident der Holländischen Evaluationsgesellschaft und der Europäischen Evaluationsgesellschaft; Forschungsschwerpunkt Policy Forschung; Evaluationsexperte in den Bereichen Kriminalität und Gerechtigkeit, Entwicklungszusammenarbeit, Bildung und öffentliches Recht.

Meyer, Wolfgang, Privatdozent, Dr. phil. habil, Soziologe, Stellvertretender Leiter des Centrums für Evaluation (CEval) an der Universität des Saarlandes und Koordinator des Arbeitsbereichs Arbeitsmarkt und Umwelt, Gründungsmitglied der Gesellschaft für Evaluation (DeGEval e.V.) und Mitglied der Europäischen Evaluationsgesellschaft (EES); ehemaliger Sprecher des DeGEval-Arbeitskreises Evaluationen im Umweltbereich; Forschungsschwerpunkt Methoden der empirischen Sozialforschung; Evaluationsexperte in den Bereichen Arbeitsmarkt, Regionalentwicklung und Umwelt; Dozent und Trainer in zahlreichen nationalen und internationalen Monitoring- und Evaluationskursen.

Müller, Walter, Dr., Soziologie, Mannheimer Zentrum für Europäische Sozialforschung (MZES), Professor i.R. der Universität Mannheim, an der er den Lehrstuhl für Methoden der empirischen Sozialforschung und angewandten Soziologie innehatte. Er war Mitbegründer und später Direktor des MZES. Zu seinen Forschungsschwerpunkten gehören die vergleichende Analyse der Sozialstruktur fortgeschrittener Gesellschaften, insb. die Entwicklung von Bildungssystem, Beschäftigungssystem und sozialer Ungleichheit.

Rech, Jörg, Dr., Soziologe, wissenschaftlicher Mitarbeiter am Centrum für Evaluation sowie Dozent und ehemaliger Koordinator des Studiengangs „Master of Evaluation" an der Universität des Saarlandes; Mitglied des Arbeitskreises ‚Aus- und Weiterbildung in der Evaluation' der DeGEval – Gesellschaft für Evaluation; Forschungs- und Evaluationsschwerpunkte: Methoden der empirischen Sozialforschung, Bildung (insb. Hochschule) und Kultur sowie Arbeit und Gesundheit.

Schober, Barbara, Dr., Psychologin, Universitäts-Professorin für Psychologische Bildungs- und Transferforschung an der Fakultät für Psychologie der Uni Wien. Dort lehrt und forscht sie zu verschiedenen Themen der Bildungspsychologie und Evaluationsforschung. Sie ist Mitglied verschiedener nationaler und internationaler wissenschaftlicher Beiräte und Fachgremien. Ihre Forschungsergebnisse sind in zahlreichen internationalen Publikationen publiziert. Ihre aktuellen Forschungsschwerpunkte fokussieren die Themen Motivationsförderung in der Schule, Lebenslanges Lernen, Selbstregulation, Entwicklung, Evaluation und Implementierung bildungspsychologischer Interventionsmaßnahmen sowie Geschlechtsspezifische Bildungsverläufe.

Silvestrini, Stefan, Dr., Soziologe, Geschäftsführer der CEval GmbH und Koordinator des Arbeitsbereichs Entwicklungszusammenarbeit; Sprecher des Arbeitskreises Entwicklungspolitik der DeGEval – Gesellschaft für Evaluation, Mitglied der Europäischen Evaluationsgesellschaft (EES) und des Netzwerks für Technikfolgenabschätzung (NTA); Forschungsschwerpunkte: Empirische Methoden, Monitoring und Evaluation, Wirkungsmessung, Technikfolgenabschätzung; Evaluationsexperte in den Bereichen Entwicklungszusammenarbeit und Bildung.

Spiel, Christiane, Dr. phil, Dr. rer. nat., Professorin für Bildungspsychologie und Evaluation, Fakultät für Psychologie, Universität Wien; Vorstand des Instituts für Angewandte Psychologie: Arbeit, Bildung, Wirtschaft; Gründungsdekanin der Fakultät für Psychologie; stellv. Vorsitzende des Qualitätssicherungsrats für die PädagogInnenbildung in Österreich; Mitglied im Migrationsrat für Österreich (verantwortlich für Bildung und Forschung); Mitglied im Leitungsausschuss für Berufsbildungsforschung des Schweizer Staatssekretariats für Bildung, Forschung und Innovation; Vorstandsvorsitzende der DeGEval-Gesellschaft für Evaluation (2003–2011), Präsidentin der European Society for Developmental Psychology (2007–2009); Präsidentin der Österreichischen Gesellschaft für Psychologie (2010–2014); Evaluationsforschung mit Schwerpunkt auf Bildung.

Vedung, Evert , Dr. phil, emeritus Professor der Politikwissenschaften am Institut für Wohnungs- und Stadtforschung der Universität Uppsala, Ehrenmitglied der Dänischen und Finnischen Evaluationsgesellschaften; Gründungsmitglied der Schwedischen Evaluationsgesellschaft (2003); Autor zahlreicher Lehr- und Forschungsbücher, u. a. des vermutlich ersten Europäischen Lehrbuchs für Evaluation (1991, 1997). Seine Interessen an allgemeinen Evaluationsthemen zeigen sich vor allem in Carrots, Sticks and Sermons: Policy Instruments and Their Evaluation (1998, coeditor), und „Four Waves of Evaluation Diffusion" (2010).

Sozialwissenschaftliche Evaluationsforschung
Herausgegeben von Reinhard Stockmann

Band 9

Axel Borrmann, Reinhard Stockmann

Evaluation in German Development Cooperation

A System Analysis

2009, 208 pages, pb., 29,90 €,
ISBN 978-3-8309-2269-8

E-Book: 23,90 €,
ISBN 978-3-8309-7269-3

In Germany, development cooperation is the policy field with the longest tradition in evaluation. All major German organisations in development cooperation use the instrument of evaluation – however, to different degrees with regard to qualitative and quantitative aspects. This study on behalf of the German Federal Ministry for Economic Cooperation and Development (BMZ) methodically analyses the way the different organisations evaluate, how much they know about the impact of their projects and programmes, and if or how their evaluation systems can be integrated into a larger whole.

Until now, there has been no comparable analysis, neither in other German policy fields nor in development cooperation of other European countries.

Sozialwissenschaftliche Evaluationsforschung
Herausgegeben von Reinhard Stockmann

Band 10

Stefan Silvestrini

Ex-ante-Evaluation

Ein Planungsansatz
für die Entwicklungszusammenarbeit

2011, 312 Seiten, br., 34,90 €,
ISBN 978-3-8309-2565-1

E-Book: 31,40 €,
ISBN 978-3-8309-7565-6

Ziel des Buches ist es, durch die systematische Verknüpfung des Gegenstandsbereichs verschiedener Analyseansätze einen ganzheitlichen und theoretisch fundierten Bewertungsrahmen sowie einen methodisch ausgearbeiteten Verfahrensvorschlag für die Ex-ante-Evaluation von Programmen zu vermitteln.

Im ersten Teil des Buches werden zunächst die Ziele definiert, die Ex-ante-Evaluationen erfüllen sollen. Auf Grundlage dieser Zielsetzungen werden die zentralen Analysedimensionen identifiziert, die im Rahmen einer Ex-ante-Evaluation zu berücksichtigen sind. Diese Analysedimensionen werden anschließend in einem umfassenden Bewertungsrahmen zusammengefasst. Im zweiten Teil der Arbeit werden auf Grundlage eines Szenario-Ansatzes verschiedene Instrumente aus dem Bereich der Technikfolgen-Abschätzung vorgestellt und mittels eines hypothetischen Beispiels aus der Evaluationspraxis auf ihre Anwendbarkeit im Rahmen von Programmplanungsprozessen diskutiert.

Sozialwissenschaftliche Evaluationsforschung
Herausgegeben von Reinhard Stockmann

Band 11

Vera Hennefeld,
Reinhard Stockmann (Hrsg.)

Evaluation in Kultur
und Kulturpolitik

Eine Bestandsaufnahme

2013, 246 Seiten, br., 29,90 €,
ISBN 978-3-8309-2819-5

E-Book: 26,99 €,
ISBN 978-3-8309-7819-0

In der deutschen Kultur und Kulturpolitik sowie in der Auswärtigen Kultur- und Bildungspolitik Deutschlands sind in den vergangenen
Jahren ein zunehmendes Interesse und ein
wachsender Bedarf an Evaluationen zu beobachten. Während in der Auswärtigen Kulturpolitik bereits seit Jahren Evaluationen eine
„evidence based policy" unterstützen sollen,
tut sich die deutsche Kulturpolitik deutlich
schwerer mit diesem Instrument.

Ziel dieses Buches ist es, das in der Evaluation
im Kulturbereich vorhandene Know-how im
Sinne einer Bestandsaufnahme zu bündeln und
zu systematisieren – und zwar sowohl auf theoretischer Ebene als auch in der praktischen
Anwendung.

Sozialwissenschaftliche Evaluationsforschung
Herausgegeben von Reinhard Stockmann

Band 12

Reinhard Stockmann,
Stefan Silvestrini (Hrsg.)

Metaevaluierung Berufsbildung

Ziele, Wirkungen und Erfolgsfaktoren der deutschen Berufsbildungszusammenarbeit

2013, 208 Seiten, br., 29,90 €,
ISBN 978-3-8309-2795-2

E-Book: 26,99 €,
ISBN 978-3-8309-7795-7

Im Auftrag des Bundesministeriums für wirtschaftliche Zusammenarbeit und Entwicklung (BMZ) führt die Deutsche Gesellschaft für Internationale Zusammenarbeit (GIZ) seit einigen Jahren Querschnittsauswertungen ihrer Einzelevaluierungen durch. Neu ist dies in Kombination mit einer Metaevaluierung. Erstmals werden hier die Vorgehensweise, Erkenntnisse, Empfehlungen und die Verwertung einer solchen Studie vorgestellt.

Das Buch richtet sich an Evaluatorinnen und Evaluatoren, Berufsbildungsexpertinnen und -experten sowie entwicklungspolitisch Interessierte in Praxis und Hochschule gleichermaßen. Es werden sowohl die Methodik der Querschnittsauswertung und Metaevaluierung vorgestellt, als auch wichtige inhaltliche Kenntnisse und Erkenntnisse aus dem Anwendungsfeld der Berufsbildung vermittelt.